CONTABILIDAD BANCARIA

CONTABILIDAD BANCARIA

Jorge Pérez Ramírez

McGraw
Hill

**MADRID • BUENOS AIRES • CARACAS • GUATEMALA • LISBOA • MÉXICO
NUEVA YORK • PANAMÁ • SAN JUAN • SANTAFÉ DE BOGOTÁ • SANTIAGO • SÃO PAULO**
AUCKLAND • HAMBURGO • LONDRES • MILÁN • MONTREAL • NUEVA DELHI • PARÍS
SAN FRANCISCO • SIDNEY • SINGAPUR • SAINT LOUIS • TOKIO • TORONTO

CONTABILIDAD BANCARIA

DERECHOS RESERVADOS © 2002, respecto a la primera edición en español, por
McGRAW-HILL/INTERAMERICANA DE ESPAÑA, S. A. U.
Edificio Valrealty, 1.ª planta
Basauri, 17
28023 Aravaca (Madrid)

ISBN: 84-481-3208-4
Depósito legal: M. 35.199-2001

Editora de mesa: Marta García Santo-Tomás
Editor: David Fayerman Aragón
Cubierta: ADRIZAR
Compuesto en FER, Fotocomposición, S. A.
Impreso en Imprenta FARESO, S. A.

Le prêteur et sa femme. QUENTIN METSYS (1465-1514). Musée du Louvre
© Photo RMN - Daniel Arnandet

IMPRESO EN ESPAÑA - PRINTED IN SPAIN

«El negocio de la banca debe ser sencillo; si es difícil, es que está mal.»

Walter Bagehot (1826-1877)
«Lombard Street»

A mis padres,
por su ejemplo y mucho más.

Contenido

Prólogo

Contabilidad Bancaria es un libro dirigido a estudiantes de los últimos cursos de la licenciatura de Administración y Dirección de Empresas que, después de haber superado los cursos básicos de contabilidad y con conocimientos de matemáticas financieras, deseen conocer cuáles son y cómo se tratan, desde el punto de vista contable, las principales operaciones y los riesgos de las entidades de crédito, genéricamente llamadas bancos.

Actualmente, hay buenos libros tanto de contabilidad como de banca, junto con un amplio número de libros dedicados a productos o mercados específicos. Este libro intenta combinar lo mejor de cada uno de ellos, así como facilitar la comprensión de la terminología específica utilizada, dada su complejidad y las diferentes maneras en que muchas veces se usan conceptos similares. Pone especial énfasis en los aspectos contables de las operaciones bancarias más relevantes, pero sin olvidar la profunda interrelación que existe tanto con la normativa específica reguladora como con otras disciplinas tales como las finanzas, la legislación mercantil y las matemáticas financieras, cuestiones que son abordadas en el texto.

La banca, y la industria financiera en general, ha sufrido profundos cambios en las últimas décadas en buena medida motivados por la ruptura de fronteras, la globalización de los mercados, la aparición de modernos instrumentos financieros, etc., que se ha traducido, casi de una forma universal, en una mayor complejidad de operaciones, aumento de la competencia y una presencia, de una u otra forma, en la vida de prácticamente todos los individuos. Como consecuencia de ello, se han producido unos mayores requerimientos de información pública de estas entidades y una normativa contable, sin lugar a dudas, mucho más compleja que la existente para otro tipo de instituciones.

El texto se estructura en tres partes. La primera abarca los tres primeros capítulos, el primero de los cuales sirve para situar al lector en el negocio financiero y sus instituciones en general, y en las entidades de crédito en particular; en el segundo capítulo se identifican las características jurídicas más relevantes de las diferentes operaciones que este tipo de entidades realizan y, finalmente, en el tercer capítulo se abordan los principios y criterios contables que de una forma general deben tenerse presentes al registrar y valorar los activos, pasivos y demás operaciones que realizan las entidades de crédito.

La segunda parte abarca los capítulos cuarto a décimo, en ellos se analizan, acompañados de ejemplos, las operaciones más relevantes. El capítulo cuarto aborda la financiación ajena tradicional de estas entidades introduciendo al lector en la aplicación del principio del devengo, trascendental para la elaboración de la cuenta de resultados de las entidades de crédito, y en el concepto de fecha valor. El capítulo quinto, dedicado a la problemática del riesgo de crédito, plantea, con un buen número de ejemplos, los problemas de este tipo de inversiones y la metodología que debe utilizarse para determinar las provisiones estadísticas y específicas, junto con la problemática del Riesgo-País.

El capítulo sexto está dedicado al negocio con valores, acciones y bonos, y las características de las carteras de negociación, inversión y a vencimiento en donde aquellas inversiones deben clasificarse. Por su parte, el capítulo séptimo aborda una parte de la muchas veces denominada innovación financiera, en concreto se tratan cuestiones relativas a las cesiones de activos financieros, incluyendo la titulización de activos y la segregación de valores, internacionalmente conocidas como «securitization» y «strips».

El capítulo octavo aborda la problemática del riesgo de cambio al que, como consecuencia de la importante actividad internacional que realizan, estas entidades están sometidas. En él se pasa revista al proceso de formación del tipo de cambio entre las monedas y a las operaciones en el mercado de dinero y de divisas, concluyendo el capítulo con un ejemplo de integración de balances expresados en monedas diferentes.

Los capítulos noveno y décimo constituyen un conjunto en sí mismos dedicado a, la por muchos considerada, la mayor innovación de la comunidad financiera de los últimos años. Se trata de los productos financieros derivados, a cuyo estudio más conceptual y genérico se ha dedicado el primero de los capítulos, en tanto que el segundo, de contenido eminentemente práctico, se ha dedicado a los grandes derivados financieros: los fras, las permutas financieras de intereses, los futuros y las opciones financieras; cerrándose el capítulo con tres anexos que incluyen los fundamentos teóricos de los criterios más habituales de valoración de permutas financieras y opciones.

Finalmente, la tercera parte incluye la parte expositiva de la regulación contable española, actualizada a diciembre de 2000, a la que el texto dedica buena parte de las referencias de pie de página, junto con las estructuras de balance y cuenta de resultados, tanto las denominadas reservadas como las públicas y la que, por motivos estadísticos y de política monetaria, debe enviarse al Banco Central Europeo, denominada Estado UME.

El libro ha de resultar de interés a todos aquellos profesionales que estén involucrados con la contabilidad, auditoría, control interno y con la actividad crediticia en general, así como a todos aquellos interesados en descubrir más acerca del mundo de la banca. Todos ellos encontrarán en el texto los fundamentos contables que deben tenerse en consideración a la hora de registrar y reconocer los resultados habidos en las operaciones que realizan las entidades de crédito. Aún cuando la regulación estudiada afecta a las entidades de crédito españolas, debido a la obligatoriedad de cumplir ésta para elaborar sus cuentas consolidadas y calcular sus necesidades de recursos propios, el libro puede igualmente resultar de interés en países diferentes de España, y especialmente en los países latinoamericanos dada la fuerte presencia de grupos bancarios españoles a través de bancos y otro tipo de sociedades financieras filiales.

Para mí es una gran satisfacción prologar una obra de Jorge Pérez, con quien me une una gran amistad de muchos años. Es un gran profesional, Inspector de Entidades de Crédito y Ahorro, con una clara vocación pedagógica que se trasluce en el entramado del texto donde, a pesar de tratar temas forzosamente regulados, muestra su libertad de criterio, como no podía ser menos en quien ama profundamente una música tan libre como el jazz, convertida en la música clásica de nuestro siglo, como yo espero y deseo que este texto se convierta pronto en un clásico de la Contabilidad Bancaria.

Madrid, Navidad de 2000

JESÚS URÍAS VALIENTE
Catedrático de Economía Financiera y Contabilidad.
Universidad Nacional de Educación a Distancia. UNED.

Agradecimientos

Algunos amigos y colegas han tenido la amabilidad de leer todo o parte del texto original en diversas etapas de su desarrollo y de ofrecerme valiosas críticas y sugerencias. Jesús Urías Valiente, además, ha tenido la gentileza de prologar el texto definitivo.

Con quien tengo una deuda mayor es con Enrique Corona Romero, que tuvo la paciencia de leer todos los originales y me ha ayudado a mejorar tanto la forma como el contenido final del texto.

Con Anselmo Díaz Fernández tengo contraída una deuda intelectual y de inspiración, por haberme trasmitido muchas ideas relevantes para la realización de este libro y por el apoyo recibido en numerosas ocasiones, desde los tiempos en que compartimos aula en la facultad.

Quiero manifestar, especialmente, mi gratitud con Angel Vilariño Sanz por su contribución a la clarificación de mis ideas sobre los derivados financieros, y por haber tenido la fortuna de sostener con él numerosas conversaciones durante años, no sólo sobre los temas tratados en este libro, sino también sobre gran número de materias relacionadas con el negocio financiero.

Finalmente, quiero agradecer a Elena Martínez Vela la precisión con que revisó diversos capítulos, y por haberme animado para que realizara este trabajo, y a Antonio Casas Orio por la ayuda prestada en el tratamiento legislativo de los contratos bancarios y en la tarea de revisión de las pruebas finales, con la misma lealtad y clara inteligencia que en la época en que compartió conmigo la responsabilidad de gestionar el riesgo de crédito.

No hace falta decir que ninguna de las personas nombradas son, en cualquier forma, responsables de las opiniones expresadas, de los errores que puedan haber quedado en pie, así como de las limitaciones del texto, cuya responsabilidad es exclusivamente del autor.

PARTE I

1

Regulación y tipología de los intermediarios financieros. El negocio bancario

1. INTRODUCCIÓN

El Sistema Financiero se fundamenta en las diferentes necesidades financieras que tienen los agentes económicos y en la imposibilidad de éstos para autofinanciarse permanentemente. En efecto, determinados agentes económicos desean incrementar su patrimonio sin haber ahorrado previamente, en tanto que otros agentes tienen un excedente neto de ahorro que no desean consumir. La salud y fortaleza de una economía requieren un sistema financiero que movilice los fondos desde los ahorradores hacia las oportunidades de inversión; en definitiva, la función del sistema financiero consiste en servir de intermediario entre los agentes cuyo ahorro es superior a sus posibilidades de inversión, y aquellos que presentan un déficit de ahorro respecto de sus deseos de inversión. En términos medios, puede decirse que los hogares o familias tienen excedente de ahorro, mientras que las empresas suelen ser deficitarias [1].

La función de canalizar fondos entre ahorradores e inversores es conocida como *intermediación financiera* y las compañías que realizan esta función son conocidas como *instituciones o intermediarios financieros*. El papel de los intermediarios financieros consiste, de un lado, en reunir los ahorros de los agentes excedentarios, ofreciéndoles oportunidades de rentabilizar sus recursos financieros, mejores a las que por sí mismos podrían obtener; de otro, en ofrecer a los prestatarios recursos financieros con mejores condiciones de precio, plazo, etc., de las que podrían obtener por sí mismos.

---

[1] Por hogares se entiende: personas o grupos de personas en tanto que consumidores y productores de bienes y servicios no financieros exclusivamente para su propio consumo final.

Por empresas se entiende: el conjunto de entidades dotadas de personalidad jurídica que son productores de mercado y cuya actividad principal es la producción de bienes y servicios no financieros.

«Reglamento 2.223/96 del Consejo de las Comunidades Europeas, relativo al Sistema Europeo de cuentas nacionales y regionales de La Comunidad (SEC-95). Bruselas 1996».

La justificación de la necesidad de los intermediarios financieros fue tradicionalmente teorizada sobre la idea clásica de los *mercados perfectos*, introducida en el análisis económico por Marshall y Walras y formalizada mediante el modelo de asignación de recursos de Arrow-Debreu. De acuerdo con esta teoría, los intermediarios financieros tienen su justificación sólo porque los mercados no son perfectos, es decir, existen intermediarios financieros gracias a las imperfecciones del mercado. De forma que, cuanto más imperfectos son los mercados, más intermediarios existen y, cuando los mercados son más perfectos, los intermediarios son redundantes, ya que pierden su función clásica de conectar el ahorro y la inversión, al haber información perfecta e inmediatamente disponible sin costes adicionales. En otras palabras, de acuerdo con la teoría financiera clásica, a medida que aumentase la transparencia y eficiencia de los mercados, la intermediación financiera debería ser una actividad en extinción.

Las consecuencias de estas imperfecciones y, por tanto, la justificación de los intermediarios financieros se traducían, de acuerdo con los postulados clásicos, en la dificultad que para los no expertos en los mercados financieros presentaban los *costes de transacción* y la *información asimétrica* [2].

Los costes de transacción, es decir, el tiempo y el dinero gastado para llevar a cabo una transacción financiera, son el mayor problema que tienen las personas que disponen de recursos financieros para prestarlos. Los intermediarios financieros pueden reducir sustancialmente estos costes debido, tanto a su condición de expertos financieros, como a la ventaja que suponen las economías de escala en el coste por transacción realizada a medida que las transacciones se incrementan; además, estos intermediarios financieros, al facilitar a sus clientes servicios de pagos, les simplifican la realización de sus transacciones [3].

La información asimétrica se deriva de que, frecuentemente, en las transacciones financieras una de las partes no conoce lo suficiente de la otra parte como para poder tomar adecuadamente sus decisiones y, en cualquier caso, el coste de obtener la información necesaria para ello dificultaría la coordinación de las decisiones de inversión que requiriesen de financiación ajena. En este sentido, los intermediarios financieros están mejor equipados para analizar la calidad crediticia de los proyectos de inversión que se les presenten, por disponer tanto de la información necesaria como de la capacidad y experiencia requeridas para su correcto análisis; además, una vez prestados los fondos, disponen de recursos técnicos y humanos que permiten un correcto seguimiento de sus inversiones así como la reducción del riesgo de pérdidas por incumplimientos (impagados), frente a los medios de que puede disponer una persona no especializada.

Las modernas teorías sobre la intermediación financiera [4] sugieren que, a pesar de los cambios producidos en las décadas de los años ochenta y noventa, tales como

[2] Puede consultarse: MISHKIN, F. S. (1998), *Financial Markets and Institutions*. Second Edition. Addison-Wesley.

[3] Por ejemplo las Entidades de Crédito y Ahorro suelen facilitar a sus clientes cuentas corrientes, domiciliaciones de cobros y pagos, etc., para hacer más fácil la gestión de su dinero.

[4] ALLEN, F. and SANTOMERO A. M. (1996), *The Theory of Financial Intermediation*. The Warton Financial Institutions Center, University of Pennsylvania, Philadelphia (USA).

la globalización de los mercados, la revolución de la información (*v.g.* Internet) y el cada vez más importante rol jugado por los mercados públicos (*v.g.* las bolsas de valores), los intermediarios financieros han desarrollado gradualmente nuevas y más sofisticadas funciones, a menudo englobadas en el término *innovación financiera*[5], de tal suerte que, a pesar de haberse producido una reducción sustancial de los costes de transacción y ser más fácil y barato obtener información, no sólo no se ha producido una reducción de la intermediación financiera, sino que, por el contrario, ésta ha aumentado.

De acuerdo con estas teorías, la existencia de intermediarios financieros se sustenta en la mejor gestión de los riesgos financieros que hacen los intermediarios, mediante su eliminación, diversificación y, en su caso, transferencia a otros participantes; y en los costes «fijos» en que se incurre por participar en los mercados financieros actuales, incluido el de una permanente formación en las técnicas e, incluso, en la terminología usada en los mercados financieros. Tales costes exceden a los que puede soportar, en condiciones normales, un inversor individual no especializado.

2. LOS ACTIVOS FINANCIEROS. LA INDUSTRIA FINANCIERA

La gestión de los intermediarios financieros se concreta, por el lado de sus inversiones, en analizar permanentemente las necesidades financieras de los prestatarios para determinar el volumen y tipo de producto que resuelva su problema financiero, y por el lado de su financiación, en analizar los recursos y exigencias de los agentes excedentarios en recursos financieros para determinar el volumen y tipo de producto que estén dispuestos a suscribir.

Los productos que permiten el intercambio de recursos financieros contra la promesa de su devolución posterior, permitiendo, en consecuencia, la circulación de recursos financieros desde los agentes con excedentes de ahorro hacia los agentes deficitarios, se denominan *activos financieros*.

Básicamente, excepto en lo que a las acciones concierne, un activo financiero consiste en un crédito concedido a un agente económico y cuya posesión no da derecho de propiedad sobre ningún activo real, siendo su contrapartida de índole financiera[6].

Los activos financieros se caracterizan, además de por su rentabilidad, por su riesgo, medido este último por la diferencia entre la rentabilidad esperada del acti-

---

[5] La innovación financiera incluye, generalmente, tanto la aparición de nuevos productos financieros tales como las «cesiones temporales de activos», las «transferencias de activos», etc. (ver el capítulo 7) así como los denominados instrumentos financieros derivados tales como «las opciones», «los fras», etc., (ver el capítulo 9).

[6] Las normas internacionales de contabilidad definen un activo financiero como cualquier activo que consista en: *a*) dinero en efectivo; *b*) un contrato que da derecho a recibir dinero en efectivo u otro activo financiero de terceros; *c*) un contrato que da derecho a intercambiar instrumentos financieros con terceros, bajo unas condiciones que son potencialmente favorables a la entidad; *d*) un valor que representa recursos propios de otra entidad. International Accounting Standard Committee, *Instumentos financieros: Reconocimiento y Medición, NIC-39* (traducción autorizada del Instituto Mexicano de Contadores Públicos, 1999).

vo y la rentabilidad efectiva, diferencia que puede producirse por razones propias del emisor del activo financiero y se denomina *Riesgo económico (v.g.* insolvencia del emisor), o por razones de oportunidades de mercado y que se denomina *Riesgo financiero o de mercado* (*v.g.* modificaciones en los tipos de interés).

Así concebida, la industria financiera hace referencia al conjunto de instituciones especializadas en la gestión e intermediación de activos financieros, facilitando la realización de actividades de la economía real y financiera. Este conjunto de intermediarios incluye, además de las entidades genéricamente denominadas *bancos,* a las *compañías de seguros,* las *sociedades* y *agencias de valores y bolsa,* así como a las *Instituciones de Inversión colectiva, Fondos de Titulización* y *Fondos de Pensiones.*

3.   LA REGULACIÓN DEL SISTEMA FINANCIERO

3.1.   Fundamentos de la regulación financiera

La regulación por el Estado de determinadas actividades económicas es una constante en prácticamente todos los países. Los Estados regulan determinados servicios públicos, tales como la electricidad, las telecomunicaciones, el transporte, etc., mediante la concesión de franquicias en exclusiva que, para evitar que se impongan a los consumidores unos precios excesivos, especifican el precio máximo que se puede aplicar a cada clase de servicio que a su vez garantice la calidad en el servicio prestado. En ausencia de libertad de mercado, la regulación actúa como un sustituto de éste con el objetivo de mantener un equilibrio entre los intereses de las empresas y los de los consumidores.

La responsabilidad asociada con el importante rol público que tienen los intermediarios financieros al ser los receptores de buena parte del ahorro de un país, somete a este tipo de entidades a una significativa supervisión por parte de los gobiernos. El sistema financiero es, probablemente, el sector más fuertemente regulado en casi todos los países del mundo. Los gobiernos regulan tanto a las instituciones como a los diferentes mercados que conforman el sistema financiero, fundamentalmente por tres razones:

a) Para incrementar su transparencia, es decir, la información disponible para los inversores y usuarios.
b) Para mantener y mejorar la solvencia de los intermediarios financieros.
c) Por razones de política monetaria.

La mejora de la información financiera para los inversores y usuarios viene motivada por la existencia de información asimétrica respecto de los intermediarios financieros. La regulación financiera, en este sentido, tiende a reducir el riesgo que para los inversores y usuarios tiene la información asimétrica, así como a mejorar la eficiencia de los mercados al incrementar la cantidad y calidad de información disponible para los inversores.

La información asimétrica también puede llegar a producir colapsos en el normal funcionamiento del sistema financiero, conocidos como pánicos financieros.

Debido a que una buena parte de la población que guarda sus ahorros en los intermediarios financieros no dispone del suficiente conocimiento para valorar el grado de solvencia de la institución a la que los confiaron, las dudas respecto de la solvencia pueden conducir a parte de la población a retirar sus ahorros de un determinado intermediario. A veces este tipo de actuaciones, conocidas como ya hemos dicho, como *pánico financiero*, puede llegar a producir grandes pérdidas no solo al público sino también a la economía en general. Por ello, y con el fin de proteger los ahorros del público y de la economía en general, los gobiernos regulan el acceso y las actuaciones de los intermediarios financieros.

La estructura financiera de los intermediarios financieros presenta la característica, frente a la de otro tipo de empresas, de que la relación entre sus recursos ajenos y los propios es muy grande, es decir, que la mayor parte de su financiación procede de recursos ajenos, en otras palabras, de los ahorradores que han depositado sus ahorros en estas instituciones.

Los intermediarios financieros con sus recursos propios más los recursos ajenos captados realizan inversiones (*v.g.* conceden préstamos, compran valores, etc.). Pero como todas las inversiones conllevan cierto riesgo sería perfectamente posible que quienes han depositado sus ahorros en un intermediario financiero se encontrasen con la posibilidad de no poder recuperarlos, en todo o en parte, cuando unas pérdidas extremas en las inversiones hubiesen consumido la totalidad de los recursos propios del intermediario financiero en que se depositaron. Los Estados suelen prestar gran atención a este hecho y por ello establecen una regulación especial, relativa al nivel mínimo de recursos propios que este tipo de instituciones debe mantener en relación con el nivel de los riesgos asumidos[7].

Finalmente, dado el importante papel que los intermediarios financieros denominados *Entidades de Crédito y Ahorro* juegan en la determinación de la *Oferta Monetaria*[8], cuya adecuada gestión afecta a innumerables aspectos de la economía, una buena parte de la regulación financiera está orientada a mejorar el control de esta variable macroeconómica, con el fin de producir determinados impactos en la actividad económica en general.

3.2. La organización de la regulación financiera en España

La regulación financiera en España, en la vertiente que afecta a la información y a la supervisión y control de los intermediarios financieros, corresponde al Gobierno, que la ejerce directamente o por delegación a través de:

---

[7] Las necesidades de Recursos Propios de las entidades financieras se encuentran reguladas en la Ley 13/1992, de 1 de junio, sobre recursos propios y supervisión en base consolidada de las entidades financieras, que establece las necesidades de recursos propios sobre la base de los riesgos contraídos por el grupo consolidable de entidades financieras.

[8] La Oferta Monetaria incluye los billetes y monedas fraccionarias en circulación y los pasivos monetarios (depósitos y otros instrumentos financieros que sean sustitutos próximos de los depósitos) de las Instituciones Financieras Monetarias.(Reglamento N.º 2.819/98 del Banco Central Europeo, de 1 de Diciembre de 1998).

- *El Banco de España*: al que por delegación corresponde las funciones de supervisión y control de [9]:
  - Las Entidades de Crédito y Ahorro (ECA's)
  - El Instituto de Crédito Oficial (ICO)
  - Otras Entidades [10].
- *La Comisión Nacional del Mercado de Valores (CNMV)*: que por delegación ejerce las funciones de supervisión y control de:
  - Las Empresas de Servicios de Inversión.
  - Las Instituciones de Inversión Colectiva (IIC) y sus sociedades gestoras.
  - Otras Entidades [11].
- *La Dirección General de Seguros*: a la que corresponde la supervisión y control de:
  - Las Entidades Aseguradoras Privadas.
  - Las Mutualidades de Previsión Social.
  - Los Fondos de Pensiones y sus sociedades gestoras.

La regulación financiera relativa a la definición y ejecución de la política monetaria corresponde al Sistema Europeo de Bancos Centrales (SEBC) [12].

4. TIPOLOGÍA DE LOS INTERMEDIARIOS FINANCIEROS EN ESPAÑA

4.1. Las Entidades de Crédito y Ahorro

La categoría de Entidades de Crédito y Ahorro hace referencia a cualquier empresa cuya finalidad o actividad sea la de otorgar créditos a terceros y la captación de fondos del público en general. Sin embargo, actualmente, dada la diversificación de la actividad crediticia, tanto desde el punto de vista finalista del crédito como desde la especialización e innovación financiera, la tendencia es a referirse a este grupo de entidades como *Entidades de Crédito*, independientemente de su personalidad jurídica (Banco, Caja de Ahorros, Cooperativa de Crédito), cuya actividad se centra esencialmente en la intermediación crediticia, es decir, en la intermediación entre

---

[9] Un amplio y profundo recorrido por la regulación de las entidades de crédito en España puede verse en : Latorre Díez, Joaquín (1997), *Regulación de las entidades de crédito en España*, Fundación de Las Cajas de Ahorro Confederadas.

[10] Se refiere a: los Establecimientos de cambio de moneda, las Sociedades de Tasación, las Sociedades de Garantía Recíproca y de Reafianzamiento, y las Sociedades y Agencias de valores en su actividad con Deuda Pública.

[11] Se refiere a: los Fondos de Titulización, Sociedades y Fondos de Capital Riesgos y sus sociedades gestoras, y las Sociedades Gestoras de Patrimonios.

[12] El Sistema Europeo de Bancos Centrales (SEBC) está compuesto por el Banco Central Europeo (BCE) y los Bancos Centrales Nacionales de los Estados miembros de la Unión Europea, que deben actuar, en el ejercicio de sus funciones, de acuerdo con el Tratado de la Unión Europea, sin solicitar ni aceptar instrucciones, ni de los Gobiernos de los Estados miembros ni de ningún otro órgano o institución.

ahorradores y demandantes de recursos financieros mediante cualquiera de las fórmulas contractuales de crédito, así como en la oferta de servicios bancarios y financieros en general.

La regulación europea define una entidad de crédito como [13]:

a) una empresa cuya actividad consiste en recibir del público depósitos u otros fondos reembolsables y en conceder créditos por cuenta propia, o
b) una empresa de dinero electrónico

El ejercicio de ambos tipos de actividades, de acuerdo con las disposiciones europeas, debe ser prohibido por parte de los estados miembros a las personas o empresas que no sean entidades de crédito [14].

Así pues, tanto la captación de depósitos como la emisión de medios de pago alternativos a los billetes y monedas, denominado *dinero electrónico*, quedan reservadas en exclusiva a las entidades de crédito. En este sentido, se entiende por dinero electrónico, aquel valor monetario representado por un crédito exigible a su emisor [15]:

— almacenado en un soporte electrónico,
— emitido al recibir fondos de un importe cuyo valor no sea inferior al valor monetario emitido, y
— aceptado como medio de pago por empresas distintas del emisor.

En España, se entiende por entidad de crédito [16]:

«...*toda empresa que tenga como actividad típica y habitual recibir fondos del público en forma de deposito, préstamo, cesión temporal de activos financieros u otras análogas que lleven aparejadas la obligación de su restitución, aplicándolos por cuenta propia a la concesión de créditos u operaciones de análoga naturaleza*».

Las entidades de crédito y ahorro incluidas en el ámbito de aplicación de la citada directiva, se agrupan en España en las siguientes categorías:

1. *Bancos comerciales de tipo universal.* Todos ellos revisten la forma jurídica de sociedades anónimas. Las sucursales de los bancos extranjeros no tienen personalidad jurídica propia independiente de la de su casa matriz.

---

[13] Artículo 1 de la Directiva 2000/12/CE del Parlamento Europeo y del Consejo, de 20 de marzo de 2000, relativa al acceso a la actividad de las entidades de crédito y a su ejercicio, modificada por la Directiva 2000/28/CE, de 18 de septiembre.

[14] Artículo 3 de la Directiva 2000/12/CE y artículo 1.4 de la Directiva 2000/46/CE.

[15] Artículo 1.3 b) de la Directiva 2000/46/CE del Parlamento europeo, de 18 de septiembre de 2000, sobre el acceso a la actividad de las entidades de dinero electrónico y su ejercicio, así como la supervisión de dichas entidades.

[16] Artículo 1 del Real Decreto Legislativo 1.298/1986, de 28 de junio, sobre adaptación del derecho vigente de Entidades de Crédito al de las Comunidades Europeas, modificado por la Ley 26/1988, de 29 de julio, de Disciplina e Intervención de Entidades de Crédito.

2. *Cajas de Ahorro.* Se incluyen en este grupo tanto a las Cajas Generales de Ahorro, constituidas jurídicamente como fundaciones de interés público, como a la Confederación Española de Cajas de Ahorro (CECA), que es una asociación profesional de las Cajas de Ahorro, aunque también funciona como intermediario financiero.

3. *Entidades de Crédito Cooperativo.* Todas ellas constituidas bajo la forma jurídica de sociedades cooperativas, agrupan tanto a las Cajas Rurales, como a las Cooperativas de Crédito no agrícolas.

4. *Establecimientos Financieros de Crédito.* Se incluyen en este grupo las sociedades de crédito consumo, crédito hipotecario, sociedades de *factoring* y las actividades complementarias de las mismas, y las sociedades de arrendamiento financiero. Todas ellas deben estar constituidas como sociedades anónimas y no pueden captar fondos reembolsables del público en forma de depósito, préstamo, cesión temporal de activos financieros u otros análogos, cualquiera que sea su destino.

4.2. Las empresas de servicios de inversión

Las empresas de servicios de inversión son aquellas entidades financieras cuya actividad principal consiste en prestar servicios de inversión, con carácter profesional, a terceros. Las empresas de servicios de inversión son: *Las Sociedades de valores, las Agencias de valores y las Sociedades gestoras de carteras.*

Las Sociedades y Agencias de Valores, son entidades financieras especializadas, a las que queda reservado el ejercicio habitual de las actividades relacionadas con los mercados de valores.

Constituidas jurídicamente como sociedades anónimas con un capital mínimo (750 y 150 millones de pesetas, para Sociedades y Agencias respectivamente) incluyen en su denominación social la expresión, *y Bolsa,* cuando son miembros de alguna Bolsa de Valores, pudiendo actuar tanto por cuenta propia como ajena las Sociedades y sólo por cuenta ajena las Agencias.

Las actividades reservadas para este grupo de entidades se concretan en [17]:

• Recibir órdenes de suscripción o negociación de valores.
• Gestionar y negociar con participaciones en fondos de inversión.
• Mediar en la colocación de emisiones de valores.
• Asegurar la suscripción de emisiones.
• Negociar con valores no admitidos a negociación.
• Otorgar créditos directamente relacionados con la compraventa de valores.
• Gestionar carteras de terceros.
• Actuar como depositario de valores, por cuenta de sus titulares.

---

[17] Artículo 76 de la Ley 24/1988 de 28 de julio, del Mercado de Valores.

4.3. Las Entidades Aseguradoras

Las entidades aseguradoras son entidades financieras especializadas a las que les está reservado en exclusiva el ejercicio de la actividad aseguradora [18]. A estos efectos por contrato de seguro se entiende:

> *«aquel contrato por el que el asegurador se obliga, mediante el cobro de una prima y para el caso de que se produzca el evento cuyo riesgo es objeto de cobertura a indemnizar, dentro de los límites pactados, el daño producido al asegurado o a satisfacer un capital, una renta u otras prestaciones convenidas»* [19].

La actividad aseguradora se concreta en [20]:

1. La actividad de seguro directo de vida, de seguro directo distinto del seguro de vida y de reaseguro.
2. Las operaciones de capitalización basadas en técnica actuarial que consista en obtener compromisos determinados en cuanto a su duración y a su importe a cambio de desembolsos únicos o periódicos previamente fijados.
3. Las operaciones preparatorias o complementarias de las de seguro o capitalización que practiquen las entidades aseguradoras en su función canalizadora del ahorro y la inversión.
4. Las actividades de prevención de daños vinculadas a la actividad aseguradora.

Las entidades que conforman el sector asegurador en España son:

- *Entidades Aseguradoras Privadas.* Pueden revestir la forma jurídica de:
  - — Sociedades Anónimas: se rigen por la Ley de Sociedades Anónimas.
  - — Cooperativas: constituidas jurídicamente como cooperativas, pueden ser de prima fija o de prima variable [21].
  - — Mutuas: son entidades privadas sin ánimo de lucro que tienen como objeto la cobertura de sus socios. Igual que las cooperativas pueden ser a prima fija o variable.
- *Mutualidades de Previsión Social.* Ejercen una modalidad aseguradora de carácter voluntario complementaria al sistema de Seguridad Social obligatoria [22].

---

[18] Artículo 7 de la Ley 30/1995, de 8 de noviembre, de Ordenación y Supervisión de los Seguros Privados.

[19] Artículo 1 de la Ley 50/1980, de Contrato de seguro.

[20] Artículo 3 de la Ley 30/1995, de 8 de noviembre, de Ordenación y Supervisión de los Seguros Privados.

[21] Artículos 9 y 10 de la Ley 30/1995, de 8 de noviembre, de Ordenación y Supervisión de los Seguros Privados.

[22] Artículo 64 de la Ley 30/1995, de 8 de noviembre, de Ordenación y Supervisión de los Seguros Privados.

4.4.   Las Instituciones de Inversión Colectiva

Las Instituciones de inversión colectiva son entidades que captan fondos del público para gestionarlos, siempre que el rendimiento para los inversores se determine en función de los resultados colectivos mediante fórmulas jurídicas distintas del contrato de sociedad [23].

Este tipo de instituciones se subdividen en:

A. *Instituciones de carácter financiero*. Son entidades cuya actividad principal es la inversión en activos financieros tales como dinero, valores mobiliarios, etc. Dentro de este grupo se distinguen a su vez:

1. *Las sociedades de inversión mobiliaria*: todas ellas revisten la forma jurídica de sociedad anónima, pudiendo ser de dos tipos:

— *Sociedades de capital fijo (SIM)*: su capital social mínimo es de cuatrocientos millones de pesetas íntegramente desembolsado en el momento de su constitución y representado por acciones nominativas.
— *Sociedades de capital variable (SICAV)*: la cifra de capital puede oscilar entre un mínimo legal -cuatrocientos millones- y un máximo establecido en sus estatutos, de forma que las oscilaciones se producen al comprar y vender sus propias acciones sin necesidad de acuerdo de la junta general de accionistas.

2. *Los Fondos de Inversión*: son entidades sin personalidad jurídica propia cuyo patrimonio está dividido en participaciones de iguales características, sin valor nominal, que confieren a su titular un derecho de propiedad sobre el fondo en cuestión. La dirección y administración del fondo recae necesariamente en una sociedad gestora de instituciones de inversión colectiva (SGIIC) que, a cambio de una comisión como remuneración a sus servicios, está obligada, entre otras cosas, a emitir y reembolsar las participaciones en el fondo desde el momento en que lo soliciten los interesados. Estos fondos pueden ser de dos tipos:

— *Fondos de Inversión en valores mobiliarios (FIM)*: invierten su patrimonio en valores mobiliarios, activos financieros y efectivo.
— *Fondos de Inversión en activos del mercado monetario (FIAMM)*: deben invertir un noventa por ciento de su patrimonio en activos de renta fija admitidos a negociación en una bolsa de valores o en otros valores que, por su vencimiento a corto plazo o por las garantías de realización, gocen de elevada liquidez.

---

[23] Reguladas por la Ley 46/1984, de 26 de diciembre, reguladora de las Instituciones de Inversión Colectiva, modificada por la Ley 24/1988, de 28 de julio, del Mercado de valores y por la Ley 19/1992, de 7 de julio, sobre Sociedades y Fondos de Inversión Inmobiliaria y sobre Fondos de Titulización Hipotecaria y por el Real Decreto 1.393/1990, de 2 noviembre, por el que se aprueba el Reglamento regulador de las Instituciones de Inversión Colectiva.

B. *Instituciones de carácter no financiero*. Son entidades cuya actividad principal es la inversión en activos de carácter no financiero. En este grupo destacan las Instituciones de Inversión Inmobiliaria, cuyo objeto social es la inversión en inmuebles para su explotación en alquiler. Al igual que las instituciones de carácter financiero pueden subdividirse en Sociedades y Fondos de inversión Inmobiliaria.

4.5. Los Fondos de Titulización

La titulización consiste en la cesión por parte de una entidad de sus créditos u otros derechos de cobro a un fondo (Fondo de Titulización) que con posterioridad emitirá, sobre la base de estas cesiones, unos valores para su negociación en un mercado organizado. Los Fondos de titulización están conceptuados como patrimonios cerrados carentes de personalidad jurídica cuya administración y gestión debe estar necesariamente encomendada a una sociedad gestora de fondos de titulización (SGFT). Los fondos de titulización pueden ser de dos tipos:

- *Fondos de Titulización Hipotecaria*: cuyo activo está representado por participaciones hipotecarias representativas de préstamos hipotecarios [24].

- *Fondos de Titulización de activos*: cuyo activo está representado por derechos de cobro que figuren en el activo del cedente o derechos de crédito futuros que constituyan ingresos o cobros de magnitud conocida o estimada [25].

4.6. Las entidades de Capital-Riesgo [26]

Las entidades de Capital-Riesgo son entidades cuyo objeto social principal consiste en la toma de participaciones temporales en el capital de otras empresas no financieras, o en la concesión a las mismas de préstamos participativos, cuyos valores no coticen en el primer mercado de las bolsas de valores. Estas entidades deben invertir al menos el 60 por 100 de su activo en acciones y participaciones y no pueden invertir más del 25 por 100 de su activo en la misma empresa, o más del 35 por 100 en empresas del mismo grupo económico.

Las entidades de Capital-Riesgo pueden ser de dos tipos:

- *Sociedades de Capital-Riesgo*. Constituidas como sociedades anónimas con un capital mínimo de 200 millones de pesetas desembolsado al menos en un 50 por 100 en el momento de su constitución.

---

[24] Regulados por el Real Decreto 685/1982, de 17 de marzo, de regulación del mercado hipotecario y por la Ley 19/1992, de 7 de julio, sobre Régimen de las Sociedades de Inversión Inmobiliaria y sobre Fondos de Titulización Hipotecaria.

[25] Regulados por el Real Decreto 926/1998, de 14 de mayo, por el que se regulan los fondos de titulización de activos y las sociedades gestoras de fondos de titulización.

[26] Reguladas por la Ley 1/1999, de 5 de enero, reguladora de las Entidades de Capital-Riesgo y de sus sociedades gestoras.

- *Fondos de Capital-Riesgo*. Constituidos como patrimonios carentes de personalidad jurídica propia, con un mínimo de 275 millones de pesetas, su administración necesariamente se debe encomendar a una sociedad gestora de entidades de capital-riesgo.

4.7. Los Fondos de Pensiones [27]

Los Planes de pensiones son instituciones de previsión voluntaria y libre cuyas prestaciones pueden, o no, ser complemento del preceptivo régimen de la Seguridad Social. Los planes de pensiones pueden clasificarse:

- En atención a los sujetos constituyentes:
  - — *Planes de pensiones de empleo*. Corresponden a planes de pensiones cuyo promotor puede ser cualquier entidad y cuyos partícipes son sus empleados.
  - — *Planes de pensiones asociados*. Corresponden a planes de pensiones cuyo promotor es cualquier asociación, sindicato, gremio o colectivo, y cuyos partícipes son sus asociados o miembros.
  - — *Planes de pensiones individuales*. Corresponden a planes de pensiones cuyos promotores son una o varias entidades de carácter financiero y cuyos partícipes son cualesquiera personas físicas, a excepción de las que estén vinculadas a aquellas por relación laboral y sus parientes, hasta el tercer grado.

- En razón de las obligaciones asumidas:
  - — *Planes de prestación definida*: son aquellos planes de pensiones en los que se define como objeto la cuantía de las prestaciones a percibir por los beneficiarios.
  - — *Planes de aportación definida*: son aquellos planes en los que el objeto definido es la cuantía de las contribuciones de los promotores y, en su caso, de los partícipes del plan.
  - — *Planes mixtos*: son aquellos planes de pensiones cuyo objeto es, simultáneamente, la cuantía de la prestación y la cuantía de la contribución.

Los Fondos de Pensiones son el medio de instrumentar un Plan de Pensiones, es decir, han sido creados con el objeto exclusivo de dar cumplimiento a un Plan de Pensiones. Estos fondos carecen de personalidad jurídica propia y, necesariamente, deben ser administrados por una sociedad gestora de fondos de pensiones bajo la supervisión de una comisión de control, y deben invertir sus recursos con criterios de seguridad, rentabilidad, diversificación y congruencia de plazos adecuados a sus finalidades, debiendo estar materializados al menos en un noventa por ciento en activos financieros contratados en mercados organizados reconocidos oficialmente.

---

[27] Regulados por la Ley 8/1987, de 8 de junio, sobre Regulación de los Planes y Fondos de Pensiones, La ley 30/1995, de 8 de noviembre, de Ordenación y Supervisión de los seguros privados, y por el Real Decreto 1.588/1999, de 15 de octubre, por el que se aprueba el Reglamento sobre la instrumentación de los compromisos por pensiones de las empresas con los trabajadores y beneficiarios.

5. LOS INGRESOS Y LOS GASTOS EN EL NEGOCIO BANCARIO

El negocio básico de las entidades de crédito y ahorro, conocido como *negocio bancario,* consiste en tomar dinero prestado (depósitos) a cambio de pagar un determinado tipo de interés y posteriormente prestar los fondos así obtenidos a una tercera persona, a cambio de recibir un tipo de interés superior; el diferencial entre ambos tipos de interés representa el valor añadido que estas entidades dan a los fondos así intermediados, es decir, la remuneración adicional que obtienen por la transformación de riesgos financieros, plazos, importes y liquidez.

Los intereses son el importe que el deudor está obligado a pagar al acreedor durante el periodo del contrato que no se aplican a reducir el saldo vivo del importe prestado. Desde un punto de vista general, los ingresos y gastos de una entidad de crédito pueden ser clasificados dentro de los siguientes grandes conceptos:

- *Ingresos por intereses (Intereses y rendimientos asimilados, o productos financieros).*
- *Ingresos por comisiones.*
- *Otros ingresos y gastos.*
- *Gastos por intereses (Intereses y cargas asimiladas, o costes financieros).*
- *Gastos de estructura.*
- *Costes por coberturas (Dotaciones a fondos especiales).*
- *Ingresos y gastos extraordinarios.*

5.1. Los Ingresos por intereses o Productos Financieros

La principal fuente de ingresos de la mayor parte de las entidades de crédito siguen siendo todavía hoy los intereses recibidos por los préstamos concedidos a sus clientes. Buscando una analogía con la industria no financiera, podríamos decir que:

- *Los intereses recibidos representan la cifra de ventas.*
- *Los intereses pagados representan el coste de ventas.*
- *La diferencia entre los intereses recibidos y pagados, también conocida como margen de intermediación o financiero, representa el margen bruto de ventas.*

Los intereses pueden ser fijos o variables. En el primer caso, el total de intereses a recibir por el banco son conocidos desde que el préstamo nace. Cuando los intereses son variables no se conoce el importe de los mismos, este es el caso cuando los intereses varían en relación con algún indicador, por ejemplo *MIBOR* (Madrid *Interbank Offered Rate*), que es el tipo de interés constituido por una media de los tipos de interés del mercado interbancario de Madrid al plazo que corresponda (*MIBOR-año, MIBOR-mes, MIBOR-día,* etc.)[28]. Otros tipos de referencia en el mercado financiero español son: *EURIBOR* y *EONIA*[29].

---

[28] El artículo 13 de la Ley 46/1998, de 17 de diciembre, sobre introducción del Euro garantiza el cálculo y la publicación del MIBOR por el Banco de España en tanto concurran los requisitos técnicos para su elaboración.

[29] El Euribor es un tipo de interés de oferta de depósitos interbancarios en euros y dentro de la eurozona para doce diferentes vencimientos (desde una semana hasta un año). El tipo Eonia (*euro over nigth*

Los ingresos por intereses de la cuenta de resultados de las entidades de crédito pueden ser asociados con sus correspondientes cuentas o epígrafes de activo del balance de estas entidades:

Cuentas de ingresos por intereses	Relacionadas con la cuenta de activo:
Intereses y rendimientos asimilados de:	Activo:
Banco de España	*Banco de España*
Otros bancos centrales	*Otros bancos centrales*
Entidades de crédito	*Entidades de crédito*
Crédito a las Administraciones públicas	*Crédito a las Administraciones públicas españolas*
Crédito a otros sectores residentes	*Crédito a otros sectores residentes*
Crédito a no residentes	*Crédito a no residentes*
Activos dudosos	*Activos dudosos*

5.2.   Los Ingresos por comisiones

La segunda gran fuente de ingresos de las entidades de crédito son los procedentes de comisiones. El incremento de actividades bancarias, no relacionadas con operaciones de crédito o de depósito que producen ingresos por comisiones, se ha debido en buena medida a la percepción por parte de las entidades de crédito de que se trataba de actividades de bajo riesgo y, en consecuencia, con bajo requerimiento de recursos propios. Los grandes tipos de ingresos por comisiones pueden ser agrupados en:

- *Por operaciones de préstamo y créditos* (*v.g.* comisiones de apertura de crédito, de estudio de préstamo o crédito, de disponibilidad, de cancelación anticipada, etc.).
- *Por pasivos contingentes* (*v.g.* por concesión de avales, créditos documentarios, etc.).
- *Por servicios de cobros y pagos* (*v.g.* gestión de letras de cambio, cobros de recibos, de cheques, domiciliaciones bancarias, etc.)
- *Por operaciones con divisas* (*v.g.* comisiones de cambio de moneda, por ordenes de pago y transferencias sobre el extranjero)
- *Por asesoramiento financiero y dirección de operaciones singulares:* (*v.g.* asesoramiento de fusiones, compras, salidas a bolsa, etc.).
- *Por servicio de valores* (*v.g.* comisiones de aseguramiento y colocación de valores, compraventa y custodia de valores, etc.)
- *Por comercialización de productos financieros no bancarios* (*v.g.* comisiones por venta de participaciones en Fondos de inversión, Fondos de Pensiones, Seguros, etc.)
- *Por administración de cuentas (v.g.* comisiones de mantenimiento, por apunte contable, etc.)

---

index average) es el tipo de interés a un día para operaciones interbancarias y para grandes clientes. Estos tipos son publicados diariamente por la Federación Bancaria de la Unión Europea que representa a la mayor parte de las Entidades de Crédito y Ahorro de los países de la zona euro.

5.3. Otros ingresos y gastos

Además de los ingresos anteriormente señalados, las Entidades pueden percibir otros ingresos que podemos agrupar en:

- *Por participación en otras sociedades:* rendimientos de la cartera de renta variable (dividendos).
- *Por mediación financiera:*
  — resultados habidos en las operaciones de futuro que no sean de cobertura[30],
  — fluctuaciones en el precio de valores incluidos en la Cartera de Negociación[31],
  — las diferencias de cambio en operaciones con divisas[32].

5.4. Los Gastos por Intereses

El mayor capítulo de los gastos de las entidades de crédito comerciales es el de los costes de los fondos ajenos utilizados. Éstos pueden resumirse en:

- *Cuentas corrientes.*
- *Cuentas de ahorro y Depósitos a plazo.*
- *Depósitos tomados del mercado interbancario.*
- *Empréstitos y otros valores emitidos.*
- *Movilización de Activos Financieros.*

Históricamente las *cuentas corrientes* representaban la forma más barata de financiación de una entidad de crédito porque no era habitual la remuneración de este tipo de cuentas, ni el cobro por la administración de la misma (emisión de talonarios, transferencias, etc.). Hoy en día, es frecuente la remuneración de las mismas, si bien con bajos tipos de interés. Sin embargo, se ha producido un fuerte incremento en el cobro de comisiones por el uso y administración de las mismas.

Los *depósitos a plazo* representan fondos tomados del público, a un plazo determinado, en una variedad de monedas, y con intereses fijos o variables.

Los *depósitos tomados del mercado interbancario* suelen serlo a muy corto plazo (el más frecuente es el depósito a un día) y prestados por otras entidades de crédito.

La *movilización de activos financieros* hace referencia a la obtención de liquidez mediante la venta en firme o condicional de activos financieros negociables o susceptibles de serlo[33].

Las cuentas de resultados que recogen los gastos por intereses pueden ser, al igual que las de los ingresos por intereses, relacionadas con sus correspondientes cuentas del pasivo del balance de las entidades de crédito:

---

[30] Véase el Capítulo 9.
[31] Véase el Capítulo 6: Cartera de Negociación.
[32] Véase el Capítulo 8.
[33] Véase el Capítulo 7.

Cuentas de gastos por intereses	Relacionadas con la cuenta de pasivo:
Intereses y cargas asimiladas:	Pasivo:
De Banco de España	*Banco de España*
De entidades de crédito	*Entidades de crédito*
De acreedores. Administraciones públicas	*Acreedores. Administraciones públicas españolas*
De acreedores. Otros sectores residentes	*Acreedores. Otros sectores residentes*
De acreedores no residentes	*Acreedores no residentes*
De empréstitos y otros valores negociables	*Empréstitos y otros valores negociables*
De financiaciones subordinadas	*Financiaciones subordinadas*

5.5. Los Costes fijos o de estructura

Los costes de estructura de una entidad de crédito representan los gastos de explotación o costes operativos de la misma, y se concretan en:

- *Gastos de Personal.*
- *Gastos Generales.*
- *Amortizaciones de activos fijos e inmateriales.*
- *Tributos varios.*

Los *gastos de personal* representan, generalmente, la mayor partida de las cargas de estructura de una entidad de crédito. Aquí se incluyen, además de la remuneración bruta a los empleados, las cargas de Seguridad Social, las cargas sociales por pensiones, etc.

Los *gastos generales* incluyen los de alquiler, publicidad, comunicación, informática, etc.

Los *tributos varios* hacen referencia a cargas fiscales distintas de las relacionadas con el impuesto sobre beneficios, tales como, impuestos sobre bienes inmuebles, sobre actividades económicas, sobre actos jurídicos documentados, arbitrios municipales, etc.

Los *activos inmateriales* se consideran aquellos gastos que por su propia naturaleza afectan a más de un ejercicio, como los gastos de constitución y primer establecimiento que se deben amortizar en un máximo de cinco años, los de adquisición de aplicaciones informáticas que lo harán en un máximo de tres años, y el fondo de comercio pagado por adquirir todo o parte de un negocio que se debe amortizar en un máximo de veinte años [34].

5.6. Los Costes por cobertura de riegos

Los costes por coberturas de riesgos hacen referencia a los cargos que deben efectuarse en la cuenta de resultados de las entidades con el fin de constituir unos *Fondos Especiales* cuyo objeto consiste en:

---

[34] El Fondo de Comercio, a estos efectos, es la diferencia entre el importe desembolsado en la adquisición y la diferencia entre los activos materiales y financieros adquiridos valorados a precios de mercado y los pasivos asumidos en la transacción (Circular 4/91 del Banco de España. Norma 30.ª).

- Corregir la valoración de activos, prevenir pagos o cargas contingentes específicas *(Fondos Especiales Específicos)*. Estos fondos, a veces también llamados *Provisiones para riesgos,* deben ser suficientes para absorber las pérdidas asociadas al riesgo que se pretende cubrir, por lo que en su determinación se produce un alto grado de estimación y, por tanto, de subjetividad. En ocasiones, las autoridades supervisoras requieren un nivel mínimo de cobertura, bien para una operación o riesgo específicamente identificado (*v.g.* un préstamo en particular) o bien para grupos de operaciones que tienen alguna característica de riesgo común (*v.g.* todos los préstamos concedidos a residentes en un determinado país), etc. En este grupo se incluyen entre otros:
  — *Los Fondos de Insolvencias y de Riesgo País*: creados para la cobertura del riesgo de impago, es decir de no recuperación de los préstamos concedidos[35].
  — *Los Fondos de Fluctuación de Valores*: creados para reflejar las minusvalías de aquellos valores de renta fija o variable que no forman parte de la cartera de negociación[36].
  — *Los Fondos de Pensiones internos*: creados para cubrir los compromisos y riesgos asumidos por las entidades por complementos de pensiones con empleados ya jubilados o prejubilados (pensiones causadas) y con los empleados en activo (pensiones no causadas).
- Servir de cobertura, por razones de prudencia, al riesgo general de la actividad bancaria sin que existan razones objetivas que requieran la constitución de fondo especial específico *(Fondo para riesgos generales)*.

5.7. Los ingresos y gastos extraordinarios

En la cuenta de resultados de las entidades de crédito se consideran ingresos y gastos extraordinarios aquellos que surgen como consecuencia de una transacción poco usual o infrecuente. En este sentido, tienen naturaleza de inusuales aquellas transacciones que tienen un elevado grado de excepcionalidad y que no están claramente, o sólo lo están de una manera muy accidental, relacionadas con actividades ordinarias y típicas de las entidades de crédito. A su vez, el concepto de *transacciones poco frecuentes* alude a que es razonable esperar que este tipo de transacciones no se volverá a producir en un futuro inmediato.

Por todo ello, el resultado de este tipo de transacciones tiene la consideración de extraordinario o atípico, y se presenta separadamente en un epígrafe especial de la cuenta de resultados. En este tipo de resultados se incluyen, entre otros, los resultados habidos por ventas de inmovilizado, ventas de participaciones de carácter permanente[37], etc., así como los resultados procedentes de ejercicios anteriores.

---

[35] Véase el Capítulo 5.
[36] Véase el Capítulo 6.
[37] Véase, en el Capítulo 6, Carteras de Inversión Permanente y a Vencimiento.

6. LAS ÁREAS DE NEGOCIO DE LAS ENTIDADES DE CRÉDITO Y AHORRO

El conocimiento de las áreas de negocio de una entidad de crédito resulta básico en el análisis estructural de su información financiera, ya que la diferente composición por áreas de negocio tenderá a reflejarse, de una u otra forma, en sus estados financieros.

La finalidad de la distribución del negocio bancario por áreas de actividad es de tipo estratégico, ya que la frontera entre ellas resulta imposible de trazar de una forma taxativa (al contrario que en cualquier otro negocio), y en este sentido cada entidad debe definir, de acuerdo con sus objetivos, la línea divisoria entre ambas. En cualquier caso, las grandes áreas de negocio que podemos encontrarnos en una entidad de crédito serán:

- *Banca al por mayor, o de inversión.*
- *Banca de Empresas.*
- *Banca al por menor, o comercial.*

Por *banca al por mayor* se entiende aquella parte del negocio que está relacionada con los mercados primario y secundario de valores, y que conlleva la negociación con acciones, obligaciones, pagarés de empresa (*commercial paper* en la terminología inglesa), con actividades de asesoramiento en materia de necesidades financieras a grandes instituciones (empresas y sector público), así como la actividad con los productos denominados *derivados financieros* (futuros, opciones, permutas financieras, etc.).

Por *banca de empresas* se entiende la actividad relacionada con empresas no financieras, y muy especialmente con las de mayor tamaño.

Finalmente por *banca comercial* se entiende aquella parte de la actividad de la entidad de crédito relacionada con los hogares y las pequeñas y medianas empresas. Se trata del área de negocio que afecta al mayor número de clientes, lo cual conlleva importantes consecuencias de tipo operativo (red de sucursales, cajeros automáticos, etc.) y estratégicas, en la medida en que la imagen de la entidad resulta básica para la estabilidad de la masa de depósitos captados en este sector.

2
Operaciones, servicios y riesgos bancarios

1. INTRODUCCIÓN

Los criterios de clasificación de los diversos tipos de operaciones que llevan a cabo las entidades de crédito, denominadas en muchas ocasiones genéricamente *operaciones bancarias*, son muy diversos. Así, se distingue entre operaciones típicas y ocasionales, esenciales y colaterales, etc., de forma que serían operaciones típicas o esenciales aquéllas en las que la entidad actúa como intermediaria de dinero, en tanto que son operaciones ocasionales o colaterales, aquéllas que se realizan como consecuencia de la propia actividad de la entidad o por las especiales necesidades de los clientes [1].

Sin embargo, la clasificación más extendida es la que considera las operaciones en función de la posición de crédito que la entidad tiene en el contrato en que se sustenta la operación. Así, una entidad de crédito se encuentra ante una *operación de activo* cuando es la entidad la que concede un crédito o facilita la obtención del mismo, y ante una *operación de pasivo* cuando es la entidad la beneficiaria del crédito. A su vez, dependiendo de si la operación ha significado, o no, un desembolso de dinero para la entidad, las operaciones de activo se clasifican en operaciones de *riesgo dinerario* y operaciones de *riesgo de firma*.

Las operaciones que no conllevan la concesión de crédito por ninguna de las partes, excepto las denominadas operaciones de futuro, se denominan *servicios bancarios* [2].

---

[1] GARRIGUES, JOAQUÍN (1975), *Contratos Bancarios*. Segunda Edición. Madrid.

[2] Las condiciones contractuales de las operaciones de las entidades de crédito se encuentran sometidas a una regulación especial que con el fin de proteger a los clientes establece el artículo 48 de la Ley 26/1988, de 29 de julio, de Disciplina e Intervención de las entidades de crédito, desarrollado por la OM de 12-12-89, sobre Tipos de interés y comisiones, normas de actuación, información a clientes y publicidad de las entidades de crédito, así como por la Circular 8/1990 del Banco de España.

2.   LAS OPERACIONES DE RIESGO DINERARIO

La inversión de una entidad de crédito representa la aplicación de los recursos financieros propios y ajenos captados de que disponen las entidades, presentando, en una primera aproximación, una doble vertiente:

- *Inversión obligatoria*: regulada por razones de política monetaria [3].
- *Inversión libre*: realizada por la entidad, de acuerdo con su política crediticia.

Desde el punto de vista de su rentabilidad esta inversión puede ser:

- *Productiva*.
- *Improductiva*.

La inversión productiva está formada por aquellos activos de los que se espera un rendimiento financiero, es decir, por activos financieros (*v.g.* préstamos, valores, etc.), en tanto que la inversión improductiva es aquella cuyo rendimiento financiero es nulo (*v.g.* el dinero efectivo en caja, inmovilizado, etc.).

De una forma resumida, la *inversión libre productiva* está formada por la inversión crediticia y la inversión en los mercados de valores de renta fija o variable, en tanto que, la *inversión libre improductiva* está constituida por aquellos elementos de activo inmovilizado, que son necesarios para el funcionamiento de la entidad, pero cuyo beneficio no puede ser realizado sin la liquidación del mismo (*v.g.* edificios, instalaciones, mobiliario, etc.).

En el negocio bancario se entiende por *operaciones de riesgo dinerario*, aquellas inversiones mediante las cuales la entidad (prestamista) concede a sus clientes (prestatarios) sumas de dinero, a cambio de la obligación de su devolución en la forma, plazo y condiciones pactados contractualmente.

A continuación se señalan las características más relevantes de las operaciones de inversión crediticia más frecuentes que suponen un riesgo dinerario para una entidad de crédito.

2.1.   Crédito Comercial

El crédito comercial, también denominado *descuento bancario* o *comercial*, es un contrato mediante el cual una entidad anticipa fondos a un cliente (el *libra-*

---

[3] Actualmente la única inversión obligatoria es la denominada «Coeficiente de Reservas Mínimas» que puede fijar el Banco Central Europeo (BCE) según lo establecido en el artículo 19.2 de sus estatutos. La base para el cálculo de este coeficiente está constituida por los pasivos derivados de la aceptación de fondos: depósitos, valores de deuda emitidos e instrumentos del mercado monetario. El importe de las Reservas Mínimas se determina aplicando a la base de cálculo un determinado coeficiente, no superior al 10 por 100, y su importe debe mantenerse en el Banco Central del Estado miembro en el que tengan un establecimiento, en relación con su base de reserva en el Estado miembro correspondiente. El importe mantenido como exigencias de reservas es remunerado por el Sistema Europeo de Bancos Centrales (SEBC). Reglamento N.º 2.818/98 del Banco Central Europeo, de 1 de diciembre, relativo a la aplicación de las reservas mínimas.

dor o *cedente* de los créditos) contra la entrega por éste de un documento crediticio a plazo (*v.g.* una letra de cambio, una factura, etc.), surgido como consecuencia de una operación de venta de bienes o prestación de servicios, para que a su vencimiento la entidad lo cobre (del *librado*). La cantidad puesta a disposición del cliente es, generalmente, el importe nominal del documento crediticio entregado menos una cantidad deducida de éste, en concepto de intereses y comisiones.

Los documentos descontados por una entidad son, por regla general, endosados a su orden, constituyéndose en este caso en tenedora o propietaria legítima de los mismos y, por consiguiente, estando capacitada para exigir su reembolso el día del vencimiento, por el total de la deuda, al librado-aceptante y, en su defecto, a los avalistas y al propio cedente [4].

La operación de descuento no debe asimilarse a la concesión pura y simple de un crédito, pues, en este último caso, la entidad asume todo el riesgo de crédito del deudor (insolvencia), en tanto que en el descuento comercial puede recurrirse contra todos los que intervienen en el efecto descontado: librado-aceptante, librador, endosantes y avalistas.

En el descuento comercial, la entidad de crédito suele encuadrar al cedente de los documentos, en virtud de su solvencia, negocio, etc., dentro de un límite negociador, que representa el importe máximo de los créditos que la entidad está dispuesta a descontar, abriéndole lo que se denomina *una línea de descuento,* y procediendo a efectuar, en cada una de las remesas de documentos que se le presentan para descontar, un estudio individualizado de cada uno de los documentos, admitiendo unos y rechazando otros.

Una variedad de descuento comercial es el *descuento de certificaciones de obras* que surgen generalmente en los contratos de obras y suministros de servicios contratados con el Estado, las Comunidades Autónomas, Ayuntamientos, etc. Estos organismos suelen autorizar el pago del servicio u obra realizado, por fases o por la totalidad del suministro realizado, mediante la presentación de certificaciones. Así pues, estas certificaciones pueden incorporar un derecho de crédito del contratista de la obra o servicio frente a la Administración Pública por razón de la prestación realizada, la cual puede ser descontada por una entidad de crédito [5].

Por último, el *redescuento* es el descuento que una entidad de crédito (A) hace en otra entidad de crédito (B), de créditos descontados por aquélla a sus clientes [6].

---

[4] Cuando se trata de títulos cambiarios (letras de cambio y pagarés) el tenedor del título tiene acciones ejecutivas, en caso de impago por parte del librado, contra el librador, endosantes anteriores y avalistas. Artículo 57 de la Ley Cambiaria y del Cheque, de 16 de julio de 1985.

[5] Para ello, entre otros requisitos la cesión de derechos a la entidad de crédito debe ser notificada fehacientemente a la Administración correspondiente, expidiendo ésta el mandamiento de pago a favor de aquélla. (Artículo 115 de la Ley 13/1995, de 18 de mayo, de Contratos de las Administraciones Públicas.)

[6] Véanse los Capítulos 5 y 7.

Cedente	Descuento ⟹	Entidad A	Redescuento ⟹	Entidad B

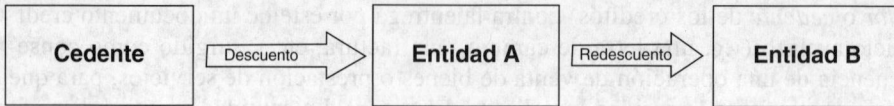

2.2. Préstamos y Cuentas de Crédito

Las operaciones de préstamo y crédito, genéricamente denominadas de préstamo, son aquellas mediante las cuales una entidad de crédito (prestamista) pone dinero a disposición de un tercero (prestatario) mediante un documento contractual que no es negociable[7] (el contrato de crédito o préstamo). Suelen tener las siguientes características[8]:

1. Las condiciones contractuales por las que se rigen, bien las establece la propia entidad o bien se negocian con el prestatario[9].
2. La iniciativa de la operación corresponde, generalmente, al prestatario.
3. La operación supone una deuda incondicional para el prestatario, que devenga intereses y debe reembolsarse en uno o varios vencimientos.

Aun cuando suele ser frecuente utilizar indistintamente los conceptos de crédito y de préstamo, ambos tipos de operaciones responden a fórmulas financieras y contractuales diferentes.

- *Un contrato de préstamo* es aquél por el que la entidad de crédito entrega al prestatario una suma de dinero de una sola vez, con destino a un fin en concreto, obligándose este último a restituir dicha cantidad, de una sola vez, en una fecha prevista, o en cantidades y plazos previamente fijados, así como al abono de los intereses y comisiones pactados en el contrato.

- *Un contrato de cuenta de crédito* es aquél en virtud del cual la entidad de crédito pone a disposición de un prestatario una suma de dinero (límite de crédito) para su utilización, hasta el límite fijado[10] y en un plazo determinado, obligándose el prestatario a su posterior reembolso y al pago de los intereses pactados sobre las cantidades efectivamente dispuestas, así como a las comisiones estipuladas, en los plazos acordados. Operativamente, el contrato de cuenta de crédito representa la apertura de una cuenta corriente en la que se

---

[7] La condición de negociabilidad se refiere a que los contratos coticen con regularidad en un mercado organizado. Anexo I del Reglamento N.º 2.819/98 del Banco Central Europeo, de 1 de diciembre, relativo al balance consolidado del sector de las instituciones financieras monetarias.

[8] Capítulo 5 del Reglamento 2.223/96, de 25 de junio, relativo al sistema europeo de cuentas nacionales y regionales de la Comunidad (SEC-95). Bruselas, 1996.

[9] En el primer caso se denominan «contratos de adhesión» o «contratos en masa». En ellos las cláusulas suelen venir generalmente impresas y con iguales, o muy similares, exigencias, las cuales se aceptan tal y como vienen impuestas, quedando exclusivamente la opción de contratar con otra entidad de crédito diferente.

[10] Las cantidades dispuestas por encima del límite contractual, son conocidas como *excedidos en cuentas de crédito* no estando, generalmente, amparadas dentro del contrato de cuenta de crédito.

van anotando las disposiciones e ingresos que va haciendo el titular de la cuenta de crédito.

Los créditos y préstamos pueden ser clasificados de acuerdo con diferentes criterios, los mas generales son:

- Según las garantías:
  — Con garantía personal
  — Con garantía real
- Según la instrumentación documental:
  — Pólizas de préstamo o crédito.
  — Escritura pública.
  — Letras financieras [11].
- Según la residencia y sector del titular de la operación [12]:
  Atendiendo a la residencia del titular de una operación, ésta puede ser:
  — Residentes en España.
  — Residentes en el resto de países de la Unión Europea.
  — Residentes en el resto del Mundo.
  A su vez, dentro de cada uno de ellos, la clasificación por sectores será:
  — Sector creditício.
  — Sector Administraciones Públicas.
  — Otros sectores.

2.2.1. Créditos y préstamos con garantía personal

Son aquéllos que se conceden a la vista de la confianza personal que merece el prestatario, como consecuencia de su patrimonio, solvencia económica y moral, y sin que quede ningún bien afecto al buen fin de la operación. En ocasiones, para reforzar la garantía personal del prestatario, suele exigirse la intervención de avalistas o fiadores, los cuales se obligan expresa y solidariamente con el deudor principal al cumplimiento de todas las obligaciones dimanadas de la póliza, renunciando a los beneficios de orden, excusión y división [13].

2.2.2. Créditos y préstamos con garantía real

En ellos el prestatario aporta como garantía bienes muebles o inmuebles, que quedan afectos para responder directamente de la deuda contraída. La concesión de este tipo de operaciones se apoya, además de en la solvencia personal del prestatario, en el valor del bien objeto de la garantía.

En función de la forma que adopte la garantía real, los créditos y préstamos se subdividen a su vez en:

---

[11] Constituye un préstamo en el que el titular de la operación se recoge como librado-aceptante.

[12] Véase el Capítulo 3.

[13] Los artículos 1.830 al 1.837 del Código Civil regulan los efectos de la fianza entre el fiador y el acreedor.

a) Créditos y Préstamos con garantías hipotecarias.
b) Créditos y Préstamos con garantías pignoraticias.

Los préstamos y créditos con garantías hipotecarias son aquellos en los que la garantía asegura el cumplimiento de los compromisos asumidos por el prestatario, mediante un derecho directo e inmediato sobre un determinado bien afecto a este fin, instrumentándose en una escritura pública e inscribiéndose en el Registro de la Propiedad correspondiente, requisitos, estos dos últimos, esenciales para que la hipoteca sea válida [14].

Algunas de las características de las operaciones de crédito garantizadas por hipotecas son:

- La garantía afecta a la propiedad del bien, y no a su posesión que continúa en poder de su dueño, para su explotación o disfrute. No obstante, si el bien hipotecado se enajena, la hipoteca continúa existiendo, puesto que recae sobre el bien y no sobre la persona propietaria.
- Ante situaciones concursales del prestatario [15]:
  — Si el prestatario fuese declarado en Suspensión de Pagos, el bien hipotecado queda excluido del activo, en tanto en cuanto no quede satisfecho el crédito garantizado.
  — En el supuesto de declaración de Quiebra del prestatario, la validez de la hipoteca queda mediatizada por la fecha a la que el Juzgado retrotraiga aquella.

Las hipotecas, pueden ser de dos tipos:

- *Hipoteca Inmobiliaria,* cuando el derecho que otorga la hipoteca recae sobre bienes inmuebles.
- *Hipoteca Mobiliaria,* cuando el derecho que otorga la hipoteca recae sobre bienes muebles. Los bienes muebles que pueden ser objeto de hipoteca son los establecimientos mercantiles, los automóviles y otros vehículos a motor, la maquinaria industrial, y la propiedad intelectual e industrial [16].

Los créditos y préstamos con garantías pignoraticias son operaciones de crédito o préstamo, en las que la garantía recae sobre bienes muebles, los cuales pueden pasar o no a posesión de la Entidad, según se trate de prenda con o sin desplazamiento de posesión, respectivamente. Es susceptible de ser entregada en prenda

---

[14] Artículos 2 y 3 de la Ley 30/1944, de 30 de diciembre, Ley Hipotecaria según redacción oficial dada por el Decreto de 8 de febrero de 1946.

[15] En tanto no se apruebe la Ley Concursal prevista en la Disposición final decimonovena de la Ley 1/2000, de 7 de enero, de Enjuiciamiento Civil, los procedimientos judiciales reguladores de la insolvencia se rigen, para los deudores particulares (deudores civiles) por la Ley de Enjuiciamiento Civil aprobada por RD de 3 de febrero de 1881, y para los empresarios (individuales o sociales) por la Ley de Suspensión de Pagos de 26 de julio de 1922 y los artículos 870 al 941 del Código de Comercio.

[16] Artículos 12 de la Ley de Hipoteca mobiliaria y prenda sin desplazamiento de posesión de 16 de diciembre de 1954.

cualquier cosa mueble que esté en el comercio, con tal de que sea susceptible de posesión [17]: mercaderías y materias primas, animales, cosechas, etc.

Al igual que los acreedores hipotecarios, los pignoraticios son también acreedores privilegiados ante situaciones concursales del prestatario, con los mismos derechos que aquéllos.

Las operaciones más frecuentes de crédito o préstamo con garantía prendaria o pignoraticia son:

- *Con garantía de valores.*
- *Con garantía de mercaderías.*
- *Con garantía de efectos comerciales.*
- *Con garantía de depósitos en efectivo.*

2.3. Operaciones de Arrendamiento Financiero

Un contrato de arrendamiento financiero, también denominado «contrato de *leasing*» [18], es un contrato que combina simultáneamente:

a) La cesión de uso de un bien de una de las partes (el arrendador) a otra de las partes (el arrendatario) durante un determinado tiempo y por un precio cierto [19], y

b) una opción de compra a favor del arrendatario [20].

El contrato de arrendamiento financiero ofrece una técnica de adquisición de un bien para el arrendatario distinta de la mera compraventa, que razones de índole fiscal contribuyeron a su amplia difusión, especialmente entre pequeñas y medianas empresas.

Las características que distinguen para una entidad de crédito este tipo de operaciones son:

- La entidad debe adquirir un bien que es seleccionado por el arrendatario.

---

[17] Artículo 1.864 del Código Civil y 52 a 55 de la Ley de Hipoteca mobiliaria y prenda sin desplazamiento de posesión de 16 de diciembre de 1954

[18] Del inglés *Lease*. Este tipo de contratos suele clasificarse como financieros (*capital leases o direct financing leases*) u operativos (*operating leases*) según que, respectivamente, de las características de los mismos se desprenda o no sustancialmente la transferencia de todos los riesgos y ventajas inherentes del activo. Financial Accounting Standard Board (1977), *Accounting for Leases FAS-13*. Stamford, Connecticut (EE.UU.) e International Accounting Standard Committee: *Arrendamientos, NIC-17,* (Traducción autorizada del Instituto Mexicano de Contadores Públicos) y la Norma de valoración 5.ª del Real Decreto 1.643/1990, de 20 de diciembre, por el que se aprueba el Plan General de Contabilidad .

[19] El artículo 1.543 del Código Civil define en estos términos un contrato de arrendamiento.

[20] Requisito imprescindible para que el contrato de arrendamiento sea calificado como financiero. Disposición Adicional séptima de la Ley 26/1988, de Disciplina e intervención de Entidades de Crédito, completada y modificada por la Ley 3/1994 de 14 de abril, de adaptación a la Segunda Directiva de Coordinación Bancaria.

- La propiedad del bien es de la entidad de crédito y mediante el contrato de arrendamiento financiero se transfiere su uso al arrendatario, que deberá afectar el bien, necesariamente, a sus actividades de explotación.
- El arrendatario tendrá necesariamente la opción de adquirir el bien a un precio determinado[21].

Dependiendo de cual sea el bien objeto del contrato se puede hablar de, *leasing* mobiliario o inmobiliario. Una variedad especial de *leasing* es el denominado, *lease-back*, mediante el cual el propietario de un bien lo vende a una entidad de crédito, con el compromiso de que esta entidad, de forma inmediata, se lo arriende, mediante un contrato de *leasing* financiero.

2.4. Operaciones de *Factoring* [22]

El *Factoring*, considerado como una actividad típica de las entidades de crédito[23], es un producto financiero mediante el cual una empresa cede sus créditos comerciales a una entidad de crédito denominada *factor*[24] que, actuando por su propia cuenta, se encarga de la gestión de cobro de los citados créditos comerciales.

Los aspectos más significativos del factoring son la posibilidad, o no, de que exista financiación para la empresa y de que se asegure, o no, el riesgo de insolvencia del deudor (clientes de la empresa). No obstante, es preciso señalar, que en el caso del *factoring* puede resultar inadecuado hablar de financiación pues, en sí mismo, el factoring no es un préstamo a favor de la empresa vendedora sino una cesión (venta) de sus créditos comerciales, por ello suele hablarse de *factoring* con y sin anticipo de fondos (financiación).

El *factoring* reúne varias operaciones en un mismo contrato que pueden aparecer en las diferentes formas de *factoring* (gestión de cobro, análisis y aseguramiento de riesgo, financiación, etc.). La más genuina, y que distancia estas operaciones de las de descuento comercial, es precisamente la de compra de créditos de una

---

[21] Cuando el contrato no tiene la opción de compra a favor del arrendatario y, además, la entidad arrendadora se responsabiliza de los gastos de mantenimiento, se denominan contratos de *renting*, que carecen de regulación específica en el derecho privado español, por lo que su regulación se enmarca dentro de las disposiciones generales de los contratos de arrendamiento (artículos 1.542 a 1.574 del Código Civil). Véase la consulta número seis del Boletín Oficial del ICAC número 38, junio 1999.

[22] A diferencia de otros países (EEUU, Italia, Portugal, etc.), España no dispone de una regulación mercantil específica para las operaciones de factoring, excepto en determinadas operaciones y cuando los créditos comerciales cedidos son frente a las Administraciones Públicas. Disposición adicional primera de la Ley 1/1999, de 5 de enero, reguladora de las entidades de capital-riesgo y de sus sociedades gestoras.

[23] Artículo 52 de la Ley 26/1988, de Disciplina e intervención de las entidades de crédito, modificado por la Ley 3/1994, de 14 de abril, de adaptación a la Segunda Directiva de Coordinación Bancaria.

[24] La palabra *factor* responde en el sentido aquí empleado a un concepto anglosajón. En nuestra legislación mercantil, artículos 282 al 302 del Código de Comercio, el factor es un tipo de mandato mercantil que puede identificarse con la figura del encargado, administrador o gerente de una sociedad.

empresa contra sus clientes sin recurso. La otra forma es la de compra, pero con una cláusula «pro solvendo» (*Factoring con recurso*).

Los tipos de *factoring* que podemos encontrarnos, atendiendo a la existencia de financiación y aseguramiento del riesgo son:

		FINANCIACIÓN	
		SÍ	**NO**
ASEGURAMIENTO	**SÍ**	*Factoring con anticipo y sin recurso* (compra al contado de créditos con todos sus riesgos)	*Factoring sin anticipo y sin recurso* (compra con pago aplazado de créditos con todos sus riesgos)
	NO	*Factoring con anticipo y con recurso* (equivalente y con efectos similares al descuento comercial)	*Factoring sin anticipo y con recurso* (equivalente a gestión de cobro)

La diferencia entre el *factoring* y el descuento comercial anteriormente citado es que en el contrato genuino de *factoring* la entidad de crédito *compra* los créditos comerciales asumiendo totalmente el riesgo de impago (*Factoring sin recurso*), en tanto que en el descuento comercial, los importes que no resulten atendidos por los librados deberán ser atendidos por el cedente, avalistas y endosantes anteriores.

En ocasiones, la diferencia entre *factoring* y descuento comercial afecta incluso a la fórmula de cálculo utilizada para liquidar la operación con la empresa cedente de los créditos. Así, en el *factoring*, suele establecerse como un porcentaje de los créditos cedidos, en tanto que en el descuento comercial, el importe suele calcularse descontando del nominal cedido los intereses de cada crédito cedido, calculados sobre la base de su fecha de vencimiento.

2.5. Operaciones de *Confirming*

El Código de Comercio, al señalar las operaciones que principalmente realizan las denominadas *Compañías de Crédito,* señala la de realizar cobros y pagos por cuenta ajena [25]. Una operación de *confirming* responde precisamente a esta clase de actividad efectuada por una entidad de crédito.

Mediante una operación de *confirming* una empresa pone en conocimiento de una entidad de crédito el conjunto de deudas comerciales a las que ha dado su visto bueno, es decir, que ha conformado, para que a su vez la entidad lo ponga en conocimiento de los beneficiarios, generalmente otras empresas. La labor de la entidad de crédito no sólo es articular el pago de estas operaciones sino, principalmente, la de poner a disposición de la empresa obligada al pago de los documentos o facturas entregados, una posible financiación de éstos y, al beneficiario, la posibilidad de anticipo del documento o factura.

---

[25] Artículo 175.8 del Código de Comercio.

2.6.   Créditos sindicados

Un préstamo sindicado es un contrato por el que un grupo de entidades de crédito, de forma conjunta, conceden un préstamo a un determinado prestatario.

La necesidad, de un lado, de obtener grandes sumas de dinero por parte, generalmente, de las grandes empresas así como, de otro lado, la distribución de riesgos en las operaciones muy grandes por parte de las entidades de crédito, fueron en su origen las dos causas fundamentales de la aparición de los créditos sindicados.

El crédito sindicado se inicia con el encargo por parte de un prestatario a una o varias entidades de crédito, que se denominan Jefes de Fila *(Lead manager),* para que realicen el estudio y diseñen una operación financiera en las mejores condiciones, de acuerdo con las necesidades financieras del prestatario y las condiciones y posibilidades del mercado.

Una vez estudiada y definida la operación, los Jefes de Fila ofrecen a la comunidad financiera la participación, si lo desean, en el crédito sindicado. Además, de entre los Jefes de Fila se elige a uno, denominado *Banco Agente,* a quien se encomienda la gestión y administración del crédito y se responsabiliza de las gestiones frente al prestatario.

3.   OPERACIONES DE RIESGOS DE FIRMA

Los riesgos de firma, también llamados *Pasivos contingentes*, son operaciones que, sin representar un desembolso de efectivo por parte de la entidad de crédito, implican la asunción, por parte de ésta, de compromisos de pago frente a terceros, al garantizar compromisos y obligaciones de un cliente. De entre los riesgos de firma destacan: las fianzas y avales, y los créditos documentarios.

3.1.   Fianzas y Avales

Los términos aval y fianza son dos expresiones mercantiles que con frecuencia en el negocio bancario se utilizan indistintamente, si bien el aval es un tipo particular de fianza.

Se denomina *fianza* a cualquier garantía prestada por la que se obliga (la entidad de crédito) a pagar o cumplir por un tercero, en el caso de no hacerlo éste [26]. El *aval*, hace referencia a la fianza personal prestada a un tercero firmante de una letra de cambio [27].

Desde el punto de vista bancario, la fianza es la operación por la cual una entidad de crédito se constituye en garante ante terceros del cumplimiento, por parte de sus clientes, de obligaciones asumidas por éstos.

---

[26]   Artículo 1.822 del Código Civil.
[27]   Artículo 35 de la Ley 19/1985, de 16 de julio, Cambiaria y del Cheque.

Atendiendo a la naturaleza de las obligaciones garantizadas, los avales pueden ser clasificados en: *Avales Técnicos* y *Avales Financieros*.

Los *avales técnicos* son aquellos en los que la entidad de crédito garantiza una acción de un tercero. Es decir, la obligación de pago para la entidad de crédito surge por el incumplimiento por parte de un tercero de la acción garantizada: participar en subastas y concursos, buen fin de una obra o de su calidad, concesión de un determinado servicio o explotación, etc.

Cuando la entidad de crédito responde del pago de determinada cantidad, si oportunamente no lo hace el deudor garantizado, nos encontramos ante un *aval financiero*. Estos compromisos pueden estar motivados por transacciones comerciales del avalado (*v.g.* fraccionamiento o aplazamientos de pagos por compras de mercancías, terrenos, pagos de impuestos, etc.) o por operaciones financieras propiamente dichas, por créditos concedidos al avalado por terceros.

3.2. Créditos Documentarios

El crédito documentario es tradicionalmente el medio de pago más frecuente en las operaciones comerciales internacionales. Ello explica que su regulación no haya sido abordada casi por ningún país y se reglamente según normas internacionales. En este sentido, la Cámara de Comercio Internacional elaboró en 1933 las *Reglas y Usos Uniformes relativos a los Créditos Documentarios* —reformadas por última vez en 1994—, que tienen el carácter de Condiciones Generales de Contratación siempre que así se establezca en el texto del crédito documentario.

Según estas reglas, un crédito documentario se define como:

> *«Todo acuerdo, cualquiera que sea su denominación, por el que un banco ("Banco Emisor") obrando a petición y de conformidad con las instrucciones de un cliente ("Ordenante") y en su propio nombre:*
>
> — *se obliga a hacer un pago a un tercero ("Beneficiario") o a su orden, o bien a aceptar y pagar letras de cambio o instrumentos de giro librados por el Beneficiario,*
> — *autoriza a otro banco para que efectúe el pago o para que acepte y pague tales instrumentos de giro, o*
> — *autoriza a otro banco para que negocie, contra la entrega de los documentos exigidos, siempre y cuando se cumplan los términos y condiciones del crédito.»*

En las operaciones de crédito documentario, además de la entidad de crédito emisora de éste (banco emisor) y de la entidad de crédito confirmadora de él (banco confirmador), pueden existir otras entidades de crédito involucradas (*v.g.* banco avisador, banco designado, etc.) cuyas funciones son, generalmente, las de actuar por cuenta de los primeros (banco emisor y banco confirmador), no actuando, en consecuencia, por cuenta propia.

El gráfico siguiente refleja las fases básicas de un crédito documentario:

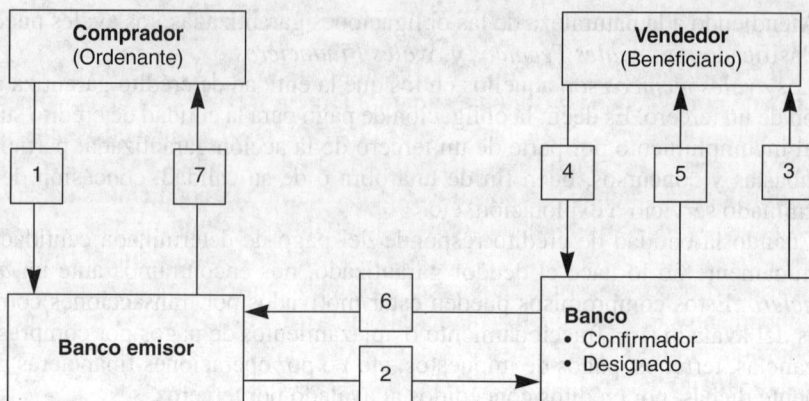

1. Solicita la apertura de un crédito documentario.
2. Abre un crédito documentario.
3. Confirma la apertura de un crédito documentario
4. Entrega documentos.
5. Liquidación del crédito:
    5.1. Pago a la vista de los documentos.
    5.2. Pago aplazado de los documentos.
    5.3. Acepta instrumentos librados por el beneficiario y pagaderos por:
        5.3.1. El banco emisor.
        5.3.2. El banco confirmador.
        5.3.3. Otro banco.
    5.4. Negociación sin recurso de efectos librados por el beneficiario (contra el banco emisor).
6. Entrega documentos.
7. Entrega documentos y cargo en la cuenta del ordenante (c/c o préstamo).

Los únicos bancos que actúan por cuenta propia en una operación de crédito documentario son los bancos emisor y confirmador. El resto de los bancos, de existir alguno (bancos avisadores y designados), cuando sólo actúan bajo este concepto (avisar, pagar, aceptar y negociar), lo hacen como comisionistas directos del banco emisor, es decir, actúan en nombre y por cuenta del banco emisor.

En un crédito documentario existe un compromiso firme del banco emisor y adicional del confirmador de:

- Si es pago a la vista, pagar a la vista.
- Si es pago aplazado, pagar al vencimiento.
- Si se establece la aceptación :
    — Por el banco emisor (o confirmador): aceptar los efectos librados por el beneficiario y pagarlos a su vencimiento.
    — Por otro banco distinto: en el supuesto de que este banco finalmente no aceptase o no pagase a su vencimiento, hacerlo ellos (emisor/confirmador).
- Si se establece la negociación: negociar sin recurso los efectos librados por el beneficiario presentados en la utilización del crédito.

Los créditos documentarios pueden ser revocables o irrevocables[28].

- Un *crédito documentario revocable* es aquél que puede ser modificado o cancelado por el banco emisor en cualquier momento y sin previo aviso al beneficiario. Sin embargo, este banco está obligado a reembolsar a otro banco que haya pagado, aceptado, negociado o tomado documentos en caso de pago diferido, aparentemente conformes con los términos y condiciones del crédito, antes de haber recibido la comunicación del banco emisor.
- Un *crédito documentario irrevocable* constituye un compromiso firme por parte del banco emisor, y adicional del banco confirmador, siempre que los documentos hayan sido presentados al banco designado o al confirmador y se hayan cumplido los términos y condiciones del crédito. A falta de indicación todo crédito documentario se considera irrevocable.

4. OPERACIONES PASIVAS

Las operaciones de pasivo de las entidades de crédito, es decir, la captación de recursos financieros de agentes económicos ahorradores no bancarios (hogares, empresas, etc.), puede efectuarse básicamente de dos maneras. Mediante:

- Los depósitos bancarios.
- Las emisiones de valores.

4.1. Los depósitos bancarios

El principal concepto del pasivo, en las entidades de crédito comerciales, son los depósitos bancarios que representan las cantidades debidas a sus acreedores, llamados a veces *clientes de pasivo*, por causas distintas a la suscripción y desembolso de valores emitidos por la entidad y que, de igual forma que los préstamos por el lado del activo, reflejan el negocio tradicional de la banca, tratándose, además, de una actividad reservada en exclusiva a las entidades de crédito:

> *«ninguna persona física o jurídica, nacional o extranjera, podrá, sin haber obtenido la preceptiva autorización y hallarse inscrito en los correspondientes registros, ejercer en territorio español las actividades legalmente reservadas a las entidades de crédito "... se incluye como actividad reservada..." la captación de fondos reembolsables del público, cualquiera que sea su destino, en forma de deposito, préstamo, cesión temporal de activos financieros u otras análogas que no estén sujetas a las normas de ordenación y disciplina del mercado de valores.»*[29]

---

[28] Artículos 6c, 8 y 9a y b, de las Reglas y Usos Uniformes relativas a los Créditos Documentarios. París, Mayo 1993.

[29] Artículo 28 de la Ley 26/1988, de 29 de julio, sobre Disciplina e Intervención de las entidades de crédito, modificada por la Ley 3/1994, de 14 de abril, de adaptación a la Segunda Directiva de Coordinación bancaria y por la Ley 13/1995, de 1 de junio, de Autonomía del Banco de España.

Las diferentes fórmulas contractuales en que se formalizan o instrumentan estas cuentas se concretan en: *depósitos a la vista*, *depósitos con vencimiento acordado* y *cesiones temporales de activos*.

- Los *depósitos a la vista* son aquellos que pueden ser convertidos en dinero, transferirse a petición del interesado mediante cheque, orden bancaria o medios similares, sin demora, restricciones o penalizaciones significativas.

- Los *depósitos con vencimiento acordado* son aquellos que no pueden transferirse ni convertirse en efectivo antes de un plazo fijo acordado, o que sólo pueden serlo antes de dicho plazo mediante el cobro de algún tipo de penalización al titular.

- Las *cesiones temporales de activos* representan el dinero recibido por una entidad por la venta de un activo financiero a un precio determinado, con el compromiso de recomprar dichos activos (o similares) a un precio fijo en una fecha futura y determinada. La diferencia, entre el importe recibido por la venta y el precio convenido de recompra, representa el coste financiero de la operación [30].

4.1.1. Los descubiertos en cuenta corriente

Los descubiertos en cuenta corriente son pagos efectuados por una entidad de crédito como consecuencia de la emisión de cheques por parte del cliente titular de la cuenta corriente, por encima del importe disponible en ésta. La entidad no está obligada a pagar estos cheques, pero de hacerlo su importe representa un préstamo personal, sin contrato específico, que debe ser reembolsado por el cliente inmediatamente, quedando la entidad facultada para reclamarlo, junto con los intereses generados desde la fecha en que se produce el descubierto y al tipo de interés que se haya pactado, en las cláusulas del contrato de cuenta corriente, para este supuesto.

En ocasiones, los clientes pueden haber contratado una póliza de préstamo específica para recoger estas situaciones, denominadas contratos de descubierto, en los que se fija un vencimiento e importe máximo. En este caso, nos encontramos ante un *contrato de cuenta de crédito*.

4.2. Las emisiones de valores

La captación de recursos financieros por parte de las entidades de crédito puede, también, realizarse mediante la emisión de títulos que *no otorgan* a su poseedor ningún derecho de propiedad sobre la entidad, y que, generalmente, pueden ser negociados en mercados secundarios. Estos títulos otorgan a su poseedor el derecho a una renta fija, o determinada contractualmente, en forma de pago de cupones, o un importe fijo y declarado en una fecha, o que comienza a partir de una fecha en el momento de su emisión. Se incluyen entre ellos: los *pagarés y efectos emitidos*, los *títulos hipotecarios* y las *financiaciones subordinadas*.

---

[30] Véase el Capítulo 7.

4.2.1. Los pagarés y efectos emitidos

Los *pagarés y efectos emitidos*, también conocidos como *pagarés de propia financiación,* son instrumentos de financiación usados no sólo por las entidades de crédito, especialmente los «establecimientos financieros de crédito» dadas sus limitaciones operativas [31], sino, también, por las grandes empresas como alternativa al crédito bancario. La emisión de este tipo de valores, al público en general, está sujeta a la normativa del Mercado de Valores, cuando los pagarés son emitidos para su negociación en un mercado secundario organizado [32], o a la ley Cambiaria, en el resto de casos [33].

4.2.2. La emisión de títulos hipotecarios

Los *títulos hipotecarios* son títulos-valores que reconocen al suscriptor de los mismos un derecho de crédito frente a la entidad de crédito emisora, con afectación de créditos hipotecarios concedidos por la misma, pero desvinculados completamente del deudor del préstamo hipotecario, que sirve como garantía a la emisión del título.

La regulación del mercado hipotecario [34] establece que los títulos que emitan las entidades de crédito, como cobertura de los créditos hipotecarios concedidos por las mismas, siempre que reúnan determinados requisitos, pueden ser de tres clases: *cédulas hipotecarias, bonos hipotecarios* y *participaciones hipotecarias.*

- Las *cédulas hipotecarias* son títulos en los que la garantía está representada por la totalidad de los préstamos hipotecarios que la entidad de crédito emisora mantenga en vigor, además del patrimonio personal de la misma.

- Los *bonos hipotecarios* son títulos en los que la garantía está representada por un conjunto específico de préstamos con garantía hipotecaria, debidamente relacionados en la pertinente inscripción registral.

- Las *participaciones hipotecarias* son títulos en los que la garantía está representada, para cada participación hipotecaria, por uno o varios préstamos hipotecarios concedidos por la entidad de crédito emisora de las participaciones.

4.2.3. Las financiaciones subordinadas

Las *financiaciones subordinadas* son recursos financieros recibidos por una entidad de crédito que, a efectos de prelación de créditos en situaciones concursales de la entidad de crédito, se sitúen por detrás de todos los acreedores, es decir, que en el supuesto de liquidación de la entidad, la devolución de estas financiaciones está

---

[31] Véase, en el Capítulo 1, la tipología de Instituciones Financieras.

[32] Ley 24/1988, de 28 de julio, del Mercado de Valores.

[33] Ley 19/1985, de 16 de julio, Cambiaria y del Cheque.

[34] El Mercado hipotecario es aquél que tiene por objeto la negociación de los títulos hipotecarios emitidos por las entidades de crédito. Ley 2/1981, de 25 de marzo, de Regulación del mercado hipotecario, desarrollada por el RD 685/1982, de 17 de marzo, tras las modificaciones establecidas por el RD 692/1996, de 26 de abril.

supeditada a la previa devolución de los recursos financieros de los demás acreedores, quedando, en consecuencia, sólo por delante de los accionistas[35].

Se trata de unos valores que, con determinados requisitos y limitaciones, las entidades de crédito pueden utilizar en su base de recursos propios mínimos computables.

5. LOS CONTRATOS DE OPERACIONES DE FUTURO

Este tipo de contratos surge como respuesta a las variaciones de mercado de los tipos de interés, de los tipos de cambio, así como del precio de los valores. Su utilidad fundamental consiste en permitir a las entidades de crédito gestionar adecuadamente estas variaciones.

Las grandes categorías de operaciones de futuro podemos agruparlas en:

• Contratos de compraventas a plazo.
• Contratos de futuros.
• Contratos de permuta financiera.
• Contratos de opciones.

Este tipo de contratos, con la excepción de los contratos de futuro, no son objeto de una regulación específica en nuestra legislación mercantil, no obstante pueden encontrarse en ellos características que aparecen tipificadas en la regulación contractual general[36]:

• Son contratos consensuales, esto es, se perfeccionan por el mero consentimiento de las partes[37].
• Pueden ser:
  — Bilaterales: en ellos ambas partes asumen obligaciones.
  — Unilaterales: es decir, solo una parte asume obligaciones (*v.g.* los contratos de opciones)[38].
• Son contratos onerosos, es decir, las obligaciones que asume cada parte del contrato se ven retribuidas como consecuencia del precio que pagan[39].

5.1. Contratos de compraventas a plazo

Estos contratos, dependiendo de cual sea el objeto de la compraventa a plazo, pueden ser:

---

[35] Artículos 20g y 22 del Real Decreto 1.343/1992, de 6 de noviembre, sobre recursos propios y supervisión en base consolidada de las entidades financieras, modificado por el Real Decreto 538/1994, de 25 de marzo, por el que se modifica el primero.
[36] Artículo 1.254 y siguientes del Código Civil, y artículo 50 y siguientes del Código de Comercio.
[37] Artículos 1.262 al 1.270 del Código Civil.
[38] Artículo 1.088 y siguientes del Código Civil.
[39] Artículo 1.274 del Código Civil.

- *De divisas*: se trata de un contrato entre dos partes para intercambiarse monedas distintas (*v.g.* dólares por euros) en una fecha futura y a un precio, o tipo de cambio, determinado en la fecha del contrato [40].

- *De valores*: se trata de un contrato en que las obligaciones asumidas por las partes, entregar valores y efectivo, deben realizarse en una fecha posterior a la del contrato.

- *De tipos de interés*: es un contrato por el que las partes se comprometen sobre un tipo de interés, plazo e importe teórico, fijados en el contrato, a intercambiarse la diferencia que se produzca respecto de un tipo de interés de mercado [41].

5.2. Contratos de futuros

Estos contratos se caracterizan por ser contratos a plazo que tienen por objeto valores, préstamos o depósitos, índices u otros instrumentos de naturaleza financiera, que tienen normalizados (*estandarizados*) su importe nominal, objeto y fecha de vencimiento, y que se negocian y transmiten en un mercado organizado cuya Sociedad Rectora los registra, compensa y liquida, actuando como compradora ante el miembro vendedor y como vendedora ante el miembro comprador [42].

En España, están autorizados, con el carácter de mercados secundarios oficiales, tres mercados de futuros organizados [43]:

- Mercado de productos financieros derivados de renta variable [44].
- Mercado de productos financieros derivados de renta fija [45].
- Mercado de futuros sobre cítricos [46].

Cuando una entidad compra o vende contratos de futuros está obligada a pagar una importe inicial en concepto de fianza, como garantía del cumplimiento de su compromiso, que consiste en comprar o vender el objeto del contrato en una fecha futura. La posición de cada participante en el mercado de futuros es evaluada y liquidada diariamente mediante ajustes en la fianza inicial, de tal forma que, cuan-

---

[40] Véase el Capítulo 8.

[41] Véase el Capítulo 10.

[42] Real Decreto 1.814/1991, de 20 de diciembre, por el que se regulan los mercados oficiales de futuros y opciones, modificado por el Real Decreto 2.590/1998, de 7 de diciembre, sobre modificaciones del régimen jurídico de los mercados de valores.

[43] Sobre los diferentes tipos de contratos negociados en España, véase el Anexo II del Capítulo 9.

[44] Autorizado por la Orden de 8 julio de 1992, por la que se autoriza el mercado de «MEFF, Sociedad Rectora de productos financieros derivados de renta variable, S.A.», con carácter de mercado secundario oficial.

[45] Autorizado por la Orden de 8 de julio de 1992, por la que se autoriza el mercado de «MEFF, Sociedad Rectora de productos financieros derivados de renta fija, S.A.», con carácter de mercado secundario oficial.

[46] Autorizado por la Orden de 14 de julio de 1995, por la que se autoriza el mercado de «FC&M, Sociedad Rectora del mercado de futuros y opciones sobre cítricos, S.A.», con carácter de mercado secundario oficial.

do ésta queda por debajo de un determinado importe, el organismo administrador del mercado (la Sociedad Rectora), requiere que se aporten cantidades adicionales o bien, alternativamente, se procede a liquidar la posición[47].

5.3. Contratos de permutas financieras

Un contrato de permuta financiera es aquel por el que las partes del contrato deciden intercambiarse flujos de caja futuros, bien calculados en la misma moneda, un flujo a tipo de interés fijo y otro a tipo de interés variable, sobre la base de un importe principal teórico y durante un determinado periodo de tiempo (*permuta financiera de intereses*); o bien en monedas diferentes (*permutas financieras de divisas*)[48].

5.4. Contratos de opciones[49]

Una opción es un contrato que incorpora, de forma claramente definida, unos determinados derechos a favor de su comprador. El contrato en que se sustenta una opción establece, de una forma precisa, cuales son las características de los derechos adquiridos por su comprador, su plazo de vigencia, la forma de ejercer los derechos, así como la forma de calcular el valor de éstos. Todo ello a cambio de pagar una *prima* al vendedor de la opción, que es el precio de la opción.

La forma más elemental de un contrato de opción es aquella en que su comprador adquiere el derecho a comprar, o a vender, un determinado activo, en una fecha futura determinada y a un precio previamente establecido.

Cuando el derecho es a comprar algo, la opción se llama opción de compra (*call*), y si el derecho es a vender algo, la opción se llama opción de venta (*put*).

Así pues, en un contrato de opción existen un comprador de la opción y un vendedor de la opción. Combinando esto con las modalidades de opción de compra y opción de venta, resultan cuatro posiciones básicas en los contratos de opciones:

Comprador	Vendedor
Comprador de opciones de compra	*Vendedor de opciones de compra*
Comprador de opciones de venta	*Vendedor de opciones de venta*

Desde el punto de vista de la fecha en que el comprador puede ejercitar el derecho que la opción le confiere (*fecha de ejercicio*), las opciones pueden ser de tres tipos:

---

[47] Véase el Capítulo 10.
[48] Véase el Capítulo 10.
[49] Véase el Capítulo 10.

- *Europeas*: cuando el derecho se puede ejercitar únicamente al vencimiento del contrato.
- *Americanas*: el derecho puede ejercitarse en cualquier momento previo a la fecha de vencimiento del contrato.
- *Bermudas*: se trata de opciones que dan un derecho de ejercicio en un conjunto de fechas determinadas, todas ellas anteriores a la fecha de vencimiento del contrato.

Dependiendo de cual es el activo objeto del contrato de opciones, los contratos de opciones pueden ser:

- *Opciones sobre divisas*: conceden el derecho a comprar o vender una cierta cantidad de una determinada divisa, a un tipo de cambio determinado y en un plazo determinado.
- *Opciones sobre valores*: conceden el derecho a comprar o vender un determinado número de valores (acciones u obligaciones), en un plazo determinado y a un cambio determinado.
- *Opciones sobre tipos de interés*: son opciones que conceden a su poseedor el derecho a:
  — Pagar un tipo máximo por una deuda a tipo de interés variable (*opciones cap*)
  — Cobrar un tipo mínimo por una inversión a tipo de interés variable (*opciones floor*)
  — Fijar un tipo de interés máximo y uno mínimo, a los movimientos de los tipos de interés (*opciones collar*)
- *Opciones sobre futuros*: conceden el derecho a comprar o vender un contrato de futuros a un precio determinado en la fecha de vencimiento del contrato de opción.
- *Opciones sobre permutas financieras* [50]: conceden, a su comprador, el derecho a contratar una permuta financiera en unas condiciones determinadas en el contrato de opción .
- *Opciones sobre índices*: conceden el derecho a recibir la diferencia entre el valor de mercado del índice en la fecha de ejercicio y el valor de ejercicio fijado en el contrato, multiplicado por una cantidad constante denominada *multiplicador*.
- *Opciones sobre mercaderías*: conceden el derecho a comprar o vender una determinada cantidad de una mercadería, a un precio determinado en una fecha determinada.

6. LOS SERVICIOS BANCARIOS

Además de las operaciones de crédito y depósito, las entidades de crédito realizan numerosas operaciones de servicio para sus clientes que, muchas veces, no suponen

---

[50] *Swaptions* en terminología anglosajona.

movimientos de efectivo, y por las que se generan unas remuneraciónes a favor de la entidad de crédito denominadas *comisiones*.

Cuando la operación de servicio financiero da lugar a movimiento de dinero —el caso más frecuente es la entrega, por un cliente, de cheques a cargo de otra entidad de crédito diferente, para que le sean abonados en su cuenta— la remuneración también está constituida por los *días de valor*, que representan la diferencia en días desde la fecha en que se produce la transacción (fecha contable) y la fecha a partir de la cual se produce el devengo de intereses (fecha valor)[51].

Por lo general, la remuneración que recibe la entidad de crédito por servicios realizados suele ser un importe fijo (mínimo por el servicio) o un importe variable sobre el importe nominal o efectivo de la operación.

Los servicios bancarios más frecuentes son los siguientes:

- Gestión de cheques bancarios a cargo de otras entidades.
- Domiciliaciones de cobros y pagos.
- Transacciones con tarjetas de crédito y débito.
- Operaciones con valores mobiliarios.
- Alquiler de cajas de seguridad.
- Operaciones de compra y venta de divisas.

7. LOS RIESGOS BANCARIOS

7.1. Riesgo económico y riesgo bancario

El Diccionario de la Real Academia Española define el *riesgo* como: «contingencia, probabilidad o, proximidad de un peligro o daño». Así pues, riesgo es la posibilidad de sufrir algún tipo de perjuicio, o de no tener éxito en alguna acción emprendida, lo que en términos económicos va ligado a la probabilidad de sufrir pérdidas económicas. El riesgo es consustancial a todas las actividades económicas y, en un sentido económico, puede definirse como la volatilidad o incertidumbre relativa a la rentabilidad esperada de un activo[52].

En este contexto, la expresión *exposición al riesgo* quiere significar la condición de estar desprotegido contra determinados riesgos, es decir, que la rentabilidad esperada es variable y que dentro de esta variabilidad se incluye la posibilidad de incurrir en pérdidas. En los mercados eficientes existe una relación directa entre rentabilidad y riesgo, de tal forma que mayores rendimientos de un activo deben estar acompañados de mayores riesgos, y viceversa[53].

---

[51] Véase el Capítulo 4.

[52] Sobre la volatilidad, véase el Capítulo 9.

[53] La palabra *eficiencia* se usa en los mercados en un doble sentido. En la teoría económica, un mercado es eficiente sí es capaz de asignar los recursos disponibles rápidamente y sin fricciones. En la teoría financiera, un mercado es eficiente cuando responde rápida y eficazmente a toda la información disponible, por lo que la dinámica del propio mercado conduce, de inmediato, a una situación en la que se equilibran los rendimientos y los riesgos de los distintos activos que se negocian en el mismo. Puede consultarse: SHARPE, W. F. (1974) *Teoría de cartera y mercado de capitales*. Deusto.

La expresión *riesgo bancario*, aisladamente considerada, puede resultar imprecisa al tener significados diferentes. Así, en relación con el balance de una empresa, el riesgo bancario hace referencia al volumen de crédito y otras facilidades crediticias (*v.g.* avales, créditos documentarios, etc.) que el conjunto de entidades de crédito tiene concedido a esta compañía. Por el contrario, el riesgo bancario en una entidad de crédito hace referencia al riesgo asumido por ésta en actividades típicamente bancarias, por lo que en este caso, en un sentido estricto, habría que referirse a *riesgos bancarios*.

Sin embargo, aun cuando determinados riesgos asumidos por las entidades de crédito (*v.g.* el riesgo de crédito, de tipo de cambio, etc.) se encuentran en cualquier compañía que dé facilidades de pago a sus clientes , o que se financie en una moneda diferente a la que resulta ser su moneda doméstica, las entidades de crédito y ahorro presentan unas características específicas diferenciadoras del resto de compañías, que, además de hacerlas más sensibles al riesgo económico, determinan en ellas unas estructuras administrativas y organizativas muy diferenciadas de las demás compañias. Estas diferencias podemos resumirlas en:

1. Mantienen en su balance volúmenes muy importantes de activos financieros, que incluyen, además del dinero en efectivo, préstamos a otras entidades de crédito, empresas y particulares; instrumentos financieros tales como los bonos y acciones, etc., cuya seguridad material debe estar perfectamente garantizada, tanto en lo relativo a su custodia como a las transferencias que de estos activos se hagan. Como consecuencia de ello, estas entidades son muy vulnerables ante los fraudes y malversaciones, por lo que deben contar con unos adecuados y rigurosos sistemas de control interno de procedimientos administrativos y operativos, así como con un sistema de delegación de facultades individuales preciso y bien definido.
2. Las transacciones que realizan son por volúmenes importantes y variados, tanto en términos cuantitativos como cualitativos, lo que requiere, necesariamente, unos complejos sistemas de contabilidad y control interno, siendo prácticamente imprescindible el uso de medios electrónicos para el tratamiento de los datos y realización de las operaciones.
3. La relación entre recursos ajenos y recursos propios es sensiblemente superior al de cualquier otra empresa, por lo que suelen estar sometidas a una regulación legal mucho más importante, tanto en lo relativo a los requerimientos de información pública y de necesidades de unos mínimos recursos propios, en relación con los riesgos asumidos, como en lo relativo a criterios de valoración contable de sus operaciones.
4. La actividad de estas entidades se realiza, normalmente, a través de una amplia red de sucursales y de departamentos geográficamente dispersos, lo que supone unos elevados niveles de descentralización de autoridad y, en ocasiones, de dispersión de las funciones de contabilidad y control, con las consiguientes dificultades para mantener unas prácticas operativas y contables uniformes. Esto resulta especialmente importante cuando la red de sucursales trasciende a las fronteras nacionales.

5. Es habitual que estas entidades asuman importantes obligaciones sin ninguna transferencia inicial de fondos (avales, créditos documentarios, operaciones de futuro, etc.). Estas operaciones, en ocasiones denominadas *operaciones fuera de balance*, pueden no haber sido registradas en los libros de la entidad, lo que, en ese caso, las hace difíciles de detectar.

6. El balance de las entidades de crédito, desde el punto de vista de la dinámica de las diferentes masas patrimoniales, es muy cambiante. Las reacciones de los clientes, tanto de activo como de pasivo, a las fuerzas de la competencia, a los cambios del entorno (precios y expectativas), así como a las propias políticas de la entidad en cuestión, nos muestran los constantes fenómenos de sustitución de posiciones, dentro o fuera de balance (*v.g.* sustitución de pasivos bancarios tradicionales por fondos de inversión, titulizacion de activos, etc.).

7.2. Riesgos asociados a la actividad bancaria

Existen un conjunto de riesgos asociados con la actividad bancaria, cuyo conocimiento y adecuada evaluación determinará, en buena medida, el objetivo de *imagen fiel* requerido en la información económico-financiera [54]. Estos riesgos están relacionados con las posibilidades de sufir pérdidas en los diferentes mercados financieros en que operan las entidades de crédito.

Las principales fuentes de los riesgos bancarios son: los cambios en los niveles de solvencia de los titulares de préstamos, los movimientos en los precios de mercado (*v.g.* los tipos de interés, de cambio, los precios de los bonos y las acciones, etc.) y, en general, todo aquello que provoca variaciones, en el tiempo o en la forma, de los flujos netos de fondos esperados. La gestión de estos riesgos consiste en reducirlos a aquellos niveles que la entidad desee alcanzar en cada uno de ellos, teniendo siempre presente que mayores riesgos significan mayores expectativas de beneficios, y a la inversa.

La clasificación de los riesgos en las entidades de crédito es variada, pero en líneas generales podemos agruparlos en:

— Riesgo de crédito.
— Riesgo de tipos de interés.
— Riesgos de mercado.
— Riesgo de cambio.
— Riesgo de liquidez.
— Riesgos operativos.

---

[54] El marco conceptual internacional para la preparación de los estados financieros establece que: «*para que se pueda confiar en la información financiera, ésta debe representar fielmente las transacciones y demás sucesos que pretende representar, o que se puede esperar razonablemente que represente. La aplicación de normas contables apropiadas lleva normalmente a estados contables que transmiten lo que generalmente se entiende como imagen fiel, o una presentación razonable, de tal información.*». International Accounting Standards Committee: *Marco Conceptual para la preparación de los estados financieros* (traducción autorizada del Instituto Mexicano de Contadores Públicos, 1999).

7.2.1. Riesgo de Crédito [55]

También denominado *Riesgo de Solvencia*, viene determinado por la posibilidad de que los fondos prestados en una operación financiera (*v.g.* un préstamo) no se devuelvan en el tiempo y forma previstos en el contrato de formalización de la operación. Sin duda, se trata del riesgo bancario por antonomasia, asociado a las operaciones de crédito, préstamo, aval, etc., que han concedido las entidades de crédito.

La gestión de este riesgo es, probablemente, la piedra angular de la gestión de una entidad de crédito. Puesto que la actividad crediticia implica conceder préstamos y créditos con el objetivo de obtener un beneficio, la gestión del riesgo de crédito debe ser tal que la entidad esté en condiciones de valorar la relación existente entre el rendimiento esperado de un crédito y su riesgo, no sólo en el momento de conceder la operación sino en cualquier momento posterior de su vida, con el fin de poder identificar posibles problemas de recuperación de la operación y, consecuentemente, poder tomar las decisiones que la entidad de crédito considere oportunas. Este riesgo es función de la solvencia del deudor, el plazo de la operación, la garantía específica de la operación, la cuantía en cuanto a la concentración, la finalidad de la operación, el país de residencia del deudor, etc.

7.2.2.   Riesgo de Tipos de Interés

Es el riesgo de incurrir en pérdidas producidas por los futuros movimientos en los tipos de interés, y su impacto, está determinado por la sensibilidad del balance a los movimientos de aquellos.

El origen básico del riesgo de interés está en la diferentes estructuras de plazos de vencimientos de los activos, pasivos y operaciones de futuro, cuyas renovaciones a nuevos tipos de interés se pueden traducir en reducciones en el margen de intermediación futuro.

7.2.3.   Riesgo de Mercado [56]

Es el riesgo en que una entidad de crédito incurre por el hecho de que el valor de determinadas posiciones en el balance, o fuera de él, se vean afectadas como consecuencia de variaciones en los precios del mercado: de valores, de tipos de interés, de tipos de cambio, etc.

En este riesgo se incurre por tener determinadas posiciones en el balance que son evaluadas contablemente a precios de mercado (*v.g.* la cartera de negociación), en consecuencia, el riesgo de mercado se materializa ante movimientos del mercado tales que exigen registrar pérdidas en las posiciones de balance evaluadas a precios de mercado.

---

[55] Véase el Capítulo 5.
[56] Véase el Capítulo 6.

7.2.4. Riesgo de Cambio

Definida la posición en una divisa como la diferencia entre los activos más las compras a plazo y los pasivos más las ventas a plazo, en una determinada moneda, diferente a la moneda doméstica utilizada por la entidad, el riesgo de cambio es la posibilidad de que movimientos adversos en la cotización de la divisa originen pérdidas por el hecho de mantener una determinada posición en la misma[57].

7.2.5. Riesgo de Liquidez

El riesgo de liquidez puede ser de dos tipos:

- *Riesgo de liquidez de mercado:* es el riesgo de que una determinada posición en el balance no pueda eliminarse rápidamente, liquidando la operación o contratando otra que la compense.
- *Riesgo de financiación:* es el riesgo de no poder obtener, en caso de necesitarlo, fondos líquidos a un coste razonable.

El riesgo de liquidez en las entidades de crédito está, desde la óptica de financiación, muy asociado al nivel de confianza que el mercado tenga en la propia entidad, y puede llegar a constituir para una entidad sometida a falsos rumores respecto de su verdadera situación financiera, la principal fuente de riesgo y la causa de su caída (pánicos financieros).

En ocasiones los riesgos de tipo de interés, mercado, cambio y liquidez son genéricamente conocidos como *Riesgos de Mercado*, por cuanto se derivan de movimientos en variables, tipos de interés y de cambio, sobre los que la entidad no tiene posibilidades de control. Sin embargo, este tipo de riesgos puede, y debe, ser adecuadamente gestionado, especialmente por las entidades de crédito, debido a que su nivel de exposición a los mismos es muy superior al de otro tipo de entidades. En este sentido los *Comités de Gestión de Activos y Pasivos*, que gran parte de las entidades de crédito tienen internamente creados, responden en buena medida a la necesidad de una gestión activa de este tipo de riesgos. Las herramientas de gestión incluyen tanto análisis estáticos como dinámicos, en que se contemplan distintos escenarios de tipos de interés y de cambio, evaluando el impacto que los mismos tendrían en la futura marcha del negocio de la entidad y proponiendo medidas o acciones para evitar un impacto negativo. Buena parte de esta gestión se realiza a través de operaciones con valores y productos derivados[58].

7.2.6. Riesgos Operativos

El Riesgo Operativo es el que se deriva de que las transacciones que debe registrar la entidad no sean adecuadamente realizadas, en tiempo y forma, debido a su

---

[57] Véanse los Capítulos 8 y 9.
[58] Puede consultarse: VILARIÑO SANZ, ANGEL (2001), *Turbulencias financieras y riesgos de mercado*. Prentice Hall. Madrid.

importante volumen, falta de tiempo, uso de procedimientos no automáticos, o falta de éstos, etc.

El proceso de compensación bancaria, consistente en realizar cobros y pagos por volúmenes importantes, la mayor parte de los cuales deben quedar realizados al final del día y con exactitud, requiere el uso de sistemas electrónicos cuyos fallos, por error o por fraude, pueden dar lugar a importantes pérdidas a una entidad. Este es el caso cuando se realizan transferencias indebidas, o se producen fallos de procesamiento de datos que supongan la pérdida de éstos y no pueden ser corregidos a tiempo.

En definitiva, se trata de riesgos derivados de fallos en los sistemas tecnológicos, en los controles, fraudes y errores humanos, etc. También se incluyen en este grupo de riesgos, los asociados con las nuevas operaciones y prácticas en los mercados financieros (*v.g.* mercados de productos derivados), cuya operativa requiere un adecuado nivel de conocimiento del mercado y de los modelos que sirven para identificar y medir los riesgos en que se incurre, incluyendo la identificación de los factores que influyen en el precio de mercado, así como las relaciones teóricas que permitan su valoración posterior.

3

Principios y normas de contabilidad para las Entidades de Crédito y Ahorro

1. LA CONTABILIDAD BANCARIA. FACULTADES NORMATIVAS Y TIPOS DE ESTADOS FINANCIEROS

La expresión «contabilidad bancaria» hace referencia al conjunto de normas y criterios que sirven para elaborar el balance y la cuenta de resultados de las entidades de crédito, y de sus grupos consolidables, así como a los modelos a que deben sujetarse aquéllos. La facultad para desarrollar la contabilidad bancaria varía en cada país, dependiendo, fundamentalmente, de si la supervisión de estas entidades y la fijación de la política monetaria corresponde, o no, a la misma institución.

En España, la facultad para establecer criterios, normas contables y modelos de los estados financieros, propios de las entidades de crédito corresponde al Ministerio de Economía y Hacienda [1], que delegó la misma en el Banco de España. Las disposiciones del Banco de España en esta materia constituyen el desarrollo y adaptación para las entidades de crédito de las normas contables establecidas en el Código de Comercio, la Ley de Sociedades Anónimas y la normativa específica que, en su caso, sea de aplicación a las entidades de crédito [2].

En este sentido, la Circular del Banco de España 4/1991, de 14 de junio, sobre Normas de Contabilidad y Modelos de Estados Financieros [3], y las posteriores circulares que actualizaron o modificaron aquélla, constituyen el marco de referencia de la actuación contable de estas entidades y de sus grupos consolidables, así como de las sucursales de entidades extranjeras que operen en España [4]. En todo lo no

---

[1] Artículo 48 de la ley 26/1988, de 29 de julio, de Disciplina e Intervención de las Entidades de Crédito.

[2] O.M. de 31 de marzo de 1989, por la que se faculta al Banco de España para establecer y modificar las normas contables de las entidades de crédito; precisada por la O.M. de 8 de abril de 1997.

[3] El texto de esta Circular, actualizado a diciembre de 2000, aparece recogido en la Parte III de este libro. Salvo indicación en contrario, todas las normas a que remite este libro se refieren a esta Circular y aparecen referenciadas indicando, exclusivamente, la norma y apartado de la misma.

[4] Véase en el Capítulo 1, la tipología de entidades incluidas bajo el concepto «entidades de crédito».

regulado expresamente en esta circular será de aplicación lo previsto en el Plan General de Contabilidad [5] y sus normas de desarrollo, y en las normas sobre formulación de cuentas anuales consolidadas [6].

Los estados financieros que el Banco de España dispone para las entidades de crédito, como consecuencia de la citada delegación, pueden ser:

- *De carácter público*. Se trata de información para terceros (*v.g.* inversionistas, depositantes, autoridades fiscales, etc.) de la situación patrimonial económica y financiera de la entidad (*Estados Públicos*).

- *De carácter reservado*. Se trata de la información que hay que rendir al Banco de España, con objeto de que éste pueda cumplir sus funciones de control e inspección, así como para la elaboración de las estadísticas de carácter monetario, financiero o económico (*Estados Reservados*).

Por otra parte, la necesidad del Banco Central Europeo de recopilar informaciones estadísticas para realizar las funciones que se le tienen encomendadas, y especialmente, la de ejecución de la política monetaria [7], exige que las entidades de crédito, entre otros agentes informadores, faciliten una información financiera específica (*Estados UME*) [8] que permita, a aquél, obtener periódicamente un balance agregado del conjunto de intermediarios financieros de la zona euro, considerada como un único territorio económico.

2. PRINCIPIOS DE CONTABILIDAD PARA LAS ENTIDADES DE CRÉDITO Y AHORRO (ECAS)

Los principios y normas contables en que se sustenta la elaboración de los estados financieros de las entidades de crédito han sido tradicionalmente elaborados, además de para dar información a terceros, como cualquier otra empresa, desde una doble perspectiva.

De un lado, el especial régimen de supervisión que soportan las entidades de crédito, en general mucho más intenso que el soportado por la mayor parte de otro tipo de entidades, se debe a que estas entidades captan recursos financieros entre un público muy amplio, carente, en la mayor parte de los casos, de los datos y conocimientos necesarios para proceder a una evaluación propia respecto de la solvencia de aquéllas. Como consecuencia de ello, la supervisión y regulación de estas enti-

---

[5] Real Decreto 1.643/1990, de 20 de diciembre, por el que se aprueba el Plan General de contabilidad. De acuerdo con las disposiciones finales 3.ª y 5.ª de este Real Decreto, el Ministerio de Economía y Hacienda y el Instituto de Contabilidad y Auditoría de Cuentas (ICAC), mediante sus resoluciones, pueden aprobar normas de obligado cumplimiento que desarrollen el PGC y sus adaptaciones sectoriales.

[6] Real Decreto 1.815/1991, de 20 de diciembre, por el que se aprueban las normas para la formulación de cuentas anuales consolidadas.

[7] Artículo 105 del Tratado constitutivo de la Comunidad Europea.

[8] Reglamento 2.819/98 del Banco Central Europeo, de 1 de diciembre, relativo al balance consolidado de las instituciones financieras monetarias.

dades se articula, desde el punto de vista contable, en normas tendentes a facilitar, al organismo encargado de su supervisión, una completa información sobre su situación financiera y, con el fin de evitar perjuicios a sus depositantes, a prohibir o limitar aquellas operaciones que, fundamentalmente, incrementen su riesgo de solvencia o de falta de liquidez. Por ello el *principio de prudencia valorativa*, que más adelante se desarrolla, es el que prevalece en caso de conflicto entre normas específicas o ante la falta de éstas.

De otro lado, los estados financieros de las entidades de crédito deben elaborarse con criterios tales que permitan, a las autoridades monetarias, obtener una información de carácter agregado, para conocer cuáles son las condiciones monetarias en que se está desarrollando la actividad económica (*v.g.* evolución del crédito, oferta monetaria, etc.), para poder conducir adecuadamente la política monetaria, así como para elaborar estadísticas que muestren, entre otras cuestiones, cuál es la posición de inversión y financiación internacional (balanza de pagos, etc.).

Para que la información suministrada por los estados financieros sea útil a sus usuarios, debe contener cuatro principales características cualitativas: *comprensibilidad, relevancia, fiabilidad y comparabilidad*. La aplicación de estas características cualitativas, junto con las normas contables apropiadas, lleva normalmente a estados financieros que transmiten lo que generalmente se entiende como *imagen fiel*, o una presentación razonable de la información financiera[9].

El Banco de España, al definir los principios generales de la contabilidad para las entidades de crédito, considera que el objetivo del balance, la cuenta de pérdidas y ganancias, las memorias anuales y los demás estados complementarios, es dar una *imagen fiel de la entidad,* respecto de [10]:

a) La situación financiera.
b) Los resultados.
c) Los riesgos.

Para la consecución de este objetivo, así como para aplicar las normas o criterios contables, deben tenerse especialmente en cuenta los siguientes principios:

- Prudencia valorativa.
- Precio de adquisición.
- Devengo.
- Uniformidad.
- Registro.
- No compensación de saldos.

---

[9] International Accounting Satandard Committee, *Marco conceptual para la preparación y presentación de los estados financieros* (traducción autorizada del Instituto Mexicano de Contadores Públicos, 1999). Por su parte, el artículo 34.2 del Código de Comercio establece que: «*Las cuentas anuales deberán redactarse con claridad y mostrar la imagen fiel del patrimonio, de la situación financiera y de los resultados de la empresa, de conformidad con las disposiciones legales.*»

[10] Norma 2.ª 1.

Otros principios que deben considerarse aun cuando la circular no los cita explícitamente son [11]:

- *Principio de empresa en funcionamiento*: según este principio se considera que la gestión de la empresa tiene prácticamente una duración ilimitada. En consecuencia, la aplicación de los principios contables no irá encaminada a determinar el valor del patrimonio a efectos de su enajenación, global o parcial, ni el importe resultante en caso de liquidación.

- *Principio de Correlación de Ingresos y Gastos*: de acuerdo con este principio, el resultado del ejercicio estará constituido por los ingresos de dicho periodo menos los gastos del mismo, realizados para la obtención de aquéllos, así como los beneficios y quebrantos no relacionados, claramente, con la actividad de la empresa.

Por otra parte, el *Principio de Importancia relativa*, no recogido en el Código de Comercio, pero sí definido en el Plan General de Contabilidad, no se aplica en España para la formación de las cuentas de las entidades de crédito [12]. Según este principio, puede no aplicarse alguno de los principios contables, siempre y cuando la importancia relativa, en términos cuantitativos, de la variación que tal hecho produzca sea escasamente significativa y, en consecuencia, no altere las cuentas anuales como expresión de la *imagen fiel*.

Con carácter excepcional, el Banco de España puede autorizar la no aplicación de alguna de las normas de la circular:

- Por resultar incompatible con la *imagen fiel* del patrimonio, de la situación financiera o de los resultados de la entidad.
- Cuando ello resulte preciso, de acuerdo con el plan de saneamiento aprobado específicamente para la entidad.

En ambos casos, la entidad debe hacer pública esta circunstancia en su memoria, explicando cuáles son los motivos por los que no se han aplicando determinados principios o normas contables, así como informando de cuál es la influencia que esta decisión tiene sobre el patrimonio de la entidad, su situación financiera y sus resultados [13].

2.1. Principio de Prudencia valorativa

De acuerdo con el Código de Comercio, sólo se reconocerán los *beneficios realizados* en la fecha de su cierre. Por el contrario, todos los *riesgos previsibles* y las *pérdidas eventuales* con origen en el ejercicio, o en otro anterior, deberán contabilizarse tan pronto como sean conocidos, distinguiendo las pérdidas realizadas o irre-

---

[11] Principios Contables. Real Decreto 1.643/1990, de 20 de diciembre, por el que se aprueba el Plan General de Contabilidad y artículo 38 del Código de Comercio.

[12] Norma 2.ª 8.

[13] Norma 2.ª 9 e Introducción a los Principios Contables recogidos en el Real Decreto 1.643/1990, de 20 de diciembre, por el que se aprueba el Plan General de Contabilidad.

versibles de las pérdidas potenciales o reversibles. Además, se tendrán en cuenta todas las *depreciaciones*, y ello con independencia de que el ejercicio termine con beneficios o con pérdidas [14].

La Circular, como ya hemos señalado anteriormente, establece que se dará especial relevancia a este principio, el cual deberá tenerse en cuenta para la correcta interpretación de todas las normas contables, y que prevalecerá en caso de conflicto de normas, o falta de éstas, precisando que los saneamientos y amortizaciones se practicarán y reconocerán en la cuenta de resultados, aunque con ello se anule el beneficio, se produzcan pérdidas o se incrementen las existentes [15].

La cobertura de los riesgos previsibles y las pérdidas eventuales se lleva a cabo mediante la constitución de unos fondos especiales, denominados *Fondos Especiales Específicos,* cuyo objetivo es [16]:

- Corregir la valoración de activos individuales (*v.g.* un préstamo determinado).
- Corregir la valoración de masas de activos determinadas (*v.g.* préstamos concedidos a residentes en un determinado país).
- Prevenir pagos o cargas de carácter contingente (*v.g.* compromisos futuros por jubilaciones del personal*)*.

Estos Fondos Especiales Específicos se registran en el pasivo del balance reservado bajo las siguientes rúbricas:

a) Fondo de Insolvencias
b) Fondo de Riesgo-País
c) Fondo de Fluctuación de valores
d) Provisiones por operaciones de futuro
e) Fondo de cobertura de inmovilizado
f) Fondo de pensiones interno
g) Provisión para impuestos
h) Fondos específicos para cobertura de otros activos
i) Otras provisiones para riesgos y cargas
j) Bloqueo de Beneficios

Más concretamente, el objetivo de estos fondos es cubrir los siguientes riesgos o contingencias:

A) *El Riesgo de Crédito.* Concebido como el riesgo de reembolso o de recuperación, en el tiempo y en la forma previstos en el correspondiente contrato, de operaciones de riesgo dinerario (*v.g.* préstamos), o el riesgo de pago en las operaciones de riesgo de firma, ante las expectativas de tener que hacer frente al pago de la obligación garantizada (*v.g.* avales), debe ser cubierto por la entidad mediante la constitución del *Fondo de Insolvencias* o, en su caso, del *Fondo de Riesgo-País* [17].

---

[14] Artículo 38.º 1c del Código de Comercio.
[15] Normas 2.ª 2 y 5.ª 14.
[16] Norma 9.ª 1a.
[17] Constituidos de acuerdo con las normas 10.ª y 11.ª Véase el Capítulo 5.

B) *Ajustes de Valor de títulos-valores.* La inversión en valores de renta fija o de renta variable, que no formen parte de la *Cartera de Negociación*, debe ser ajustada, cuando así proceda, comparando el importe de la inversión efectuada con su valor teórico o, cuando exista, con su valor de cotización, mediante la constitución del *Fondo de fluctuación de valores* [18].

C) *Por Operaciones de Futuro.* Las operaciones de futuro, sobre valores y tipos de interés, contratadas fuera de mercados organizados y que no sean cobertura contable, se deben valorar, al menos, mensualmente. Si de esta valoración se derivase la existencia de unas pérdidas potenciales, se deben constituir para su cobertura unas *Provisiones por Operaciones de Futuro* [19].

D) *Pérdidas en Activos Inmovilizados.* Las inversiones en inmuebles de uso propio, así como las participaciones en otras empresas efectuadas con carácter permanente (activo inmovilizado [20]), adquiridas en moneda extranjera y valoradas a cambio histórico, si de la evolución del cambio de la moneda de que se trate se desprendiese la existencia de pérdidas potenciales, requerirán para la cobertura de éstas la constitución de un *Fondo de Cobertura de Inmovilizado* (cuando se trate de inmuebles) o de un *Fondo de Fluctuación de Valores* (cuando se trate de participaciones en otras empresas) [21].

Por otra parte, el inmovilizado recibido por la entidad para cancelar deudas, de no incorporarse al inmovilizado funcional (*v.g.* una sucursal), debe ser cubierto con unos porcentajes mínimos, en función del tiempo transcurrido desde su adquisición, constituidos como *Fondo de Cobertura de Inmovilizado*, en tanto y cuanto dichos inmovilizados no se vendan a terceros [22].

E) *Compromisos y Riesgos por Pensiones.* Los compromisos de pago con el personal jubilado y prejubilado (pensiones causadas), y los riesgos devengados con el personal en activo (pensiones no causadas), surgidos como consecuencia de la asunción por la entidad de tener que pagar pensiones, o complementos de pensiones, a sus empleados o a beneficiarios de éstos, deben valorarse con criterios actuariales prudentes y coherentes entre sí, y deben cubrirse mediante cargos en la cuenta de pérdidas y ganancias que sirvan para constituir un *Fondo de Pensiones Interno* o para efectuar aportaciones a un fondo de pensiones externo [23].

---

[18] Normas 27.ª y 28.ª Véase el Capítulo 6.

[19] Norma 12.ª 2. Véanse los Capítulos 9 y 10.

[20] Norma 4.ª 4. Respecto a las participaciones permanentes véase el Capítulo 6.

[21] Norma 12.ª 1. Véase el Capítulo 8.

[22] Norma 29.ª 3. El caso más frecuente son las adjudicaciones y daciones en pago y para pago de deudas.

[23] Norma 13.ª El Real Decreto 1.588/1999, de 15 de octubre, sobre instrumentación de los compromisos por pensiones en las empresas con los trabajadores y sus beneficiarios, estableció un régimen de instrumentación y de exteriorización de los compromisos por pensiones con el fin de protegerlos en caso de insolvencia o dificultades financieras de la empresa, estableciendo un régimen excepcional para las entidades financieras (entidades de crédito, aseguradoras, sociedades y agencias de valores) por el

F) *Gastos fiscales.* Las deudas tributarias cuyo pago esté indeterminado en cuanto a su importe exacto o a la fecha en que se producirá, ya sean por impuestos sobre la renta (Impuestos sobre beneficios y Otros impuestos) u otras cargas fiscales devengadas (contribuciones, etc.), se deben cubrir mediante la constitución de una *Provisión para impuestos* [24].

G) *El Bloqueo de Beneficios.* La circular prevé que el resultado de determinadas operaciones, de significar una ganancia para la entidad, sea cubierto mediante la constitución de un fondo específico, denominado *Bloqueo de beneficios*, por el mismo importe que la ganancia registrada, el cual se irá liberando y abonando a la cuenta de pérdidas y ganancias, a medida que se produzca el cobro de la operación o cuando, a juicio del Banco de España, se considere que tal ganancia se ha realizado. En concreto, estas situaciones se producen en [25]:

a) Los beneficios por ventas de activos a personas o entidades vinculadas con la entidad.

b) Los beneficios por ventas y posteriores recompras de los mismos activos o sus equivalentes.

c) Los beneficios por ventas con pago aplazado de activos inmovilizados (inmuebles de uso propio y participaciones de carácter permanente).

d) Los beneficios obtenidos por ventas de valores asignados a la cartera de inversión a vencimiento [26].

e) Los beneficios obtenidos en los arrendamientos financieros, sobre bienes recuperados procedentes de anteriores arrendamientos financieros, por la diferencia entre el importe de la nueva cesión y el contabilizado [27].

Por otra parte, en las ventas en firme de activos financieros que tengan la consideración contable de *Transferencias de activos*, la diferencia entre el tipo de interés de los activos financieros vendidos y el tipo de interés pactado con el comprador de estos activos financieros, de significar, en el momento de la venta, una ganancia para la entidad de crédito vendedora, ésta se periodificará a lo largo de la vida de los activos financieros vendidos; por el contrario, de significar una pérdida, se debe reconocer íntegramente en la cuenta de pérdidas y ganancias del ejercicio en que se produzca la venta de los activos financieros [28].

Finalmente, en tanto no exista déficit en los fondos específicos anteriormente señalados, las entidades de crédito pueden constituir, con cargo a la cuenta de pér-

---

cual estas entidades pueden cubrir estos compromisos mediante fondos internos atendiendo a que se trata de entidades entre cuyas actividades típicas se encuentra gestionar fondos y cubrir sus riesgos y, además, a que actúan en sectores sometidos a una regulación y supervisión que redunda en la garantía de solvencia que la norma pretende.

[24] Normas 5.ª 13 y 38.ª 7 y 10.

[25] Norma 9.ª 9, 5.ª 16, 26.ª 3 y 27.ª 3.

[26] Véase el Capítulo 6.

[27] Esta situación se produce bien por que el anterior arrendatario financiero no ejerció la opción de compra al finalizar el contrato, o bien por que la entidad ha recuperado el bien por impagos del arrendatario. Véase el Capítulo 5.

[28] Norma 15.ª 7. Véase el Capítulo 7.

didas y ganancias, unos fondos especiales denominados *Fondos para riesgos bancarios generales* (a veces denominados *Fondos Genéricos*), no asignados a ningún activo, masas de activos o contingencia alguna, y cuyo destino es la cobertura, por razones de prudencia, del *riesgo bancario general*. Estos fondos pueden aplicarse, con la autorización del Banco de España, para [29]:

- Cubrir déficit en los fondos especiales específicos
- Atender quebrantos no cubiertos con fondos específicos.

2.2. Principio del Precio de Adquisición

En virtud de este principio, todos los elementos del inmovilizado y del circulante (bienes y derechos según el Plan General de Contabilidad) se registrarán por su precio de adquisición o coste de producción, debiendo respetarse siempre, salvo cuando se autorice por disposición legal, y, para el caso concreto de las entidades de crédito, con las excepciones que posteriormente se señalan [30].

Por *precio de adquisición* se entiende el conjunto de desembolsos dinerarios, realizados o comprometidos, e incluyendo todos los gastos inherentes a la compra, que puedan integrarse en el valor de recuperación o de mercado de un activo, incluyendo, también, los derechos de suscripción o primas en las opciones compradas y excluyendo, si ha lugar, los intereses por aplazamiento de pago [31]. Los gastos de mantenimiento que no aumenten la vida útil del activo inicialmente prevista, ni aumenten sustancialmente su valor, deben considerarse como gastos del ejercicio [32].

Las excepciones a este principio para las entidades de crédito son:

a) *Los Activos adquiridos a descuento,* salvo que se trate de valores negociables, se deben registrar por su valor de reembolso (*v.g.* Operaciones de Descuento Comercial). La diferencia entre el valor de reembolso y la cantidad pagada debe figurar separadamente en el pasivo, como una cuenta compensatoria de la inversión efectuada y hasta que el activo desaparezca (Cuentas Diversas. Productos Anticipados de Operaciones Activas a Descuento) [33].

b) *Los títulos-valores incluidos en la cartera de negociación*, que se valorarán al precio de mercado, incluyendo el cupón corrido si la cotización fuese excupón [34].

c) *Los activos adquiridos con pago aplazado* se deben registrar por el importe de compra menos los intereses por aplazamiento de pago, los cuales se consideran que existen aun cuando no figuren expresamente en el contrato de compra; en este caso, el tipo de interés que se debe considerar implícito en

---

[29] Norma 9.ª 3 a 7.
[30] Artículo 38.1.f. del Código de Comercio. Principios Contables, Plan General de Contabilidad, y Norma 2.ª 3.
[31] Norma 3.ª 4.
[32] Norma 38.ª 2.
[33] Norma 3.ª 2. Véase el Capítulo 5.
[34] Norma 3.ª 3. Véase el Capítulo 6.

el contrato de compra, debe ser uno equivalente al que la entidad de crédito utilice para remunerar depósitos captados para plazos iguales al del pago de la compra [35].

d) *Los activos adquiridos por aplicación de otros activos* (*v.g.* Inmovilizado adquirido en, o para, pago de deudas.) se deben registrar por el menor importe de [36]:

   1. *Valor de mercado de los activos adquiridos.* Este valor se obtendrá:
      • En los bienes inmuebles: a través del valor de tasación realizado por una sociedad de tasación independiente [37].
      • En los bienes muebles: a través de peritaciones o de indicadores fiables del mercado de segunda mano.
      • En los titulos-valores: a través de su cotización en un mercado organizado o, para el caso de las acciones y participaciones en el capital de otras empresas, en caso de no existir mercado, por su valor neto contable obtenido del balance auditado.

   2. *Valor contable de los activos aplicados* más todos los gastos de carácter judicial, registral y fiscal que se generen y más los intereses pendientes de cobro.

      Respecto de los fondos especiales específicos que los activos aplicados pudieran tener constituidos, su tratamiento contable dependerá del tipo de activo que se adquiere en la operación. Así, si el activo adquirido es:

      • *Un valor cotizado*: los fondos se pueden liberar mediante su abono en la cuenta de pérdidas y ganancias.
      • *Bienes Inmuebles y valores no cotizados*: deben mantenerse los fondos específicos del activo aplicado hasta cubrir un importe igual a:
         — El 25 por 100 del importe del activo aplicado, o del valor de tasación si éste fuese inferior.
         — El 100 por 100 de los intereses que se hayan podido capitalizar.
      • *Bienes Muebles*: los fondos se aplican directamente, reduciendo su valor contable, al activo aplicado.

e) *Los arrendamientos financieros cedidos.* Los bienes cedidos mediante operaciones de arrendamiento financiero se registran en el activo como una operación de préstamo, por un importe igual al principal de las cuotas pendientes de vencimiento, es decir, sin incluir intereses ni impuestos repercutibles, e incluyendo el valor residual sobre el que, en su caso, se ejercerá la opción de compra [38].

---

[35] Norma 3.ª 5.
[36] Norma 3.ª 6.
[37] La Norma 3.ª 6 detalla cuales son los requisitos que deben cumplir los informes de tasación.
[38] Norma 26.ª 1. Véase el Capítulo 5.

f) *Los saldos fiscales recuperables.* Las diferencias que pueden surgir entre la base imponible del impuesto sobre sociedades y el resultado contable, como consecuencia de la no coincidencia entre los criterios de imputación contable y fiscal de los ingresos y gastos, pueden ser de carácter permanente o temporal. En este último caso, pueden dar lugar a que el impuesto a pagar sea mayor que el gasto devengado, pudiéndose registrar, de acuerdo con el Plan General de Contabilidad, un activo denominado *impuesto sobre beneficios anticipado,* siempre que se pueda prever razonablemente que este crédito fiscal será recuperado en el futuro [39].

Para el caso concreto de las entidades de crédito, los impuestos anticipados que puedan surgir como consecuencia de los fondos de pensiones internos, pueden activarse como impuestos anticipados hasta el límite correspondiente a las prestaciones por pensiones o similares que vayan a pagarse con cargo a estos fondos, en los diez años siguientes, y siempre que no existan dudas respecto a su recuperabilidad. También pueden activarse impuestos anticipados cuyo valor de recuperación estimado sea superior a diez años, siempre que existan impuestos diferidos cuyo periodo de reversión sea igual [40].

2.3. Principio de Devengo

De acuerdo con este principio, al ejercicio económico se imputarán los ingresos y los gastos que afecten al mismo, independientemente de la fecha de su pago o cobro [41]. En aplicación de este principio, las entidades de crédito deben periodificar (ajustes por periodificación, en terminología del Plan General de Contabilidad) todos aquellos cobros y pagos cuya cuantía es una función del tiempo, incluyendo los que afectan al ejercicio en su conjunto (*v.g.* las pagas extraordinarias, las amortizaciones, etc.). Para ello, se debe proceder a distribuir dichos cobros y pagos en la cuenta de resultados, como ingresos y gastos, de una manera uniforme a lo largo del periodo de tiempo en que se generan. En particular, deberán periodificarse [42]:

* *Los intereses de*:
  — Los préstamos y créditos.
  — Los efectos comerciales y demás documentos descontados.
  — Los valores de renta fija, no incluidos en la cartera de negociación [43].
  — Las inversiones y financiaciones interbancarias.
  — Los recursos financieros ajenos: depósitos y valores emitidos.

---

[39] Resolución de 9/10/1997, del ICAC, sobre algunos aspectos de la norma de valoración 16.ª del PGC.
[40] Norma 33.ª 5.
[41] Artículo 38.1d del Código de Comercio.
[42] Norma 5.ª 1.
[43] Véase el Capítulo 6.

- *Las comisiones de*:
  — Disponibilidad de los créditos.
  — Pasivos contingentes (avales, créditos documentarios, etc.).
  — Operaciones de *factoring*, que tengan un carácter financiero.
  — Servicios, pagadas o cobradas, que se reciban o presten a lo largo de un periodo de tiempo.
- *Los costes*:
  — De personal.
  — Generales.
  — Por amortización de inmovilizado.
  — Por gastos amortizables.

No obstante, en virtud de la prevalencia del principio de prudencia, debe diferirse el reconocimiento de ganancias sobre las que no exista certeza de su cobro. Por ello la circular señala, como una excepción al principio de devengo, que no se deben registrar en la cuenta de resultados, en tanto no se cobren, los intereses de las operaciones de cobro dudoso, incluyendo las afectadas de riesgo-país correspondientes a países clasificados como: dudosos, muy dudosos y en dificultades transitorias [44].

2.3.1. Método de Periodificación

En las operaciones financieras cuyos resultados se obtienen a través de aplicar un determinado porcentaje (el tipo de interés) sobre el importe de la operación, la liquidación de estos resultados puede realizarse, de acuerdo con las condiciones establecidas en el contrato de la operación, de dos formas:

1. De una sola vez, al finalizar el plazo de la operación.
2. Varias veces a lo largo de la vida de la operación, en periodos de tiempo iguales, pero inferiores a los de la operación (*v.g.* un préstamo a dos años, con liquidación trimestral de intereses).

En la práctica financiera, cuando la liquidación de intereses se realiza en periodos de tiempo inferiores al año, la fórmula financiera a través de la cual se calculan los intereses que se deben liquidar, es la conocida como *Método lineal o Capitalización simple:*

$$Intereses = \frac{C \times i \times t}{100 \times 365}$$

Siendo:

C = Importe del Capital de la operación, pendiente de amortizar.
i = Tipo de interés, en porcentaje.
t = Número de días del periodo de liquidación de intereses.

---

[44] Normas 2.ª 4. y 10.ª 22. Véase el Capítulo 5.

Por el contrario, cuando los intereses se liquidan en periodos superiores al año, la fórmula financiera para calcular los intereses que deben liquidarse es la conocida como *Método Financiero o Capitalización compuesta*[45]:

$$Intereses = C \times \left[\left(1 + \frac{i}{100}\right)^{\frac{t}{365}} - 1\right]$$

Respecto al número de días que deben considerarse en el cálculo de intereses, salvo que el contrato específico de la operación establezca otro sistema, el método de cómputo que debe utilizarse es[46]:

- Si el periodo está determinado *en días*, a contar desde uno determinado, se comenzará a computar desde el día siguiente al señalado.
- Si el periodo estuviese fijado *en meses o años*, se computará de fecha a fecha, y si en el correspondiente mes de vencimiento no hubiera día equivalente al inicial de cómputo, se entiende que el plazo expira el último día del mes.

En consecuencia, el *método de periodificación* de intereses en la cuenta de resultados de una entidad de crédito, debe distinguir, para cada operación, cuál es el plazo de liquidación de éstos, diferenciando entre[47]:

a) *Operaciones con liquidación de intereses superior a 12 meses*: se utilizará el método financiero, es decir, en función del tipo interno de rentabilidad o coste que resulte.

$$Intereses = C \times \left[\left(1 + \frac{i}{100}\right)^{\frac{t^*}{365}} - 1\right]$$

Siendo t^* el número de días transcurridos desde la última liquidación de intereses.

b) *Operaciones con liquidación de intereses inferior a 12 meses:* se podrá optar entre el método lineal o el financiero.

$$Intereses\ a\ periodificar = \frac{C \times i \times t^*}{100 \times 365}$$

---

[45] En el método de capitalización compuesta, o anatocismo (del griego *aná*, reiteración, y *tokimós*, acción de dar interés), los intereses se acumulan al capital, de modo que la suma devenga a su vez nuevos intereses. En la práctica bancaria, debe distinguirse esta práctica de acumulación de intereses al principal, de los intereses de demora devengados como consecuencia del impago, a su tiempo, de los vencimientos de un préstamo, tanto de principal como de intereses, cuya exigibilidad requiere que éstos se hayan determinado entre las cláusulas del contrato. Veáse el artículo 1.109 del Código Civil.

[46] Artículos 5 y 1.130 del Código Civil. Respecto de las convenciones de calendario véase el Anexo I de este Capítulo.

[47] Norma 5.ª 2.

c) *Operaciones de arrendamiento financiero concedidas:* se periodificarán según las condiciones específicas de cada contrato.

2.4.   Principio de Uniformidad

En virtud de este principio, no se variarán los criterios de valoración de un ejercicio a otro [48]. La circular, siguiendo el Plan General de Contabilidad, matiza este principio precisando que: *«por causa justificada se podrá variar el criterio, en cuyo caso se indicará con una nota explicativa en el estado afectado y en la memoria»* [49]. Por su parte, el Plan General de Contabilidad añade que: *«se indicará la incidencia cuantitativa y cualitativa de este cambio en las cuentas anuales».*

2.5.   Principio de Registro

Este principio, no recogido por el Código de Comercio, pero sí enunciado por el Plan General de Contabilidad, establece que los derechos y obligaciones, incluso futuros o de carácter contingente, deberán registrarse, bien en cuentas patrimoniales, bien en cuentas de orden, según corresponda, desde el momento en que se originen. Igualmente, se registrarán, tan pronto como se conozcan, las alteraciones y transformaciones de valor de estos derechos y obligaciones. En este sentido, para las entidades de crédito, *se considerarán conocidos los hechos* [50]:

* *Divulgados públicamente*, desde el momento de su divulgación.
* *Comunicados particularmente* a la entidad, desde el momento de su comunicación.

2.6.   Principio de Separación o de No Compensación de Saldos

El Código de Comercio establece que los elementos integrantes de las distintas partidas del activo y del pasivo, se deben valorar separadamente [51]. La Ley de Sociedades Anónimas [52] y el Plan General de Contabilidad extienden este principio a los gastos e ingresos que integren la cuenta de resultados, y la circular, por su parte, precisa que no se compensarán las cuentas de un mismo titular [53], señalando las siguientes excepciones a este principio:

---

[48]   Artículo 38.1b.
[49]   Norma 2.ª 5.
[50]   Norma 2.ª 6.
[51]   Artículo 38.1e.
[52]   Artículo 173 del Real Decreto Legislativo 1.564/1989, de 22 de diciembre, por el que se aprueba el Texto Refundido de la Ley de Sociedades Anónimas.
[53]   Norma 2.ª 7.

- Las cuentas mutuas, en que se registran operaciones de corresponsalía entre diferentes entidades [54], podrán reflejar en un solo saldo la posición neta con cada entidad, así como los intereses que devenguen [55].
- Los saldos de las diversas cuentas corrientes que puedan tenerse abiertas a un mismo titular y que, a efectos de cálculo de intereses, se liquiden conjuntamente [56].
- El saldo de las partidas del inmovilizado, que figurará por su importe neto, deducidas sus amortizaciones o correcciones de valor [57].
- Los saldos de operaciones pendientes de liquidar con una misma bolsa o sistema organizado de compensación, que se incluirán en el balance como cuentas diversas de activo o pasivo, según el signo de su saldo neto [58].

Finalmente, en la cuenta de resultados figurarán por su saldo acumulado neto, del debe o del haber, los resultados habidos por los siguientes conceptos [59]:

- Por diferencias de cambio.
- Por explotación de fincas en renta.
- Por resultados en la cartera de negociación y de acreedores por valores, incluso los procedentes de operaciones de cobertura de los precios de mercado.
- Por resultados en operaciones de futuro, que no sean de cobertura.
- Por resultados en la negociación de efectos y de valores que estén en la cartera de inversión ordinaria.
- Las dotaciones y disponibilidades de fondos especiales, correspondientes al mismo ejercicio.

3. NORMAS GENERALES DE VALORACIÓN DEL ACTIVO

El activo, junto con el pasivo y los recursos propios, forman el conjunto de elementos relacionados directamente con la situación financiera de una entidad.

El término activo, es utilizado en los estados financieros de una entidad para identificar recursos económicos que tienen las siguientes características [60]:

---

[54] Las cuentas mutuas son cuentas abiertas entre entidades de crédito para realizar *operaciones de corresponsalía* (realización de transferencias, liquidación de documentos, etc.). Por regla general, el saldo de la cuenta en el balance, deudor o acreedor, refleja, para cada entidad de crédito corresponsal, el saldo neto de dos cuentas: una denominada «mi cuenta» (o cuenta *nostro*), que recoge operaciones iniciadas por la entidad contra su corresponsal, y otra denominada «su cuenta» (o cuenta *vostro*), para las operaciones que son iniciadas por la entidad corresponsal. Véase la Norma 24.ª 2 y 3, y el Capítulo 4.

[55] Normas 24.ª 2. y 40.ª 1a.

[56] Normas 35.ª 2. y 40.ª 1b.

[57] Norma 40.ª 1d.

[58] Norma 40.ª 1c.

[59] Norma 40.ª 1e.

[60] International Accounting Satandard Committee, *Marco conceptual para la preparación y presentación de los estados financieros* (traducción autorizada del Instituto Mexicano de Contadores Públicos, 1999).

- Están controlados por la entidad.
- Son el resultado de sucesos pasados.
- Tienen capacidad para generar beneficios económicos en el futuro.

Así pues, los activos de una entidad representan derechos sobre personas o sobre bienes, expresados en términos de dinero, e incluyen determinados gastos que no suponen un recurso económico (*v.g.* los gastos pagados no devengados).

Las partidas de activo, que representen derechos sobre personas o sobre bienes, se deben valorar por el precio de adquisición, siendo éstas corregidas, en su caso, por las amortizaciones, provisiones y saneamientos, necesarios para atribuir a cada elemento del activo el inferior valor de mercado que, en su caso, le corresponda o por las coberturas mínimas previstas a lo largo de la circular [61].

El precio o valor, de mercado, como magnitud de referencia básica para los activos, exige, lógicamente, que exista un mercado abierto para el activo, lo cual no siempre es posible encontrar. La circular señala, como ya hemos indicado anteriormente, algunos métodos para obtener este valor [62]:

- La cotización en mercados organizados, cuando la haya.
- En los bienes inmuebles, la tasación realizada por una sociedad de tasación independiente.
- En los bienes muebles, la peritación, tasación o cualquier otro indicador fiable, del mercado de segunda mano.
- Para las participaciones en sociedades no cotizadas, por el valor teórico que resulte del balance auditado.

Las correcciones valorativas pueden ser de dos tipos: *Reversibles* e *Irreversibles*:

a) *Correcciones valorativas reversibles.* Son reversibles aquellas depreciaciones de valor que no se consideran definitivas, esto es, que son potenciales. Por ello, su registro contable se realiza mediante la constitución de *Fondos Especiales Específicos*, señalados en el Principio de prudencia valorativa.

En el balance reservado, estos fondos figuran separadamente en cuentas especificas del pasivo. Por el contrario, en el balance público, los fondos afectados, en su caso, a activos, se muestran deduciendo los activos que están cubriendo.

Los fondos especiales, tanto los específicos como para riesgos bancarios generales (fondos genéricos), se crean con cargo a cuentas específicas de la cuenta de pérdidas y ganancias [63], con excepción de las minusvalías habidas en la cartera de valores clasificados dentro de la cartera de inversión ordinaria, para las que se constituirá un fondo de fluctuación de valores mediante

---

[61] Norma 3.ª 1. y Artículo 39.2 del Código de Comercio; artículos 195 y 196 de la Ley de Sociedades Anónimas.

[62] Norma 3.ª 6.

[63] Norma 9.º 4.

cargo en cuentas de periodificación activas (Minusvalías en la cartera de inversión de renta fija) [64].

Los fondos especiales específicos deben estar constituidos con unos importes mínimos, contemplados en normas concretas de la circular, debiendo complementarse cuando, a juicio de la entidad, esta cobertura mínima resulte insuficiente para una adecuada valoración del activo o riesgo contingente cubierto [65].

En resumen, los motivos de cargo y abono de los fondos especiales son:

FONDOS PARA RIESGOS BANCARIOS GENERALES (GENÉRICOS)	
CARGOS	ABONOS
• Por aplicación a *Fondos Específicos*, con abono a la cuenta de resultados. (*Recuperación de fondos. Utilización de Fondos Genéricos*) • Por aplicación a quebrantos no cubiertos con fondos específicos, con abono a la cuenta de resultados. (*Recuperación de fondos. Utilización de Fondos Genéricos*)	• Por las coberturas adicionales que por razones de prudencia desee efectuar la entidad, con cargo a «*Quebrantos extraordinarios. Dotaciones al fondo para riesgo general*».

FONDOS ESPECÍFICOS	
CARGOS	ABONOS
• Al desaparecer la causa que motivó su creación, con abono a: — Si se hubiesen dotado en el mismo ejercicio: Cuentas de *Dotaciones a...*del grupo que corresponda. — Si correspondiesen a ejercicios anteriores: *Beneficios por Operaciones Financieras. Recuperación de Fondos* (según corresponda). • Al Producirse: — efectivamente la perdida en el activo: – con abono al activo correspondiente. — el pago de la carga o compromiso contingente: – con abono a cuentas de Tesorería.	• Por las dotaciones del ejercicio, con cargo, según corresponda, a *Dotaciones a...* incluidas en las cuentas de resultados en los epígrafes: — *Pérdidas por operaciones financieras.* — *Gastos de explotación.* — *Insolvencias.* — *Quebrantos extraordinarios.* • Por los traspasos de *Fondos Genéricos*, con cargo a los mismos epígrafes y conceptos que por las dotaciones del ejercicio, al tiempo que se registra la utilización del Fondo Genérico

---

[64] Norma 27.ª 2d.II. Véase en el Capítulo 6 la naturaleza de estas minusvalías y los criterios a aplicar a los valores incluidos como Cartera de Inversión Ordinaria. Con carácter excepcional, y previa autorización del Banco de España, pueden cubrirse, con cargo a Reservas de la entidad, el valor actual de los gastos de personal y los compromisos de pensiones no cubiertos, correspondientes a personal que, como consecuencia de un proceso de reestructuración, pase a la condición de personal prejubilado (Norma 13.ª 13).

[65] Norma 9.ª 2.

b) *Correcciones valorativas irreversibles.* Cuando las correcciones de valor tienen el carácter de irreversible, esto es, de pérdida realizada, distinta de las correcciones debidas a amortizaciones del inmovilizado material relacionadas con el tiempo de utilización, es preceptiva la baja directa del activo, reconociendo la pérdida en la cuenta de resultados.

4. NORMAS GENERALES DE VALORACIÓN DEL PASIVO

El término pasivo es utilizado, en los estados financieros de una entidad, para identificar recursos financieros que tienen las siguientes características:

- Representan una deuda u obligación actual.
- Son resultado de sucesos pasados.
- Para cancelarlos, la entidad espera entregar recursos que incorporan beneficios económicos (*v.g.* dinero, un activo, conversión en recursos propios).

Como norma general, los saldos que representen obligaciones se deben registrar por su valor de reembolso [66], con las siguientes precisiones:

1. Pasivos emitidos al descuento.
En los pasivos emitidos al descuento, es decir, aquéllos cuyos intereses se hacen efectivos en el momento de su amortización (*v.g.* bonos cupón cero), la diferencia entre el valor de reembolso y el importe recibido al generarse la obligación, se debe registrar en una cuenta compensatoria de activo (Cuentas Diversas. Intereses anticipados de recursos tomados a descuento.), hasta el vencimiento del pasivo [67]. La periodificación del gasto se efectuará de acuerdo con el principio de devengo en una cuenta específica de periodificación del pasivo (Devengo de costes no vencidos) que se saldará al vencimiento, con abono a la cuenta compensadora.

2. Acreedores por valores [68].
Las cuentas de *Acreedores por valores,* tanto por *Préstamo de valores* [69] como por *Descubiertos en cesiones* [70], se deben valorar siguiendo los criterios que se apliquen a los valores que fueron tomados a préstamo o en cesión temporal [71].

5. NORMAS GENERALES DE VALORACIÓN DE LAS CUENTAS DE ORDEN

Las cuentas de orden recogen aquellos saldos representativos de:

---

[66] Norma 3.ª 7 y Norma de valoración 11.ª del Plan General de Contabilidad.
[67] Norma 3.ª 8.
[68] Véase el Capítulo 7.
[69] Norma 16.ª 3.
[70] Norma 14.ª 5.
[71] Norma 3.ª 9.

a) Derechos, obligaciones y otras situaciones jurídicas que en el futuro pueden tener repercusiones patrimoniales para la entidad.

b) Otros importes cuyo reflejo contable se precisa para reflejar determinados derechos o aclarar determinadas situaciones, pero que, en general, no comprometen el patrimonio de la entidad.

En relación con las cuentas de orden, es preciso señalar que su registro contable es de entradas y salidas (partida simple), por lo que, para producir las contrapartidas de sus apuntes (partida doble), se suelen emplear cuentas globales denominadas genéricamente «Contrapartida», sin reflejo en los estados financieros:

Avales y otras cauciones prestadas

a/ Contrapartida de cuentas de orden
(*al conceder un aval*)

Contrapartida de cuentas de orden

a/ Avales y otras cauciones prestadas
(*al cancelarse el aval*)

El primer grupo de estas cuentas de orden está constituido por aquéllas que, sin afectar directamente a elementos patrimoniales (activos/pasivos), producen una serie de derechos y obligaciones, o bien se asumen unos determinados riesgos, que no afectando inmediatamente al patrimonio de la entidad como tal, pueden tener en él repercusiones futuras.

Junto a este grupo de cuentas, también denominadas *operaciones fuera de balance,* existen en las entidades de crédito «otras cuentas de orden», exigidas, básicamente, por motivos estadísticos. Así pues, las cuentas de orden podemos dividirlas en los siguientes grupos:

A. Cuentas de orden con riesgo de repercusión patrimonial.

Estas cuentas se agrupan en:

1. *Pasivos Contingentes.* Recogen todas las operaciones por las que una entidad garantiza obligaciones de un tercero. Se incluirán, entre otras, las siguientes operaciones[72]:
   • Avales y demás cauciones prestadas.
   • Créditos documentarios.
   • Efectos redescontados o endosados.

2. *Compromisos y riesgos contingentes.* Los compromisos irrevocables que pueden dar lugar a un riesgo de crédito, se deben registrar en este epígrafe. Entre otros, se incluirán[73]:
   • Los valores suscritos pendientes de desembolso.
   • Los importes disponibles por terceros.
   • Los compromisos de colocación y suscripción de valores.

---

[72] Norma 34.ª 2. Véase el Capítulo 5.
[73] Norma 34.ª 3

3. *Operaciones de futuro.* Comprenderá las operaciones a realizar en el futuro asociadas al riesgo de tipo de cambio, de tipo de interés, o de mercado. Incluirá[74]:
   - Las compraventas de divisas a plazo.
   - Las compraventas, no vencidas, de activos financieros.
   - Los futuros y opciones.
   - Otras operaciones sobre tipos de interés (*Fras* y Permutas financieras).

4. *Otros compromisos.* Recogerá los compromisos, de naturaleza actuarial, existentes en relación con las pensiones del personal, así como otros compromisos que no tengan cabida en los grupos anteriores[75].

B. Cuentas de orden sin riesgo de repercusión patrimonial.

1. *Otras cuentas de orden.* En este grupo se registrarán aquellas operaciones que, no comprometiendo el patrimonio de la Entidad, sirvan para reflejar derechos o aclarar determinadas situaciones. Entre otras se incluyen[76]:
   - Los importes disponibles a favor de la entidad (*v.g.* líneas de crédito no dispuestas, concedidas por otras entidades de crédito).
   - Activos en suspenso regularizados[77].
   - Efectos y valores, enviados o recibidos, en comisión de cobro.
   - Los activos afectos a obligaciones propias.
   - Las trasferencias de activos[78].

Dada la naturaleza de los riesgos asumidos en las operaciones de futuro, es decir, aquellas operaciones asociadas con el riesgo de tipo de cambio, de tipo de interés y de mercado, su tratamiento contable difiere sustancialmente del resto de las cuentas de orden, por lo que a este grupo de operaciones le dedicaremos un capítulo especial[79].

Para el resto de las cuentas de orden, los derechos y compromisos que en ellas se registren figurarán por su valor contratado, siendo necesario, en el caso de existir pérdidas potenciales, realizar las correspondientes coberturas mediante fondos específicos (*v.g.* avales que hayan sido calificados de dudosos y a los que la entidad tuviese que hacer frente en el futuro)[80].

6. LOS ATRIBUTOS DE LOS SALDOS PERSONALES. LA SECTORIZACIÓN

El saldo contable, o diferencia entre los importes registrados en el debe (cargos) y en el haber (abonos), de un determinado elemento patrimonial, de activo o pasi-

---

[74] Norma 34.ª 4. Véanse los Capítulos 8, 9 y 10.
[75] Norma 34.ª 5.
[76] Norma 34.ª 6.
[77] Véase el Capítulo 5.
[78] Véase el Capítulo 7.
[79] Véase el Capítulo 9.
[80] Norma 3.ª 10.

vo, representa el valor de dicho elemento patrimonial expresado en términos monetarios[81]. La agregación de elementos patrimoniales que comparten características comunes forma lo que, tradicionalmente, en contabilidad se denomina *«cuenta contable»*.

El grado de agregación de elementos patrimoniales en una cuenta no es fijo, sino que, por el contrario, depende del grado de detalle y de información que se pretenda obtener. Debido a que los estados financieros de las entidades de crédito, como señalábamos al principio del Capítulo, son utilizados por una amplia gama de usuarios y con objetivos diferentes (situación patrimonial, evolución de magnitudes mediante agregación de estados individuales, etc.), la agregación de elementos patrimoniales en estas entidades responde, en muchas ocasiones, a la necesidad de dar respuesta a todos sus usuarios.

Un rasgo característico de los estados financieros de las entidades de crédito es que, a diferencia de otro tipo de entidades, tanto el activo como el pasivo patrimonial están representando, en su mayor parte, derechos de cobro u obligaciones de pago instrumentadas contractualmente frente a otras personas, físicas o jurídicas, por lo que, en contabilidad bancaria, estos activos y pasivos muchas veces se denominan *cuentas personales* o *saldos personales*, por cuanto representan derechos u obligaciones frente a personas.

La agrupación de estas cuentas o saldos personales, en función de determinadas cualidades o atributos, se realiza en los estados financieros de las entidades de crédito de dos formas:

- Respecto del titular de la operación.
- Respecto del tipo de operación.

6.1. Agrupación contable respecto del titular de la operación

Para realizar su actividad característica, esto es, la intermediación financiera, las entidades de crédito recurren a una diversidad de instrumentos jurídicos, los contratos, que contienen, además de cuestiones de naturaleza economico-financiera (*v.g.* importe, plazo, tipo de interés, etc.), los derechos y obligaciones que asisten a la propia entidad de crédito y a la otra parte, a la que se denomina *titular de la operación*.

Debido a que existe la posibilidad de realizar contratos individuales y colectivos, además de la posible existencia, en las operaciones de activo, de avalistas, etc., es preciso definir quién es el titular de la operación, a efectos de la información financiera.

En el balance de una entidad de crédito, el titular de una operación es[82]:

---

[81] La terminología utilizada, entre otras, en relación con las cuentas es: a) Registros en el Debe o cargar, adeudar o debitar una cuenta; b) Registros en el Haber o abonar, acreditar o datar una cuenta.

[82] Norma 7.ª 2.

- *En las operaciones de activo*: el primer obligado al pago, con las siguientes precisiones:
  — *Operaciones de Descuento Comercial*. Se considera titular de la operación al cedente de los documentos descontados.
  — *Adquisiciones Temporales de Activos*. Se considera titular de la operación al sujeto con quien se realiza la operación temporal, y no al emisor del activo adquirido [83].
  — *Operaciones sin recurso contra el cedente*. Es decir, sin posibilidad de reclamar al cedente (*v.g.* operaciones de *factoring* sin recurso), se considera titular al obligado al pago de las facturas o documentos adquiridos sin recurso.
- *En las operaciones de pasivo*: la persona que ostente el derecho de cobro, con las siguientes precisiones:
  — *Cesiones Temporales de Activos Financieros*. Se considera titular de la operación al sujeto con quien se realiza la operación temporal, y no al emisor del activo cedido.
  — *Saldos acreedores instrumentados en títulos al portador*. No se atribuyen a ningún titular específico (*v.g.* empréstitos, financiaciones subordinadas, etc., emitidas al portador).
- *En los pasivos contingentes*: el titular directo de la operación (*v.g.* en un aval concedido a la empresa A para garantizar compromisos de ésta frente a la empresa B, la empresa A es el titular del aval y la empresa B es el beneficiario del aval).

6.1.1. *Las cuentas personales agrupadas según el sector institucional y la residencia del titular*

Las cuentas o saldos personales, tanto de activo y pasivo como los pasivos contingentes, pueden ser agrupadas atendiendo a diferentes criterios, tales como *localización geográfica* del titular (provincia, país, etc.), la *actividad económica* realizada por el titular [84], así como al sector al que pertenece (*sectorización*), institucional o residente.

La sectorización de las cuentas personales consiste en la agrupación de éstas por titulares, en grupos mutuamente excluyentes, siendo trascendental su correcta clasificación, pues afecta tanto a la elaboración de las estadísticas monetarias, necesarias para instrumentar la política monetaria, como al cálculo de las necesidades de coberturas por insolvencias y necesidades de recursos propios. La sectorización de saldos personales responde a los siguientes tipos [85]:

---

[83] Las operaciones temporales, tanto de adquisición como de cesión, se estudian en el Capítulo 7.

[84] A este respecto, véase el Real Decreto 1.560/1992, de 18 de diciembre, por el que se aprueba la Clasificación Nacional de Actividades Económicas (CNAE-93).

[85] Normas 7.ª y 44.ª

- *Sectorización por residencia del titular.* La nacionalidad es un derecho que vincula a la persona con un determinado país[86]. Por el contrario, la residencia es un concepto basado en la presencia, con un cierto grado de permanencia, en un determinado país, que sirve para regular la actividad económica y financiera entre países. En España, a estos efectos son[87]:

— *Residentes*: las personas físicas domiciliadas en territorio español, o que residan principalmente en España, y las personas jurídicas con domicilio social en España.

— *No residentes*: las personas físicas domiciliadas en territorio extranjero, o que tengan allí su residencia principal, y las personas jurídicas con domicilio social en el extranjero.

- *Sectorización institucional.* Un sector institucional es un grupo formado por unidades económicas capaces de ser propietarias de bienes y activos, contraer deudas y participar, en nombre propio, en actividades con otras instituciones. Se consideran tres grandes sectores institucionales: *Sistema Crediticio, Administraciones Públicas* y *Otros Sectores*, subdivididos a su vez en otros subsectores.

El siguiente cuadro muestra un resumen de la agrupación de las cuentas personales por sectores[88].

SECTOR INSTITUCIONAL	RESIDENTES EN		
	España	Otros países	
		De la U.E.	Resto
Sistema crediticio			
• Bancos centrales			
• Ecas			
Administraciones Públicas			
• Administración central			
• Administraciones territoriales			
• Administraciones de la Seguridad Social			
• Organismos Internacionales y supranacionales			
Otros sectores			
• Otras instituciones financieras			
– Monetarias			
– No monetarias			
• Empresas no financieras			
• Instituciones financieras sin fines de lucro			
• Familias			

[86] En España, véase los artículos 17 al 28 del Código Civil.
[87] Ley 40/1979, de 10 de diciembre, sobre Régimen jurídico del control de cambios y Real Decreto 1.816/1991, de 20 de diciembre, sobre transacciones económicas con el exterior.
[88] Un mayor detalle de esta sectorización puede verse en el anexo XI de la CBE 4/91: Esquema de Sectorización mínima de la base contable.

6.1.2. Las cuentas personales agrupadas según el tipo de operación

Respecto del tipo de operación, las cuentas personales pueden ser agrupadas, entre otras, en atención a [89]:

- Su plazo de vencimiento original, y residual.
- Su situación en relación con el riesgo de crédito (activos normales y activos dudosos).
- La moneda del contrato (euros, dólares, etc.).
- La finalidad de la operación (adquisición de vivienda, consumo, etc.).

7. LOS ESTADOS FINANCIEROS DE LAS ENTIDADES DE CRÉDITO Y AHORRO

Como ya hemos señalado, al inicio de este capítulo, las entidades de crédito deben suministrar información financiera, tanto de tipo general —al igual que cualquier otra empresa (*estados públicos*)— como de tipo reservado —con motivos de supervisión y elaboración de estadísticas a suministrar al Banco de España (*estados reservados*)—, así como por razones de política monetaria —entre otras, la que se debe enviar al Banco Central Europeo (*estados UME*).

Asimismo, los grupos consolidables de entidades de crédito, según la normativa sobre recursos propios y coeficientes de solvencia, deben presentar los *estados consolidados reservados* y *públicos* [90].

La diferencia entre los diferentes tipos de estados (públicos, reservados, UME) es de presentación y de mayor o menor desagregación, pues todos ellos se elaboran siguiendo los principios y criterios contables que anteriormente se han señalado.

Los balances de las entidades de crédito, a diferencia de otro tipo de entidades, no suelen distinguir entre partidas fijas y circulantes, dado que la mayor parte de sus activos y pasivos pueden ser liquidados o reembolsados, generalmente, en un futuro muy inmediato [91]. Por ello, lo habitual es que las partidas del balance que representa la actividad básica de estas entidades, captación de depósitos de dinero por el lado del pasivo y concesión de préstamos por el lado del activo, se agrupen de acuerdo con su naturaleza contractual, por sujetos y en un orden aproximado de liquidez, es decir, de acuerdo con sus teóricos vencimientos [92].

Los modelos de estados que las entidades de crédito deben presentar son:

---

[89] En este sentido, pueden verse los Estados Reservados T-9, T-10, T-11, T-12 y T-13, previstos en la Circular 4/1991 del Banco de España.

[90] Véanse las Normas 18 a 22. Un estudio detallado de la consolidación de estados financieros en los grupos de entidades de crédito, puede estudiarse en: PEDRAJA GARCÍA, PEDRO (1998), *Contabilidad y Análisis de Balances en la Banca*. Tomo II. Tercera edición actualizada. Centro de Formación del Banco de España. Madrid.

[91] En general, suele ser habitual que entre las condiciones pactadas en los contratos, ya sean de apertura de una cuenta corriente como de un préstamo, se prevea la posibilidad que asiste al cliente para cancelar anticipadamente la operación, por lo general con una determinada penalización.

[92] Norma 8.ª 1.

MODELOS DE ESTADOS [93]		
Estados reservados	De carácter general	• Bancos Privados • Cajas de Ahorro y CECA • Cooperativas de Crédito. • Instituto de Crédito Oficial (ICO)
	Establecimientos Financieros de Crédito	
Estados UME	Existe un modelo unificado para todo tipo de entidad de crédito	
Estados públicos	Existe un modelo unificado para todo tipo de entidad de crédito	
Estados consolidados	De carácter reservado. Modelo unificado	
	De carácter público. Modelo unificado	

7.1. Estados Reservados

De entre los estados reservados que las entidades de crédito deben remitir al Banco de España, el Balance y la cuenta de resultados, destacan desde la perspectiva contable:

A. Balance Reservado.

Se trata de un estado de periodicidad mensual, elaborado por razones de vigilancia, supervisión y de política monetaria. También es conocido como *Estado M-1* [94]. Su estructura por epígrafes es:

ACTIVO	PASIVO
1. Caja y Bancos Centrales.	1. Banco de España.
2. Entidades de crédito.	2. Entidades de crédito.
3. Crédito a las administraciones Públicas españolas.	3. Acreedores. Administraciones Públicas españolas.
4. Crédito a otros sectores residentes.	4. Acreedores. Otros sectores residentes.
5. Crédito a no residentes.	5. Acreedores. No residentes.
6. Cartera de Renta Fija.	6. Empréstitos y otros valores negociables.
7. Activos Dudosos.	7. Financiaciones subordinadas.
8. Cartera de Renta variable.	8. Cuentas diversas.
9. Inmovilizado.	9. Cuentas de periodificación.
10. Aplicación del fondo O.S. (*)	10. Fondos especiales.
11. Activos Inmateriales.	11. Capital o fondo de dotación.
12. Valores propios y accionistas.	12. Reservas.
13. Cuentas Diversas.	13. Fondo O.S. (*)
14. Cuentas de periodificación.	14. Beneficios.
15. Pérdidas pendientes de regularizar.	

CUENTAS DE ORDEN
1. Pasivos contingentes.
2. Compromisos contingentes.
3. Operaciones de futuro.
4. Otros compromisos.
5. Otras cuentas de orden.

(*) Solo las Cajas de Ahorro y las Cooperativas de crédito

[93] En relación con los tipos de estados dentro de cada grupo, así como de la periodicidad del estado, pueden consultarse las Normas: 41.ª Estados Reservados de carácter general; 43.ª-Bis Estados Reservados de los Establecimientos Financieros de Crédito; 44.ª Estados UME; 47.ª Estados Reservados de los Grupos consolidables de Entidades de Crédito; 48.ª a 50.ª Estados Públicos.

[94] En la parte tercera de este libro puede verse la estructura completa. Los estados específicos, en su caso, de los Establecimientos Financieros de Crédito tienen, básicamente, la misma nomenclatura que los generales con el añadido «E».

B. La cuenta de pérdidas y ganancias reservada.

Es una cuenta de resultados de periodicidad trimestral, cuyo esquema permite poner en comparación las diferentes masas del balance reservado con los resultados que éstas generan. Conocida como *Estado T-1*, su estructura es:

DEBE	HABER
1. Intereses y cargas asimiladas.	1. Intereses y rendimientos asimilados.
2. Corretajes y comisiones varias.	2. Rendimiento de la cartera de renta variable.
3. Pérdidas por operaciones financieras.	3. Comisiones percibidas.
4. Gastos de explotación.	4. Beneficios por operaciones financieras.
5. Amortizaciones y saneamientos de inmovilizado y activos inmateriales.	5. Recuperaciones de otros fondos y de activos en suspenso.
6. Quebrantos diversos.	6. Productos diversos.
7. Insolvencias.	7. Beneficios extraordinarios y atípicos.
8. Quebrantos extraordinarios.	8. Pérdidas netas.
9. Impuestos sobre beneficios.	
10. Otros impuestos.	
11. Beneficio neto.	

7.2. Estados Públicos

De acuerdo con lo previsto en la norma 48.ª de la Circular 4/1991, las cuentas anuales de las entidades de crédito comprenderán el balance, la cuenta de pérdidas y ganancias, y la memoria. El balance y la cuenta de pérdidas y ganancias se ajustarán a los modelos definidos en la propia circular (Anexo VIII).

El modelo de balance público presenta el siguiente detalle:

ACTIVO	PASIVO
1. Caja y depósitos en Bancos Centrales.	1. Entidades de crédito.
2. Deudas del Estado.	2. Débitos a clientes.
3. Entidades de Crédito.	3. Débitos representados por valores negociables.
4. Créditos sobre clientes.	4. Otros pasivos.
5. Obligaciones y otros valores de renta fija.	5. Cuentas de periodificación.
6. Acciones y otros títulos de renta variable.	6. Provisiones para riesgos y cargas.
7. Participaciones.	6 bis. Fondo para riesgos bancarios generales.
8. Participaciones en empresas del grupo.	7. Beneficios del ejercicio.
9. Activos inmateriales.	8. Pasivos subordinados.
10. Activos materiales.	9. Capital suscrito.
11. Capital suscrito no desembolsado.	10. Primas de emisión.
12. Acciones propias.	11. Reservas.
13. Otros activos.	12. Reservas de revalorización.
14. Cuentas de periodificación.	13. Resultados de ejercicios anteriores.
15. Pérdidas del ejercicio.	
CUENTAS DE ORDEN	
1. Pasivos contingentes.	
2. Compromisos.	

El modelo de cuenta de pérdidas y ganancias pública presenta el siguiente detalle:

1. Intereses y rendimientos asimilados.
2. Intereses y cargas asimiladas.
3. Rendimiento de la cartera de renta variable.
A) MARGEN DE INTERMEDIACIÓN.
4. Comisiones percibidas.
5. Comisiones pagadas.
6. Resultados de operaciones financieras.
B) MARGEN ORDINARIO.
7. Otros productos de explotación.
8. Gastos generales.
9. Amortizaciones y saneamientos de activos materiales e inmateriales.
10. Otras cargas de explotación.
C) MARGEN DE EXPLOTACIÓN.
15. Amortización y provisiones para insolvencias (neto).
16. Saneamiento de inmovilizaciones financieras.
17. Dotaciones al fondo para riesgos bancarios generales.
18. Beneficios extraordinarios.
19. Quebrantos extraordinarios.
D) RESULTADO ANTES DE IMPUESTOS.
20. Impuesto sobre beneficios.
21. Otros impuestos.
E) RESULTADO DEL EJERCICIO.

7.3. Estados UME

Se trata de un estado de periodicidad mensual, sectorizado por columnas entre residentes en España, residentes en países de la Unión Monetaria (UME), sin incluir a España, y el resto del mundo. Su objetivo es facilitar información al BCE para que éste pueda conocer la evolución monetaria de la zona euro, así como permitir el cálculo de la base de las reservas mínimas de las entidades de crédito[95].

---

[95] Los estados UME deben ser elaborados por las denominadas Instituciones Financieras Monetarias (IFM) que incluyen, además de los bancos centrales de cada país y a las entidades de crédito, a cualquier otra institución residente en la Unión Europea cuya actividad consista en recibir depósitos, y/o sustitutos de depósito, y en conceder créditos o invertir en valores actuando por cuenta propia. Reglamento 2.819/98 del Banco Central Europeo, relativo al balance consolidado de las Instituciones Financieras Monetarias.

ANEXO I
CONVENCIONES DE CALENDARIO

El cálculo de los intereses, tanto a favor como en contra, depende además de la fórmula financiera utilizada, es decir, el método de intereses simple o el compuesto, de los días de calendario que se consideren.

Dependiendo de los mercados y de los países, las convenciones más habituales que podemos encontrar en un contrato que liquide intereses son:

- **Actual/365 (A/365).** En esta convención, para calcular los intereses del periodo, los días a considerar son todos los días de calendario, divididos por un año de 365 días, aunque el año sea bisiesto.

- **Actual/Actual (A/A).** Bajo esta convención los intereses del periodo se obtienen considerando todos los días de calendario del periodo, divididos por el número real de días del año, esto es, cuando el año es bisiesto por 366 días.

- **Actual/360 (A/360).** Para calcular los intereses del periodo, los días a considerar son los días de calendario del periodo, divididos por el año comercial, esto es 360 días.

- **Base Comercial (30/360).** En esta fórmula, se considera que todos los meses tienen 30 días y que un año esta formado por 12 meses de 30 días.

Los rendimientos, o costes, obtenidos usando una convención u otra pueden presentar importantes diferencias. Por ejemplo, un depósito de un millón de euros al 8 por 100 anual, con liquidación de intereses al final del año, daría lugar a la siguiente liquidación:

- **A/365:** $1.000.000 \times 0{,}08 \times \dfrac{365}{365} = 80.000{,}00$

- **A/360:** $1.000.000 \times 0{,}08 \times \dfrac{365}{360} = 81.111{,}11$

PARTE II

PARTE II

4

Los recursos ajenos
de las entidades de crédito

1. INTRODUCCIÓN

La financiación intensiva con recursos ajenos constituye, frente a otro tipo de entidades, el rasgo diferenciador de la estructura financiera de las entidades de crédito, presentando un ratio de solvencia (Recursos Propios/Activo Total), generalmente, muy inferior al de cualquier otro tipo de entidad [1].

La financiación ajena de una entidad de crédito proviene, fundamentalmente, de dos fuentes:

- Las cantidades obtenidas de otras entidades de crédito, que constituyen la *financiación interbancaria.*
- Las cantidades obtenidas del público en general, ya sea mediante un contrato de depósito o mediante la suscripción de valores emitidos por la entidad.

La distinción de los recursos ajenos obtenidos de otras entidades de crédito y del público en general, resulta trascendental a efectos de conocer la dependencia financiera de la entidad en cuestión, del resto de entidades de crédito. La financiación del público en general, mediante contrato de depósito, constituye la esencia de la financiación de las entidades de crédito y ahorro, tratándose, además, de una actividad reservada en exclusiva para ellas [2].

El siguiente cuadro presenta un detalle de los diferentes epígrafes de los estados reservados, balance y cuenta de pérdidas y ganancias, relacionados directamente con la financiación ajena de las entidades de crédito:

---

[1] Este ratio se encuentra regulado para las entidades de crédito por la Ley 13/1992, de 1 de junio, de recursos propios y supervisión en base consolidada de las entidades financieras, que exige un nivel mínimo de recursos propios del 8% de las inversiones realizadas y los riesgos asumidos.

[2] Véase Las Operaciones Pasivas en el Capítulo 2.

BALANCE RESERVADO	
ACTIVO	**PASIVO**
Valores propios y accionistas. Títulos hipotecarios. Otros valores de renta fija. **Cuentas Diversas.** Intereses anticipados de recursos tomados a descuento. **Cuentas de periodificación.** Gastos de emisión de empréstitos.	**Banco de España.** **Entidades de crédito.** **Acreedores. Administraciones Públicas españolas.** **Acreedores. Otros sectores residentes.** **Acreedores no residentes.** **Empréstitos y otros valores negociables.** Pagarés y efectos. Títulos hipotecarios. Otros valores convertibles. Otros valores no convertibles. **Financiaciones subordinadas.** Valores negociables. Otras. **Cuentas de Periodificación.** Devengos de costes no vencidos.

OTRAS CUENTAS DE ORDEN
Otras Cuentas de Orden. Disponibles a favor de la entidad. En el Banco de España. En entidades de crédito. Empréstitos emitidos pendientes de suscripción.

CUENTA DE PÉRDIDAS Y GANANCIAS	
DEBE	**HABER**
Intereses y cargas asimiladas. De Banco de España. De entidades de crédito. De acreedores, Administraciones Públicas. De acreedores, otros sectores residentes. De acreedores no residentes. De empréstitos y otros valores negociables. De financiaciones subordinadas.	

2. LOS ACREEDORES DE LAS ENTIDADES DE CRÉDITO

En los balances de las entidades de crédito se denominan *acreedores* a aquellos pasivos que, desde el punto de vista de la financiación, constituyen la esencia del negocio, y que representan recursos financieros tomados del público (muchas veces denominados *clientes de pasivo*), que la entidad está obligada a devolver.

Las obligaciones de pago que no surgen como consecuencia de operaciones típicas de la actividad bancaria[3] (*v.g.* deudas por aplazamiento de pago en la compra de un inmueble), así como otras obligaciones de pago de carácter especial, se reconocen en el pasivo de la entidad dentro del epígrafe de cuentas diversas, en las rúbricas: *Obligaciones a pagar*, *Cuentas de recaudación* y *Cuentas especiales*[4].

---

[3] Sobre las actividades típicas de las entidades de crédito, véase el Capítulo 1 y 2.

[4] Norma 33.ª1.9 y 10.

En atención al sector institucional en que se incluyan los titulares, los depósitos captados se clasifican en tres grandes grupos de acreedores:

- Acreedores. Administraciones Públicas españolas.
- Acreedores. Otros sectores residentes.
- Acreedores no residentes

Las formas contractuales en que se concretan las diferentes operaciones de captación de recursos financieros, se agrupan a efectos contables, con mayor o menor detalle en cada uno de los tres grandes epígrafes, en seis grupos de cuentas:

1. Cuentas corrientes
2. Cuentas de ahorro
3. Imposiciones a plazo
4. Participaciones
5. Cesión temporal de activos
6. Acreedores por valores

Los tres primeros grupos: cuentas corrientes, de ahorro e imposiciones a plazo, constituyen las fórmulas tradicionales de financiación de las entidades de crédito, en ocasiones llamadas *depósitos captados*, cuya cualidad esencial es que sean disponibles, por parte de sus titulares, bien a la vista o con un plazo de preaviso muy corto, o bien a un determinado plazo [5]. Por el contrario, los tres últimos grupos: participaciones, cesiones y acreedores por valores, representan fórmulas de financiación de las denominadas de *innovación financiera*, a veces, también llamadas *operaciones de movilización de activos,* por cuanto constituyen una forma de obtener liquidez, por parte de la entidad, mediante la realización de contratos específicos sobre la base de activos financieros de su propiedad [6].

Los fondos recibidos mediante estas operaciones pasan a ser propiedad de la entidad que, a cambio de pagar unos intereses, los invierte por su cuenta y riesgo, fundamentalmente concediendo préstamos y créditos e invirtiendo en títulos-valores. Dado que, en bastantes tipos de depósitos, es posible la cancelación anticipada, los depósitos tienen una significativa influencia en la liquidez de la entidad, debido a que una retirada anticipada de depósitos, por parte de los clientes, puede llegar a causar a la entidad importantes perjuicios.

Desde el punto de vista de la remuneración de los depósitos captados, podemos distinguir dos tipos de depósitos:

- Contratos en los que la entidad asegura siempre la devolución del importe recibido más, en su caso, los intereses por el tiempo durante el cual el depósito queda a su disposición. Estos intereses pueden ser fijos, variables o referenciados a algún indicador (*v.g.* un índice bursátil).
- Contratos en los que la entidad no asume el compromiso de reembolso íntegro del principal recibido, sino la obligación de devolver determinados valo-

---

[5] Reglamento 2.819/98 del Banco Central Europeo, de 1 de diciembre de 1998, relativo al balance consolidado del sector de las instituciones financieras monetarias.
[6] El Capítulo 7 se dedica por entero a este tipo de operaciones.

res cotizados o el pago de una determinada cantidad de dinero, o ambas cosas a la vez, en función de la evolución de la cotización de uno o varios valores, o de la evolución de un índice bursátil. Estos contratos, generalmente, se realizan por plazos más largos y pueden dar lugar a rentabilidades negativas[7].

En cualquier caso, los movimientos contables a que da lugar una operación de depósito, desde el punto de vista de la entidad de crédito, son:

CONCEPTO	REGISTRO CONTABLE	
	DEBE	HABER
Apertura de la cuenta	Tesorería[8]	a/ Acreedores
Devengo de intereses	Intereses y Cargas Asimiladas	a/ Devengos de Costes no vencidos
Liquidación de intereses	Devengos de Costes no vencidos	a/ Acreedores
Disposiciones de fondos y cancelación	Acreedores	a/ Tesorería

2.1. Los acreedores a plazo. Las Imposiciones a plazo

Las Imposiciones a Plazo Fijo (IPF) representan una captación de dinero, por parte de la entidad, caracterizada porque, en el momento de su constitución, se especifica un plazo durante el cual el depósito queda indisponible para su titular, por lo que, por regla general, suelen tener una rentabilidad para su titular superior a la de las cuentas a la vista[9].

El plazo de la IPF (*v.g.* dos años) no suele coincidir con los plazos a los cuales se liquidarán los intereses (*v.g.* trimestral), lo cual se especifica en el contrato, conviniéndose, generalmente, que éstos se abonarán en una cuenta a la vista que el titular, por lo general, deberá tener abierta en la propia entidad de crédito.

---

[7] Su regulación contractual puede verse en la Circular 3/2000 de la Comisión Nacional del Mercado de Valores, que regula las condiciones y circunstancias a considerar en este tipo de contratos. La Circular 4/1991 del Banco de España, no prevé hasta el momento un tratamiento contable especial para este tipo de depósitos. El FAS 133 define este tipo de contratos como «contratos híbridos» (*hybrid contrac*), por estar compuestos por dos contratos, uno denominado «contrato anfitrión» (*host contract*) más un contrato de derivado financiero denominado «derivado implícito» (*embedded derivative, latent derivative*); el tratamiento contable de este tipo de contratos depende de que ambos contratos reúnan o no determinadas características. «Financial Accounting Standards Board (2000): *Accounting for Derivative Instruments and Hedging Activities, FAS-133*. Norwalk, Connecticut, EE.UU».

[8] La Tesorería hace referencia a movimientos de dinero en efectivo, ya sea mediante dinero líquido o mediante cargo, o abono, en cuentas de disponibilidad inmediata (*v.g.* una cuenta corriente). A lo largo del texto se usará esta expresión como concepto contable que resume este tipo de movimientos.

[9] En algunos contratos de IPF se prevé la posibilidad de cancelación anticipada, lo que generalmente supone una penalización que, en términos de tipo de interés, se calcula por el tiempo que se ha adelantado su vencimiento, limitándose, por lo general, a un máximo de los intereses que se hubiesen devengado, es decir, sin reducción del principal.

Desde un punto de vista contable, las IPF no presentan unas peculiaridades específicas, únicamente es preciso tener presente que, cuando las fechas de liquidación del deposito (*v.g.* trimestral) no coinciden con la fecha de presentación de estados financieros (mensual en el caso del balance reservado), es necesario efectuar, en aplicación del principio de devengo, la necesaria periodificación de los intereses devengados, pero no liquidados (no vencidos), a favor del cliente.

Ejemplo 4.1.—Una determinada persona deposita en efectivo, el día 22 de diciembre del año 20X0, un millón de euros en una entidad de crédito, mediante un contrato de depósito a plazo de tres meses (vencimiento el día 22 de marzo del año 20X1), al 10 por 100 de interés anual, liquidable mensualmente mediante su abono en una cuenta corriente que el cliente tiene abierta en la misma entidad. A su vencimiento, el importe de la IPF se abonará en la cuenta corriente.

Se pide:

Efectuar los asientos contables, correspondientes a esta operación, en la fecha de contratación del depósito, y en las de periodificación y liquidación de intereses.

Los movimientos de fondos que la operación genera para la entidad son:

Fecha	Concepto	Flujos de caja
22.12. 20X0	Captación de la IPF	1.000.000
22.01. 20X1	Liquidación de intereses: $1.000.000 \times 0,1 \times 31/365$	(8.493)
22.02. 20X1	Liquidación de intereses: $1.000.000 \times 0,1 \times 31/365$	(8.493)
22.03. 20X1	Liquidación de intereses: $1.000.000 \times 0,1 \times 28/365$	(7.671)
	Devolución de la IPF	(1.000.000)
	Total	***(24.657)***

Los asientos contables se muestran en el siguiente cuadro:

FECHA	ASIENTOS CONTABLES	
22.12.20X0	1.000.000 Tesorería a/ Acreedores. Imposiciones a plazo *(por el ingreso en efectivo y la apertura del contrato de IPF)*	1.000.000
31.12. 20X0	2.466 Intereses y cargas asimiladas a/ Devengos de costes no vencidos *(por la periodificación de 9 días de intereses: $2.466 = 1.000.000 \times 0,1 \times 9/365$)*	2.466
22.01. 20X1	2.466 Devengo de costes no vencidos a/ 6.027 Intereses y cargas asimiladas a/ Acreedores. Cuentas corrientes *(por la liquidación de 31 días de intereses, abonándolos en la cuenta corriente: $8.493 = 1.000.000 \times 0,1 \times 31/365$)*	8.493
31.01. 20X1	2.466 Intereses y cargas asimiladas a/ Devengos de costes no vencidos *(por la periodificación de 9 días de intereses: $2.466 = 1.000.000 \times 0,1 \times 9 /365$)*	2.466
22.02. 20X1	2.466 Devengo de costes no vencidos a/ 6.027 Intereses y cargas asimiladas a/ Acreedores. Cuentas corrientes *(por la liquidación de 31 días de intereses, abonándolos en la cuenta corriente: $8.493 = 1.000.000 \times 0,1 \times 31/365$)*	8.493

(Continúa)

82   *Contabilidad bancaria*

(Continuación)

28.02. 20X1	1.644 Intereses y cargas asimiladas a/ Devengo de costes no vencidos *(por la periodificación de 6 días de intereses: 1.644 = 1.000.000 × 0,1× 6 /365)*	1.644
22.03. 20X1	1.644 Devengo de costes no vencidos a/ 6.027 Intereses y cargas asimiladas a/ Acreedores. Cuentas corrientes *(por la liquidación de 28 días de intereses, abonándolos en la cuenta corriente: 7.671 = 1.000.000 × 0,1 × 28/365)*	7.671
	1.000.000 Acreedores. Imposiciones a plazo a/ Acreedores. Cuentas corrientes *(por la devolución del depósito a su vencimiento, mediante abono en la cuenta corriente)*	1.000.000

La situación de la operación en el balance de la entidad, en cada una de las fechas, será:

	31.12. 20X0	31.01. 20X1	28.02. 20X1	31.03. 2.0X3
Activo	–	–	–	–
Pasivo				
Acreedores				
Cuentas corrientes	–	8.493	16.986	1.024.657
Cuentas a plazo	1.000.000	1.000.000	1.000.000	–
Cuentas de Periodificación				
Devengos de costes no vencidos	2.466	2.466	1.644	–
Cuenta de Pérdidas y Ganancias (total año)				
Intereses y cargas asimiladas	2.466	8.493	16.164	22.191

Como puede observarse, los intereses pagados por el depósito (24.657 euros) han sido distribuidos, mediante su periodificación, entre los dos años en que los mismos se han generado: 2.466 euros en el año 20X0 y 22.191 euros en el año 20X1.

2.2. Los acreedores a la vista. Cuentas corrientes y cuentas de ahorro a la vista

La característica básica de este tipo de cuentas es su disponibilidad a la vista (las cuentas corrientes) o con un preaviso que, en caso de existir, suele ser muy corto (las cuentas de ahorro a la vista). Otra característica de este tipo de cuentas es que suelen ser usadas para operaciones de servicio de caja de su titular, como son: disposición de dinero en efectivo, domiciliar órdenes de pago y recibir ingresos, etc.

Desde un punto de vista contable, tampoco estas cuentas presentan una particularidad especial, si bien es preciso saber que se trata de cuentas en las que cada movimiento da lugar a un apunte contable:

- En el HABER, los abonos a favor del cliente (titular de la cuenta): transferencias a su favor, abono de intereses, etc.
- En el DEBE, los cargos o cantidades en contra del cliente: retiradas de fondos o reintegros, pagos domiciliados, etc.

A efectos de los intereses que genera una cuenta corriente, a favor o en contra del cliente, es preciso tener en cuenta que éstos se devengan a partir de la denominada *fecha valor*, que no tiene por qué coincidir con la fecha en que la operación de cargo o abono se contabiliza [10].

En general, el saldo de una cuenta a la vista suele ser acreedor, lo que significa que la entidad está obteniendo financiación por este importe del cliente. Sin embargo, en ocasiones las cuentas a la vista pueden presentar un saldo deudor (denominados genéricamente descubiertos, números rojos, negativos, etc.), lo que significa que la entidad ha concedido un préstamo al cliente por este importe, o lo que es lo mismo, que el cliente ha dispuesto de más dinero del que tenía depositado en la entidad. En este caso, el saldo de la cuenta a la vista se registra como un activo en inversión crediticia [11].

Por todo ello, las cuentas a la vista, aún cuando por lo general dan lugar a intereses en contra de la entidad (a favor del cliente), excepcionalmente pueden provocar intereses a favor de la entidad (en contra del cliente) por el tiempo durante el que se ha producido el préstamo (descubierto), siendo, por regla general, el tipo de interés de los saldos deudores superior al de los saldos acreedores.

A efectos de obtener los intereses generados a favor y/o en contra de una cuenta a la vista, es necesario conocer el tiempo durante el cual la cuenta ha presentado saldo deudor y saldo acreedor, obteniéndose los intereses mediante la fórmula [12]:

$$\text{Intereses devengados} = \frac{\text{Capital} \times \text{Tipo de interés} \times \text{número de días}}{365}$$

El producto del capital por los días es también conocido como *números comerciales*. Por lo que los intereses pueden también obtenerse como:

$$\text{Intereses devengados} = \text{Números comerciales} \times \frac{\text{Tipo de interés}}{365}$$

Por todo ello, a efectos contables, en el cálculo de los intereses devengados de las cuentas a la vista, debe tomarse en consideración el sentido acreedor o deudor del saldo de la cuenta en cada momento, desde que se practicó la ultima liquidación de intereses y hasta el momento en que estamos calculando los intereses devengados, antes de que se vaya a producir su liquidación.

---

[10] La Circular del Banco de España 8/1990, de 7 de septiembre, sobre Transparencia de las operaciones y protección de la clientela, establece en su anexo IV (que se incorpora como anexo de este capítulo) los desfases máximos admisibles entre la fecha de contabilización y la fecha valor de las distintas operaciones bancarias, si bien las entidades pueden ofrecer a sus clientes unas condiciones más favorables a las fijadas en dicho anexo. El concepto de *fecha valor* también se utiliza en las operaciones del mercado de divisas, véase el Capítulo 8.

[11] Norma 25.ª 7. Véase el Capítulo 5.

[12] Por tratarse de operaciones con liquidación de intereses inferior al año, suele usarse la fórmula del tipo de interés simple. La convención de calendario suele ser Actual/365 y Actual/360.

Ejemplo 4.2.—Una cuenta corriente se apertura, el día 30 de septiembre del año 20X0, con un ingreso en efectivo de 150.000 euros. En el contrato de la cuenta, además de otras condiciones, se determina que la citada cuenta generará intereses del 0,5 por 100 a favor del cliente para los saldos acreedores y del 12 por 100 en su contra para los saldos deudores. La liquidación de los intereses, tanto a favor como en contra del cliente, se efectúa el 15 de enero de cada año. Durante el año 20X0 la cuenta presenta los siguientes movimientos:

FECHA		CONCEPTO	IMPORTE (€)	
Contable	Valor		Debe	Haber
30.09.00	30.09.00	Apertura. Ingreso en efectivo antes de las 11 horas		150.000
13.10.00	15.10.00	Ingreso de cheque de otra entidad		50.000
31.10.00	31.10.00	Orden de transferencia	130.000	
07.11.00	05.11.00	Pago con tarjeta	40.000	
10.11.00	10.11.00	Recibo domiciliado	75.000	
14.11.00	15.11.00	Ingreso en efectivo después de las 11 horas		60.000
15.12.00	15.12.00	Transferencia a su favor		200.000
		Saldo a 31.12. 20X0		**215.000**

No existen más movimientos en la cuenta hasta el 31 de diciembre de 20X0.

Se pide:

Efectuar los asientos contables relativos a la periodificación de intereses de esta cuenta, al 31 de diciembre del año 20X0.

Para registrar los importes correspondientes a los intereses devengados a 31 de diciembre es preciso proceder a liquidar la cuenta. Existen diferentes métodos para ello, pero es el denominado *Método Hamburgués* el que se suele utilizar en la práctica. Resumidamente, éste consiste en ordenar los movimientos de la cuenta por su *Fecha Valor*, para en función de los días obtener los números comerciales correspondientes, distinguiendo los que tienen carácter deudor de los que lo tienen acreedor.

La tabla siguiente muestra este proceso:

FECHA VALOR	MOVIMIENTOS		SALDO	DÍAS	NÚMEROS COMERCIALES	
	Debe	Haber			Deudores	Acreedores
30.09.00		150.000	150.000	15		2.250.000
15.10.00		50.000	200.000	16		3.200.000
31.10.00	130.000		70.000	5		350.000
05.11.00	40.000		30.000	5		150.000
10.11.00	75.000		(45.000)	5	225.000	
15.11.00		60.000	15.000	30		450.000
15.12.00		200.000	215.000	16		3.440.000
Total	**245.000**	**460.000**	**215.000**	**–**	**225.000**	**9.840.000**

A continuación, se obtendrían los intereses devengados, deudores y acreedores, multiplicando la suma de números comerciales por el tipo de interés pactado en el contrato:

Intereses devengados:

- Por los saldos deudores:
$$\dfrac{225.000 \times \dfrac{12}{100}}{365} = 73,97 \; €$$

- Por los saldos acreedores:
$$\dfrac{9.840.000 \times \dfrac{0,5}{100}}{365} = 134,79 \; €$$

En consecuencia, los asientos que deben efectuarse para registrar, a fin de ejercicio, los intereses devengados por la cuenta, serían:

134,79	Intereses y cargas asimiladas a/ Devengo de costes no vencidos	134,79

(por los intereses devengados a favor del cliente)

73,97	Devengo de productos no vencidos a/ Intereses y rendimientos asimilados	73,97

(por los intereses devengados a favor de la entidad)

---

3. LA FINANCIACIÓN MEDIANTE LA EMISIÓN DE TÍTULOS

Las entidades de crédito, como cualquier otra entidad, pero sin sus limitaciones [13], pueden obtener financiación mediante la emisión de valores, dándoseles diversas denominaciones, tales como: «bonos de tesorería», «obligaciones» —que pueden ser emitidas con derechos especiales tales como *lotes*, *primas*, *convertibles*, *subordinadas*—, etc.; siendo común, en todos ellas, el hecho de que tales financiaciones no suponen «recursos propios» para la entidad [14].

Estas financiaciones se registran en el pasivo de las entidades de crédito con el siguiente detalle [15]:

- Empréstitos y otros valores negociables
  - — Pagarés y efectos
  - — Títulos hipotecarios

---

[13] La disposición adicional 4.ª de la ley 26/1988, de 29 de julio, sobre Disciplina e Intervención de las entidades de crédito, establece que no serán de aplicación a estas entidades las limitaciones que, en materia de emisión de obligaciones, establece el artículo 282 de la Ley de Sociedades Anónimas y el artículo 1 de la Ley 211/1964, de 24 de diciembre, sobre emisión de obligaciones por sociedades no anónimas y otras personas jurídicas.

[14] La Ley 13/1985, de 25 de mayo, sobre coeficientes de inversión, recursos propios y obligaciones de información de los intermediarios financieros, considera en su artículo séptimo que, a efectos de solvencia entre los recursos propios de las entidades de crédito y de sus grupos consolidables, se pueden considerar las financiaciones subordinadas y demás partidas, exigibles o no, susceptibles de ser utilizadas en la cobertura de pérdidas.

[15] Véase el Capítulo 2.

— Otros valores convertibles
— Otros valores no convertibles.
• Financiaciones subordinadas.
— Valores negociables.
– Convertibles.
– No convertibles
— Otras

El rendimiento de estos valores, esto es, su coste para la entidad sin considerar los gastos de emisión, puede ser de dos tipos:

• *Explícito,* cuando el rendimiento se obtiene como un porcentaje sobre un importe nominal, liquidándose periódicamente.

• *Implícito,* también denominados con *cupón cero* o *emitidos al descuento,* cuando el rendimiento se obtiene como diferencia entre el importe desembolsado por el suscriptor y el valor de reembolso, por lo que, en consecuencia, no hay liquidación periódica de intereses.

El tratamiento contable específico, que para las entidades de crédito tienen estas financiaciones, es [16]:

• Se registran como un pasivo por su valor de reembolso. Para el caso de los valores con rendimiento implícito (cupón cero), la diferencia entre el importe desembolsado por el suscriptor y el valor de reembolso, se reconoce entre las cuentas diversas de activo como *Intereses anticipados de recursos tomados a descuento,* cancelándose en el vencimiento contra la cuenta *Devengo de costes no vencidos,* que ha servido para periodificar los intereses devengados [17].

• Los gastos de emisión, así como incentivos tales como lotes, primas, etc., de carácter cierto se registrarán como *gastos de emisión de empréstitos* y *otras periodificaciones,* dentro del epígrafe «cuentas de periodificación» del activo, imputándose en la cuenta de resultados en función de la vida del empréstito y de su plan de amortización [18].

• La recompra por parte de la entidad de valores antes de su vencimiento significará la cancelación del pasivo, excepto que disposiciones legales permitan mantenerlo como un activo y sólo hasta los límites que la respectiva regulación lo permita [19]. En este caso, los valores adquiridos por la entidad se registrarán

---

[16] Norma 32.ª
[17] Norma 3.ª 7 y 8.
[18] Normas 32.ª 3 y 35.ª 3.
[19] Las entidades de crédito emisoras de títulos hipotecarios, con el fin de regular adecuadamente la liquidez del mercado, están autorizadas a mantener en su cartera títulos hipotecarios emitidos por ellas, sin que sobrepasen el 5% del total emitido. (Artículo 82, del RD 685/1982, de 17 de marzo, por el que se desarrollan determinados aspectos de la Ley 2/1981, de 25 de marzo, de regulación del mercado hipotecario).

en el activo como *valores propios y accionistas,* valorándose por el importe menor de entre:

— El precio de adquisición.
— El valor de reembolso (valor actual contable para los valores de rendimiento implícito, esto es, valor de emisión más intereses devengados).

Ejemplo 4.3.—Registrar la emisión, y simultáneo desembolso, de un bono hipotecario, incluido en una emisión de un total de 1.000 millones de euros, con las siguientes características:

Valor de emisión (desembolso):	800.000 €
Valor de reembolso:	1.000.000 €
Plazo:	24 meses (730 días)
Emisión:	1 de enero de 20X0
Amortización:	31 de diciembre de 20X1

En las siguientes situaciones:

a) El bono se emite y amortiza sin incidencias.

b) El 28 de febrero de 20X1, la entidad emisora recompra el bono por 920.000 euros, considerando:
    1) Que el bono se da de baja del pasivo de la entidad emisora.
    2) Que el bono se mantiene en cartera para su posterior reventa. En este caso el bono adquirido vuelve a venderse el 30 de abril de 20X1, por 925.000 euros.

Por tratarse de una operación con liquidación de intereses superior a un año, la periodificación de intereses debe efectuarse en función del tipo de rentabilidad interna [20].

Para ello debemos obtener el tipo de interés efectivo al que resulta la operación, en términos anuales:

$$800.000 \times (1 + i)^{\frac{730}{365}} = 1.000.000$$

$$i = 11,803\,\%$$

Entonces, la operación de financiación deberá ser periodificada de acuerdo con un tipo de interés implícito del 11,803 por 100 anual acumulativo.

Los asientos a que daría lugar la operación serán:

---

[20] Norma 5.ª 2. Véase en el Capítulo 3 la aplicación del Principio de Devengo.

Caso a:

FECHA	REGISTRO CONTABLE
01.01.20X0	800.000 Tesorería 200.000 Intereses anticipados de recursos a/ Empréstitos y otros valores tomados a descuento negociables. Títulos hipotecarios 1.000.000 *(por la emisión, suscripción y desembolso del bono)*
31.12. 20X0	94.424 Intereses y cargas asimiladas a/ Devengo de costes no vencidos 94.424 *(por la periodificación de intereses del primer año:* *800.000 [(1+0,11803)-1] = 94.424)*
22.01. 20X1	1.000.000 Empréstitos y otros valores negociables. Títulos hipotecarios a/ Tesorería 1.000.000 94.424 Devengo de costes no vencidos 105.576 Intereses y cargas asimiladas a/ Intereses anticipados de recursos tomados a descuento 200.000 *[por la amortización del bono a su valor de reembolso y la compensación de las cuentas* *de intereses. Intereses del segundo año = (800.000 + 94.424) × [(1+0,11803) − 1] ≈105.576]*

Caso b.1:

La recompra del bono el día 28 de febrero de 20X1, diez meses antes de su vencimiento, obliga a comparar el precio de compra pagado (920.000 euros) con el valor neto contable del bono, es decir, el importe efectivo más los intereses que se han devengado durante ese periodo:

Días transcurridos desde la emisión:	424
Efectivo desembolsado en la emisión:	800.000 €
Intereses corridos: $800.000\ [(1 + 0,11803)^{424/365} -1] =$	110.700 €
Valor neto contable el día 28.02.20X1:	910.700 €
Importe de recompra:	920.000 €
Resultado de la recompra (pérdidas):	9.300 €

FECHA	ASIENTOS CONTABLES
01.01.20X0	800.000 Tesorería 200.000 Intereses anticipados de recursos tomados a descuento a/ Empréstitos y otros valores negociables. Títulos hipotecarios 1.000.000
31.12. 20X0	94.424 Intereses y cargas asimiladas a/ Devengo de costes no vencidos 94.424
28.02.20X1	16.276 Intereses y cargas asimiladas a/ Devengo de costes no vencidos 16.276 *[por la periodificación de los dos primeros meses del año:* *800.000 (1+0,11803)^{424/365} − (800.000 + 94.424) = 16.276]* 1.000.000 Empréstitos y otros valores negociables. Títulos hipotecarios a/ 110.700 Devengo de costes no vencidos (94.424 + 16.276) a/ 9.300 Quebrantos extraordinarios a/ Intereses anticipados de recursos tomados a descuento 200.000 Tesorería 920.000 *(por la recompra del bono y baja simultánea del pasivo de la entidad)*

Caso b.2:

FECHA	ASIENTOS CONTABLES

01.01.20X0	800.000 Tesorería a/
	200.000 Intereses anticipados de recursos
	              tomados a descuento a/ Empréstitos y otros valores
	                                                   negociables. Títulos hipotecarios 1.000.000

31.12.20X0	94.424 Intereses y cargas asimiladas a/ Devengo de costes no vencidos 94.424
28.02.20X1	16.276 Intereses y cargas asimiladas a/ Devengo de costes no vencidos 16.276 910.700 Valores propios y accionistas. Títulos hipotecarios a/ 9.300 Quebrantos extraordinarios a/ Tesorería 920.000 *[por la recompra del bono sin dar de baja del pasivo y registro a valor neto contable (910.700 €)* *por ser este menor que el precio de recompra (920.000 €)]*

30.04.20X1	17.140 Intereses y cargas asimiladas a/ Devengo de costes no vencidos 17.140
	[por la periodificación del bono desde 28.02 hasta 30.04
	800.000 (1 + 0,11803)^{485/365} – (800.000 + 94.424+16.276) = 17.140]
	925.000 Tesorería a/ Valores propios y accionistas.
	                                                     Títulos hipotecarios 910.700
	                                                 a/ Beneficios extraordinarios 14.300
	(por la reventa del bono dos meses después)

31.12. 20X1	72.160 Intereses y cargas asimiladas a/ Devengo de costes no vencidos 72.160
	[por la periodificacion de intereses desde 30.04 hasta 31.12
	800.000 (1 + 0,11803) 730/365 – (800.000+94.424+16.276+17.140)≈72.160]
	1.000.000 Empréstitos y otros valores
	                negociables. Títulos hipotecarios a/ Tesorería 1.000.000
	200.000 Devengo de costes no vencidos a/ Intereses anticipados de recursos
	                                                          tomados a descuento 200.000

4. LA FINANCIACIÓN INTERBANCARIA

Las entidades de crédito también pueden obtener financiación de otras entidades de crédito, incluidos los fondos procedentes de los bancos centrales de los países en los que la entidad está presente mediante sucursales, representando para la entidad prestamista una *inversión interbancaria*.

Los motivos por los que las entidades de crédito efectúan este tipo de operaciones son, resumidamente, de dos tipos:

- *Motivos de gestión de la liquidez*. Esta situación se produce cuando una entidad de crédito tiene un exceso temporal de fondos (*v.g.* durante un día). Estos fondos pueden ser prestados a otras entidades de credito durante ese plazo, obteniéndose por ellos una rentabilidad, generalmente, ligada a los tipos de intereses del mercado monetario. Este tipo de operaciones son también conocidas como *operaciones de tesorería*, mercado de depósitos interbancarios, etc., por cuanto suponen un auténtico mercado de dinero interbancario a la vista y a plazo, que permite a las entidades excedentarias de liquidez prestar estos excesos a otras entidades de crédito, bien para resolver desfases temporales de liquidez o bien para aumentar su inversión[21].

---

[21] Este mercado está a su vez subdividido en dos, uno organizado en torno al Banco de España como órgano encargado del registro compensación y liquidación de las operaciones que en él se nego-

• *Motivos de gestión del negocio.* También conocidas como *operaciones de correspondalía,* este tipo de operaciones surge cuando la entidad, con el fin de obtener una mayor eficiencia económica, utiliza los servicios de otra entidad, ya sea porque la entidad no está establecida en el lugar donde la operación debe liquidarse, o bien, porque la operación debe liquidarse en otra entidad. Estas operaciones incluyen el cobro de efectos, las órdenes de transferencia, etc., así como las cuentas abiertas con entidades de países donde la entidad no está presente.

Estas operaciones aparecen reflejadas en los balances de las entidades dentro del epígrafe *Entidades de Crédito,* del activo o del pasivo, según que la entidad sea prestamista o prestataria de los fondos, respectivamente, con el siguiente detalle [22]:

Tipo de operación	Activo	Pasivo
Tesorería	Entidades de crédito • Cuentas a plazo • Otras cuentas	Entidades de crédito • Cuentas a plazo • Otras cuentas
Correspondalía	Entidades de crédito • Cuentas mutuas	Entidades de crédito • Cuentas mutuas

Desde el punto de vista del movimiento de fondos que estas operaciones conllevan, debe tenerse en cuenta que, por regla general, tal movimiento de fondos se efectúa mediante las cuentas que las diferentes entidades tienen abiertas en el Banco de España, o en el Banco Central del país correspondiente, que se encargará de efectuar el movimiento de los fondos mediante cargo y abono, simultáneamente, en las cuentas de las entidades que efectúan la operación.

Ejemplo 4.4.—La entidad de credito ABC presta el día 1 de febrero del año 20X0, durante siete días (vencimiento día 8 de febrero de 20X0), a la entidad de credito DEF, un millón de euros al 10 por 100 de interés, procediéndose a efectuar los correspondientes movimientos de fondos a través de la cuenta que ambas entidades tienen abierta en el Banco de España.

Los asientos contables a que daría lugar tal operación son:

---

cian, y cuya regulación se encuentra en la Circular 14/1992, y el resto de operaciones de inversión y financiación interbancaria que no caen dentro de lo regulado en la citada circular.

[22] Véase la norma 24.ª1 y 2. Existen, además, otro tipo de operaciones de inversión y financiación interbancaria, genéricamente denominadas *movilización de activos financieros,* cuyo tratamiento contable se analiza en el Capítulo 7.

FECHA	Entidad ABC	Entidad DEF
01.02.20X0	1.000.000 Ecas. Cuentas a plazo 　　　　　　a/ Banco de España 1.000.000 *(por la contratación de la operación)*	1.000.000 Banco de España 　　　　　　a/ Ecas. Cuentas a plazo 1.000.000
08.02.20X0	1.001.944 Banco de España 　　　　　　a/ Ecas. Cuentas plazo　　1.000.000 　　　　　　a/ Intereses y rendimientos 　　　　　　　asimilados　　　　　　　1.944 *[por la liquidación de la operación a los siete días:* *1.000.000 (1 + 10 % × 7/360]*	1.000.000 Ecas. Cuentas plazo 　　1.944 Intereses y cargas asimiladas 　　　　　　a/ Banco de España　　1.001.944

Por otro lado, en relación con las cuentas de corresponsalía, también denominadas *Cuentas Mutuas*, debe tenerse en cuenta que, normalmente, estas cuentas se descomponen a su vez en dos subcuentas:

- *Mi cuenta o cuenta nostro*: en donde se registran las operaciones que son *iniciadas* por la entidad y deben ser *correspondidas* contablemente por la entidad corresponsal.
- *Su cuenta o cuenta vostro*: en donde se registran las operaciones que son *iniciadas* por la entidad corresponsal y deben ser *correspondidas* por la entidad.

La suma de ambas subcuentas representa el saldo de la cuenta mutua con la entidad corresponsal. Este saldo, conocido como *saldo natural* de la cuenta mutua, debe ser liquidado entre las entidades de acuerdo con las condiciones de valoración que, para cada una de las posibles operaciones, tengan pactado las dos entidades, o las que tenga establecido el sistema de compensación a través del cual se reembolsen los saldos. El conjunto de las operaciones, que de acuerdo con las condiciones específicas de valoración debe ser liquidado cada día, se denomina *saldo vencido*.

Ejemplo 4.5.—La entidad de crédito ABC recibe, el día 1 de febrero de 20X0, una orden de transferencia de uno de sus clientes, de un millón de euros a favor de un cliente de la entidad de credito DEF. La operación es recibida por la entidad DEF el día 2 de febrero de 20X0 y, de acuerdo con las condiciones de valoración, debe ser reembolsada a través del Banco de España el día 3 de febrero de 20X0.

FECHA	Entidad ABC	Entidad DEF
01.02.20X0	1.000.000 Acreedores, cuentas corrientes 　　　　　　a/ Ecas. Cuentas mutuas 　　　　　　　*(mi cuenta)*　　　　1.000.000 *(por oden de transferencia dada por el cliente.* *Apunte contable iniciado)*	n.a.
02.02.20X0	n.a. *(por la recepción de la orden de la entidad ABC y su abono al beneficiario de la transferencia.* *Apunte contable correspondido)*	1.000.000 Ecas. Cuentas mutuas *(su cuenta)* 　　　　　　a/ Acreedores cuentas 　　　　　　　corrientes　　　　1.000.000
03.02.20X0	1.000.000 Ecas. Cuentas mutuas *(mi cuenta)* 　　　　　　a/ Banco de España　　1.000.000 *(por el reembolso del saldo vencido a través de la cuenta de cada entidad en el Banco de España)*	1.000.000 Banco de España 　　　　　　a/ Ecas cuentas mutuas 　　　　　　　*(su cuenta)*　　　　1.000.000

ANEXO I

LÍMITES SOBRE VALORACIÓN DE CARGOS Y ABONOS EN CUENTAS ACTIVAS Y PASIVAS, EN CUENTAS CORRIENTES, DE CRÉDITO Y LIBRETAS DE AHORRO

Anexo IV de la Circular del Banco de España 8/1990, sobre transparencia de las operaciones y protección de la clientela.

ADEUDOS	
Clase de operaciones	Fecha de valoración a efectos del devengo de intereses
1. Cheques.	
1.1. Pagados por ventanilla o por compensación interior en la oficina librada.	El mismo día de su pago.
1.2. Pagados en firme por otras oficinas o entidades.	El mismo día de su pago, a cuyo efecto la oficina pagadora estampará su sello con indicación de la fecha de pago. Si faltase este requisito se adeudará con valor del día de su cargo en cuenta.
1.3. Tomados al cobro por otras oficinas o entidades.	El mismo día de su adeudo en la cuenta librada.
2. Reintegros o disposiciones.	El mismo día de su pago.
3. Órdenes de transferencia, órdenes de entrega y similares.	El mismo día de su orden. (*)
4. Efectos devueltos.	
4.1. Efectos descontados.	El día de su vencimiento.
4.2. Cheques devueltos.	El mismo día de valoración que se dio al abonarlos en cuenta.
5. Recibos de carácter periódico cuyo adeudo en cuenta ha autorizado previamente el deudor.	
5.1. A cargo del deudor.	Fecha del adeudo.
5.2. Devolución al cedente.	La valoración aplicada al abono.
6. Compra de divisas.	El mismo día de la entrega de las divisas.
7. Compra de valores.	El mismo día de la compra en Bolsa.
8. Efectos domiciliados.	Los efectos cuyo pago se domicilie en una entidad de depósito, tanto en el propio efecto como en el aviso de cobro, serán adeudados en la cuenta del librado con valor día del vencimiento, tanto si proceden de la propia cartera de la entidad domiciliada como si le han sido presentados por entidades a través de la Cámara de Compensación o de una cuenta interbancaria.
9. Derivados de tarjetas de crédito y similares.	Según contrato de adhesión.
10. Otras operaciones.	Véase nota (a).

(*) En las transferencias ordenadas por correo se entenderá por fecha de la orden la de recepción en la entidad.

ABONOS	
Clase de operaciones	**Fecha de valoración a efectos del devengo de intereses**
1. Entregas en efectivo.	
1.1. Realizadas antes de las 11 de la mañana.	El mismo día de la entrega.
1.2. Las demás.	El día hábil siguiente a la entrega.
2. Entregas mediante cheques, etc.	
2.1. A cargo de la propia entidad (sobre cualquier oficina).	El mismo día de la entrega.
2.2. A cargo de otras entidades. (**)	Segundo día hábil siguiente a la entrega.
3. Transferencias bancarias, órdenes de entrega y similares.	
3.1. Procedentes de la propia entidad.	El mismo día de su orden en la oficina de origen.
3.2. Procedentes de otras entidades.	El segundo día hábil siguiente a su orden en la oficina de origen. (***)
4. Descuento de efectos.	Fecha en la que comienza el cálculo de intereses. (****)
5. Presentación de recibos de carácter periódico, cuyo adeudo en cuenta ha autorizado previamente el deudor.	El mismo día del adeudo.
6. Venta de divisas.	El día siguiente al de la cesión de la divisa.
7. Venta de valores.	El día hábil siguiente a la fecha de la venta en bolsa.
8. Abono de dividendos, intereses y títulos amortizados, de valores depositados.	El mismo día del abono.
9. En cuentas de tarjetas de crédito, de garantía de cheques y similares.	El mismo día.
10. Otras operaciones.	Véase nota (a).

(**) Incluido el Banco de España.
(***) A cuyo efecto esta fecha deberá constar en la información referente a la transferencia.
(****) En el cálculo de intereses no se incluirá el día del vencimiento del efecto.

NOTAS:

a) En todas las demás operaciones no contempladas expresamente, los adeudos y abonos se valorarán el mismo día en que se efectúe el apunte, si no se produce movimiento de fondos fuera de la entidad. En caso contrario, los abonos se valorarán el día hábil siguiente a la fecha del apunte.

b) La consideración de los sábados como días hábiles o inhábiles deberá estar en función de la clase de operación de que se trate. Si su formalización hubiese de retrasarse por imperativos ajenos a la entidad (pagos a Hacienda, operaciones de Bolsa, Cámara de Compensación, etc.) será día inhábil. En los restantes casos, en que la operación pueda formalizarse en el día, será considerado hábil.

c) En el caso de compra o venta de divisas habrá de tenerse en cuenta, además, la valoración dada a la compraventa propiamente dicha. En operaciones de un contravalor inferior a diez millones de pesetas, los cambios de contado oficiales publicados por el Banco de España tienen valor dos días de la fecha de contratación.

d) A efectos de valoración aplicable a las operaciones realizadas a través de cajeros automáticos e instalaciones electrónicas, la fecha en que deba entenderse aceptada la operación, o realizado el apunte, se determinará atendiendo a lo establecido en los contratos relativos a los medios electrónicos de pago u otros instrumentos que permitan el uso de dichos cajeros o instalaciones (Norma 4.ª 2 de la Circular del Banco de España 8/1990, sobre transparencia de las operaciones y protección de la clientela).

5

Operaciones de crédito. Contenido y criterios de valoración

1. LA INVERSIÓN CREDITICIA

La inversión crediticia representa la más genuina actividad de las entidades de crédito y ahorro y es, de cuantas inversiones realizan los bancos comerciales, la más importante de todas ellas. La inversión crediticia recoge todos los importes dispuestos por los clientes de las entidades de crédito, instrumentados en las diferentes clases de créditos o préstamos, incluyendo los intereses vencidos y no cobrados que no se encuentren clasificados como dudosos. También se incluyen como inversiones crediticias las operaciones de arrendamiento financiero concedidas por las entidades a sus clientes, y se excluyen los pagarés de empresa y otros valores negociables (bonos, obligaciónes, etc.), que se deben incluir dentro de la Cartera de Renta Fija [1]. Los préstamos concedidos a otras entidades de crédito y a los bancos centrales, muchas veces llamados *depósitos prestados*, se registran en rúbricas específicas del activo y no se consideran inversión crediticia, sino *inversión interbancaria*.

Además de las inversiones crediticias típicas de las entidades de crédito (préstamos, créditos, etc.), existen otras operaciones conocidas en la terminología bancaria como operaciones de *Riesgo de Firma* [2], y denominadas por la Circular *Pasivos Contingentes* (avales, créditos documentarios, etc.). Estas operaciones, sin suponer un activo patrimonial, ya que en su inicio no representan un derecho sobre personas ni provocan ningún movimiento de tesorería de la entidad, comportan para ésta un riesgo de crédito.

---

[1] Norma 25.ª 1. Véase el Capítulo 6. Los pagarés y demás instrumentos análogos que sean librados singularmente y, además, deriven de operaciones comerciales antecedentes que no signifiquen la captación de fondos reembolsables del público, no tienen la consideración de valores negociables (artículo 2 c. del RD 291/1992, de 27 de marzo, sobre emisiones y ofertas públicas de venta de valores, modificado por el RD 2.590/1998, de 7 de diciembre, sobre modificaciones del régimen jurídico de los mercados de valores).

[2] Véase el apartado 3 del Capítulo 2.

La inversión crediticia y los pasivos contingentes deben sectorizarse atendiendo al sector en el que se incluya el primer titular (primer obligado al pago) de cada una de las operaciones, independientemente de su forma contractual [3]. El siguiente cuadro muestra un resumen de los diferentes epígrafes de los estados reservados, balance y cuenta de pérdidas y ganancias, directamente relacionados con la inversión crediticia.

ACTIVO	PASIVO
Crédito a las Administraciones Públicas españolas.	**Cuentas diversas.**
Administración Central.	Productos anticipados de operaciones activas
Estado.	a descuento.
Organismos Autónomos del Estado.	**Fondos especiales.**
Administraciones Territoriales.	Fondo de insolvencias.
Administraciones de la Seguridad Social.	Cobertura específica.
Crédito a otros sectores residentes.	Cobertura genérica.
Crédito Comercial.	Cobertura estadística.
Efectos comerciales y anticipos.	Fondo de riesgo-país.
Operaciones de factoring.	
Con recurso.	
Sin recurso.	
Deudores con garantía real.	
Con garantía hipotecaria.	
Con otras garantías reales.	
Otros deudores a plazo.	
Efectos financieros.	
Préstamos personales.	
Cuentas de crédito.	
Créditos y préstamos participativos.	
Deudores a la vista y varios.	
Descubiertos en c/c y excedidos en c/cto.	
Créditos, préstamos y efectos vencidos pendientes	
de cobro.	
Anticipos transitorios y demás deudores personales.	
Deudores por tarjetas de crédito.	
Otros.	
Arrendamientos financieros.	
Bienes cedidos, principal.	
Bienes cedidos, valor residual.	
Crédito a no residentes.	
A Administraciones Públicas no residentes.	
A otros no residentes.	
Crédito Comercial.	
Deudores con garantía real.	
Otros deudores a plazo.	
Deudores a la vista y varios.	
Activos dudosos.	
De Administraciones Públicas.	
De entidades de crédito.	
Residentes.	
No residentes.	
De otros sectores residentes.	
De no residentes.	
Cuentas Diversas.	
Devengos de productos no vencidos.	

(Continúa)

---

[3] Véase el apartado 6 del Capítulo 3.

(Continuación)

CUENTAS DE ORDEN

Pasivos Contingentes.
Avales y otras cauciones prestadas.
  Avales prestados a pagarés de empresa y letras de cambio.
  Otros avales y cauciones.
Créditos documentarios.
  Emitidos irrevocables.
  Confirmados irrevocables.
  Otros.
Efectos redescontados o endosados.
  En el Banco de España.
  En otras entidades.
  Otros endosos.
Activos afectos a obligaciónes de terceros.
Otros pasivos contingentes.
Pasivos contingentes dudosos.

Compromisos y riesgos contingentes.
  Disponibles por terceros.

Otras Cuentas de Orden.
  Activos en suspenso regularizados.
  Productos vencidos y no cobrados de activos dudosos.

DEBE	HABER

Insolvencias.
Amortizaciones.
  De insolvencias.
  De riesgo-país
Dotaciones a fondos especiales.
  Para Insolvencias.
    Cobertura específica.
    Cobertura genérica.
    Cobertura estadística.
  Para la cobertura del
    riesgo-país.
	Intereses y rendimientos asimilados.
	Crédito a las Administraciones Públicas.
	Crédito a otros sectores residentes.
	  Crédito comercial y anticipos.
	  Operaciones de factoring.
	  Deudores con garantía real.
	  Efectos financieros.
	  Préstamos personales en póliza.
	  Cuentas de crédito.
	  Descubiertos en c/c y excedidos en c/cto.
	  Deudores por tarjetas de crédito.
	  Otros saldos deudores de residentes.
	  Arrendamientos financieros.
	Crédito a no residentes.
	Activos dudosos.
	
	Comisiones percibidas.
	Comisiones de disponibilidad.
	Por pasivos contingentes.
	  Créditos documentarios.
	  Avales y otras garantías.
	Por servicios de cobros y pagos.
	  Efectos.
	    Negociación y devolución de efectos de clientes.
	  Tarjetas de crédito y débito.
	Por operaciones de factoring.
	
	Recuperación de otros fondos y activos en suspenso.
	Fondo de insolvencias.
	  Cobertura específica.
	  Cobertura genérica.
	  Cobertura estadística.
	Fondo de riesgo-país.
	Activos en suspenso recuperados.
	
	Beneficios extraordinarios y atípicos.
	Beneficios de ejercicios anteriores.

2. CONTENIDO CONTABLE DE LOS DIFERENTES TIPOS DE INVERSIONES CREDITICIAS Y RIESGOS DE FIRMA

Las diferentes formas contractuales en que se instrumentan las inversiones crediticias concedidas por las entidades de crédito, se clasifican, a efectos contables, con mayor o menor detalle en el balance reservado dependiendo del sector en que se incluya al titular de la operación, en los siguientes grupos:

- Crédito comercial.
- Deudores con garantía real.
- Otros deudores a plazo.
- Deudores a la vista y varios.
- Arrendamientos financieros.

2.1. El Crédito Comercial [4]

Las inversiones crediticias agrupadas bajo la rúbrica *crédito comercial* representan el nominal de los efectos comerciales, u otros documentos, no vencidos ni clasificados como activos dudosos, negociados a los clientes, que han sido creados por éstos como consecuencia de una compraventa de bienes o prestación de servicios, y que han sido librados o endosados a la orden de la entidad de crédito. También se registran en esta rúbrica del balance:

a) Los efectos comerciales redescontados en firme a otras entidades.
b) Los anticipos entregados con garantía de efectos comerciales.
c) Los anticipos sobre certificaciones de obra.
d) Las deudas tomadas por operaciones de *factoring*, con o sin recurso [5].

2.2. Deudores con garantía real [6]

Las operaciones de inversión crediticia registradas como *con garantía real*, recogen las cantidades dispuestas, no vencidas ni clasificadas como activos dudosos, instrumentadas en contratos de préstamo o crédito, que se encuentran garantizadas formalmente por *garantías reales* a favor de la entidad, las cuales, *por sí mismas, aseguren el reembolso de la operación*, tales como:

a) Hipotecas.
b) Pignoración de valores.
c) Depósitos dinerarios.
d) Otras garantías prendarias.

---

[4] Norma 25.ª 2.
[5] Véase el Capítulo 2.
[6] Norma 25.ª 3. Véase el apartado 2.2.2. del Capítulo 2.

2.3. Otros deudores a plazo [7]

En este epígrafe se registran los importes de las operaciones de crédito y préstamo dispuestos dentro de los límites de sus respectivos contratos, no vencidos, pero *con vencimiento expreso,* y no clasificados como activos dudosos, cualquiera que sea su forma contractual (*v.g.* préstamos, cuentas de crédito, préstamos instrumentados en letra de cambio o pagarés singulares [8]) y que cuenten con:

a) Garantía personal.
b) Garantía real parcial.

Se incluyen, además, en este epígrafe:

- Los descubiertos en cuentas corrientes que se hayan instumentado en un contrato específico, con cuantía y vencimiento expresos en el mismo.
- Los créditos participativos [9].

2.4. Deudores a la vista y varios [10]

Se incluyen en este epígrafe los saldos deudores, no clasificados como activos dudosos, que respondan a:

- Anticipos de naturaleza transitoria.
- Importes vencidos pendientes de cobro de préstamos y créditos, en tanto no deban ser clasificados como *Activos Dudosos.*

En particular, se registran en esta rúbrica los saldos deudores, no clasificados como activos dudosos, que respondan a:

- Las deudas que se hayan instrumentado en contratos de tarjeta de crédito.
- Descubiertos en cuentas corrientes, salvo que cuenten con un contrato específico.
- Importes dispuestos por encima del límite disponible en los contratos de cuenta de crédito (excedidos en cuentas de crédito).
- Las cuotas de capital, intereses y comisiones de préstamos y de arrendamientos financieros vencidas.
- Efectos comerciales vencidos, pendientes de cobro (efectos impagados).

---

[7] Norma 25.ª 4. Véase el apartado 2.2.1. del Capítulo 2.

[8] La singularidad radica en que no deben ser pagarés emitidos en masa, o susceptibles de ser negociados de una forma generalizada e impersonal en un mercado de índole financiera (artículo 2.f. del R.D. 291/1992, de 27 de marzo, sobre emisiones y ofertas públicas de venta de valores, modificado por el RD 2.590/1998, de 7 de diciembre, sobre modificaciones del régimen jurídico de los mercados de valores).

[9] En estos préstamos la rentabilidad es un interés, normalmente fijo, sobre el nominal del préstamo vivo más una participación en los posibles beneficios de la empresa.

[10] Norma 25.ª 5.

- Los títulos-valores vencidos, y sus cupones vencidos, que formen parte de la cartera de renta fija de inversión ordinaria o a vencimiento [11].

2.5. Arrendamientos Financieros [12]

Los bienes cedidos por las entidades de crédito en régimen de arrendamiento financiero, se deben registrar como inversiones crediticias dentro de un epígrafe específico, distinguiendo entre:

a) *Bienes cedidos, principal.* Que recogerá la suma de las cuotas pendientes de vencimiento del contrato de arrendamiento financiero, sin incluir las cargas financieras ni los impuestos.
b) *Bienes cedidos, valor residual.* Que registrará el valor residual sobre el que se efectúa la opción de compra a favor del cliente.

2.6. Los riesgos de firma [13]

Los riesgos de firma, o *pasivos contingentes*, son operaciones por las que la entidad garantiza a un cliente frente a terceros. Se registran por el importe garantizado y, en aquellas operaciones en que el riesgo aumente por devengo de intereses (*v.g.* avales financieros), el importe registrado debe incluir tanto el principal garantizado como los intereses vencidos y pendientes de cobro. Estas operaciones se clasifican en los siguientes grupos.

1. Avales y demás cauciones prestadas.
2. Créditos documentarios.
3. Efectos redescontados o endosados.
4. Activos afectos a obligaciónes de terceros.
5. Otros pasivos contingentes.
6. Pasivos contingentes dudosos.

3. DESARROLLO CONTABLE

En este apartado, vamos a describir el proceso contable que conlleva el proceso de inversión crediticia en las grandes modalidades anteriormente señaladas, desde el momento en que se dispone del préstamo por parte del cliente, el registro del devengo periódico de sus intereses, la liquidación y, finalmente, la cancelación, dejando para un apartado especial el tratamiento contable de las operaciones que resultan impagadas a su vencimiento y las que pasen a tener la consideración contable de *Activos Dudosos*.

---

[11] Norma 27.ª 4. Véase el Capítulo 6.
[12] Norma 26.ª 1. Véase el Capítulo 2.
[13] Norma 34.ª 2. Véase el apartado 1 del Capítulo 2.

3.1. Créditos Comerciales

La negociación o descuento de documentos que han sido creados como consecuencia de la compraventa de bienes o de la prestación de un servicio, consiste en la entrega del mismo, por parte del tenedor legítimo del documento (habitualmente el vendedor del bien, o el suministrador del servicio) a una entidad de crédito, la cual anticipa el importe resultante de detraer al valor nominal del documento:

a) Unos intereses, por los fondos que se anticipan, desde el momento de la negociación del documento y hasta su vencimiento.

b) Unas comisiones en atención al servicio prestado.

Contablemente, la entidad de crédito debe registrar la salida de tesorería por el importe nominal del documento menos los intereses descontados en la negociación, y registrar la inversión crediticia efectuada a través del descuento del documento. El importe que debe registrarse como *Crédito Comercial* es el correspondiente a su valor de reembolso, es decir, el nominal del documento. La diferencia entre este importe y la salida de tesorería al negociar el documento, correspondiente a los intereses, debe figurar separadamente en el pasivo, como una cuenta compensatoria de la inversión efectuada y hasta que la inversión desaparezca[14].

Ejemplo 5.1.—Una entidad de crédito descuenta, el día 1 de marzo de 20X0, una letra de cambio con vencimiento el día 30 de abril de 20X0, de 10.000 euros nominales, al 7,2 por 100 de interés anual por la convención de calendario A/360 y mediante abono en una cuenta corriente abierta en la propia entidad. Las comisiones de negociación ascienden al ocho por mil, y se liquidan inmediatamente después de realizarse el descuento de la letra.

La liquidación que la entidad de crédito debe efectuar será:

Días de intereses: 60
Nominal: 10.000 €
Intereses:

$$10.000 \times \frac{7,2}{100} \times \frac{60}{360} = 120 \ \text{€}$$

Importe líquido del descuento: 9.880 €
Comisión de negociación:

$$10.000 \times \frac{8}{1.000} = 80 \ \text{€}$$

• Importe líquido de la operación: 9.800 €

---

[14] Véanse las excepciones al Principio del precio de adquisición en el Capítulo 3. Respecto de las comisiones cobradas en la negociación, a menos que tengan un carácter financiero, se registran en resultados en el momento de su cobro (norma 5.ª1).

Los asientos serán:

FECHA	REGISTRO CONTABLE

01.03.20X0
Descuento
y cobro de
comisiones
	10.000 Crédito Comercial
	        a/ Acreedores. Otros sectores residentes. Cuentas corrientes 9.880
	        a/ Productos anticipados de operaciones activas a descuento 120
	        (por la negociación de la letra al 7,2 por 100 anual)
	    80 Acreedores. Otros sectores residentes. Cuentas corrientes
	        a/ Comisiones percibidas por negociación y devolución de efectos 80
	        (por las comisiones cobradas)

31.03. 20X0
Devengo 30 días
de intereses
	60 Devengo de productos no vencidos
	        a/ Intereses y rendimientos. De Crédito comercial y anticipos 60
	        (por la periodificación de intereses del primer mes)

30.04.20X0	60 Devengo de productos no vencidos
	        a/ Intereses y rendimientos. De Crédito comercial y anticipos 60
	        (por la periodificación de intereses del segundo mes)
	10.000 Tesorería
	        a/ Crédito Comercial 10.000
	        (por el cobro de la letra del librado)
	    120 Productos anticipados de operaciones activas a descuento
	        a/ Devengo de productos no vencidos 120
	    (por la cancelación de la cuenta compensatoria al vencimiento del activo)

3.1.1. Redescuento de los créditos comerciales

El redescuento es una operación financiera mediante la cual un documento, que reconoce una deuda derivada de una operación comercial, habitualmente letras de cambio, que ha sido descontado por una entidad de crédito es, a su vez, objeto de un nuevo descuento en otra entidad de crédito diferente, con el objetivo de obtener liquidez.

Mediante el redescuento de letras de cambio en otra entidad (endosatario), se produce la trasferencia del crédito a ésta por la entidad (endosante), mediante el endoso de la letra, garantizando esta última su pago junto con los anteriores tenedores y el librador, si el librado, principal obligado, no lo hace [15].

Desde el punto de vista contable, la entidad cedente de la letra, o endosante, debe dar de baja la letra como inversión crediticia y registrar la garantía de pago concedida, como un riesgo de firma entre las cuentas de orden. Los resultados que surjan en la operación de redescuento, se reconocen en la cuenta de pérdidas y ganancias como *Beneficios (quebrantos) por operaciones financieras, por ventas de activos financieros*. Por su parte, la entidad cesionaria, o endosataria, registrará la operación como una operación de descuento comercial, con los criterios que se han señalado en el apartado anterior (ver ejemplo anterior).

---

[15] Artículo 18 de la Ley cambiaria y del cheque, de 16 de julio de 1985. Respecto de las transferencias de activos financieros, véase el Capítulo 7.

Ejemplo 5.2.—En el ejemplo 5.1, la entidad procede a redescontar el documento en otra entidad de crédito, el día 1 de abril de 20X0, a un tipo de interés del 6,20 por 100.

La liquidación que se practicará será:

- Días de intereses: 29
- Nominal: 10.000 €
- Intereses:

$$10.000 \times \frac{6,20}{100} \times \frac{29}{360} = 50 \text{ €}$$

- Importe líquido: 9.950 €

El registro contable en los libros de la entidad cedente será [16]:

FECHA	REGISTRO CONTABLE

01.04.20X0	9.950 Tesorería
	120 Productos anticipados de operaciones activas a descuento
	                                a/ Crédito Comercial 10.000
	                                a/ Devengo de productos no vencidos 60
	                                a/ Beneficios por operaciones financieras.
	                                     Por ventas de activos financieros 10
	(por el redescuento del documento y la cancelación del activo junto con su cuenta compensadora y de periodificación)
	
	10.000 Efectos redescontados en otras entidades
	                                a/ Contrapartida de cuentas de orden 10.000
	(por el registro entre las cuentas de orden del riesgo de firma derivado del redescuento)

30.04.20X0	10.000 Contrapartida de cuentas de orden a/ Efectos redescontados en otras entidades 10.000 *(cancelación del riesgo de firma al vencimiento del documento)*

3.2. Operaciones de Préstamo

Con independencia de la fórmula contractual que se use para instrumentar una operación de préstamo, así como de la existencia o no de garantías que puedan cubrir total o parcialmente el importe dispuesto, todas las operaciones de préstamo suponen:

- Reconocer un activo por el importe del préstamo dispuesto.

- Una salida de fondos hacia el cliente, que puede ser mediante abono en una cuenta corriente abierta en la misma entidad que concede el préstamo.

- Reconocimiento periódico en la cuenta de resultados de la entidad de:

---

[16] Sobre la consideración de los resultados del endoso en la entidad cedente, véase en el Capítulo 7: el endoso cambiario.

— Los intereses que, de acuerdo con lo estipulado en el contrato de préstamo, se liquidaran *(Intereses y rendimientos asimilados)*.

— Las comisiones de disponibilidad (en las cuentas de crédito) y aquéllas que tengan un carácter financiero o que se vayan a recibir en función del tiempo de la operación *(Comisiones percibidas)* [17].

• Liquidación periódica, o de una sola vez, del capital e intereses, de acuerdo con lo estipulado en el contrato.

El esquema de asientos contables lo vamos a ver a través de un ejemplo:

Ejemplo 5.3.—Una entidad de crédito concede un préstamo de 10 millones de euros a un residente, con garantía personal con vencimiento a un año, al 10 por 100 de interés anual, que se cancelará mediante cuotas constantes liquidables trimestralmente. La disposición, así como, las liquidaciónes del préstamo se efectúan a través de una cuenta corriente que el prestatario tiene abierta en la entidad prestamista.

La cuota trimestral constante se obtiene a partir de la expresión:

$$10.000.000 = C \times \frac{1 - \left(1 + \dfrac{0,1}{4}\right)^{-4}}{\dfrac{0,1}{4}}$$

De donde:

$$C \cong 2.658.179 \; €$$

El cuadro de amortización del préstamo será:

PERIODO	CUOTAS PERIÓDICAS			CAPITAL VIVO
	Total	Capital	Intereses	
Al disponer	—	—	—	10.000.000
1er Trimestre	2.658.179	2.408.179	250.000	7.591.821
2.º Trimestre	2.658.179	2.468.383	189.796	5.123.238
3er Trimestre	2.658.179	2.530.093	128.086	2.593.345
4.º Trimestre	2.658.179	2.593.345	64.834	—

---

[17] Véase en el Capítulo 3 el Principio de devengo.

Los asientos que correspondería efectuar en los libros de la entidad serían:

PERIODO	REGISTRO CONTABLE	
Al disponer	10.000.000 Préstamos Personales a/ Acreedores. Cuentas corrientes *(por la disposición del principal del préstamo, con abono en c/c)*	10.000.000
1.ᵉʳ mes y 2.º mes	83.333 Devengo de productos no vencidos a/ Intereses y rendimientos asimilados. De préstamos personales *(por la periodificación mensual de intereses: 250.000/3)*	10.000
3.ᵉʳ mes	2.658.179 Acreedores. Cuentas corrientes a/ Préstamos personales a/ Devengo de productos no vencidos a/ Intereses y rendimientos asimilados. De préstamos personales *(por la liquidación trimestral de capital e interés)*	2.408.179 166.667 83.333
4.º y 5.º mes	63.265 Devengo de productos no vencidos a/ Intereses y rendimientos asimilados. De préstamos personales *(por la liquidación mensual de intereses: 189.796/3)*	63.265
6.º mes	2.658.179 Acreedores. Cuentas corrientes a/ Préstamos personales a/ Devengo de productos no vencidos a/ Intereses y rendimientos asimilados. De préstamos personales *(por la liquidación trimestral de capital e interés)*	2.468.383 126.531 63.265
7.º y 8.º mes	42.695 Devengo de productos no vencidos a/ Intereses y rendimientos asimilados. De préstamos personales *(por la periodificación mensual de intereses: 128.086/3)*	42.695
9.º mes	2.658.179 Acreedores. Cuentas corrientes a/ Préstamos Personales a/ Devengo de productos no vencidos a/ Intereses y rendimientos asimilados. De préstamos personales *(por la liquidación trimestral de capital e interés)*	2.530.093 85.395 42.691
10.º y 11.º mes	21.611 Devengo de productos no vencidos a/ Intereses y rendimientos asimilados. De préstamos personales *(por la periodificación mensual de intereses: 64.834/3)*	21.611
Mes 12.º (vencimiento final)	2.658.179 Acreedores. Cuentas corrientes a/ Préstamos personales a/ Devengo de productos no vencidos a/ Intereses y rendimientos asimilados. De préstamos personales *(por la liquidación trimestral de capital e interés)*	2.593.345 43.222 21.612

3.3. Operaciones de arrendamiento financiero

El arrendamiento financiero es una forma de financiar, por parte de una entidad de crédito (arrendador), la adquisición de un activo fijado por el arrendatario del mismo, que, aun cuando difiere en su forma legal, es sustancialmente equivalente a la concesión de un préstamo[18]. Por ello, en sus aspectos básicos, las entidades de crédito consideran en la concesión de este tipo de operaciones los mismos parámetros (capacidad de pago, historial crediticio, etc.) que en cualquier operación de préstamo.

---

[18] Véase las características de esta operación en el Capítulo 2.

En consecuencia, los bienes cedidos en arrendamiento financiero se reflejan en el balance de las entidades de crédito como una inversión crediticia, separando la parte que corresponde a la opción de compra, o valor residual, a favor del arrendatario [19]. Llegado el vencimiento del contrato de arrendamiento financiero, si el arrendatario no hace uso de su opción de compra, la entidad debe registrar el bien entre su inmovilizado por su valor residual, o de mercado (peritación o tasación) si éste fuese inferior.

Ejemplo 5.4.—La sociedad ABC firma un contrato de arrendamiento financiero con la entidad de crédito EE.CC., por el cual la entidad de crédito se compromete a adquirir un determinado activo fijo, cuyo coste asciende a 120.000 euros, que va a ser utilizado por ABC durante 9 años, al final de los cuales esta sociedad puede optar por adquirir el activo por un importe fijado en el momento de la firma del contrato en 18.963 euros.

Como precio del contrato de arrendamiento financiero, independientemente de la opción de compra, se fija la cantidad de 191.142 euros que comprende capital e intereses, que la sociedad ABC reconoce deber a la entidad de crédito EE.CC. desde la firma del contrato y que se liquidará anualmente, de acuerdo con el siguiente plan:

PERIODO	CUOTAS PERIÓDICAS			CAPITAL VIVO
	Total	Capital	Intereses	
0	—	—	—	120.000
1	21.238	6.838	14.400	113.162
2	21.238	7.659	13.579	105.503
...	...	...	...	...
9	21.238	16.932	4.306	18.693
Total	**191.142**	**101.037**	**90.105**	—

Para la entidad de crédito esto supone:

Coste de inversión	*120.000*
Valor en arrendamiento	101.037
Valor residual	18.963

Cobros a recibir (9 × 21.238)	*191.142*
Para recuperar inversión	101.037
Cobro de intereses	90.105

El registro contable de la operación para la entidad de crédito será:

---

[19] Norma 26.ª 1.

PERIODO		REGISTRO CONTABLE

0		120.000 Inmovilizado a/ Tesorería 120.000
		 (por la adquisición del activo fijo)
		
		 101.037 Arrendamientos financieros. Bienes cedidos. Principal
		  18.963 Arrendamientos financieros. Bienes cedidos. Valor residual
		                   a/ Inmovilizado 120.000
		 (por el arrendamiento financiero)

1		21.238 Tesorería
		                   a/ Arrendamientos financieros. Bienes cedidos. Principal 6.838
		                   a/ Intereses y rendimientos de arrendamientos financieros 14.400
		 (por el cobo de la primera cuota y su aplicación como capital e intereses)

...		...

9		21.238 Tesorería
		                   a/ Arrendamientos financieros. Bienes cedidos. Principal 16.932
		                   a/ Intereses y rendimientos de arrendamientos financieros 4.306
		 (por el cobo de la última cuota y su aplicación como capital e intereses)

Opción de compra — Se ejerce		18.693 Tesorería a/ Arrendamientos financieros. Bienes cedidos. Valor residual 18.963
Opción de compra — No se ejerce		18.963 Inmovilizado a/ Arrendamientos financieros. Bienes cedidos. Valor residual 18.963

3.4. Operaciones de *factoring*

Los tipos de *factoring* que podemos encontrarnos, atendiendo a la existencia de financiación y aseguramiento del riesgo de impago por el obligado al pago de los documentos, son[20]:

		FINANCIACIÓN	
		SÍ	NO
ASEGURAMIENTO	SÍ	*Factoring con anticipo y sin recurso* (compra al contado de créditos con todos sus riesgos)	*Factoring sin anticipo y sin recurso* (compra con pago aplazado de créditos con todos sus riesgos)
	NO	*Factoring con anticipo y con recurso* (equivalente y con efectos similares al descuento comercial)	*Factoring sin anticipo y con recurso* (equivalente a gestión de cobro)

Con la excepción de las operaciones de «*factoring* sin anticipo y con recurso», que realmente suponen una mera gestión de cobro, debiéndose recoger esta operativa exclusivamente entre las cuentas de orden: *Efectos condicionales y otros valores recibidos en comisión de cobro*[21], y las comisiones cobradas por la gestión, como: *Comisiones percibidas por operaciones de factoring*, el resto de las operaciones de factoring deben registrarse dentro de la inversión crediticia como *Crédito*

---

[20] Véase el Capítulo 2.
[21] Normas 8.ª 5 y 34.ª 6.b.

Comercial por Operaciones de Factoring, registrando entre las cuentas diversas de pasivo como: *Acreedores por factoring,* las cantidades debidas a los cedentes de los créditos comerciales hasta su disposición[22]. Finalmente, los resultados de estas inversiones se registran como intereses o comisiones percibidas, según proceda, periodificándose estas últimas cuando tengan un carácter financiero[23].

Ejemplo 5.5.—La empresa A cede en régimen de *factoring* a una entidad de crédito, un crédito comercial de 1.000.000 de euros contra la empresa B, cuyo vencimiento es dentro de 180 días. La entidad de crédito (factor) aplica un tipo de interés del 10 por 100 anual. Suponiendo que la empresa cedente dispone solo del 70 por 100 del crédito, la contabilizacion inicial de la operación, atendiendo a las diferentes formas de *factoring*, será:

OPERACIÓN		REGISTRO	
Con anticipo y sin recurso	1.000.000	Crédito Comercial (*titular empresa B*) a/ Productos anticipados de operaciones activas a descuento a/ Acreedores por factoring a/ Tesorería (70 %)	50.000 285.000 665.000
Con anticipo y con recurso	1.000.000	Crédito Comercial (*titular empresa A*) a/ Productos anticipados de operaciones activas a descuento a/ Acreedores por factoring a/ Tesorería (70 %)	50.000 285.000 665.000
Sin anticipo y sin recurso	1.000.000	Crédito Comercial (*titular empresa B*) a/ Productos anticipados de operaciones activas a descuento a/ Acreedores por factoring	50.000 950.000
Sin anticipo y con recurso	1.000.000	Efectos condicionales y otros valores recibidos en comisión de cobro (titular empresa A) a/ Contrapartida de cuentas de orden	1.000.000

3.5. Operaciones de riesgo de firma

No siempre las entidades de crédito prestan dinero a sus clientes. En ocasiones, lo que prestan es su firma para permitir a éstos obtener dinero de otra fuente (*v.g.* otra entidad de crédito), o bien realizar determinadas operaciones o contratos, en los cuales la otra parte exija que una entidad de crédito garantice el cumplimiento del contrato o las posibles responsabilidades de su cliente. Estas operaciones, que convierten a la entidad de crédito en deudor subsidiario del deudor principal, son conocidas como *operaciones de riesgo de firma* o *pasivos contingentes*.

---

[22] Normas 25.ª 2b y 33.ª 2.
[23] Norma 5.ª 1.

3.5.1.   *Avales y cauciones prestadas* [24]

Mediante un aval, la entidad de crédito garantiza el cumplimiento de una obligación contraida por el titular del aval (el cliente) frente a un tercero, el beneficiario del aval. Los motivos de concesión de un aval son muy variados, si bien pueden resumirse en dos grupos: avales financieros [25] y avales técnicos.

En general, todos los avales se prestan por un plazo determinado y a cambio del cobro de una comisión. El registro de una operación de aval se lleva a cabo mediante cuentas de orden, registrando el importe garantizado (avales técnicos) o el importe garantizado más los intereses vencidos, y no pagados, de la operación garantizada (avales financieros).

El reflejo contable será:

Al conceder el aval	Avales y otras cauciones prestadas a/ Contrapartida de cuentas de Orden
Al cobrar las comisiones	Tesorería a/ Comisiones percibidas por avales y otras garantías
Al vencimiento del aval	Contrapartida de cuentas de orden a/ Avales y otras cauciones prestadas

3.5.2.   *Créditos documentarios* [26]

Como ya estudiamos en el Capítulo 2, cuando una entidad de crédito realiza una operación de crédito documentario como banco emisor o confirmador, está asumiendo un compromiso firme de pago del banco emisor frente al banco confirmador y de éste frente al vendedor de las mercancías (beneficiario del crédito documentario), cuando este último haya entregado determinada documentación.

La vida de un crédito documentario podemos representarla en el siguiente gráfico:

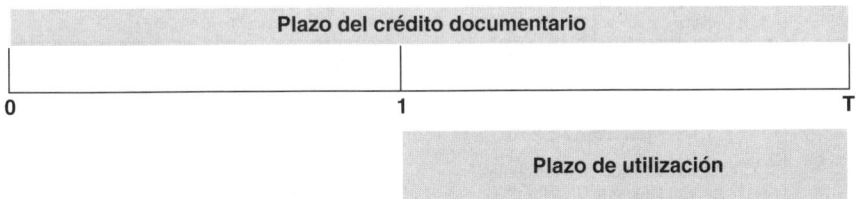

- Momento 0:   Emisión del crédito documentario por el banco emisor.
- Periodo (0-T): Plazo del crédito documentario.

---

[24] Véase el Capítulo 2.
[25] Norma 34.ª 2a.
[26] Véase el Capítulo 2.

- Momento 1:   Aceptación de documentos por el banco confirmador
                  (*nacimiento de derechos de cobro y obligaciones de pago*)
- Periodo (1-T): Plazo de utilización
- Momento T: Vencimiento de la obligación de pago al vendedor.

Desde el punto de vista contable, mientras el crédito documentario está abierto (periodo 0-1) la operación se registra entre las cuentas de orden, tanto en el banco emisor como en el confirmador. Desde el momento 1 la operación de crédito documentario deja de ser una operación de riesgo de firma y pasa a convertirse en operación de crédito, al haber nacido, desde ese momento, los derechos de cobro del vendedor y las obligaciónes de pago del comprador.

Ejemplo 5.6.—La empresa española ESPAÑOLA, S.A. está interesada en adquirir mercancías de la sociedad canadiense CANADIENSE, S.A. por 5 millones de euros. Para ello, la sociedad CANADIENSE, S.A. requiere la liquidación de la operación mediante un crédito documentario a su favor. La sociedad ESPAÑOLA, S.A. solicita y obtiene de BANCO EMISOR, S.A., el día 1 de abril de 20X0, la apertura del crédito documentario a favor de CANADIENSE, S.A., actuando como banco confirmador el corresponsal de éste en Canadá, BANCO CONFIRMADOR, SA., quien comunica a CANADIENSE, S.A. que tras la recepción y análisis de la documentación justificativa de la exportación de las mercancías solicitadas por ESPAÑOLA, S.A., procederá a su pago treinta días después.

La sociedad CANADIENSE, S.A. presenta el día 15 de mayo de 20X0 la mencionada documentación, siendo considerada de conformidad por BANCO CONFIRMADOR, SA., que a su vez comunica a BANCO EMISOR, S.A. su aceptacion de la citada documentación.

El registro contable de la operación, prescindiendo de las comisiones e intereses que la apertura del crédito documentario y el posterior crédito financiero normalmente llevarán aparejadas, son:

MOMENTO	BANCO EMISOR, S.A.	BANCO CONFIRMADOR, S.A.

01.04.20X0	5 Créditos Documentarios. Emitidos Irrevocables
	   a/ Contrapartida de cuentas de orden 5
	   (por la apertura del crédito documentario;
	   titular del crédito: ESPAÑOLA, S.A.)
		5 Créditos Documentarios. Confirmados Irrevocables
		   a/ Contrapartida de cuentas de orden 5
		   (por la apertura del crédito documentario;
		   titular del crédito: BANCO EMISOR, S.A.)

15.05.20X0	5 Contrapartida de cuentas de orden
	   a/ Créditos documentarios.
	      Emitidos Irrevocables 5
		5 Contrapartida de cuentas de orden
		   a/ Créditos documentarios.
		      Emitidos Irrevocables 5

	(por la cancelación del crédito documentario al presentarse los documentos)	

	5 Créditos a otros sectores residentes
	   a/ Entidades de Crédito 5
	   (por la obligación de pago a BANCO CONFIRMADOR,
	   S. A. y el derecho de cobro frente a ESPAÑOLA, S. A.)
		5 Entidades de Crédito
		   a/ Obligaciones a pagar 5
		   (por el derecho de cobro frente a BANCO EMISOR, S.A.
		   y la obligación de pago frente a CANDIENSE, S.A.)

14.06.20X0	5 Entidades de crédito
	   a/ Tesorería 5
	   (por la liquidación a BANCO CONFIRMADOR, S.A.)
	
	5 Tesorería
	   a/ Créditos a otros sectores residentes 5
	   (por el cobro a ESPAÑOLA, S.A.)
		5 Tesorería
		   a/ Entidades de Crédito 5
		   (por el cobro de BANCO EMISOR, S.A.)
		
		5 Obligaciones a pagar
		   a/ Tesorería 5
		   (por la liquidación a CANADIENSE, S.A.)

3.6. Operaciones impagadas

La recuperación de las inversiones crediticias, junto con sus intereses, suele producirse, bien mediante cargo en la cuenta corriente o similar, abierta por el titular de la operación en la propia entidad de crédito que concede el préstamo, bien mediante transferencia recibida desde otra entidad, o bien mediante ingreso en efectivo. Estas modalidades suelen ser las fórmulas normales de extinción de las obligaciones crediticias derivadas de una operación de activo, independientemente de la forma jurídica en que ésta se haya instrumentado (préstamo, arrendamiento financiero, etc.) [27].

El hecho de que el deudor no afronte el pago de sus deudas en la fecha convenida en el correspondiente contrato, no supone la pérdida del derecho de cobro que la entidad de crédito tiene sobre esa cantidad (*v.g.* una cuota de préstamo), pero esta situación debe quedar explicitada en el balance de la entidad, en tanto no sea clasificada como *Activo Dudoso*, mediante su registro en cuentas específicas dentro de la rúbrica *Deudores a la vista y varios* [28], con el siguiente detalle:

- *Descubiertos en cuentas corrientes y excedidos en cuentas de crédito.*
  Donde se registrarán las operaciones de esa naturaleza, salvo que estén instrumentadas en un contrato expreso para ellas [29].

- *Créditos, préstamos y efectos vencidos pendientes de cobro.*
  Que recogerá los importes vencidos, tanto de capital como de intereses, de préstamos, créditos, arrendamientos financieros, y los efectos comerciales impagados.

- *Otros deudores a la vista.*
  Donde se recogerán, entre otros conceptos, los títulos-valores de renta fija que formen parte de las carteras de inversión ordinaria o a vencimiento, vencidos y no cobrados, así como sus intereses (cupones vencidos) [30].

Los asientos contables a que dan lugar estas situaciones son:

Descubiertos y excedidos	Descubiertos y excedidos en cuentas de crédito a/ Tesorería *(por el importe dispuesto mediante descubierto en cuenta corriente, o excedido del límite de la cuenta de crédito)*
Cuotas de préstamos, arrendamientos financieros, etc., vencidas	Créditos, préstamos y efectos vencidos pendientes de cobro a/ Créditos *(Por las cuotas de principal, del sector y modalidad de crédito que corresponda)* a/ Devengo de productos no vencidos *(por los intereses que puedan estar periodificados)*
Títulos de renta fija, vencidos y no cobrados	Otros deudores a la vista a/ Cartera de Renta fija *(importe de principal vencido)* a/ Devengo de productos no vencidos *(por los intereses –cupones– que puedan estar periodificados)*

---

[27] Las obligaciones se extinguen, además de por su pago, por condonación de la deuda, por compensación y por novación (Artículo 1.156 del Código Civil).

[28] Norma 25.ª 7.

[29] Norma 25.ª 4.

[30] Norma 27.ª 4. Véase el Capítulo 6.

4. EL RIESGO DE CRÉDITO

4.1. Pérdidas en las inversiones crediticias

En el curso normal de la actividad de las entidades de crédito, resulta inevitable que determinadas inversiones crediticias resulten, total o parcialmente, de difícil cobro (*Activos Dudosos*) y que, en consecuencia, las entidades sufran pérdidas por estas operaciones. Estas pérdidas deben ser reconocidas en el balance de la entidad como un gasto, cargando en la cuenta de resultados (*Dotaciones a fondos especiales para insolvencias*) la cuantía que se estime va a resultar incobrable y abonando dicho importe como una provisión por pérdidas en inversiones crediticias (*Fondo de insolvencias*). Cuando, finalmente, el crédito se considera que no puede ser recuperado (*activo fallido*), o cuando el prestatario no haya efectuado durante un determinado tiempo ningún pago, los créditos clasificados como activos dudosos se deben dar de baja del activo, compensándolos con la provisión correspondiente y registrándolos desde este momento, y hasta la extinción definitiva de cualquier derecho de cobro a favor de la entidad o hasta su recuperación, entre las cuentas de orden (*Activos en Suspenso Regularizados*)[31]. Finalmente, la recuperación de saldos incobrables que tuviesen constituidas provisiones por pérdidas, supone una recuperación de éstas mediante su abono en la cuenta de resultados (*Recuperación de Fondos de Insolvencias*).

Contablemente, los asientos que deben efectuase son:

Traspaso como Activo Dudoso	Activos Dudosos a/ Inversión crediticia[32]
Reconocimiento de las pérdidas	Dotación a fondos especiales. Para insolvencias a/ Fondo de insolvencias

Reducción de la pérdida estimada	Fondo de Insolvencias
	        a/ Recuperación de Fondos
	           de insolvencias

Baja de activos dudosos por irrecuperable u otras circunstancias	Fondo de Insolvencias
	        (por la provisión constituida)
	Amortización de Insolvencias
	        (por la parte no cubierta con la provisión)
	        a/ Activos Dudosos

	Activos en Suspenso regularizados a/ Contrapartida de cuentas de orden *(por el registro en cuentas de orden hasta su extinción definitiva)*

---

[31] Norma 34.ª 6.d.

[32] En cualquiera de sus modalidades (préstamo —personal o hipotecario—, descuento comercial, renta fija, etc.) y cualquiera que sea el titular (Entidades de Crédito, Administraciones Públicas españolas, Residentes, No Residentes).

Así pues, el objetivo de los Fondos de Insolvencias es proveer a la entidad de recursos, con el fin de hacer frente a las pérdidas derivadas del hecho de que determinadas inversiones crediticias resulten finalmente incobrables (riesgo de crédito). La evaluación de estas pérdidas es obviamente esencial, e inevitablemente imprecisa, siendo su estimación, en buena medida, fruto del juicio que la propia entidad haga respecto de las posibilidades de recuperación de un crédito clasificado como de recuperación dudosa.

Como consecuencia de ello, determinar cuál es el nivel adecuado de provisiones para estas inversiones, es un problema de estimación y juicio para reflejar adecuadamente las pérdidas probables, con criterios prudentes y conservadores, pero no excesivos. La estimación de estas provisiones debe tomar en consideración toda la información disponible respecto de las condiciones financieras específicas del prestatario, así como las garantías específicas de las operaciones (*v.g.* hipotecarias, avales de terceros, etc.), pero también deben ser tenidas en cuenta otro tipo de consideraciones que incluyen las condiciones específicas del sector económico del prestatario, la situación económica en general, así como, en su caso, factores políticos, etc.

La metodología en el cálculo del adecuado nivel de provisiones para cubrir las pérdidas en las inversiones crediticias, distingue entre aquellos préstamos que han sido específicamente identificados como de dudoso cobro, y aquéllos cuyo riesgo de pérdida se deriva de la propia experiencia de la entidad para operaciones de préstamo de similares características, pero que no han sido específicamente identificados. Los préstamos incluidos en el primer grupo deben ser calificados como activos dudosos y constituirles *Fondos de insolvencias específicos*. Por el contrario, los préstamos del segundo grupo se deben registrar como inversión crediticia normal, reflejando la estimación de las pérdidas derivadas de la experiencia, como *Fondos de insolvencia estadísticos*.

Aun cuando, como hemos señalado, la evaluación de pérdidas en créditos es un problema que requiere un juicio en algunos países, España entre ellos, las normas contables exigen un nivel mínimo de provisiones para insolvencias, tanto para los préstamos específicamente identificados como de dudosa recuperación, como para los que no han sido específicamente identificados, pero que la experiencia señala, en términos estadísticos, una probabilidad de resultar finalmente fallidos [33].

4.2. El riesgo de crédito en la regulación contable española

El riesgo de crédito, o probabilidad de no recuperar una operación, existe, cualquiera que sea el titular de la operación, las garantías y la instrumentación, en los siguientes casos [34]:

---

[33] Además de estas coberturas (específica y estadística), la regulación española establece una cobertura denominada genérica, de un 1 por 100 (0,5 por 100 para determinados préstamos) del riesgo crediticio (inversión crediticia, renta fija no incluida como cartera de negociación, pasivos contingentes y dudosos sin cobertura específica) de los sectores residentes y no residentes, salvo Administraciones Públicas españolas y Entidades de crédito (Norma 11.ª 6).

[34] Norma 10.ª 2.

- Los saldos deudores personales (*v.g.* préstamos, cartera comercial, valores de renta fija, etc.)
- Los pasivos contingentes (*v.g.* avales, créditos documentarios, etc.)

Las razones que pueden originar que una operación de las anteriores sea considerada como de dudoso cobro, es decir, que haya abandonado el campo probabilístico (riesgo) para pasar a ser una realidad, son de dos tipos:

- Razones comerciales atribuibles específicamente al titular de la operación: *Riesgo de Insolvencia*.
- Razones distintas a las comerciales y atribuibles a la residencia del titular en un país distinto al de la propia entidad: *Riesgo-País*.

4.2.1. Riesgo de Insolvencia

La calificación de una operación como de dudoso cobro (*Activo Dudoso* o *Pasivo contingente dudoso*) responde, por razones de tipo comercial, es decir, atribuibles específicamente al titular de la operación, a:

- *Activos Dudosos*. Operaciones activas o saldos deudores de balance de naturaleza personal (saldos personales), cuyo reembolso se considera problemático:

  — *Por morosidad de su titular* [35]:

  a) Importes con vencimiento expreso pactado en un contrato (*v.g.* cuotas de préstamos, etc.): *cuando hayan transcurrido más de tres meses desde su vencimiento*

  b) Importes sin vencimiento expreso pactado (*v.g.* descubiertos en cuenta corriente, excedidos en cuentas de crédito) : *cuando hayan transcurrido más de tres meses desde el primer requerimiento de pago al titular de la operación, o desde la primera liquidación de intereses que resulte impagada.*

  — *Por otras razones* [36]:

  Cuando, sin haber resultado aún identificadas como morosas, se presenten dudas razonables respecto del reembolso de la operación en el tiempo y forma previstos en el correspondiente contrato de préstamo. Estas situaciones pueden estar motivadas:

  1. Por un deterioro de la solvencia del titular de la operación (*v.g.* retraso generalizado en los pagos, flujos de caja insuficientes para atender los pagos, suspensiones de pagos, etc.).
  2. Por la propia operación (*v.g.* litigios suscitados por el prestatario, arrendamientos financieros rescindidos por la entidad de crédito, etc.)

- *Pasivos contingentes dudosos*. Se deben clasificar, dentro de las cuentas de orden, como *Pasivos contingentes dudosos* aquellos importes cuyo pago se

---

[35] Norma 10.ª 2a.
[36] Norma 10.ª 2b.

considere probable por parte de la entidad, y que se estimen de recuperación dudosa[37].

Para el caso concreto de los *avales concedidos* por la entidad, y que en razón de lo anterior debiesen ser calificados como dudosos, la norma exige distinguir entre:

— Titulares de avales que deben ser calificados como morosos, *por haber sido reclamado el pago del aval por su beneficiario*. En este caso los importes que deben ser registrados como pasivos contingentes dudosos serán[38]:

   a) Si se trata de un aval financiero: un importe igual al que se consideraría si se tratase de una operación de activo (riesgo dinerario).

   b) Si no es un aval financiero (avales técnicos): el importe reclamado por el beneficiario del aval.

— Otros titulares de avales, los cuales aún *no han sido reclamados, pero de los que es razonable esperar que se reclamen* (*v.g.* titulares en situaciones concursales o con un deterioro notable de su solvencia, etc.). El importe que deberá ser registrado como pasivo contingente dudoso será el importe total del aval[39].

A. *Consecuencias de la calificación de una operación como «Activo Dudoso»*

Las consecuencias que se derivan de haber calificado una operación como dudosa, de acuerdo con los criterios anteriormente señalados, son:

   a) Suspensión del devengo de intereses de, en su caso, la parte de la operación pendiente de vencer[40].

   b) Traspaso como activos dudosos del resto de las cuotas, ya vencidas o que vayan a vencer en el futuro, desde el mismo día de su vencimiento[41].

   c) Constitución de fondos de insolvencias específicos[42].

   d) El arrastre a dudosos de:

   — *Toda la operación*: cuando existan importes vencidos y clasificados como dudosos que representen más del 25 por 100 de toda la operación[43].

   — *Todas las operaciones con un mismo titular*: cuando el titular haya acumulado importes vencidos y clasificados como activos dudosos por encima del 25 por 100 del total de sus riesgos pendientes en la entidad[44].

---

[37] Norma 10.ª 3.

[38] Norma 10.ª 3a.

[39] Norma 10.ª 3b.

[40] Norma 10.ª 2a y 22.

[41] Norma 10.ª 2a, segundo párrafo.

[42] Norma 11.ª 1.

[43] Norma 10.ª 2a. tercer párrafo. Este mismo tratamiento se dará cuando el retraso de pago haya alcanzado un año (6 meses para determinadas operaciones).

[44] Norma 10.ª 2a. cuarto párrafo.

B. La cobertura específica del Fondo de Insolvencias

Como ya hemos señalado, una de las consecuencias de calificar un activo como dudoso es la de constituir, con cargo a la cuenta de resultados de la entidad, un fondo de insolvencias, el cual se debe crear en función de:

— El tiempo transcurrido desde la primera cuota que resultó impagada (morosidad del titular).
— Las pérdidas que se estimen van a producirse (activos dudosos por otras razones).

Sin embargo, determinadas operaciones están exentas de la necesidad de constituir coberturas específicas por insolvencias, aunque no lo estén, en su caso, de su calificación como activos dudosos. Se trata, en general, de operaciones que cuenten con garantías específicas de depósitos dinerarios o similares, que tengan como titular a las Administraciones Públicas de la Unión Europea, o que cuenten con su aval, así como aquellas operaciones que deban estar cubiertas más severamente por razones de Riesgo-País [45].

Las *coberturas necesarias por razón de la morosidad del titular* se establecen, sobre la base del vencimiento más antiguo que se encuentre impagado, en dos escalas:

• *Escala general* [46]:

VENCIMIENTO MÁS ANTIGUO (en meses)	% COBERTURA
Más de 3 y menos de 6	10
Más de 6 y menos de 12	25
Más de 12 y menos de 18	50
Más de 18 y menos de 21	75
Más de 21	100

• *Escala especial*. Para préstamos con garantía hipotecaria sobre viviendas [47]:

VENCIMIENTO MÁS ANTIGUO (en años)	% COBERTURA
Más de 3 y menos de 4	25
Más de 4 y menos de 5	50
Más de 4 y menos de 6	75
Más de 6	100

---

[45] Los activos dudosos exentos de cobertura específica de insolvencias aparecen señalados en la Norma 11.ª 4a.3.

[46] Norma 11.ª 4a.1.

[47] Norma 11.ª 4a.2. Para aplicar este calendario es requisito que la garantía hipotecaria haya nacido con la financiación y que el riesgo vivo no supere el 80 por 100 del valor de tasación de la vivienda. Se incluyen también los arrendamientos financieros sobre los mismos bienes y con los mismos requisitos.

Cuando la operación ha sido calificada como dudosa, *por razones distintas de la morosidad* del titular de la operación (deterioro de la solvencia, etc.), la cobertura será como mínimo del 25 por 100 [48].

Finalmente, en relación con los pasivos contingentes clasificados como dudosos, el tratamiento de coberturas para insolvencias distingue los avales calificados como dudosos del resto de pasivos contingentes dudosos:

— Avales calificados como pasivos contingentes dudosos: la cobertura será de un mínimo del 10 por 100, salvo que el aval haya sido reclamado por su beneficiario, en cuyo caso se cubrirá considerando la situación del titular del aval [49].

— Resto de pasivos contingentes dudosos: la cobertura será como mínimo del 25 por 100 [50].

Ejemplo 5.7.—Una entidad de crédito concede, el 2 de diciembre de 20X0, un préstamo de 100.000.000 de euros a dos años, al 12 por 100 de interés anual, liquidable mensualmente y amortizable por el sistema de amortización francés. El cliente paga la primera cuota, resultando todas las demás impagadas.

La cuota periódica comprensiva de capital e intereses se obtiene a partir de la expresión:

$$100.000.000 = C \times \frac{1 - \left(1 + \dfrac{0,12}{12}\right)^{-(12 \times 2)}}{\dfrac{0,12}{12}}$$

De donde:

$$C = 4.707.347 \ \text{€}$$

El cuadro de amortización del préstamo, por el sistema de amortización francés, será:

Fecha	Cuota	Capital	Intereses	Capital vivo
28.12.20X0	–	–	–	100.000.000
28.01.20X1	4.707.347	3.707.347	1.000.000	96.292.653
28.02.20X1	4.707.347	3.744.421	962.926	92.548.232
28.03.20X1	4.707.347	3.781.865	925.482	88.766.367
28.04.20X1	4.707.347	3.819.683	887.664	84.946.684

(Continúa)

---

[48] Norma 11.ª 4b. En determinadas situaciones esta cobertura puede ser del 10 por 100.

[49] Norma 11.ª 4c. Excepto cuando el titular esté declarado en quiebra o similar, que será del 100 por 100 (11.ª 4c.2.1), o en suspensión de pagos, que será del 25 por 100 (11.ª 4c.2.2).

[50] Norma 11.ª 4b. En determinadas situaciones esta cobertura puede ser del 10 por 100.

(Continuación)

Fecha	Cuota	Capital	Intereses	Capital vivo
28.05.20X1	4.707.347	3.857.880	849.467	81.088.803
28.06.20X1	4.707.347	3.896.459	810.888	77.192.344
28.07.20X1	4.707.347	3.935.424	771.923	73.256.920
28.08.20X1	4.707.347	3.974.778	732.569	69.282.142
28.09.20X1	4.707.347	4.014.526	692.821	65.267.616
28.10.20X1	4.707.347	4.054.671	652.676	61.212.945
28.11.20X1	4.707.347	4.095.218	612.129	57.117.728
28.12.20X1	4.707.347	4.136.170	571.177	52.981.558
28.01.20X2	4.707.347	4.177.532	529.815	48.804.026
28.02.20X2	4.707.347	4.219.307	488.040	44.584.719
28.03. 20X2	4.707.347	4.261.500	445.847	40.323.219
28.04. 20X2	4.707.347	4.304.115	403.232	36.019.104
28.05. 20X2	4.707.347	4.347.156	360.191	31.671.948
28.06. 20X2	4.707.347	4.390.628	316.719	27.281.320
28.07. 20X2	4.707.347	4.434.534	272.813	22.846.786
28.08. 20X2	4.707.347	4.478.879	228.468	18.367.907
28.09. 20X2	4.707.347	4.523.668	183.679	13.844.239
28.10. 20X2	4.707.347	4.568.905	138.442	9.275.334
28.11. 20X2	4.707.347	4.614.594	92.753	4.660.740
28.12. 20X2	4.707.347	4.660.740	46.607	–

De acuerdo con el enunciado, la situación del préstamo en los balances de la entidad en las diferentes fechas será

	Inversión calificada como				Intereses acumulados	
Fecha	Normal	Vencida	Dudosa	Fondo de Insolvencias, específico	Abonados en resultados	No abonados en resultados
31.12.20X0	100.000.000	–	–	–	(1)	–
31.01.20X1	96.292.653	–	–	–	1.000.000	–
28.02.20X1	92.548.232	4.707.347	–	–	1.962.926	–
31.03.20X1	88.766.367	9.414.694	–	–	2.888.408	–
30.04 20X1	84.946.684	14.122.041	–	–	3.776.072	–
31.05.20X1 (2)	81.088.803	–	18.829.388	1.882.938	4.625.539	–
30.06.20X1 (3)	77.192.344	–	22.725.847	2.272.585	4.625.539	810.888
31.07.20X1 (4)	–	–	99.918.191	9.991.818	4.625.539	1.582.811
31.08.20X1 (5)	–	–	99.918.191	24.979.548	4.625.539	2.315.380
...	...	...	...			...
28.02.20X2 (6)	–	–	99.918.191	49.959.095	4.625.539	5.862.039
...	...	...	...	...	...	...
31.08.20X2 (7)	–	–	99.918.191	74.938.643	4.625.539	7.889.309
...			...	...	...	...
30.11.20X2 (8)	–	–	99.918.191	99.918.191	4.625.539	8.304.183
31.12.20X2	–	–	99.918.191	99.918.191	4.625.539	8.350.970
31.01.20X3	–	–	99.918.191	99.918.191	4.625.539	8.350.970

(1) No considerando la periodificación de tres días de intereses (29, 30 y 31 de diciembre).

(2) La primera cuota impagada por 4.707.347 euros, vencida el 28 de febrero de 20X1, el día 31 de mayo de 20X1 lleva más de tres meses vencida (tres meses y tres días), por lo que debe ser calificada como activo dudoso por razón de morosidad. Como consecuencia de ello, debe: a) suspenderse el devengo de intereses en la cuenta de resultados desde este momento y registrarse entre las cuentas de orden, y b) calificar los demás importes vencidos y no cobrados como activos dudosos, provisionándose en un 10 por 100.

(3) La cuota de capital, al haber importes calificados como activos dudosos, se califica como activo dudoso (18.829.388 + 3.896.459 = 22.725.847 €) y la cuota de intereses (810.888 €) no se abona a resultados (el devengo de intereses está suspendido), sino que se reconoce entre las cuentas de orden.

(4) El riesgo vencido y dudoso asciende a:

	Por intereses	Por capital e intereses capitalizados	Total
Anterior	810.888	22.725.847	23.536.735
Nueva cuota	771.923	3.935.424	4.707.347
Total	*1.582.811*	*26.651.271*	*28.243.578*

Es decir, el riesgo vencido y calificado como dudoso (28.243.578 €) representa en este momento, respecto del riesgo no vencido (73.256.920 €, ver el cuadro de amortización del préstamo) más el riesgo vencido (28.243.578 €), el 27,83 por 100 [28.243.578 / (73.256.920 + + 28.243.578)], por ello, al suponer el riesgo vencido y dudoso más del 25 por 100 del riesgo pendiente, debe calificarse toda la operación como activo dudoso.

(5) La primera cuota impagada lleva más de seis meses vencida, por lo que corresponde una cobertura mínima del 25 por 100.

(6) La primera cuota impagada lleva más de doce meses vencida, por lo que corresponde una cobertura mínima del 50 por 100.

(7) La primera cuota impagada lleva más de dieciocho meses vencida, por lo que corresponde una cobertura mínima del 75 por 100.

(8) La primera cuota impagada lleva más de veintiún meses vencida, por lo que corresponde una cobertura del 100 por 100.

Los asientos contables que deberían efectuarse son:

FECHA	REGISTRO CONTABLE	
28.12.20X0	100.000.000 Préstamos Personales a/ Tesorería *(por la concesión y disposición del préstamo)*	100.000.000
31.01.20X1	4.707.347 Tesorería a/ Préstamos personales a/ Intereses y rendimientos asimilados *(por el cobro de la primera cuota)*	3.707.347 1.000.000

(Continúa)

(Continuación)

FECHA	REGISTRO CONTABLE

28.02.20X1	4.707.347 Deudores a la vista y varios. Créditos y préstamos vencidos
	    a/ Préstamos personales 3.744.421
	    a/ Intereses y rendimientos asimilados 962.926
	        (por la cuota impagada del mes)

28.03.20X1	4.707.347 Deudores a la vista y varios. Créditos y préstamos vencidos
	    a/ Préstamos personales 3.781.865
	    a/ Intereses y rendimientos asimilados 925.482
	        (por la cuota impagada del mes)

28.04.20X1	4.707.347 Deudores a la vista y varios. Créditos y préstamos vencidos
	    a/ Préstamos personales 3.819.684
	    a/ Intereses y rendimientos asimilados 887.663
	        (por la cuota impagada del mes)

28.05.20X1	4.707.347 Deudores a la vista y varios. Créditos y préstamos vencidos
	    a/ Préstamos personales 3.857.880
	    a/ Intereses y rendimientos asimilados 849.467
	        (por la cuota impagada del mes)

31.05.20X1	18.829.338 Activos Dudosos
	    a/ Deudores a la vista y varios. Créditos y préstamos vencidos 18.829.338
	    [por la clasificación como activo dudoso de la cuota impagada desde hace más de tres meses
	    (cuota de 28.02), así como las cuotas posteriores también impagadas]
	1.882.938 Dotación al fondo para insolvencias. Cobertura específica
	    a/ Fondo de Insolvencias. Cobertura específica 1.882.938
	    (por la dotación mínima del 10 por 100 al llevar impagada la cuota más antigua más de tres meses)

28.06.20X1	3.896.459 Activos Dudosos
	    a/ Préstamos Personales 3.896.459
	    (Por la calificación directa como activo dudoso de la cuota del mes, al estar las anteriores impagadas y dudosas)
	389.646 Dotación al fondo para insolvencias. Cobertura específica
	    a/ Fondo de Insolvencias. Cobertura específica 389.646
	    (por la cobertura del 10 por 100 de la cuota calificada como activo dudoso)
	810.888 Productos vencidos y no cobrados de activos dudosos
	    a/ Contrapartida de cuentas de orden 810.888
	    (Por el registro en cuentas de orden de los intereses vencidos y no cobrados)

28.07.20X1	77.192.344 Activos dudosos
	    a/ Préstamos personales 77.192.344
	    (por la calificación del resto de la parte no vencida como activo dudoso, al tener la operación
	    riesgos vencidos y dudosos superiores al 25 por 100 del total de riesgos)
	7.719.234 Dotación al fondo para insolvencias. Cobertura específica
	    a/ Fondo de Insolvencias. Cobertura específica 7.719.234
	    (por la cobertura del 10 por 100 de la parte calificada como activo dudoso)
	771.923 Productos vencidos y no cobrados de activos dudosos
	    a/ Contrapartida de cuentas de orden 771.923
	    (Por el registro en cuentas de orden de los intereses vencidos y no cobrados)

31.08.20X1	14.987.730 Dotación al fondo para insolvencias. Cobertura específica
	    a/ Fondo de Insolvencias. Cobertura específica 14.987.730
	    (Por la cobertura mínima del 25 por 100 de activos dudosos, al haber transcurrido más de seis meses
	    desde la primera cuota impagada)
	732.569 Productos vencidos y no cobrados de activos dudosos
	    a/ Contrapartida de cuentas de orden 732.569
	    (Por el registro en cuentas de orden de los intereses vencidos y no cobrados)

(Continúa)

(Continuación)

FECHA	REGISTRO CONTABLE

28.02.20X2	24.979.547 Dotación al fondo para insolvencias. Cobertura específica
	                           a/ Fondo de Insolvencias. Cobertura específica 24.979.547
	(Por la cobertura mínima del 50 por 100 de activos dudosos, al haber transcurrido más de doce meses desde la primera cuota impagada)
	
	488.040 Productos vencidos y no cobrados de activos dudosos
	                           a/ Contrapartida de cuentas de orden 488.040
	(Por el registro en cuentas de orden de los intereses vencidos y no cobrados)

31.08.20X2	24.979.548 Dotación al fondo para insolvencias. Cobertura específica
	                           a/ Fondo de Insolvencias. Cobertura específica 24.979.548
	(Por la cobertura mínima del 75 por 100 de activos dudosos, al haber transcurrido más de dieciocho meses desde la primera cuota impagada)
	
	228.468 Productos vencidos y no cobrados de activos dudosos
	                           a/ Contrapartida de cuentas de orden 228.468
	(Por el registro en cuentas de orden de los intereses vencidos y no cobrados)

30.11.20X2	24.979.548 Dotación al fondo para insolvencias. Cobertura específica
	                           a/ Fondo de Insolvencias. Cobertura específica 24.979.548
	(Por la cobertura del 100 por 100 de activos dudosos, al haber transcurrido más de veintiún meses desde la primera cuota impagada)
	
	92.753 Productos vencidos y no cobrados de activos dudosos
	                           a/ Contrapartida de cuentas de orden 92.753
	(Por el registro en cuentas de orden de los intereses vencidos y no cobrados)

31.12.20X2	46.607 Productos vencidos y no cobrados de activos dudosos a/ Contrapartida de cuentas de orden 46.607 *(Por el registro en cuentas de orden de los intereses vencidos y no cobrados)*

C. Activos de Muy Dudoso Cobro

La calificación de una operación como de *muy dudoso cobro* puede obedecer a razones debidas a la propia operación, o a circunstancias específicas del titular de la operación [51]. Así:

- Por razones del titular de la operación:
  — Cuando el titular de la operación ha sido declarado en quiebra o en concurso de acreedores.
  — Cuando el titular de la operación ha sufrido un deterioro notable e irrecuperable de su solvencia.
- Por razones debidas a la propia operación:
  — Cuando la operación presente importes impagados con más de tres años de antigüedad [52].

Las consecuencias de haber calificado una operación como de muy dudoso cobro, son:

---

[51] Norma 10.ª 6.

[52] En determinadas circunstancias pueden ser cuatro años (cuando existan razones objetivas que mejoren las expectativas de cobro), o seis años (cuando se trate de préstamos con determinadas garantías hipotecarias).

- La eliminación de la operación como un activo del balance, mediante la aplicación de los Fondos de Insolvencias constituidos (*Fondo de Insolvencias. Cobertura específica*) y, de no ser éstos suficientes, con cargo a la cuenta de pérdidas y ganancias por la diferencia (*Amortización de Insolvencias*).
- Registro de la operación entre las cuentas de orden, como *Activos en Suspenso Regularizados*.

Si, finalmente, la operación termina siendo total o parcialmente atendida por su titular, ello se realizará mediante un abono en la cuenta de resultados como *Activos en Suspenso Recuperados*.

Ejemplo 5.8.—Del ejemplo 5.7, supóngase que, sin considerar ningún tipo de interés de demora:

a) El 31 de enero de 20X3, el cliente paga toda su deuda, tanto de principal como de intereses.
b) El cliente paga, el 31 de enero de 20X5, todo el principal pendiente (96.292.653 euros) y 5 millones de euros en concepto de intereses.

En estos supuestos los asientos a efectuar serían:

CASO	FECHA	REGISTRO CONTABLE
a)	31.01.20X3	108.269.161 Tesorería a/ Activos Dudosos 99.918.191 a/ Beneficios de ejercicios anteriores 8.350.970 *[Por la recuperación del capital pendiente (96.292.653 €) más los intereses abonados en resultados y no cobrados (3.625.539 €) y los intereses devengados y no abonados en resultados (8.350.970 €)]* 99.918.191 Fondo de Insolvencias. Cobertura específica a/ Recuperación de Fondo de Insolvencias. Cobertura específica 99.918.191 *(Por la recuperación de los fondos específicamente constituidos)* 8.350.970 Contrapartida de las Cuentas de Orden a/ Productos vencidos y no cobrados de activos dudosos 8.350.970 *(Por la cancelación de intereses registrados en cuentas de orden)*
b)	28.02.20X4	99.918.191 Fondos de Insolvencias. Cobertura específica a/ Activos dudosos 99.918.191 99.918.191 Activos en Suspenso Regularizados a/ Contrapartida de las Cuentas de Orden 99.918.191 *(por la cancelación del activo dudoso con aplicación de los fondos constituidos, al haber transcurrido tres años desde el primer impago)*
	30.01.20X5	101.292.653 Tesorería a/ Activos en suspenso recuperados 99.918.191 a/ Beneficios de ejercicios anteriores 1.374.462 *[Por la recuperación del principal pendiente (96.292.653 €) y el cobro de 5 millones de euros en concepto de intereses, de los que 3.625.539 € fueron abonados en la cuenta de resultados hasta que se produjo la suspensión de la periodificación del préstamo[53]]* 99.918.191 Contrapartida de las Cuentas de Orden a/ Activos en Suspenso Regularizados 99.918.191 *(Por la cancelación de ASR)* 8.350.970 Contrapartida de las Cuentas de Orden a/ Productos vencidos y no cobrados de activos dudosos 8.350.970 *(Por la cancelación de intereses registrados en cuentas de orden)*

---

[53] Véase la Norma 10.ª 22, en relación con los intereses de operaciones de dudoso cobro.

D. La cobertura estadística del Fondo de Insolvencias

La cobertura estadística del fondo de insolvencias tiene como objetivo cubrir las pérdidas potenciales no identificadas específicamente, pero que la experiencia del negocio bancario señala que están presentes en cualquier tipo de cartera de inversión creditícia. La intención de esta cobertura es reconocer en el balance de la entidad el *riesgo potencial*, es decir, el riesgo que aún no se ha puesto de manifiesto mediante la existencia de impagos u otras señales, que requieren que una operación o un cliente en concreto sea calificado como activo dudoso, tal y como se ha señalado en el apartado anterior.

La consecuencia inmediata, del reconocimiento de este riesgo potencial, es la creación, mediante cargos en la cuenta de resultados de la entidad, de un fondo de insolvencias de tipo estadístico, sin asignación específica a ninguna operación o cliente en particular. De este fondo se irá disponiendo, mediante su traspaso al fondo de insolvencias por motivos específicos, en la medida en que el riesgo potencial se convierta en real, es decir, cuando se hayan dado las circunstancias para tener que calificar un activo como dudoso, y éste requiera una provisión específica, tal y como se ha señalado en el apartado anterior.

Así pues, la cobertura estadística de insolvencias no se constituye sobre operaciones o clientes individuales, sino sobre todo el conjunto del *riesgo creditício* que la entidad está soportando en su balance. En este sentido, el riesgo creditício está formado por las operaciones frente a los sectores residente y no residente, registrados como [54]:

- Inversiones crediticias, en cualquiera de sus modalidades contractuales, que no estén clasificadas como activos dudosos.
- Valores de renta fija, que no formen parte de la cartera de negociación y que no estén clasificados como activos dudosos.
- Pasivos contingentes que no estén clasificados como pasivos contingentes dudosos.
- Activos dudosos sin cobertura específica, por insolvencias o riesgo país.

Una vez definida la base sobre la que se calcula la cobertura estadística, es preciso agrupar aquélla en categorías de riesgo homogéneas, es decir, en grupos que presenten las mismas expectativas de pérdidas. Para ello, cada entidad debe disponer de métodos de cálculo basados en su propia experiencia de pérdidas en estas operaciones, teniendo en cuenta la calidad de los diferentes tipos de clientes, las garantías, el plazo de las operaciones y la evolución futura de los riesgos, en función de los cambios previsibles de la coyuntura a medio y largo plazo [55].

Como alternativa al método anteriormente señalado, la circular establece un sistema de cálculo de la cobertura estadística que consiste en clasificar las distintas operaciones crediticias en seis categorías, o grupos de riesgo, a las que se aplica un

---

[54] Excepto los correspondientes a las Administraciones Públicas españolas y entidades de crédito: Norma 11.ª 6 y 8.

[55] Norma 11.ª 8.

determinado coeficiente, que sirve para estimar las necesidades de cobertura estadística del periodo. Las categorías, así como los porcentajes, son [56]:

CLASE DE RIESGO	COEFICIENTE (%)
Sin riesgo apreciable	0
Riesgo bajo	0,1
Riesgo medio-bajo	0,4
Riesgo medio	0,6
Riesgo medio-alto	1
Riesgo alto	1,5

La dotación a efectuar en la cuenta de pérdidas y ganancias, por la cobertura estadística, será el exceso que, respecto de la dotación neta de insolvencias efectuada por la entidad, represente aquélla. A este respecto, se considera dotación neta de insolvencias, el saldo neto de los cargos y abonos efectuados en la cuenta de resultados, relacionados con el fondo de insolvencias por cobertura específica, es decir [57]:

> + *Amortización de Insolvencias.*
> + *Dotación para insolvencias. Cobertura específica.*
> − *Recuperaciones de fondos de insolvencias. Cobertura específica.*
> − *Activos en suspenso recuperados.*
> **Dotación Neta de Insolvencias**

Finalmente, existe un límite para el fondo de insolvencias estadístico que puede acumularse, y que es igual a tres veces la dotación correspondiente a un ejercicio, es decir [58]:

> *Importe máximo del Fondo de Insolvencias. Cobertura estadística = 3 × Clase Riesgo × Coeficiente*

---

[56] Todos los riesgos se deben incluir por sus importes efectivamente dispuestos, excepto los pasivos contingentes a los que se aplicará las ponderaciones que en función del grado de riesgo se les atribuyen, para el calculo del coeficiente de solvencia en la norma 14.ª de la Circular 5/1993 del Banco de España. Norma 11.ª 9.

[57] Norma 11.ª 10. De acuerdo con esta norma, la dotación de éste fondo y sus cálculos serán trimestrales. No obstante, a efectos pedagógicos, se ha considerado más oportuno darle un tratamiento en base anual.

[58] Norma 11.ª 10, último párrafo.

Ejemplo 5.9.—Una entidad de crédito presenta, antes de efectuar la dotación para la cobertura estadística de insolvencias, el siguiente balance (todos los datos expresados en millones de euros):

ACTIVO		PASIVO	
Tesorería y Entidades de crédito	10.000	Entidades de Crédito	10.000
Crédito a las Admón. Publicas españolas	15.000	Acreedores	250.000
Crédito a otros sectores residentes	200.000	Fondo de Insolvencias. Cobertura específica	2.000
Crédito a no residentes	30.000	Fondo de Insolvencias. Cobertura estadística	1.500
Cartera de Renta Fija	25.000	Resto de pasivos	11.500
Activos Dudosos	5.000	Recursos Propios	25.000
Resto de activos	15.000		
Total Activo	**300.000**	**Total Pasivo**	**300.000**
Cuentas de Orden:			
Avales y Créditos documentarios	15.000		
Otras cuentas de Orden	90.000		
Total Cuentas de Orden	**105.000**		

A su vez, de entre la cuenta de resultados se obtiene la siguiente información relativa a la cobertura específica del fondo de insolvencias y los activos en suspenso recuperados:

Amortizaciones de Insolvencias	100
Dotaciones al Fondo de insolvencias. Cobertura específica	600
Recuperación de fondo de Insolvencias. Cobertura específica	(200)
Activos en suspenso recuperados	(100)
Dotación Neta de la Cobertura de Insolvencias	**400**

Por otra parte se dispone de la siguiente información:

— Los valores de renta fija asignados a la cartera de negociación ascienden a 4.700 millones de euros.
— Los activos dudosos sin cobertura específica de insolvencias ascienden a 200 millones de euros.
— No existen activos dudosos frente a la Administraciones Públicas españolas.

Con la anterior información se solicita:

1. Calcular el importe del Riesgo Crediticio, sabiendo que todos los pasivos contingentes sufren una ponderación, a efectos de coeficiente de solvencia, del 50 por 100.
2. Determinar respecto del Fondo de Insolvencias en su cobertura estadística:
   — El importe bruto.
   — La dotación a efectuar en el periodo.
   — Él limite máximo del fondo.

A estos efectos, la distribución del riesgo crediticio en las diferentes clases de riesgos para esta entidad es:

Sin riesgo apreciable	10 %
Riesgo bajo	25 %
Riesgo medio-bajo	40 %
Riesgo medio	20 %
Riesgo medio-alto	2 %
Riesgo alto	3 %

1. El riesgo crediticio, tal y como se ha definido, es el correspondiente a las inversiones crediticias y valores de renta fija, que no formen parte de la cartera de negociación frente a los sectores residentes y no residentes, los activos dudosos que no tengan constituida una cobertura específica, más los pasivos contingentes, una vez ponderados por los porcentajes que sirven para el cálculo del coeficiente de solvencia. Los riesgos frente a la Administración Pública española, dudosos o no, no se consideran en el cálculo.

Riesgo Crediticio	
Crédito a otros sectores residentes	200.000
Crédito a no residentes	30.000
Cartera de Renta Fija	25.000
Activos dudosos sin cobertura específica	200
Pasivos contingentes (15.000 x 0,5)	7.500
Subtotal	*262.700*
A deducir:	
Renta Fija en cartera de negociación	4.700
Total Riesgo Crediticio	**258.000**

2. Cálculo de la cobertura estadística para insolvencias:

Para calcular el importe bruto de la cobertura estadística debemos proceder a clasificar el riesgo crediticio, anteriormente calculado, en las diferentes clases de riesgo que, de acuerdo con el enunciado, son:

Distribución del Riesgo Crediticio			Cobertura estadística	
	%	Importe	Coeficiente	Importe [59]
Sin riesgo apreciable	10	25.800	0	0
Riesgo bajo	25	64.500	0,1	64
Riesgo medio-bajo	40	103.200	0,4	413
Riesgo medio	20	51.600	0,6	310
Riesgo medio-alto	2	5.160	1	52
Riesgo alto	3	7.740	1,5	116
Total		**258.000**	**–**	**955**

---

[59] Importes redondeados.

Así pues, el importe bruto que correspondería efectuar por la cobertura estadística es de 955 millones de euros. Para determinar el importe que debe efectivamente llevarse a la cuenta de resultados, debemos comparar este importe con la dotación neta de la cobertura de insolvencias, que de acuerdo con los datos del enunciado asciende a 400 millones de euros.

En consecuencia, el importe a dotar en la cuenta de resultados para nutrir el fondo de insolvencias estadístico es de 555 millones de euros (955 menos 400), y el asiento a efectuar será:

555	Dotación para insolvencias. Cobertura estadística	a/	Fondo de Insolvencias. Cobertura estadística	555

Por tanto, el Fondo de insolvencias para la cobertura estadística tendrá constituido un importe, después de efectuada la anotación anterior, de 2.055 millones de euros (1.500 + 555). Respecto al límite máximo de constitución de este fondo, su importe asciende a:

$$\text{Límite máximo de la cobertura estadística} = 3 \times \text{Clase de Riesgo} \times \text{Coeficientes}$$
$$\text{Límite} = 3 \times 955 = 2.865 \text{ mill. de euros}$$

Por tanto, sobre la base del riesgo creditício de la entidad (258.000 millones de euros), quedan pendientes de cubrir 810 millones de euros (2.865 menos 2.055) hasta alcanzarse el límite máximo permitido para la cobertura estadística de insolvencias.

Por otra parte, podríamos plantearnos qué habría ocurrido con la cobertura estadística, si la dotación neta de insolvencias hubiese sido superior a la dotación estadística bruta de insolvencias. En este caso, de acuerdo con lo preceptuado por la circular, procedería una recuperación del Fondo para cobertura estadística, en la medida en que existiese saldo en este fondo [60], no siendo necesario efectuar dotación alguna por la cobertura estadística. Así, si suponemos que la dotación neta de insolvencias hubiese sido de 1.000 millones de euros, en lugar de los 400 millones, permaneciendo el resto invariable, la situación sería:

Importe bruto de la cobertura estadística	955
Dotación neta de insolvencias:	1.000
Diferencia	(45)

En consecuencia el asiento que debería efectuarse sería:

45	Fondo de insolvencias. Cobertura estadística	a/	Recuperación de fondo de insolvencia cobertura estadística	45

Con lo que el Fondo de insolvencias estadístico final sería de 1.455 millones de euros (1.500 menos 45).

---

[60] Norma 11.ª 10.

4.2.2. El Riesgo-País

La calificación de una operación de crédito, o todas las operaciones de un mismo cliente, como activo dudoso por riesgo de insolvencia, responde a las circunstancias específicas de la operación o cliente en concreto, independientemente del lugar en que la operación se encuentre domiciliada (sucursal en España, Francia, Argentina, etc.). La consideración del país de residencia del titular de la operación de crédito, y por tanto del sometimiento a las normas legales de ese país, nos conduce al concepto de riesgo-país.

El riesgo de crédito asociado con la capacidad de pago de un país, considerando a éste como un todo desde el punto de vista de deudor de otros países, es internacionalmente conocido como *Riesgo-País*. Este riesgo surge como consecuencia del control de cambios, u otro tipo de limitaciones monetarias con el exterior, que el gobierno de un país puede imponer, de tal forma que puede llegar a limitar la capacidad de pago de los residentes en este país en relación con sus deudas en moneda diferente de la moneda local del mismo[61].

Al analizar el riesgo-país, lo que se evalúa no es la capacidad de pago individual de un prestatario específico del país (incluido el propio gobierno), el cual se valora a través del riesgo de insolvencia, sino la capacidad total del país para atender sus deudas en moneda no local (extranjera). Por tanto, lo que se evalúa es el grado de dificultad que para afrontar sus pagos con el exterior, considerándolo como un todo, tiene un país. Por ello, no se consideran sólo los problemas de índole económica que pueda tener el país (balanza de pagos, deuda exterior, equilibrio macroeconómico, etc.), sino, además, otro conjunto de factores: de tipo político, sociológico, etc., que permitan analizar cuáles son las condiciones generales en que se desarrolla la actividad económica del país.

Así pues, se entiende por riesgo-país el que concurre en las deudas de un país globalmente consideradas, por circunstancias distintas del riesgo comercial habitual del titular de la operación (riesgo de insolvencia)[62]. Dependiendo de quien es el titular de la operación de crédito, el riesgo-país se divide en[63]:

- *Riesgo soberano*: surge cuando el titular de la operación, o el garante de ésta, es el propio Estado. En este caso, el riesgo surge como consecuencia de la imposibilidad o dificultad de ejercer acciones legales contra el Estado, por razones de soberanía.

- *Riesgo de Transferencia*: surge cuando el titular de la operación es un residente en un país que experimenta una incapacidad general para hacer frente

---

[61] En una operación bancaria se entiende por moneda local, la moneda nacional del país en que reside el titular de la operación, y por moneda distinta de la local, la moneda extranjera en el país de residencia del titular de la operación. Por ejemplo, un préstamo en dólares USA concedido a un residente en USA por la sucursal en Madrid de un determinado banco, sería un préstamo en moneda local.

[62] Norma 10.ª 7.

[63] Norma 10.ª 7. También se consideran como riesgo-país, los riesgos derivados del comercio exterior e internacional cuya cobertura, dentro del ámbito del seguro de crédito a la exportación, puede asumir el Estado español y cuya gestión se encomienda a la Compañía Española de Seguros de Crédito a la Exportación, S.A. Compañía de Seguros y Reaseguros (O.M. de 12 de febrero de 1998 sobre cobertura por cuenta del estado de riesgos derivados del comercio exterior e internacional. B.O.E. de 21-2-98).

a sus deudas por carecer de la moneda extranjera (divisa o moneda no local) en que está denominado el contrato de préstamo.

A. *Alcance y exclusiones del Riesgo-País*

El riesgo-país afecta a todos los activos financieros y pasivos contingentes que una entidad de crédito tenga sobre los residentes en un determinado país, con independencia de quien sea la persona a quien se ha financiado y la forma contractual en que se haya instrumentado la operación [64].

Del conjunto total de todos estos activos financieros y pasivos contingentes, frente a residentes de un mismo país, se deben excluir, a efectos de obtener la base que permita calcular las coberturas mínimas que la entidad debe tener constituidas como *Fondos para Riesgo-País,* los siguientes tipos de riesgos y operaciones [65]:

a) Riesgos frente a residentes en un país, denominados en la moneda local del país [66].

b) Las acciones y participaciones en empresas.

c) Los créditos comerciales, dinerarios o no, y los financieros derivados de ellos, con vencimiento no superior a un año desde la fecha de utilización del crédito inicial.

d) Los créditos de prefinanciación de contratos de exportación específicos, siempre que el crédito tenga como vencimiento la fecha de la exportación [67].

e) Los créditos concedidos a otras entidades de crédito (créditos interbancarios), cuando se encuentren domiciliados en sucursales de estas entidades localizadas dentro del *Espacio Económico Europeo* [68].

f) Los créditos concedidos al sector privado de países pertenecientes a la *zona monetaria* de una divisa de un país clasificado, a efectos de riesgo-país, en el Grupo 1 [69].

---

[64] Norma 10.ª 8. A este respecto, los activos financieros se consideran las inversiones crediticias cualquiera que sea el sector (entidades de crédito, administraciones públicas, residentes, no residentes, etc.).

[65] Norma 10.ª 9.

[66] Tanto si los riesgos son concedidos por sucursales de la propia entidad, como si lo son por sociedades filiales o multigrupo, en este último caso, de la base de cálculo para riesgo afectados por el riesgo-país a nivel consolidado se excluyen, además de los anteriores, los concedidos a titulares del país en moneda no local del país, siempre que la sociedad filial o multigrupo esté radicada en el país de residencia del titular.

[67] Se trata de los créditos conocidos como de financiación al importador (comprador extranjero), concedidos por entidades del país del exportador para financiar a éste los costes de fabricación, desde que se produce el pedido en firme por el importador hasta que se efectúa la entrega (embarque) por el exportador.

[68] Se trata de un área de países formada por los países integrantes de la Unión Europea y la Asociación Europea de Libre Cambio (EFTA- European Free Trade Association), que regula las relaciones entre ambos grupos de países mediante un acuerdo firmado, entre ambas, en 1992.

[69] Las zonas monetarias son grupos de países cuyas monedas están ligadas, generalmente, mediante el establecimiento de un tipo de cambio fijo, con la moneda de otro país (*v.g.* zona del franco francés, conocida como franco-CFA, formada por los países de la Unión Monetaria del África Central y Occidental).

g) Los activos financieros negociables adquiridos, hace menos de seis meses, con el objetivo de ser vendidos a terceras personas.

Además de las exclusiones señaladas, la cobertura del riesgo-país debe contemplar la posible existencia de garantías específicas en algunas operaciones, que hagan posible que riesgos sobre deudores de un determinado país, puedan ser asignados a otro país si el primer obligado al pago de la deuda cuenta con determinadas garantías. Así, no se considerarán riesgos del país del deudor original, a efectos de la cobertura del riesgo-país, sino del país en que resida, en su caso, el garante o la garantía de la operación [70]:

a) Los garantizados por un residente de otro país con mejor calificación, por la parte garantizada.
b) Los que cuenten con garantías reales, siempre que la garantía sea suficiente y realizable en un país del Grupo 1.

B. *Clasificación de los diferentes países a efectos de Riesgo-País*

Para determinar la cuantía, tanto de los riesgos afectados por riesgo país como, en consecuencia, de los fondos específicos por riesgo-país que deben cubrirlos, cada entidad debe proceder a clasificar los diferentes tipos de riesgos en el país en que se encuentren domiciliados, según el criterio de *primer obligado al pago,* para posteriormente proceder, en su caso, a excluir, o reclasificar a otro país, determinados riesgos o tipos de operaciones, tal y como se ha descrito en el apartado anterior.

Una vez agrupados los riesgos por países, debe procederse a clasificar éstos dentro de seis categorías o grupos de países [71]:

Grupo 1: países cuyos riesgos son negociables.
Grupo 2: países no clasificados en ningún otro grupo.
Grupo 3: países con dificultades transitorias.
Grupo 4: países dudosos.
Grupo 5: países muy dudosos.
Grupo 6: países fallidos.

Por otra parte, los activos financieros y pasivos contingentes, afectados por riesgo-país, cuyos saldos no deban estar clasificados como activos dudosos o pasivos contingentes dudosos, por razones de riesgo de insolvencia del titular de la operación (riesgo de insolvencia), deben registrarse en el balance de acuerdo con las siguientes reglas [72]:

---

[70] Norma 10.ª 10.
[71] Norma 10.ª 11. Los apartados 12 a 16 de esta norma, establecen los criterios que las entidades deben considerar para incluir a un país en un grupo, atendiendo al nivel de endeudamiento del país, las cargas por el servicio de la deuda, la situación de su balanza de pagos, etc.
[72] Norma 10.ª 20. Por otra parte, los activos financieros y pasivos contingentes de los grupos de países 3 (Dificultades Transitorias) y 4 (Dudosos), aun cuando no deben clasificarse como dudosos en el balance, sin embargo, debe suspenderse la periodificación de sus intereses de acuerdo con la norma 10.ª 22.

Riesgos con países del	Clasificación de:	
	Activos financieros	**Pasivos contingentes**
Grupo 1: con riesgos negociables	Inversión normal	Pasivos contingentes normales
Grupo 2: no clasificados	Inversión normal	Pasivos contingentes normales
Grupo 3: dificultades transitorias	Inversión normal	Pasivos contingentes normales
Grupo 4: dudosos	Inversión normal	Pasivos contingentes normales
Grupo 5: muy dudosos	Activos Dudosos	Pasivos contingentes dudosos
Grupo 6: fallidos	Activos en Suspenso Regularizados	Pasivos contingentes dudosos

C. El Fondo de Riesgo-País

Las coberturas a constituir a los activos financieros y pasivos contingentes afectados por riesgo-país, dependen de dos factores: el grupo de país y el tiempo de permanencia del país en ese grupo. De acuerdo con ello, las coberturas mínimas que una entidad debe tener constituidas, sobre sus operaciones afectadas por riesgo-país, son[73]:

Grupo de países	Coberturas mínimas (según años en el grupo)		
	Primer año	*Segundo año*	*Tercer año*
G-3: dificultades transitorias	15 %		
G-4: dudosos	20 %	35 %	
G-5: muy dudosos	50 %	75 %	90 %

De manera excepcional, los *créditos interbancarios* frente a países que hayan atendido el servicio de su deuda, sin prórroga ni renovaciones, se pueden cubrir por la mitad de las coberturas anteriormente señaladas, siempre que el plazo de la operación sea inferior a tres meses.

D. Concurrencia de Riesgo de Insolvencia y Riesgo-País

El riesgo de crédito, como ya señalamos anteriormente, puede presentarse por:

- Razones específicas del *titular de la operación*, que hemos denominado riesgo de insolvencia y para el que deben constituirse fondos de insolvencia específicos.

- Razones de *residencia del titular* de la operación, que hemos denominado riesgo-país, y para los que es preciso constituir fondos para riesgo-país.

Dado que en una misma operación pueden presentarse ambas razones a la vez y, en consecuencia, puede surgir la obligación de constituir coberturas mínimas por la presencia de ambos riesgos, la regulación contable de las entidades de crédito, con el fin de evitar la constitución de coberturas por encima del importe del riesgo

---

[73] Norma 11.ª 12.

total en esta operación o cliente en particular, establece que, en estos casos, la cobertura y clasificación del riesgo se debe realizar atendiendo a la razón (insolvencia o riesgo país) que signifique mayor necesidad de cobertura[74].

Así, una operación de préstamo de 100 millones de euros, cuyo titular es un residente en un país del grupo cuatro, con calificación del país en este grupo desde hace más de un año, y cuya operación presenta cuotas impagadas desde hace siete meses, tendría unas necesidades de fondos de:

- *Por riesgo de insolvencia*: en función del tiempo transcurrido desde el primer impago, tendría unas necesidades de fondo de insolvencias por cobertura específica de: $100 \times 0,25$ (25 por 100) = 25 millones de euros.

- *Por riesgo-país*: el titular de la operación es residente en un país, cuyo conjunto de operaciones necesita una cobertura mínima por riesgo-país, al llevar más de un año en ese grupo, de: $100 \times 0,35$ (35 por 100) = 35 millones de euros.

En consecuencia, esta operación debe estar clasificada en balance como Activo Dudoso por razones de riesgo de insolvencia (más de siete meses impagada), pero la cobertura que debe tener constituida es por razones de riesgo-país, al ser la necesidad de cobertura por este motivo (35 por 100) superior a la necesidad por riesgo de insolvencia (25 por 100).

Ejemplo 5.10.—Una determinada entidad de crédito presenta, antes de efectuar las coberturas por riesgo-país, el siguiente balance, en millones de euros:

ACTIVO		PASIVO	
Entidades de Crédito	300	Entidades de Crédito	400
Inversión Crediticia	1.100	Acreedores	1.500
Cartera de Renta Fija	100	Fondo de Insolvencias	200
Cartera de Renta Variable	100	Fondo de Riesgo País	70
Activos Dudosos	300	Resto de Pasivos	30
Resto de Activos	500	Recursos Propios	200
Total Activo	**2.400**	**Total Pasivo**	**2.400**
Cuentas de Orden			
Avales concedidos	200		
Créditos documentarios	100		
Pasivos contingentes dudosos	100		
Resto de cuentas de orden	600		

---

[74] Normas 10.ª 1 y 11.ª 2.

La agrupación de los activos financieros y pasivos contingentes, en función de la residencia del primer obligado al pago, así como el grupo que, a efectos de riesgo-país, corresponde, es:

País	Activos financieros [75]	Pasivos Contingentes	Total	Grupo de clasificación
A	600	100	700	1
B	200	–	200	4
C	100	100	200	5
España	1.000	200	1.200	1
Total	**1.900**	**400**	**2.300**	

La clasificación de los países se mantiene desde hace más de un año y menos de tres, y la cartera de renta variable corresponde a participaciones en sociedades españolas. Adicionalmente, se dispone de la siguiente información respecto de los riesgos frente a residentes de los países B y C:

- *País B*: del total de riesgos por activos financieros, 50 millones de euros corresponden a riesgos interbancarios en euros con sucursales en España de bancos del país B. Del total de activos dudosos, 100 millones de euros corresponde a residentes en el país B, estando cubiertos con Fondos de Insolvencias por 75 millones de euros.

- *País C*: todos los activos financieros frente a residentes en el país C, cuentan con garantías de residentes en España.

Con la información anterior determinar la suficiencia del Fondo de Riesgo-País constituido.

Para calcular la suficiencia de los fondos debemos proceder de la siguiente forma:

1) Clasificar los activos financieros y pasivos contingentes, en cada grupo de país.

2) Reclasificar, en su caso, las operaciones entre países cuando cuenten con garantías de residentes en otro país con mejor clasificación.

3) Eliminar los riesgos que se encuentran expresamente excluidos de coberturas por riesgo-país.

4) Determinar la base de cálculo para la cobertura por riesgo-país y aplicar la cobertura mínima correspondiente.

---

[75] Corresponde a la suma de Entidades de Crédito (300) , Inversión Crediticia (1.100), Cartera de Renta Fija (100), Cartera de Renta variable (100) y Activos dudosos (300).

	Grupos de países						Total
	1	2	3	4	5	6	
Activos Financieros	1.600	–	–	200	100	–	1.900
Pasivos Contingentes	300	–	–	–	100	–	400
Total	**1.900**	–	–	**200**	**200**	–	**2.300**
Reclasificación entre países	100	–	–	–	(100)	–	–
Total Riesgos reclasificados	**2.000**	–	–	**200**	**100**	–	**2.300**
Riesgos no provisionables por Riesgo País							
Con sucursales en España	–	–	–	(50)	–	–	(50)
Con mayor cobertura por Fondo de Insolvencia	–	–	–	(100)	–	–	(100)
Cartera de Renta variable	(100)	–	–	–	–	–	(100)
Base para la cobertura de Riesgo País	**1.900**	–	–	**50**	**100**	–	**2.050**
Cobertura por riesgo País	0 %	0 %	15 %	35 %	75 %	100 %	–
Necesidades de Fondo por Riesgo País	–	–	–	**17,5**	**75**	–	**92,5**
Fondo de riesgo país constituido							**70,0**
Déficit en balance por riesgo país							**22,5**

Así pues, la entidad presenta un déficit por riesgo-país que debe ser cubierto mediante el pertinente cargo en la cuenta de resultados:

22,5	Dotación a fondos para cobertura de riesgo país	a/ Fondo de Riesgo país	22,5

6

La Cartera de Valores

1. INTRODUCCIÓN

El término *valor*, o *título-valor*, hace referencia a un activo financiero emitido por una entidad con la finalidad de obtener recursos financieros, que constituyen para quien los posee una forma de generar riqueza, esto es, una inversión, y para quien los emite un pasivo, por el que debe pagar, generalmente, un tipo de interés, o un recurso propio cuya remuneración estará ligada a los resultados de la entidad. En el primer caso, se habla de *valores de renta fija* y, en el segundo, de *valores de renta variable*.

Actualmente, dada la existencia de una variada gama de títulos-valores con rendimientos ligados a los resultados de una compañía (*v.g.* obligaciones participativas, etc.) o con rentabilidad fija (*v.g.* acciones preferentes, etc.), la distinción entre valores de renta fija y de renta variable no siempre resulta fácil si ésta se hace atendiendo exclusivamente al tipo de remuneración (coste para su emisor). Por ello, podemos decir que son valores de renta variable aquellos que representan recursos, o fondos, propios (activos menos pasivos) para la compañía emisora de los mismos, en tanto que, los que no cumplan éste requisito serán considerados valores de renta fija[1].

Las entidades de crédito realizan inversiones en valores emitidos por otras entidades, de crédito o no, por diferentes motivos: principalmente, para obtener un rendimiento o, en el caso de las participaciones de carácter permanente, para asegurarse el control de otra entidad, pero también se realizan inversiones en valores, especialmente en títulos de renta fija con cotización pública, como medio para gestionar los riesgos de interés y liquidez del balance.

---

[1] De acuerdo con las Normas Internacionales de Contabilidad: a) un Pasivo es una deuda actual de la empresa surgida como consecuencia de sucesos pasados, al vencimiento de la cual, para cancelarla, la empresa espera desprenderse de recursos que incorporan beneficios económicos; b) Los Recursos Propios o Patrimonio Neto de una empresa es la parte residual de sus activos una vez deducidos todos sus pasivos. International Accounting Standards: *Marco conceptual para la preparación y presentación de los estados financieros.* (Traducción autorizada del Instituto Mexicano de Contadores Públicos, 1999).

Los aspectos que resultan más significativos de las inversiones en valores para las entidades de crédito, desde un punto de vista contable, son:

- Criterios de valoración de la inversión efectuada:
  — En el momento de efectuar la adquisición.
  — Posteriormente.
- Criterios de reconocimiento e imputación, en la cuenta de pérdidas y ganancias, de los resultados habidos:
  — Por las rentas generadas: intereses o dividendos.
  — En la venta de los valores.
- Valoración del, en su caso, riesgo de crédito de la inversión

En este sentido, los criterios de valoración y de reconocimiento de los resultados dependen, de un lado, de la naturaleza del valor, es decir, de si representa para su emisor un pasivo (renta fija) o recursos propios (renta variable) y, de otro lado, del tipo de cartera en la que dicho valor se integre.

2. CLASIFICACIÓN DE LOS VALORES EN EL BALANCE DE LAS ENTIDADES DE CRÉDITO Y AHORRO

La Cartera de Valores comprende las inversiones financieras en títulos-valores realizadas por la entidad y emitidos por otras. Su *clasificación* en el balance se debe hacer *en* función de la *naturaleza* de los valores adquiridos, esto es, si los valores representan un pasivo para el emisor hablaremos de valores de renta fija, por el contrario, cuando los valores representen recursos propios para el emisor, hablaremos de valores de renta variable.

2.1. Cartera de Renta Fija

La valores adquiridos por una entidad formarán parte del saldo de la Cartera de Renta Fija, cuando reúnan las siguientes características [2]:

- Creen, o reconozcan, una deuda para el emisor de los valores.
- Devenguen un interés, explícito o implícito, establecido contractualmente.
- Se instrumenten en títulos físicos o en anotaciones en cuenta.

Esta cartera se subdivide en función de quien es el sujeto emisor de los valores (entidades de crédito, administraciones públicas, etc.), de la condición de residencia, o no, en España y de la forma en que se instrumenten los valores (bonos, pagarés, etc.) [3].

---

[2] Norma 27.ª1.
[3] Véase en el Capítulo 3, la sectorización de saldos personales.

2.2. Cartera de Renta Variable [4]

La Cartera de Renta Variable recoge las participaciones en el capital de otras empresas propiedad de la entidad, es decir, títulos-valores que representan derechos económicos y, en su caso, políticos, de la entidad sobre el patrimonio de otra sociedad. Esta cartera se subdivide en tres grandes categorías:

2.2.1. Participaciones en el Grupo [5]

En esta categoría se incluyen las participaciones correspondientes a las empresas y entidades a las que se refiere el artículo 5 del Real Decreto 1.343/1992, de Recursos Propios y Supervisión en Base Consolidada de las Entidades Financieras:

> *«Grupo económico.—A efectos del presente Real Decreto tendrán la consideración de grupo económico un conjunto de empresas o entidades, cualquiera que sea la actividad u objeto social, que constituyan una unidad de decisión, según lo dispuesto en el artículo 4.º de la Ley del Mercado de valores».*

Es decir, esta categoría comprende las participaciones en sociedades con las que la entidad, o el grupo económico al que ésta pertenezca, mantiene una *unidad de decisión*, incluyéndose, tanto las sociedades que forman parte del grupo consolidable de la entidad de crédito (entidades financieras e instrumentales, no aseguradoras), como las no consolidables (entidades no financieras y entidades financieras aseguradoras) [6].

2.2.2. Participaciones [7]

Como participaciones se clasifican los valores de renta variable correspondientes a las empresas a las que se refieren:
• El artículo 185 de la Ley de Sociedades Anónimas:

> *«1. Concepto de participación. A efectos de este Capítulo se entiende por participaciones, los derechos sobre el capital de otras sociedades que, creando con ésta una vinculación duradera, estén destinadas a contribuir a la actividad de la sociedad.*
> *2. Se presumirá que existe participación, cuando se posea, al menos, el 20 por 100 de otra sociedad, o el 3 por 100 si ésta cotiza en bolsa».*

---

[4] Norma 28.ª

[5] Norma 28.ª 1a.

[6] Las entidades de crédito se encuentran sometidas a un régimen especial de solvencia calculado en base consolidada. Las disposiciones reglamentarias en esta materia se encuentran recogidas en el Real Decreto 1.343/1992 y en la Circular 5/1993 del Banco de España, que recogen los criterios a considerar para formar el Grupo Consolidable de Entidades de Crédito. Véase el Anexo II de este Capítulo.

[7] Norma 28.ª 1b.

- El artículo 47.3 del Código de Comercio:

    «Cuando una sociedad incluida en la consolidación ejerza una influencia notable en la gestión de otra sociedad, no incluida en la consolidación, pero con la que esté asociada por tener una participación en ella en el sentido indicado en la Ley de Sociedades Anónimas, dicha participación deberá figurar en el balance consolidado como una partida independiente y bajo epígrafe apropiado».

- El artículo 5 del Real Decreto 1.815/1991, sobre Normas para la formulación de cuentas anuales consolidadas:

    «Sociedades Asociadas. 1. Tendrán la consideración de sociedades asociadas, a los únicos efectos de la consolidación, aquéllas, no incluidas en la consolidación, en las que alguna o varias sociedades del grupo ejerzan una influencia notable en su gestión».

Es decir, se recogerán en esta categoría las inversiones en otras sociedades, con las que existe una *vinculación duradera* y que están *destinadas a contribuir a la actividad de la entidad*, presumiéndose que existe esta vinculación cuando se posea, al menos, el 20 por 100 del capital de la sociedad, o el 3 por 100 si ésta cotiza en bolsa. En consecuencia los tipos de sociedades que se asignarán a esta partida serán:

- Sociedades Multigrupo [8].
    — Entidades Financieras e Instrumentales.
    — Otras sociedades Multigrupo.
- Sociedades Asociadas

2.2.3. *Otras Acciones y Títulos* [9]

Recoge las participaciones de la entidad en:

- El capital de otras sociedades (diferentes de las registradas como participaciones y participaciones en el grupo).
- Las aportaciones al capital de las cooperativas.
- Las cuotas participativas, en las cajas de ahorro, y asimiladas.
- Las participaciones en fondos de inversión mobiliaria.

El siguiente cuadro muestra un detalle de los diferentes epígrafes del balance y la cuenta de resultados reservada, relacionados con la inversión en valores:

---

[8] Son entidades multigrupo aquéllas que, no siendo sociedades dependientes, son gestionadas conjuntamente con otra sociedad ajena al grupo. Artículo 4 del Real Decreto 1.815/1991, de 20 de diciembre, sobre formulación de cuentas anuales consolidadas.
[9] Norma 28.ª 1c.

BALANCE RESERVADO	
ACTIVO	**PASIVO**
Cartera de Renta Fija	**Fondos especiales**
Certificados del Banco de España.	Fondo de Insolvencias
De Administraciones Públicas	Cobertura específica
Estado	Cobertura genérica
Letras del Tesoro	Cobertura estadística
Otras deudas anotadas	Fondo de riesgo-país
Otros títulos	Fondo de fluctuación de valores
Administraciones territoriales	Renta fija
Otras Administraciones Públicas	Renta variable
De entidades de crédito	Bloqueo de beneficios
Instituto de crédito oficial	
Pagarés y efectos	
Otros títulos	
Otras entidades de crédito residentes	
Pagarés y efectos	
Financiaciones subordinadas	
Otros valores	
Entidades de crédito no residentes	
De otros sectores residentes	
Bonos y *obligació*nes	
Pagarés de empresa	
De no residentes	
Administraciones Públicas	
Otras no residentes	
Cartera de Renta variable	
Participaciones en el Grupo	
En entidades de crédito	
Otras	
Participaciones	
En entidades de crédito	
Otras	
Otras acciones y títulos de renta variable	
De entidades de crédito	
De otros sectores residentes	
De no residentes	
Cuentas Diversas	
Otros Conceptos	
Cuentas de Periodificación	
Devengo de Productos no vencidos	
Otras periodificaciones	
Minusvalías en la Cartera de Renta Fija	

CUENTA DE PÉRDIDAS Y GANANCIAS RESERVADA	
DEBE	**HABER**
Pérdidas en operaciones Financieras En la cartera de negociación De Renta fija De Renta variable En la cartera de renta fija de inversión Por ventas y amortizaciones Por saneamientos Dotación al fondo de fluctuación En la cartera de renta variable Por ventas y liquidaciones Por saneamientos Dotación al fondo de fluctuación **Quebrantos extraordinarios** Pérdidas netas en participaciones permanentes y cartera a vencimiento Por saneamiento Por dotación al fondo de fluctuación Por amortizaciones y venta	**Intereses y rendimientos asimilados** Cartera de renta fija **Rendimiento de la cartera de renta variable** Dividendos del grupo Dividendos de participaciones Dividendos de otras acciones y títulos de renta variable **Beneficios por operaciones financieras** En la cartera de negociación De renta fija De renta variable En la cartera de renta fija de inversión Por ventas y amortizaciones Por disponibilidad del fondo de fluctuación En la cartera de renta variable Por ventas Por disponibilidad del fondo de fluctuación **Beneficios extraordinarios y atípicos** Beneficios netos en ventas de participaciones permanentes y de cartera a vencimiento

3. CLASIFICACIÓN DE LOS VALORES

3.1. Tipología de Carteras de Valores

Exclusivamente a efectos de valoración, los títulos que componen la cartera de valores de una entidad de crédito, ya sean de renta fija o variable, se agrupan en cuatro categorías:

1. Cartera de Negociación.
2. Cartera de Inversión Ordinaria.
3. Cartera de Inversión a Vencimiento.
4. Cartera de Participaciones Permanentes.

La clasificación de los diferentes tipos de valores, en una u otra cartera, dependerá de:

a) Las *características de los valores* e *intencionalidad de la entidad* al efectuar la inversión en ellos.
b) Los *criterios objetivos internos* que, adecuadamente documentados, la entidad deberá establecer para determinar qué valores se incluyen en las diferentes carteras [10].

---

[10] Norma 6.ª 4bis.

3.2.   Criterios para la clasificación de los valores en las diferentes carteras

El siguiente cuadro muestra las combinaciones posibles que los criterios de valoración y la presentación en el balance pueden presentar por las inversiones efectuadas en valores:

	Presentación en el balance como:	
Criterios de valoración como:	**Cartera de Renta Fija**	**Cartera de Renta Variable**
Cartera de Negociación	SÍ	SÍ
Cartera de Inversión Ordinaria	SÍ	SÍ
Cartera de Inversión a Vencimiento	SÍ	NO
Cartera de Participaciones Permanentes	NO	SÍ

3.2.1.   Cartera de Negociación [11]

En esta cartera se registrarán tanto *valores de Renta-Fija* como *de Renta-Variable* que:

- La entidad mantiene con la finalidad de beneficiarse a corto plazo de las variaciones en sus precios.
- Tengan cotización pública.
- Su negociación sea ágil, profunda y no influenciable por agentes privados individuales.

No podrán incluirse en esta cartera, o deberán excluirse, en su caso, aquellos valores que:

- Hayan sido emitidos por la propia entidad, y las participaciones en el capital de sociedades del grupo o asociadas (participaciones en el grupo y participaciones).
- Hayan sido adquiridos con pacto de retrocesión no opcional.
- Hayan sido prestados o cedidos temporalmente, por plazo superior a tres meses [12].
- Estén destinados a cubrir las cesiones a cuentas financieras [13].
- Estén dados en garantía.

---

[11]   Norma 8.ª 1h.I.

[12]   En relación con las operaciones de cesión temporal, con pacto de retrocesión opcional, o no, véase el Capítulo 7.

[13]   Denominación genérica mediante la cual las entidades de crédito captan fondos del público y los invierten de inmediato, por cuenta de sus clientes, en Deuda del Estado u otros activos financieros, comprometiéndose la propia entidad, de forma regular y con periodicidad muy breve, a comprar e inmediatamente revender a los titulares de la cuenta los saldos de Deuda afectos a ella, de forma que así los clientes pueden disponer de esta cuenta como si fuese a la vista. Reguladas por OM de 7 de julio de 1989 (BOE de 8 de julio).

3.2.2. Cartera de Inversión Ordinaria [14]

Se registrarán en esta cartera aquellos *valores de Renta-Fija* y *de Renta-Variable* que no estén asignados a otra cartera.

3.2.3. Cartera de Inversión a Vencimiento [15]

Los valores incluidos en esta cartera serán *valores de Renta-Fija* que la entidad decida mantener *hasta su amortización* contando, además, con *capacidad financiera* para hacerlo. La capacidad financiera se presume que existe cuando:

- Existen *financiaciones vinculadas* a los valores incluidos en esta cartera, con vencimiento residual equiparable a la vida residual de aquéllos.
- Existe un *excedente neto de pasivos sobre activos* de plazo residual igual, o superior al de los valores incluidos en esta cartera.
- Existe *otro tipo de coberturas* apropiadas al valor de esta cartera, frente a variaciones del tipo de interés.

3.2.4. Cartera de Participaciones Permanentes [16]

Los valores incluidos en esta cartera serán *títulos de renta variable* destinados a servir de manera duradera a las actividades de la entidad, o del grupo al que ésta pertenezca.

En consecuencia, formarán parte de esta cartera los valores de renta variable clasificados en el balance como:

- Participaciones en el Grupo.
- Participaciones.

4. MÉTODOS DE VALORACIÓN DE LOS TÍTULOS-VALORES

La clasificación de un valor, en una u otra cartera, implica la aplicación de diferentes métodos de valoración contable, tanto en el momento de efectuar la inversión en el valor (valoración inicial) como posteriormente, así como un tratamiento contable diferenciado en los resultados, tanto los generados por el propio valor (intereses y dividendos) como los que puedan surgir al efectuarse la venta del valor o, en su caso, al producirse un cambio en la consideración de valor (traspaso de cartera).

En este sentido, a los valores se les pueden aplicar los siguientes métodos de valoración:

---

[14] Norma 8.ª 1h.II.
[15] Norma 8.ª 1h.III.
[16] Norma 8.ª 1h.IV.

- *Precio de adquisición (PA):* es el conjunto de todos los desembolsos dinerarios realizados, incluyendo los gastos necesarios y excluyendo, en su caso, los intereses por aplazamiento de pago [17].

- *Precio de adquisición corregido (PAC):* en los valores de renta fija, es la suma del precio de adquisición *(PA)* más, o menos, la diferencia periodificada entre el precio de adquisición y el valor de reembolso del título a su vencimiento *(PR)* [18].

    El método de periodificación de la diferencia entre el precio de adquisición y el valor de reembolso, de acuerdo con el criterio general de periodificación [19], debe tener en cuenta el plazo que haya entre las fechas de adquisición y de reembolso, de tal forma que, si este plazo es superior a doce meses, debe periodificarse en función del tipo interno de rentabilidad, o coste, (método financiero), por el contrario, si este plazo es inferior a doce meses, puede optarse entre usar el método financiero o el lineal.

El siguiente cuadro muestra cómo se obtendría el Precio de Adquisición corregido *(PAC)*, considerando que el Precio de Adquisición *(PA)* es superior o inferior al Valor de Reembolso *(PR)* y que la diferencia, entre la fecha de adquisición y la de reembolso, es inferior o superior a doce meses:

Comparación entre: PR y PA	Cálculo de:	Plazo entre la fecha de adquisición y la de reembolso	
		Inferior a 12 meses *(método lineal)*	Superior a 12 meses *(método financiero)*
PR > PA	Tipo interno (i)	$PR = PA\left(1 + i\dfrac{t}{12}\right)$	$PR = PA\,(1 + i)^{\frac{t}{12}}$
	PAC_m	$PAC_m = PA\left(1 + i\dfrac{m}{12}\right)$	$PAC_m = PA\,(1 + i)^{\frac{m}{12}}$
PR < PA	Tipo interno (i)	$PR = PA\left(1 - i\dfrac{t}{12}\right)$	$PR = \dfrac{PA}{(1 + i)^{\frac{t}{12}}}$
	PAC_m	$PAC_m = PA\left(1 - i\dfrac{m}{12}\right)$	$PAC_m = \dfrac{PA}{(1 + i)^{\frac{m}{12}}}$

Siendo:

PA = Precio de adquisición.
PR = Precio de reembolso.
t = Número de meses desde la adquisición hasta el reembolso.
m = Número de meses transcurridos desde la adquisición.
i = Tipo interno de rentabilidad, o coste.
PAC_m = Precio de adquisición corregido correspondiente al mes m.

---

[17] Norma 3.ª 4. Véase el Principio del precio de adquisición en el Capítulo 3.
[18] Norma 27.ª 2c.
[19] Véase el Principio de devengo en el Capítulo 3.

Ejemplo 6.1.—La entidad X adquiere un bono de la sociedad A y otro de la sociedad B, con las siguientes características:

	Bono A	Bono B
Nominal	1.000	1.000
Precio de adquisición (PA)	1.100	900
Precio de reembolso (PR)	1.000	1.000
Fecha de adquisición	01.01.20X0	01.01.20X0
Fecha de vencimiento	31.12.20X2	31.12.02X2
Plazo de la inversión	36 meses	36 meses
Intereses	6 %	6 %
Fecha de pago de intereses	31.12	31.12

Para obtener el precio de adquisición corregido de cada uno de los bonos, deberemos, en primer lugar, obtener el tipo interno de rentabilidad o coste de cada bono, que, por tratarse de títulos con un plazo de inversión superior a doce meses, deberá hacerse mediante el método financiero:

Bono	Fórmula
A	$1.000 = \dfrac{1.100}{(1 + i)^{\frac{36}{12}}}$ $i_A = 3,23\ \%$
B	$1.000 = 900\,(1 + i)^{\frac{36}{12}}$ $i_B = 3,57\ \%$

Con estos datos, el Precio de Adquisición Corregido *(PAC)* al final de los siguientes años será:

Precio de Adquisición Corregido del:	Fórmula	PAC a:		
		31.12.20X0	31.12.20X1	31.12.20X2
Bono A	$PAC_m = \dfrac{1.100}{(1 + 0{,}0323)^{\frac{m}{12}}}$	1.065	1.032	1.000
Bono B	$PAC_m = 900\,(1 + 0{,}0357)^{\frac{m}{12}}$	932	965	1.000

El valor contable de cada bono al final de cada año será su Precio de Adquisición Corregido. Para ello se ajustará su precio corrigiendo los intereses. Así, el primer año, los asientos contables a que dará lugar tal corrección serán:

FECHA	Bono A	Bono B

01.01.20X0	1.100 Cartera de Renta Fija
	         a/ Tesorería 1.100
		900 Cartera de Renta Fija
		         a/ Tesorería 900

	(por la adquisición del bono)	

Final de cada mes, año 20X0	5 Devengo de productos no vencidos
	       a/ Intereses y rendimientos asimilados 5
		5 Devengo de productos no vencidos
		       a/ Intereses y rendimientos asimilados 5

	(por la periodificación mensual de intereses: $1.000 \times 0,06 \times 1/12$)	

31.12.20X0	60 Tesorería
	       a/ Devengo de productos no vencidos 60
		60 Tesorería
		       a/ Devengo de productos no vencidos 60

	(por el cobro de intereses el 31.12)	

	35 Intereses y Rendimientos asimilados
	       a/ Cartera de Renta Fija 35
	 (35 = 1.065 − 1.100)
		32 Cartera de Renta Fija
		       a/ Intereses y Rendimientos asimilados 32
		 (32 = 932 − 900)

	(por el ajuste anual del bono a su precio de adquisición corregido)	

Final de cada mes, año 20X1	5 Devengo de productos no vencidos
	       a/ Intereses y rendimientos asimilados 5
		5 Devengo de productos no vencidos
		       a/ Intereses y rendimientos asimilados 5

31.12.20X1	60 Tesorería
	       a/ Devengo de productos no vencidos 60
		60 Tesorería
		       a/ Devengo de productos no vencidos 60

	(por el cobro de intereses el 31.12)	

	33 Intereses y Rendimientos asimilados
	       a/ Cartera de Renta Fija 33
	 (33 = 1.032 − 1.065)
		33 Cartera de Renta Fija
		       a/ Intereses y Rendimientos asimilados 33
		 (33 = 965 − 932)

	(por el ajuste anual del bono a su precio de adquisición corregido)	

Final de cada mes, año 20X2	5 Devengo de productos no vencidos
	       a/ Intereses y rendimientos asimilados 5
		5 Devengo de productos no vencidos
		       a/ Intereses y rendimientos asimilados 5

	(por el cobro de intereses el 31.12)	

31.12.20X2	32 Intereses y Rendimientos asimilados
	       a/ Cartera de Renta Fija 32
	 (32 = 1.000 − 1.032)
		35 Cartera de Renta Fija
		       a/ Intereses y Rendimientos asimilados 35
		 (35 = 1.000 − 965)

	1.060 Tesorería
	       a/ Cartera de renta Fija 1.000
	   a/ Devengo de productos no vencidos 60
		1.060 Tesorería
		       a/ Cartera de renta Fija 1.000
		   a/ Devengo de productos no vencidos 60

	(por el cobro de los intereses de 31.12 y la amortización del bono)	

- *Precio* o *valor de mercado (PM)*: es, cuando existe, el precio de cotización del título en un mercado organizado [20].

- *Valor Teórico Contable (VTC):* en los valores de renta variable, es el importe de los Recursos, o Fondos, Propios *(RR.PP.)* de la sociedad emisora que, de acuerdo con el porcentaje que le corresponda, se le atribuye al valor o valores adquiridos [21].

---

[20] Norma 3.ª 6. Respecto del concepto *Mercado Organizado*, véase el Capítulo 9.

[21] «Para la determinación del valor teórico se computarán los fondos propios que figuran en el pasivo del balance; incluyendo con signo positivo: el capital suscrito, la prima de emisión, reservas de revalorización, reservas, los remanentes de ejercicios anteriores, las aportaciones de socios para compensar de pérdidas y el beneficio del ejercicio; y con signo negativo: los resultados negativos de ejercicios anteriores, las pérdidas del ejercicio, los dividendos a cuenta entregados y las acciones o

En definitiva, el valor teórico contable (*VTC*) de un título de renta variable de una sociedad participada, con una estructura de capital sencilla, es[22]:

$$VTC = \frac{RR.PP.}{N\acute{u}mero \ de \ acciones}$$

• *Valor Teórico Contable Corregido(VTCC):* es el valor teórico contable de la sociedad participada más el importe de las plusvalías que fueron pagadas en el momento de realizar la inversión, y que subsistan al efectuar el cálculo.

Las plusvalías pagadas pueden corresponder a elementos patrimoniales concretos (*v.g.* inmuebles, etc.) o no. En este último caso, esta parte de la plusvalía pagada corresponde a un *Fondo de Comercio* que debe ser objeto de amortización lineal, en un plazo no superior a veinte años, excepto por la parte que pueda ser recuperada como consecuencia de incrementos posteriores en el valor teórico contable del título, y siempre que las mismas contribuyan a la obtención de ingresos[23].

Es decir:

$$VTCC = \frac{RR.PP. + Plusval\acute{\imath}as \ imputables + Plusval\acute{\imath}as \ no \ imputables \left(1 - \dfrac{t}{20}\right)}{N\acute{u}mero \ de \ acciones}$$

Siendo:

t = número de años transcurridos desde que se efectuó la inversión.

La diferencia entre el importe de la inversión efectuada y el *VTCC* en cada momento, en tanto y cuanto esta diferencia sea positiva, representa, de acuerdo con este criterio, la parte de la inversión que debe ser objeto de cobertura mediante la dotación, con cargo a la cuenta de resultados, de un *Fondo de Fluctuación de valores de renta variable*, el cual podrá ser recuperado en la media en que se incrementen los Recursos Propios de la sociedad.

Ejemplo 6.2.—La entidad X adquiere, el 1 de enero del año 20X0, el 100 por 100 de la sociedad A por un importe de 2.000 euros. La sociedad tiene un terreno registrado en su activo por 500 u.m., cuyo precio de mercado de 800 u.m. el 1 de enero de 20X0. Los Recursos Propios de la sociedad A presentan la siguiente evolución:

---

participaciones propias adquiridas, sea cual fuere el fin para el que se produjo la operación.» Consulta 1 del ICAC en el Boletín del Instituto de Contabilidad y Auditoría de Cuentas N.º 43, septiembre de 2000.

[22] Una estructura de capital sencilla es la que se compone exclusivamente de un sólo tipo de acciones de igual valor nominal.

[23] Norma 28.ª 7.

		31 de diciembre de:			
	01.01.20X0	20X0	20X1	20X2	20X3
RR.PP.	1.100	1.100	1.100	1.150	1.150

Con estos datos, la distribución de la plusvalía pagada por la sociedad A es:

Coste	2.000
Valor teórico	1.100
Plusvalía	900
Imputable a un terreno	300
Fondo de comercio pagado	600

Con esta información, el Valor Teórico Contable Corregido correspondiente a la inversión en la sociedad A, suponiendo que se mantiene el importe de la plusvalía del terreno, sería:

	31.12. de:			
	20X0	20X1	20X2	20X3
1. Coste	2.000	2.000	2.000	2.000
2. Valor Teórico Contable	1.100	1.100	1.150	1.150
3. Plusvalías pagadas:				
3.1. Imputables a elementos concretos	300	300	300	300
3.2. No imputables y pendientes de amortizar				
anualmente: *30 = 600/20 años*	570	540	510	480
4. Valor Teórico Contable Corregido *(2+3.1+3.2)*	1.970	1.940	1.960	1.930
5. Fondo de Fluctuación de Valores de renta variable *(1-4)*	30	60	40	70

Los asientos contables a que daría lugar el criterio del Valor Teórico Contable Corregido, serán:

FECHA	REGISTRO CONTABLE	
01.01.20X0	2.000 Cartera de renta variable a/ Tesorería *(por la adquisición de los valores)*	2.000
31.12. 20X0	30 Dotación al fondo de fluctuación a/ Fondo de Fluctuación de Valores. Renta Variable *(por la corrección anual –veinte años– de plusvalías pagadas no imputables)*	30
31.12.20X1	30 Dotación al fondo de fluctuación a/ Fondo de Fluctuación de Valores. Renta Variable *(por la corrección anual –veinte años– de plusvalías pagadas no imputables)*	30
31.12.20X2	20 Fondo de Fluctuación de Valores. Renta Variable a/ Recuperación del fondo de Fluctuación de valores *(por el ajuste del FFV, por recuperación de plusvalías no imputables, al haberse producido un incremento del Valor Teórico Contable (VTC): 20 = 40 – 60)*	20
31.12.20X3	30 Dotación al fondo de fluctuación a/ Fondo de Fluctuación de Valores. Renta Variable *(por la corrección anual –veinte años– de plusvalías pagadas no imputables: 30 = 70 – 40)*	30

- *Puesta en Equivalencia*: es un método de valoración de títulos de renta variable, también llamado *método patrimonial*, que consiste en actualizar el valor de la inversión en una sociedad, para ajustarlo al valor patrimonial de ésta. Este método de valoración es una consecuencia de la aplicación del principio de devengo, según el cual los ingresos y los gastos deben reflejarse en el periodo en que se devengan y no cuando se liquidan[24].

Cuando se usa este método de valoración, la inversión en la sociedad participada se registra, inicialmente, de la misma forma que en el método del valor teórico contable corregido (*VTCC*) y, posteriormente, una vez eliminados los posibles resultados por operaciones entre la sociedad participada y la inversora, las ganancias y pérdidas de la sociedad participada se reconocen como variaciones de la inversión en la sociedad inversora, incorporándose en su cuenta de pérdidas y ganancias, en el mismo ejercicio en que son reflejados por la sociedad participada. Los dividendos cobrados por la sociedad inversora reducen el valor de la inversión y no son reflejados como ingresos por dividendos en la sociedad inversora.

Por otra parte, el *Valor Neto Contable (VNC)* de un valor, también denominado *Valor Neto en Libros*, es el resultado de deducir del importe por el que la inversión en el valor aparece registrada en el activo de la entidad (*PA, PAC, PM*), las correcciones valorativas de aquella que, bajo conceptos como Fondo de Fluctuación de Valores, Provisión para Insolvencias, etc., aparecen registradas en el pasivo del balance reservado y minorando la inversión en el balance público.

Finalmente, los títulos de renta fija, en la medida en que son equivalentes a la concesión de un préstamo a la sociedad emisora del valor, se encuentran sometidos, salvo en el caso de los valores de renta fija que estén asignados a la cartera de negociación, al tratamiento general del *Riesgo de Crédito*[25].

5. REGISTRO DE LOS VALORES INCLUIDOS EN LA CARTERA DE NEGOCIACIÓN

Los valores, tanto de renta fija como de renta variable, que la entidad clasifique como Cartera de Negociación se valorarán:

a) Inicialmente: por su precio de adquisición, sin deducir, en su caso, el importe del cupón corrido[26]:

Cartera de valores de Renta Fija	a/	**Tesorería**
(por el precio de adquisición incluido el cupón corrido)		
Cartera de valores de Renta Variable	a/	**Tesorería**
(por el precio de adquisición)		

---

[24] Véase el Capítulo 3.
[25] Norma 27.ª 4. Véase en el Capítulo 5 el tratamiento general del riesgo de crédito.
[26] Norma 3.ª 3.

b) Posteriormente: por su valor de mercado, incluyendo el cupón corrido cuando el mercado cotice ex-cupón [27]. Las diferencias que se produzcan, como consecuencia de esta valoración, se registran directamente en la cuenta de resultados, distribuyéndolas entre rendimientos imputables al valor en sí mismo (intereses y dividendos) y rendimientos imputables a variaciones del mercado (resultados por operaciones financieras) [28].

b.1. *Títulos de Renta Fija*. Las diferencias de valor que se produzcan se registrarán en la cuenta de resultados, distribuyéndose entre los conceptos:

- *Intereses y Rendimientos asimilados*: que recogerá los intereses devengados por el transcurso del tiempo, en función de la rentabilidad interna del valor en el momento de adquirirlo (*Tasa Interna de Rentabilidad —TIR—*), la cual será siempre positiva.
- *Resultados por Operaciones Financieras. Cartera de Negociación*: que recogerá las diferencias de valoración que no correspondan a intereses devengados por el título. Su importe puede ser cero (si la *TIR* del valor es igual a la del mercado), positivo (si la *TIR* de mercado es inferior a la del título) o negativo (si la *TIR* del mercado es superior a la del título).

La suma de los intereses y rendimientos asimilados más los resultados por operaciones financieras, debe ser igual a la variación del precio de mercado del título.

Cartera de Renta Fija	a/	**Intereses y Rendimientos asimilados** *(por los intereses devengados)* **Beneficios por operaciones financieras** En la cartera de Negociación. Cartera de Renta Fija.
(revaluación con resultado de ganancias de valores de renta fija incluidos en la cartera de negociación)		
Pérdidas por operaciones financieras En la Cartera de Negociación Cartera de Renta Fija	a/	**Cartera de Renta Fija**
(revaluación con resultado de pérdidas de valores de renta fija incluidos en la cartera de negociación)		

b.2. *Títulos de Renta Variable*. Las diferencias de valor que se produzcan se registrarán en la cuenta de resultados, distribuyéndose entre:

- *Rendimientos de la Cartera de Renta Variable*: por los dividendos que se hayan podido cobrar, o que estén anunciados, por la sociedad.
- *Resultados por Operaciones Financieras. Cartera de Negociación*: el resto.

---

[27] Norma 3.ª 3.
[28] Norma 5.ª 2-bis.

Cartera de Renta Variable	a/	Rendimiento de la Cartera de Renta Variable
		(por los dividendos anunciados)
		Beneficios por operaciones financieras
		En la cartera de Negociación
		Cartera de Renta Variable
(por el anuncio de cobro de dividendos y revaluación, con resultado de ganancias, de valores de renta variable incluidos en la cartera de negociación)		
Tesorería	a/	**Cartera de Renta Variable**
(por el cobro de dividendos)		
Pérdidas por operaciones financieras		
En la Cartera de Negociación		
Cartera de Renta Variable	a/	**Cartera de Renta Variable**
(revaluación, con resultado de pérdidas, de valores de renta variable incluidos en la cartera de negociación)		

c) Reclasificación a otras carteras: los traspasos de títulos de la cartera de negociación a otras carteras, se realizarán a precios de mercado, deducido, en su
caso, el cupón corrido [29].

6. REGISTRO DE LOS VALORES INCLUIDOS EN LA CARTERA DE INVERSIÓN ORDINARIA

La Cartera de Inversión Ordinaria recoge tanto valores de renta fija como de renta
variable, que no hayan sido incluidos en otras carteras.

6.1. Valores de Renta Fija [30]

Los criterios de valoración de los valores de renta fija, incluidos dentro de la cartera de inversión ordinaria, son:

a) Inicialmente: se valorarán por su precio de adquisición (*PA*) deducido, en su
caso, el importe de los intereses devengados (cupón corrido), que se registrarán en las cuentas diversas hasta que se cobren:

---

[29] Norma 8.ª 8.
[30] Norma 27.ª 2.

Cartera de Renta Fija **Cuentas Diversas. Otros conceptos** *(importe del cupón corrido)*	a/	**Tesorería**
(por la adquisición de valores de renta fija, con pago de cupón corrido, a incluir como cartera de Inversión Ordinaria)		
Tesorería	a/	**Cuentas Diversas. Otros conceptos Intereses y rendimientos asimilados**
(por el cobro de cupón, parte del cual se pagó en la adquisición)		

b) Posteriormente: se valorarán de acuerdo con su precio de adquisición corregido *(PAC)* a la fecha del balance:

Cartera de Renta Fija	a/	**Intereses y rendimientos asimilados**
(por el incremento del precio de adquisición corregido de títulos con valor de reembolso superior al precio de adquisición)		
Intereses y rendimientos asimilados	a/	**Cartera de Renta Fija**
(por la disminución del precio de adquisición corregido de títulos con valor de reembolso inferior al precio de adquisición)		

Adicionalmente a esta valoración, para aquellos valores adquiridos que, además, cotizan en un mercado organizado, se debe comparar trimestralmente el precio de adquisición corregido con el valor de cotización del título en el mercado. De esta comparación resultarán, para determinados valores, unas *Minusvalías teóricas,* cuando la diferencia resulte negativa, y, para otros, unas *Plusvalías teóricas,* cuando esta diferencia resulte positiva. Los valores con minusvalías teóricas, o diferencias negativas, y los valores con plusvalías teóricas, o diferencias positivas, tendrán el siguiente tratamiento contable[31]:

* *Valores con diferencias negativas.* La suma de estas minusvalías teóricas dará lugar a la creación de un Fondo de Fluctuación de Valores que, excepcionalmente, se puede constituir con cargo a una cuenta de activo denominada *Minusvalías en la Cartera de Renta Fija,* incluida en el epígrafe de cuentas de periodificación[32]:

Minusvalías en la Cartera de Renta Fija a/ **Fondo de fluctuación de valores. Renta Fija**
(importe de las diferencias negativas entre el Precio de Mercado y el PAC)

---

[31] Norma 27.ª 2d.

[32] Estas Minusvalías, una vez deducidos los «beneficios bloqueados» por ventas de valores incluidos en la cartera de inversión a vencimiento, suponen, en su caso, una deducción en el cálculo de los Recursos Propios Computables de la Entidad, a efectos del coeficiente de solvencia (Circular 5/93. Norma 9.ª 1i). Véanse las correcciones valorativas en las normas generales de valoración de activos, en el Capítulo 3.

- *Valores con diferencias positivas*. La suma de estas plusvalías teóricas, en principio, no da lugar a ningún registro contable. Sin embargo, para aquellos valores con cotización pública ágil, profunda y no influenciable por agentes privados, la suma de sus diferencias positivas podrá deducirse de las minusvalías latentes que hayan generado otros valores cotizados:

Fondo de fluctuación de valores. Renta Fija   a/   **Minusvalías en la Cartera de Renta Fija**

(importe de las diferencias positivas entre el Precio de Mercado y el PAC)

---

c) Resultados: los resultados que puede haber con los valores de renta fija, incluidos como cartera de inversión ordinaria, pueden ser de dos tipos:
- *De carácter financiero*. Son los resultados que se derivan de las condiciones de emisión del propio valor, mediante un tipo de interés explícito o implícito. Estos resultados deben ser imputados en la cuenta de pérdidas y ganancias, como cualquier otro activo financiero, mediante su periodificación:

Devengos de productos no vencidos   a/   **Intereses y rendimientos asimilados**
De la cartera de Renta Fija

- *Por enajenación del valor*. Cuando se produce la venta de un valor, la diferencia entre el Precio de Venta y el Precio de Adquisición Corregido por el que el valor esté registrado en el momento de la venta, se debe registrar como *Resultados por operaciones financieras* [33].

Tesorería	**Cartera de Renta Fija**
(importe efectivo de venta)	*(precio de adquisición corregido)*
Pérdidas en operaciones financieras a/	**Beneficios por operaciones financieras**
En la cartera de Renta Fija	En la cartera de Renta Fija
Por ventas y amortizaciones	Por ventas y amortizaciones

Sin embargo, si los valores se han vendido con beneficios y existe saldo en la cuenta de activo «Minusvalías en la Cartera de Renta Fija», tal y como anteriormente se ha explicado, los beneficios generados en la venta se deben aplicar a reducir el saldo de esta cuenta. Para ello, la circular dispone que se dote un Fondo de Fluctuación por el importe de estos beneficios, y que dicho fondo se aplique, trimestralmente, a rebajar el saldo de las minusvalías mientras esta partida presente saldo, liberándose el exceso [34]:

---

[33] Norma 37.ª 1a.
[34] Norma 27.ª 2d.III.

Tesorería *(importe efectivo de venta)*		**Cartera de Renta Fija** *(precio de adquisición corregido)*
	a/	**Beneficios por operaciones financieras** En la cartera de renta fija de inversión Por ventas y amortizaciones
(por el registro de beneficios en venta de valores)		
Pérdidas en operaciones financieras En la cartera de renta fija de inversión Dotación al fondo de Fluctuación de valores	a/	**Fondo de fluctuación de valores. Renta Fija**
(por la dotación de un FFV equivalente a los beneficios por venta de valores de renta fija cotizados, incluidos en la cartera de inversión ordinaria)		
Fondo de fluctuación de valores. Renta Fija	a/	**Minusvalías en la Cartera de Renta Fija**
(por la aplicación del FFV anterior, a reducir el saldo de Minusvalías en el balance)		
Fondo de fluctuación de valores. Renta Fija	a/	**Beneficios por operaciones financieras** En la cartera de renta fija de inversión Disponibilidad del Fondo de Fluctuación
(por la liberación del exceso de FFV)		

d) Riesgo de crédito: los valores de renta fija incluidos en la cartera de inversión ordinaria están sometidos, por razón del riesgo de crédito del emisor, a las reglas de clasificación como activos dudosos y a la constitución de provisiones para insolvencias y riesgo-país [35].

6.2. Valores de Renta Variable

Los valores de renta variable, que deben ser valorados de acuerdo con los criterios de la Cartera de inversión ordinaria, son aquellos que:

- La entidad no ha adquirido con ánimo de gestionar con los criterios señalados en la cartera de negociación, o no reúnen los requisitos para ser incluidos en dicha cartera.
- No forman parte del grupo económico de la entidad.
- No representan a sociedades calificadas como Multigrupo o Asociadas.

En definitiva, se trata de los valores de renta variable que deben ser clasificados en el balance como *otras acciones y títulos* y que, además, no formen parte de la cartera de negociación.

[35] Norma 27.ª 4. El tratamiento contable de los riesgos de insolvencia y riesgo-país se trata en el Capítulo 5.

a) Inicialmente: se registrarán por su precio de adquisición [36], deducidos los dividendos que pudiesen estar anunciados y pendientes de cobro que deben registrarse de forma independiente [37]:

Cartera de Renta Variable
Otras acciones y títulos de renta variable

Cuentas diversas. Otros conceptos   a/   **Tesorería**
(por los dividendos que pudiesen estar anunciados)

(por la adquisición de valores de renta variable a incluir como cartera de Inversión Ordinaria)

---

b) Posteriormente: la valoración posterior de los valores de renta variable, incluidos en la cartera de inversión ordinaria, depende de si los valores cotizan o no en un mercado organizado.

   b.1. *Valores Cotizados.* Trimestralmente se debe comparar el valor contable con el de la cotización media del trimestre, o la del último día si éste fuese menor. Si de esta comparación resultan unas pérdidas teóricas (el precio de cotización es inferior al valor contable), éstas se cubrirán mediante la constitución de un fondo de fluctuación de valores, con cargo a la cuenta de pérdidas y ganancias como un *resultado por operaciones financieras* [38]:

Pérdidas por operaciones financieras   a/   **Fondo de Fluctuación de Valores**
En la cartera de renta variable   Renta variable
Dotación al FFV

(por la diferencia entre el valor contable y el de cotización de títulos de renta variable, incluidos en la cartera de inversión ordinaria)

Este fondo de fluctuación de valores, se recuperará cuando el precio de cotización del título se recupere respecto al valor del trimestre anterior, y se utilizará cuando se estime que las pérdidas son irreversibles o se materialice la pérdida (*v.g.* venta del valor) [39]:

---

[36] Norma 28.ª 2. Los desembolsos pendientes, en tanto no sean reclamados por la sociedad emisora, se deben registrar entre las cuentas de orden «Compromisos Contingentes. Valores suscritos pendientes de desembolso».

[37] Norma de valoración 8.ª del Real Decreto 1.643/1990, de 20 de diciembre, por el que se aprueba el Plan General de Contabilidad.

[38] Norma 28.ª 5.

[39] Sobre los movimientos de los fondos especiales, véanse en el Capítulo 3 las normas generales de valoración del activo.

Fondo de Fluctuación de Valores a/	Beneficios por operaciones financieras
Renta variable	En la cartera de Renta Variable
	Por disponibilidad del fondo de fluctuación
(por la recuperación del FFV al incrementarse el valor de cotización)	

Fondo de Fluctuación de Valores a/	Cartera de Renta Variable
Renta variable	Otras Acciones y títulos
(por la aplicación del FFV al considerar las pérdidas, realizadas e irreversibles)	

b.2. *Valores no cotizados.* La valoración posterior de los valores de renta variable incluidos en la cartera de inversión ordinaria, se realizará de acuerdo con el método del *Valor Teórico Contable Corregido (VTCC)*, y dentro de la cuenta de resultados, la amortización de la plusvalía no imputable a elementos concretos, se considera como un resultado por operaciones financieras:

Pérdidas por operaciones financieras a/	Fondo de Fluctuación de Valores
En la cartera de renta variable	Renta variable
Dotación al FFV	
(por la imputación, durante un máximo de veinte años, de plusvalías pagadas en la compra de valores de renta variable no cotizados, no imputables a ningún elemento)	

Fondo de Fluctuación de Valores a/	Beneficios por operaciones financieras
Renta variable	En la cartera de Renta Variable
	Por disponibilidad del fondo de fluctuación
(por la recuperación del FFV al incrementarse el valor teórico)	

c) Resultados: los resultados que pueden producirse en relación con la inversión en valores de renta variable pueden ser, al igual que en los valores de renta fija, financieros o por haberse procedido a su venta, pero, además, los valores de renta variable pueden producir resultados cuando, tras una anunciada ampliación de capital del emisor de los valores, la entidad decide vender, en su caso, los derechos de suscripción preferente que le corresponden. Los criterios de reconocimiento de estos resultados son:

- *De carácter financiero*. Tienen este carácter los dividendos cobrados o anunciados pendientes de cobrar. Su imputación en la cuenta de resultados se realiza en un epígrafe específico:

Cuentas de Periodificación a/	Rendimiento de la Cartera de Renta Variable
Otras Periodificaciones	Dividendos de otras acciones y otros títulos de renta variable
(por los dividendos anunciados)	

Tesorería a/	Cuentas de Periodificación
	Otras Periodificaciones
(por el cobro de los dividendos)	

La entrega, por parte del emisor, de *acciones liberadas,* denominadas en ocasiones *dividendo en acciones,* no supone para la entidad ningún resultado, siendo el único efecto para ésta el incrementar el número de valores poseídos, que pasan a tener un coste medio inferior [40].

• *Por enajenación del valor.* La diferencia entre el precio de venta del título y su valor neto contable (*VNC*) se registra en la cuenta de resultados como *Resultados por operaciones financieras:*

Tesorería	**Cartera de Renta Variable**
(importe efectivo de venta)	Otras acciones y títulos
Fondo de Fluctuación de valores a/	**Beneficios por operaciones financieras**
Renta variable	En la Cartera de Renta variable
Pérdidas en operaciones financieras	Por ventas
En la Cartera de Renta variable	
Por ventas y liquidaciones	

• *Por enajenación de derechos de suscripción preferentes.* Como norma general, el importe de los derechos de suscripción vendidos, debe considerarse como una disminución del valor contable del título correspondiente. Sin embargo, si los valores cotizan en algún mercado, podrá deducirse solamente el valor teórico del derecho, calculado al coste contable medio, y registrarse la diferencia, respecto del importe recibido en su venta, en la cuenta de pérdidas y ganancias como *Resultados por operaciones financieras* [41].

Tesorería a/ **Cartera de Renta Variable**	
(por la venta del derecho de suscripción con disminución del valor contable del título)	
Tesorería a/ **Cartera de Renta variable**	
Pérdidas en operaciones financieras *(importe del valor teórico del derecho)*	
En la Cartera de Renta variable **Beneficios por operaciones financieras**	
Por ventas y liquidaciones En la Cartera de Renta variable	
Por ventas	
(por la venta de derechos de suscripción, con reducción del valor de la inversión al coste medio de los derechos vendidos)	

d) Reclasificación a otras carteras [42]: los valores incluidos como cartera de inversión ordinaria, tanto de renta fija como variable, no podrán traspasarse a la Cartera de Negociación. Los criterios para traspasos a las otras carteras son:

---

[40] Norma 28.ª 3.

[41] Norma 28.ª 4. La fórmula más empleada para calcular el coste teórico del derecho, es comparar el coste medio del valor antes y después de la ampliación de capital.

[42] Norma 8.ª 8.

- *Valores de Renta Fija.* Podrán traspasarse a la *Cartera de Inversión a Vencimiento*, valorándose en ese caso al menor valor entre:
  — El Precio de Adquisición Corregido (*PAC*)
  — El Precio de Mercado (*PM*)

Al ser el *PAC* el método general de valoración para los valores de renta fija incluidos en la cartera de inversión ordinaria, en el supuesto de que el precio de mercado resultase inferior en el momento de efectuarse el traspaso, la pérdida debe considerarse a todos los efectos realizada:

Cartera de Renta Fija *(Cartera de Inversión a vencimiento)*	**a/**	**Cartera de Renta Fija** *(Cartera de Inversión Ordinaria)*
(por el traspaso de valores de renta fija de la cartera de Inversión Ordinaria a la Cartera de Inversión a vencimiento, siendo el PAC ≤ PM)		
Cartera de Renta Fija *(Cartera de Inversión a vencimiento)* **Fondo de Fluctuación de valores. Renta Fija** **Pérdidas por Operaciones Financieras** En la cartera de renta Fija Por saneamiento	**a/**	**Cartera de Renta Fija** *(Cartera de Inversión Ordinaria)* **Minusvalías en la Cartera de Renta Fija**
(por el traspaso de valores de renta fija de la cartera de Inversión Ordinaria a la Cartera de Inversión a vencimiento siendo el PAC > PM)		

- *Valores de renta Variable.* Los valores de renta variable incluidos en la cartera de inversión ordinaria, sólo podrán traspasarse a la Cartera de Participaciones Permanentes al Valor Neto Contable (*VNC*) de la inversión (valor contable menos el fondo de fluctuación de valores constituido):

Cartera de Renta Variable Participaciones en el Grupo Participaciones *(cartera de Participaciones Permanentes)* **Fondo de Fluctuación de Valores** Renta Variable	**a/**	**Cartera de Renta Variable** Otras Acciones y títulos de renta variable *(cartera de Inversión Ordinaria)*
(por el traspaso de valores de renta variable de la Cartera de Inversión Ordinaria a la Cartera de Participaciones Permanentes)		

7. REGISTRO DE LOS VALORES DE LA CARTERA DE INVERSIÓN A VENCIMIENTO [43]

La cartera de inversión a vencimiento estará compuesta por valores de renta fija que la entidad desea mantener hasta su amortización y para cuya financiación, la entidad,

---

[43] Norma 27.ª 3.

puede demostrar que cuenta con capacidad para hacer frente al riesgo de variaciones en los tipos de interés, durante, al menos, un plazo equivalente al de los valores en ella clasificados. Los métodos de valoración contable que se aplican a estos valores son:

a) Inicialmente: se registrarán a su precio de adquisición, deducido el cupón corrido, que se debe incluir entre las cuentas diversas.

Cartera de Renta Fija	a/	**Tesorería**
Cuentas Diversas. Otros conceptos		
(importe del cupón corrido)		

(por la adquisición de valores de renta fija, con pago de cupón corrido, a incluir como cartera de Inversión a Vencimiento)

b) Posteriormente: las valoraciones se llevarán a cabo de acuerdo con el método del precio de adquisición corregido *(PAC)*.

Cartera de Renta Fija	a/	**Intereses y rendimientos asimilados**

(por el precio de adquisición corregido de valores incluidos en la cartera de inversión a vencimiento, con valor de reembolso superior al precio de adquisición)

Intereses y rendimientos asimilados	a/	**Cartera de Renta Fija**

(por el precio de adquisición corregido de valores incluidos en la cartera de inversión a vencimiento, con valor de reembolso inferior al precio de adquisición)

c) Venta de valores: aun cuando, por su propia definición, los valores incluidos en esta cartera lo están hasta su vencimiento (amortización), en el caso de producirse ventas antes de este momento, la decisión deberá estar justificada y comunicarse al Banco de España[44] y, en ese caso, el resultado[45]:

• Se considerará, tanto si es ganancia como si es pérdida, como un resultado extraordinario.

• Si el resultado es una ganancia, se debe constituir una provisión por la totalidad de esta ganancia, denominada *Bloqueo de Beneficios*[46], incluida entre los *Fondos Especiales*. Esta provisión se irá liberando, linealmente, durante un periodo igual a la vida residual que el valor vendido tenía:

[44] Norma 8.ª 1h.III.
[45] Norma 27.ª 3.
[46] Norma 27.ª 3. En relación con el bloqueo de beneficios, véase el Principio de prudencia valorativa en el Capítulo 3.

Tesorería **Quebrantos extraordinarios** Pérdidas netas en participaciones y cartera de inversión a vencimiento	a/	**Cartera de Renta Fija**
(por la venta de valores de renta fija de la cartera de inversión a vencimiento, con resultado de pérdidas)		
Tesorería	a/	**Cartera de Renta Fija** **Beneficios extraordinarios y atípicos** B.os netos por ventas de participaciones permanentes y cartera a vencimiento
Quebrantos extraordinarios Otras dotaciones a fondos especiales específicos	a/	**Fondos especiales** Bloqueo de Beneficios
(por la venta de valores de renta fija de la cartera de inversión a vencimiento con resultado de ganancias, y constitución simultánea de un Fondo Especial por el mismo importe de la ganancia)		
Fondos especiales Bloqueo de Beneficios	a/	**Recuperaciones de otros fondos** **y de activos en suspenso** De otros fondos específicos
(por la imputación lineal del beneficio bloqueado durante los años de vida residual del valor)		

d) Reclasificación a otras carteras: dado que la inversión en valores para ser incluidos como inversión a vencimiento, muestra la intención de la entidad de mantener la inversión hasta su amortización, no están autorizadas las reclasificaciones de valores de ésta a otras carteras [47].

e) Riesgo de Crédito: todos los valores incluidos en la cartera de inversión a vencimiento están sometidos, por razón del riesgo de crédito del emisor, a las reglas de clasificación como activos dudosos y a la constitución de provisiones para insolvencias y riesgo-país [48].

8. REGISTRO DE LOS VALORES DE LA CARTERA DE PARTICIPACIONES PERMANENTES [49]

La cartera de participaciones permanentes, también llamada a veces cartera de control, por cuanto muestra la intención de la entidad, al realizar estas inversiones, en tener influencia en la entidad emisora de los valores, para adoptar decisiones en su propio beneficio, estará compuesta por los valores de renta variable adquiridos por la entidad cuyo destino sea servir, de manera duradera, a la actividad de ésta.

Los valores incluidos en esta cartera serán, todos ellos, de renta variable y representarán a sociedades que:

---

[47] Norma 8.ª 8.
[48] Norma 27.ª 4.
[49] Norma 28.ª 7 y 8.

- Formen parte del grupo económico: *Participaciones en el Grupo*.
- Son sociedades multigrupo o asociadas: *Participaciones*.

Los métodos de valoración a aplicar a estas inversiones, en los estados individuales de la entidad, son [50]:

a) Inicialmente: se registrarán por su precio de adquisición [51].

Cartera de Renta Variable	a/	Tesorería
Participaciones en el Grupo		
Participaciones		
(por la adquisición de valores de renta variable a incluir como cartera de Participaciones Permanentes)		

b) Posteriormente: se valorarán de acuerdo con el método del valor teórico contable corregido *(VTCC)*, considerando la amortización de las plusvalías pagadas no imputables a ningún elemento como un resultado extraordinario:

Quebrantos extraordinarios	a/	Fondo de Fluctuación de Valores
Pérdidas netas en participaciones permanentes		Renta variable
Por Dotaciones al *FFV*		
(por la imputación, durante un máximo de veinte años, de plusvalías pagadas en la compra de valores de renta variable no cotizados, no imputables a ningún elemento)		
Fondo de Fluctuación de Valores	a/	Beneficios extraordinarios
Renta variable		
(por la recuperación del FFV al incrementarse el valor teórico)		

c) Resultados: al igual que hemos señalado para los valores de renta variable incluidos en la cartera de inversión ordinaria, los resultados que pueden producirse por estas inversiones son de carácter financiero o por ventas del propio valor o de, en su caso, derechos de suscripción.

- *De carácter financiero.* Los dividendos cobrados o anunciados tienen el carácter de financieros y se registran en un epígrafe específico de la cuenta de resultados:

---

[50] El tratamiento contable de estos valores es el único que es diferente en los estados individuales y en los estados consolidados. En el anexo II, de este Capítulo, se resumen los criterios contables que deben tenerse en cuenta en la elaboración de los estados consolidados.

[51] Norma 28.ª 2. Los desembolsos pendientes, en tanto no sean reclamados por la sociedad emisora, se deben registrar entre las cuentas de orden «Compromisos Contingentes. Valores suscritos pendientes de desembolso».

Cuentas de Periodificación	a/	Rendimiento de la Cartera de Renta Variable
Otras Periodificaciones		Dividendos de participaciones en el Grupo
		Dividendos de participaciones

(por el anuncio de cobro de dividendos)

Tesorería	a/	Cuentas de Periodificación
		Otras Periodificaciones

(por el cobro del dividendo)

- *Por enajenación del valor.* Dado el carácter de inversiones permanentes que estos valores tienen para la entidad, la venta de los mismos tiene siempre el carácter de extraordinario, por lo que el resultado de la venta tiene igualmente esta consideración:

Tesorería	a/	Cartera de Renta Variable
(importe efectivo de venta)		Participaciones en el Grupo
Quebrantos extraordinarios		Participaciones
Pérdidas netas en participaciones		**Beneficios extraordinarios y atípicos**
y cartera de inversión a vencimiento		B.os netos por ventas de participaciones
		permanentes y cartera a vencimiento

(por la venta de valores de la cartera de inversión permanente)

- *Por enajenación de derechos de suscripción preferentes.* Al igual que vimos para los valores de renta variable, incluidos como cartera de inversión ordinaria, la venta de derechos de suscripción constituye una disminución del valor contable de la cartera o, tratándose de valores cotizados, una reducción del valor de la cartera, por el importe teórico del valor del derecho vendido. En este último caso, por tratarse de valores pertenecientes a la cartera de inversiones permanentes, el resultado de la venta debe considerarse como extraordinario:

Tesorería	a/	Cartera de Renta variable
		Participaciones en el Grupo.
		Participaciones

(por la venta del derecho de suscripción con disminución del valor contable del titulo)

Tesorería		Cartera de Renta variable
Quebrantos extraordinarios		*(importe del valor teórico del derecho)*
Pérdidas netas en participaciones		**Beneficios extraordinarios y atípicos**
y cartera de inversión a vencimiento		B.os netos por ventas de participaciones
		permanentes y cartera a vencimiento

(por la venta de derechos de suscripción con reducción del valor de la inversión al coste medio de los derechos vendidos)

d) Reclasificación a otras carteras: las reclasificaciones de valores de la cartera de inversión permanente a otras carteras, de negociación o de inversión ordinaria, deben realizarse al valor neto contable (*VNC*), es decir, para el caso de los valores de esta cartera, al *VTCC* menos el fondo de fluctuación de valores que pudiesen tener constituido [52]:

Cartera de Renta variable	a/	**Cartera de Renta Variable**
Otras acciones y títulos de renta variable		Participaciones en el Grupo
(Cartera de negociación)		Participaciones
(Cartera de inversión ordinaria)		*(cartera de Participaciones Permanentes)*
Fondo de Fluctuación de Valores.		
Renta Variable		

(por el traspaso de valores de renta variable de la Cartera de Participaciones Permanentes a la cartera de negociación o de inversión ordinaria)

Ejemplo 6.3.—La entidad de crédito ABC adquiere, el 1 de mayo de 20X0, un bono cotizado, con las siguientes características:

Precio de compra 01.05.20X0 (incluido cupón corrido)	103.000 €
Nominal del Bono	100.000 €
Valor de reembolso	100.000 €
Tipo de interés nominal, pagadero por trimestres naturales	12 %
Fecha de amortización del bono	30.09.20X0
Próximo pago de cupón	30.06.20X0

Los valores de cotización a considerar en los siguientes meses son:

Fecha	Valor (en miles de euros)
30.05	106
30.06	104
31.07	99
31.08	101

Efectuar los asientos contables, al final de cada mes, considerando que el bono se registra dentro de:

a) la Cartera de Negociación
b) la Cartera de Inversión Ordinaria
c) la Cartera de Inversión a vencimiento

[52] Norma 8.ª 8.

FECHA	CARTERA DE NEGOCIACIÓN	CARTERA DE INVERSIÓN ORDINARIA	CARTERA DE INVERSIÓN A VENCIMIENTO
01.05.20X0	103.000 **Cartera de Renta Fija** a/ Tesorería 103.000	102.000 **Cartera de Renta Fija** 1.000 **Cuentas Diversas. Otros Conceptos** a/ Tesorería 103.000	102.000 **Cartera de Renta Fija** 1.000 **Cuentas Diversas. Otros Conceptos** a/ Tesorería 103.000
	(Por la compra del bono. Las Carteras de Inversión Ordinaria y a Vencimiento, recogen en cuentas diversas el importe del cupón corrido en el momento de la compra: *1 = 100 × 12 % × 1 / 12)*		
30.05.20X0	3.000 **Cartera de Renta Fija** a/ Intereses y rendimientos asimilados 594 a/ Beneficios por operaciones financieras 2.406 *[por la valoración a precios de mercado -106.000- imputando como intereses los devengados del periodo, siendo éstos los que resulten del tipo interno efectivo [53] : 103.000 = 3.000 (1+i)^{5/12} + 103.000(1 +i)^{5/12} i ≈ 7,15 % 103.000 x (1+0,0715)^{1/12} ≈ 594]*	1.000 **Devengo de Productos no vencidos** a/ Intereses y rendimientos asimilados 1.000 *(por la periodificación lineal de intereses: 1.000 = 100.000 x 12 % × 1/12)* 400 **Intereses y rendimientos asimilados** a/ Cartera de Renta Fija 400 *(por el ajuste mensual - durante 5 meses- de la diferencia entre el precio de adquisición -102.000- y el valor de reembolso del bono -100.000-, resultando un Precio de adquisición corregido de 101.600 = 102.000 - 400. Como el Precio de adquisición corregido es inferior al valor de cotización -106.000- no es necesario efectuar, para el caso de la Cartera de Inversión Ordinaria, ningún saneamiento.)*	1.000 **Devengo de Productos no vencidos** a/ Intereses y rendimientos asimilados 1.000 400 **Intereses y rendimientos asimilados** a/ Cartera de Renta Fija 400
30.06.20X0	3.000 **Tesorería** a/ Cartera de Renta Fija 2.000 a/ Intereses y rendimientos asimilados 596 a/ Beneficios por operaciones financieras 404 *[por el cobro del cupón y la revaluación de la cartera a precios de mercado -104.000- los intereses devengados serán: 103.000 x (1+0,0715)^{6/12}-103.000-594 ≈ 596]*	3.000 **Tesorería** a/ Cuentas Diversas. Otros Conceptos 1.000 a/ Devengo de Productos no vencidos 1.000 a/ Intereses y rendimientos asimilados 1.000 *(por el cobro del cupón, y la cancelación del cupón corrido pagado en la compra)* 400 **Intereses y rendimientos asimilados** a/ Cartera de Renta Fija 00 *(ajuste mensual para obtener el Precio de adquisición corregido: 101.200 = 102.000 - 400 x 2. Tampoco es necesario efectuar saneamiento en la Cartera de Inversión Ordinaria al ser el Precio de adquisición corregido inferior al de cotización -104.000-)*	3.000 **Tesorería** a/ Cuentas Diversas. Otros Conceptos 1.000 a/ Devengo de Productos no vencidos 1.000 a/ Intereses y rendimientos asimilados 1.000 400 **Intereses y rendimientos asimilados** a/ Cartera de Renta Fija 400
31.07.20X0	5.601 **Pérdidas por operaciones financieras** a/ Intereses y rendimientos asimilados 601 a/ Cartera de Renta Fija 5.000 *[por la revaluacion mensual a precios de mercado - 99.000-los intereses devengados serán: 103.000 x (1+0,0715)^{7/12}-103.000-594-596 ≈ 601]*	1.000 **Devengo de Productos no vencidos** a/ Intereses y rendimientos asimilados 1.000 *(por la periodificacion de intereses: 1.000 = 100 x 12 % x 1/12)* 400 **Intereses y rendimientos asimilados** a/ Cartera de Renta Fija 400 *(ajuste mensual para obtener el Precio de adquisición corregido: 100.800 = 102.000 - 400 x 3)* 1.800 **Periodificaciones. Minusvalías en Renta Fija** a/ Fondo de Fluctuación de valores de R.F. 1.800 *(Por la diferencia negativa entre el precio de adquisición corregido -100.800- y el valor de cotización -99.000-. Norma 27.ª.2.d.II.)*	1.000 **Devengo de Productos no vencidos** a/ Intereses y rendimientos asimilados 1.000 400 **Intereses y rendimientos asimilados** a/ Cartera de Renta Fija 400
31.08.20X0	2.000 **Cartera de Renta Fija** a/ Intereses y rendimientos asimilados 603 a/ Beneficios por operaciones financieras 1.397 *[por la revaluacion mensual a precios de mercado - 101-los intereses devengados serán: 103.000 x (1+0,0715)^{8/12}-103.000-594-601 ≈ 603]*	1.000 **Devengo de Productos no vencidos** a/ Intereses y rendimientos asimilados 1.000 400 **Intereses y rendimientos asimilados** a/ Cartera de Renta Fija 400 *(ajuste mensual para obtener el Precio de adquisición corregido: 100.400 = 102.000 - 400 x 4)* 1.800 **Fondo de Fluctuación de valores de R.F.** a/ Periodificaciones. Minusvalías en R.F. 1.800 *(Cancelación del fondo creado el mes anterior al haber superado el precio de cotización -101.000- el precio de adquisición corregido -100.400-)*	1.000 **Devengo de Productos no vencidos** a/ Intereses y rendimientos asimilados 1.000 400 **Intereses y rendimientos asimilados** a/ Cartera de Renta Fija 400
30.09.20X0	103.000 **Tesorería** a/ Cartera de Renta Fija 101.000 a/ Intereses y rendimientos asimilados 606 a/ Beneficios por operaciones financieras 1.393	103.000 **Tesorería** a/ Cartera de Renta Fija 100.400 a/ Devengo de Productos no vencidos 2.000 a/ Intereses y rendimientos asimilados 600	103.000 **Tesorería** a/ Cartera de Renta Fija 100.400 a/ Devengo de Productos no vencidos 2.000 a/ Intereses y rendimientos asimilados 600
	(por la amortización del bono a su vencimiento y el último cobro de intereses)		

---

[53] Por tratarse de operaciones con liquidación de intereses trimestral, la periodificación puede realizarse por el método lineal o financiero. Véase la aplicación del principio de devengo en el Capítulo 3.

La evolución mensual de la cuenta de resultados, por esta operación, en cada una de las carteras será:

Clase de cartera y tipo de resultado	Mayo	Junio	Julio	Agosto	Septiembre
Cartera de Negociación	**3.000**	**4.000**	**(1.000)**	**(1.000)**	**3.000**
Intereses y rendimientos asimilados	594	1.190	1.791	2.394	3.000
Resultados por operaciones financieras	2.406	2.810	(2.791)	(1.394)	—
Cartera de Inversión Ordinaria	**600**	**1.200**	**1.800**	**2.400**	**3.000**
Intereses y rendimientos asimilados	600	1.200	1.800	2.400	3.000
Resultados por operaciones financieras	—	—	—	—	—
Cartera de inversión a vencimiento	**600**	**1.200**	**1.800**	**2.400**	**3.000**
Intereses y rendimientos asimilados	600	1.200	1.800	2.400	3.000
Resultados por operaciones financieras	—	—	—	—	—

Ejemplo 6.4.—El 31 de diciembre de 20X0, la entidad de crédito ABC adquiere el 100 por 100 de la sociedad B, por un importe de 110 millones de euros, siendo en ese momento el patrimonio neto de B, 100 millones de euros. Del total de plusvalía pagada por la sociedad A, 7 millones de de euros corresponden al mayor valor de mercado de un terreno de la sociedad B, no registrado en sus estados financieros.

El año 20X1 el valor teórico de la sociedad B no varía.

El año 20X2 el valor teórico de la sociedad B es:

    a) 120 millones de euros.

    b) 90 millones de euros.

Efectuar en la entidad ABC los asientos contables correspondientes a la participación en la sociedad B, considerando que, en el año 20X2, en un caso la evolución de los fondos propios de la sociedad B es irreversible y, en otro, no es irreversible:

La inversión efectuada en la sociedad B y su comparación con el valor patrimonial de esta sociedad, en la fecha de la inversión, es:

Coste	110.000.000 €
Valor Teórico	100.000.000 €
Diferencia	10.000.000 €
Imputable a elementos concretos	7.000.000 €
No imputable a elementos concretos (Fondo de Comercio)	3.000.000 €

Amortización anual del Fondo de comercio pagado:

$$\frac{3.000.000}{20} = 150.000 \text{ €}$$

31.12.20X0	110.000.000 Cartera de Renta variable. Participaciones en el Grupo
	                        a/ Tesorería 110.000.000
	                        (por el importe correspondiente a la compra de la sociedad B)

31.12.20X1	150.000 Dotación al Fondo de Fluctuación de valores
	                        a/ Fondo de Fluctuación de Valores. Renta Variable 150.000
	                        [importe correspondiente a la amortización anual –máximo veinte años- de la plusvalía (3 millones de euros)
	                        no imputable a elementos concretos: 150.000 = 3.000.000 /20]

31.12.20X2
Caso A
	150.000 Fondo de Fluctuación de Valores. Renta Variable
	                        a/ Recuperación de Fondo de Fluctuación de valores 150.000
	                        [Por la recuperación del FFV al haberlo permitido un incremento del valor teórico de la sociedad B. El valor teórico de la
	                        sociedad B se ha incrementado en 20 millones (120 menos 100) y el fondo de Fluctuación de valores, por la plusvalía no
	                        imputable, será en este año de 300.000 euros (3.000.000/20 × 2 años); como el
	                        incremento de valor de la sociedad es superior al Fondo de Fluctuación de valores necesario, no es preciso efectuar
	                        dotación en este ejercicio, y, además, se recuperará la constituida en el año anterior]

31.12.20X2
Caso B.1
Evolución
irreversible
	150.000 Fondo de Fluctuación de valores. Renta variable.
	19.850.000 Quebrantos extraordinarios. Pérdidas en participaciones permanentes.
	                        Por saneamientos
	                        a/ Cartera de Renta variable. Participaciones en el Grupo 20.000.000
	                        [Al considerarse que la pérdida es irreversible, debe procederse a amortizar la totalidad de la misma
	                        (20 = 110 – 90) considerando la parte ya cubierta en ejercicios anteriores (150.000 €)]

31.12.20X2 **Caso B.2** La evolución no es irreversible	12.850.000 Dotación al fondo de Fluctuación de valores a/ Fondo de Fluctuación de valores 12.850.000
	La evolución desfavorable del valor teórico, al no considerarse definitiva, exigiría una aceleración en el ritmo de amortización (norma 28.ª7), por lo que su cobertura se realiza mediante la dotación del Fondo de Fluctuación de valores que podrá recuperarse si lo hace el valor teórico de la sociedad. En este caso, hemos supuesto que la entidad cubre la totalidad de la pérdida del valor teórico y del fondo de comercio pagado: Coste de la inversión: 110.000.000 Valor Teórico: (90.000.000) *Diferencia:* *20.000.000* Imputable al terreno; 7.000.000 No imputable a ningún elemento: 13.000.000 Fondo de Fluctuación de valores constituido: (150.000) *Diferencia:* *12.850.000*

ANEXO I

CUADRO I

MÉTODOS DE VALORACIÓN POR CLASES DE VALORES Y CARTERAS				
	CLASE DE VALOR			
CLASE DE CARTERA	RENTA FIJA		RENTA VARIABLE	
	COTIZADOS	NO COTIZADOS	COTIZADOS	NO COTIZADOS
NEGOCIACIÓN				
Inicialmente	PA		PA	
Posteriormente	PM		PM	
INVERSIÓN ORDINARIA				
Inicialmente	PA	PA	PA	PA
Posteriormente	PAC (*)	PAC	Menor de PA y PM	VTCC
INVERSIÓN A VENCIMIENTO				
Inicialmente	PA	PA		
Posteriormente	PAC	PAC	NA	
PARTICIPACIONES PERMANENTES				
Inicialmente	NA		PA	PA
Posteriormente			VTCC	VTCC

PA (Precio de Adquisición);
PM (Precio de Mercado)
PAC (Precio de Adquisición Corregido)
VTCC (Valor Teórico Contable Corregido)
NA (No aplicable)
(*) Para los valores que coticen, deben cubrirse las pérdidas teóricas del mercado con un Fondo de Fluctuación de Valores, el cual puede, excepcionalmente, crearse con cargo a la cuenta de activo «Minusvalías en la Cartera de Renta Fija».

CUADRO II

CRITERIOS EN LOS TRASPASOS DE VALORES ENTRE CARTERAS (Norma 8.ª 8)				
CARTERA DE ORIGEN	CARTERA DE DESTINO			
	NEGOCIACIÓN	INVERSIÓN ORDINARIA	INVERSIÓN A VENCIMIENTO	PARTICIPACIONES PERMANENTES
NEGOCIACIÓN	NA	PM	PM	PM
INVERSIÓN ORDINARIA	No autorizado	NA	Menor de PAC y PM	V/C
INVERSIÓN A VENCIMIENTO	No autorizado	No autorizado	NA	NA
PARTICIPACIONES PERMANENTES	V/C	V/C	NA	NA

PA (Precio de Adquisición);
PM (Precio de Mercado)
PAC (Precio de Adquisición Corregido)
VTCC (Valor Teórico Contable Corregido)
V/C (Valor Neto Contable)
NA (No aplicable)

ANEXO II

LAS CUENTAS CONSOLIDADAS DE LAS ENTIDADES DE CRÉDITO Y AHORRO

Por numerosas razones, las entidades de crédito tienen constituidas sociedades jurídicamente distintas, a fin de ejercer actividades más específicas (operaciones de *leasing*, *factoring*, gestión de tarjetas de crédito, gestión de sociedades de inversión colectiva, etc.) o, bien, para el ejercicio de actividades en áreas geográficas diferentes (filiales extranjeras, etc.).

Con el fin de presentar una *imagen fiel* del grupo, a fin de conocer la situación financiera de éste, de sus riesgos y resultados, es necesario legalmente establecer y publicar los estados financieros consolidados del grupo. Las autoridades supervisoras de las entidades de crédito requieren, de las sociedades que forman parte del grupo de una entidad de crédito, el formular sus estados consolidados por diferentes motivaciones:

- Cálculo y determinación de los Recursos Propios mínimos necesarios del grupo, para cubrir los riesgos de:
  — Crédito.
  — Mercado.
  — Cambio.
- Control y límites de:
  — Grandes riesgos
  — Inversión en inmovilizado
  — Cartera de participaciones
  — Posiciones en divisas.
- Supervisión de la posición financiera del grupo y de sus resultados.

Además, el Código de Comercio requiere, para información pública a terceros, que se elaboren cuentas anuales consolidadas, que deberán contener además de la información requerida para cualquier grupo consolidable, la específicamente requerida por las autoridades supervisoras [54].

1. LA OBLIGACIÓN DE CONSOLIDAR LOS ESTADOS FINANCIEROS

Las entidades de crédito deben consolidar sus estados contables, con los de las *Entidades Financieras* que constituyan con ella una *unidad de decisión* [55].

---

[54] Artículos 42 y ss. del Código de Comercio y Normas 48.ª y 50.ª

[55] Artículo 8.2 de la Ley 13/1985, de 25 de mayo, sobre coeficientes de inversión, recursos propios y obligaciones de información de los intermediarios financieros, modificada por la Ley 13/1992, de 1 de junio, de recursos propios y supervisión en base consolidada, de las entidades financieras.

1.1. Entidades Financieras

Tienen la consideración de Entidades Financieras, de acuerdo con la normativa vigente, las siguientes sociedades [56]:

- Las entidades de crédito y ahorro.
- Las sociedades de servicios de inversión.
- Las entidades aseguradoras.
- Las sociedades de inversión mobiliaria.
- Las sociedades gestoras de Instituciones de inversión colectiva, así como las gestoras de fondos de pensiones.
- Las sociedades de capital riesgo, y gestoras de fondos de capital riesgo.
- Las sociedades cuya actividad principal sea la tenencia de acciones y participaciones.
- Las sociedades, cualquiera que sea su denominación o estatuto, que ejerzan las actividades típicas de las anteriores.

Asimismo, y aunque no tengan la consideración de Entidad Financiera, formarán parte del grupo consolidable las *Sociedades Instrumentales,* es decir, aquéllas cuya *actividad principal* suponga la prolongación del negocio, o consista, fundamentalmente, en la prestación de servicios auxiliares a entidades del grupo, tales como tenencia de inmuebles u otros activos, servicios informáticos, sociedades de tasación, etc.

Para determinar si la actividad principal supone una prolongación del negocio, se tendrán en cuenta los siguientes criterios:

— En las tenedoras de inmuebles, cuando el 50 por 100 o más, de su patrimonio inmobiliario, valorado a precios de mercado, esté ocupado o utilizado por las entidades del grupo [57].

— En las tenedoras de acciones, cuando más del 50 por 100 de su activo este compuesto por inversiones financieras permanentes [58].

— En el resto de sociedades, cuando el 50 por 100 o más, de su facturación, a precios de mercado, la realice con entidades del grupo [59].

1.2. Unidad de decisión

Para determinar si varias entidades constituyen una *unidad de decisión*, se debe atender a lo previsto en la Ley del Mercado de Valores, que en su artículo 4 dispone [60]:

---

[56] Artículo 3.8 del Real Decreto 1.343/1992, de 6 de noviembre, de desarrollo de la Ley 13/1992, modificado por el Real Decreto 2.024/1995, de 22 de diciembre.

[57] Norma 2.ª 5 de la circular del Banco de España 5/1993, sobre determinación y control de los recursos propios mínimos.

[58] Artículo 3, del Real Decreto 1.343/1992.

[59] Norma 2.ª 5 de la circular del Banco de España 5/1993.

[60] El artículo 8 de la Ley 13/1985, según redacción dada por la Ley 13/1992, remite al artículo 4 de la Ley 24/1988, de 28 de julio, del Mercado de Valores.

«*A los efectos de esta ley, se considerarán pertenecientes a un mismo grupo, las entidades que constituyan una unidad de decisión porque alguna de ellas ostente o pueda ostentar, directa o indirectamente, el control de las demás, o porque dicho control corresponda a una o varias personas físicas que actúen sistemáticamente en concierto.*

Se presumirá que existe, en todo caso, unidad de decisión, cuando concurran alguno de los supuestos contemplados en el número 1 del artículo 42 del Código de Comercio, o cuando al menos la mitad más uno de los consejeros de la dominada sean consejeros o altos directivos de la dominante, o de otra dominada por ésta.

A efectos de lo previsto en los párrafos anteriores, a los derechos de la dominante se añadirán los que posea a través de otras sociedades dominadas, o a través de personas que actúen por cuenta de la Entidad dominante o de otras dominadas, o aquellos de los que disponga concertadamente con cualquier otra persona.»

1.3. Grupos Consolidables

Los tipos de grupos consolidables de *Entidades Financieras* son los siguientes [61]:

- Grupos consolidables de Entidades de crédito.
- Grupos consolidables de Sociedades y Agencias de valores.
- Grupos consolidables de Entidades Aseguradoras.
- Grupos Mixtos de Entidades Financieras.
- Otros grupos consolidables de Entidades Financieras.

Los *Grupos consolidables de Entidades de Crédito*, se definen como aquellos *Grupos de entidades financieras* en los que concurran cualquiera de las siguientes circunstancias [62]:

- Que una Entidad de Crédito controle a una o más Entidades Financieras.
- Que la entidad dominante sea una entidad cuya actividad principal consista en tener participaciones en Entidades de Crédito.
- Que una persona física, un grupo de personas que actúen sistemáticamente en concierto, o una entidad consolidable, controle a una o varias entidades, todas ellas de crédito.

Las Entidades Financieras componentes de un mismo grupo, deben consolidar entre sí sus estados contables, *en los términos que se establezcan en la normativa específica de cada tipo de grupos de Entidades Financieras*, sin embargo, excepcionalmente, no se consolidarán los estados contables de las Entidades de Seguros y sus grupos, de una parte, con los de las Entidades de Crédito, y de Sociedades y Agencias de valores, por otra [63].

---

[61] Artículo 7 del Real Decreto 1.343/1992.
[62] Artículo 16.1 del Real Decreto 1.343/1992.
[63] Artículo 6 del Real Decreto 1.343/1992.

1.4. Método de consolidación

La normativa específica que, a efectos de consolidación, deberá tenerse en cuenta en las sociedades que formen parte de un grupo consolidable de entidades de crédito, tanto en lo que a la definición del grupo consolidable como al método de consolidación a utilizar se refiere, se encuentra recogida en las circulares del Banco de España:

- Circular 4/1991. Sección 5.ª, normas 18.ª a 22.ª
- Circular 5/1993. Normas 1.ª a 3.ª

Con carácter subsidiario, y en todo aquello no previsto en las citadas circulares, se aplicarán las normas de consolidación general [64].

La consolidación de las sociedades que forman el perímetro de la consolidación (entidad dominante, dependientes, multigrupo y asociadas), se realiza de acuerdo con los *métodos de consolidación de integración global y proporcional,* así como con el *procedimiento de puesta en equivalencia,* atendiendo al tipo de sociedad y al grado de participación:

Tipo de Sociedad	Criterio de consolidación [65]	Referencia
Sociedades del Grupo Económico.		
• Sociedades Financieras		
• Aseguradoras	Puesta en Equivalencia	Excepción artículo 6 del R.D. 1.343/92
• Resto de Financieras	Integración Global	Circular 5/93 norma 2.ª 1.
• Sociedades Instrumentales	Integración Global	Circular 5/93 norma 2.ª 5.
• Sociedades no Financieras	Puesta en Equivalencia	Circular 4/91 norma 21.ª 7.
Sociedades Multigrupo.		
• Sociedades Financieras.		
• Aseguradoras	Puesta en Equivalencia	Excepción artículo 6 del R.D. 1.343/92
• Resto de Financieras.		
• Participación ≥ 20 %	Integración Proporcional	Circular 4/91 norma 19.ª 2.
• Participación < 20 %	Puesta en Equivalencia	Circular 4/91 norma 19.ª 2.
• Sociedades Instrumentales.		
• Participación ≤ 20 %	Integración Proporcional	Circular 4/91 norma 19.ª 2.
• Participación < 20 %	Puesta en Equivalencia	Circular 4/91 norma 19.ª 2.
• Sociedades no Financieras.	Puesta en Equivalencia.	Circular 4/91 norma 21.ª 7.
Sociedades Asociadas.	Puesta en Equivalencia	Circular 4/91 norma 21.ª 7.

[64] Real Decreto 1.815/1991, de 20 de diciembre, por el que se aprueban las normas para la formulación de cuentas anuales consolidadas.

[65] En la regulación, se definen estos criterios sobre la base de que en los estados individuales no se aplica, como criterio de valoración, el procedimiento de Puesta en Equivalencia.

7

La movilización
de activos financieros

1. INTRODUCCIÓN

La *liquidez*, junto con la seguridad y rentabilidad, son los tres atributos que caracterizan a los activos financieros, y el grado en que cada uno de ellos está presente determina la variedad de activos financieros que pueden encontrarse en el mercado. Un activo se dice que es *líquido* cuando es fácil convertirlo en dinero efectivo sin incurrir en excesivas pérdidas [1].

La existencia de mercados organizados para cotización pública de los activos, un precio medio de cotización representativo de los precios realmente negociados, la frecuencia y el volumen suficiente de cotización, son algunas de las razones para calificar a los activos financieros como más o menos líquidos.

El concepto de *liquidez* también es usado como criterio de clasificación de los activos en el balance. A diferencia de otro tipo de entidades, los activos del balance de las entidades de crédito están clasificados de mayor a menor grado de liquidez, en tanto que los pasivos lo están de mayor a menor grado de exigibilidad. Sin embargo, el grado de liquidez que para algunos activos financieros de una entidad de crédito es sencillo (*v.g.* efectivo en caja, depósitos prestados a otros bancos, valores incluidos como cartera de negociación, etc.), para otro tipo de activos financieros puede resultar más engañoso (*v.g.* los préstamos, los valores no cotizados, etc.).

La *liquidez* también es un atributo a la hora de calificar a una entidad, aun cuando no existe una definición universal del concepto de liquidez de una entidad y, en ocasiones, puede significar conceptos diferentes. Las definiciones que, comúnmente, expresan este concepto son:

- *Liquidez* es la capacidad de una entidad para hacer frente, con normalidad, a sus compromisos de pago.
- *Liquidez* es la capacidad que puede tener una entidad para aumentar sus fondos disponibles, a un coste razonable.

---

[1] Véase el Capítulo 1.

Desde la perspectiva de una entidad de crédito, la liquidez juega un papel esencial, pues cualquier valoración negativa que de ella se haga, puede afectar a su normal desarrollo, en la medida en que, de una forma simple, los problemas de liquidez significan que los activos fácilmente convertibles en efectivo no son suficientes para cubrir, a su vencimiento, los depósitos y cualquier otro tipo de deudas de la entidad. Pero también la liquidez puede resultar un factor determinante en la expansión del negocio de la entidad.

2.   CONCEPTO Y TIPOS DE MOVILIZACIÓN DE ACTIVOS

La expresión, *movilización de activos,* hace referencia a una operación consistente en la obtención de liquidez por parte de una entidad de crédito, es decir, aumentar los recursos financieros disponibles, mediante la venta en firme, o condicional, de activos negociables o susceptibles de ser vendidos en firme o con compromiso posterior de recompra.

El objetivo perseguido por las entidades de crédito, mediante la movilización de activos financieros, es obtener más recursos financieros con los que financiar nuevas operaciones, sin tener que recurrir a la captación de recursos por fórmulas tradicionales (*v.g.* cuentas corrientes, IPF, etc.), mediante la venta de activos financieros que constituyen la esencia de su negocio. Por lo tanto, la movilización de activos financieros, al permitir la concesión de nuevas operaciones de activo, es una fuente que tienen las entidades de crédito para incrementar su volumen de actividad, sin acudir al pasivo tradicional.

Los activos financieros susceptibles de ser objeto de un proceso de movilización de activos pueden ser:

• Los préstamos, en general, y los hipotecarios, en particular.
• Los valores negociables, en general, y los emitidos por las Administraciones Públicas (Deuda Pública), en particular.

La posición que una entidad de crédito puede tener en un contrato de movilización de activos financieros, puede ser como *cedente* o *cesionaria* de los activos financieros objeto de la movilización:

a) *Cedente* o *vendedor*: es la persona o entidad que cede el activo, respondiendo de la existencia y legitimidad del título en el momento de la cesión, pudiendo transferir la totalidad de los riesgos o continuar soportando algunos después de la cesión. En las letras de cambio el cedente equivale al endosante [2].

b) *Cesionario* o *comprador*: es la persona o entidad a favor de la cual se realiza la cesión.

El tratamiento contable que reciben los activos movilizados varía, a veces sustancialmente, dependiendo del trasfondo económico de la transacción y de la tras-

---

[2] Artículo 18 de la Ley Cambiaria y del Cheque, de 16 de julio de 1988.

ferencia, total o parcial, de los riesgos que el activo cedido conlleva (*v.g.* riesgo de crédito, riesgo de mercado, etc.).

Así, desde el punto de vista del balance de la entidad cedente, determinadas operaciones de movilización de activos suponen la baja del activo cedido, en tanto que otras suponen el reconocimiento de un pasivo. De la misma forma, y desde la óptica de la cuenta de resultados, en determinadas operaciones el reconocimiento de los beneficios es inmediato, en tanto que en otros casos éste debe diferirse. Por el contrario, las pérdidas se registran inmediatamente.

Los tipos de operaciones en que se concreta la movilización de activos financieros, podemos resumirlos en [3]:

- *Cesiones hasta el vencimiento*:
  — Ventas en firme.
  — Transferencias de activos.
  — Endosos.
  — Participaciones.
- *Cesiones temporales*:
  — Con pacto opcional de recompra.
  — Con pacto no opcional de recompra.
- *Otras*:
  — Préstamo de valores.
  — Segregación de activos (*strips*) [4].

Los siguientes cuadros muestran un detalle de los diferentes epígrafes del balance reservado y de la cuenta de pérdidas y ganancias reservada, relacionados con las operaciones de movilización de activos:

BALANCE RESERVADO	
ACTIVO	**PASIVO**
Entidades de Crédito Adquisición temporal de activos Préstamos de valores **Crédito a otros sectores residentes** Adquisición temporal de activos Préstamos de valores	**Entidades de Crédito** Cesión temporal de activos Acreedores por valores Por préstamos Por descubiertos en cesiones **Acreedores. Otros sectores residentes** Participaciones Cesión temporal de activos Acreedores por valores Por préstamos Por descubiertos en cesiones **Acreedores No residentes** Cesión temporal de datos Acreedores por préstamos de valores Acreedores por descubiertos en cesiones

(Continúa)

---

[3] En los Estados Unidos estas operaciones son conocidas como «Mercado de Colaterales»: «*Repurche agreements*», «*Bond borrowing/lending*», «*Sale/buy back*».

[4] El verbo inglés *strips* (segregar, desgranar), también se corresponde con el acrónimo de «*Separete Trading of Registered Interest and Principal of Securities*».

(Continuación)

CUENTAS DE ORDEN
Pasivos Contingentes. Efectos redescontados o endosados **Compromisos Contingentes** Cesiones temporales con opción de recompra. **Transferencias de Activos.** Activos Hipotecarios Titulizados (RD 685/1982) Otros activos titulizados (RD 926/1998) Otras transferencias.

CUENTA DE PÉRDIDAS Y GANANCIAS RESERVADA	
DEBE	**HABER**

Intereses y cargas asimiladas.
De cesión temporal de activos.
De acreedores por valores.
Pérdidas por operaciones financieras.
En la cartera de renta fija de inversión.
  Por ventas y amortizaciones
En la cartera de renta variable.
  Por ventas y liquidaciónes
Por ventas de otros activos financieros.
Acreedores por valores.
	Intereses y rendimientos asimilados
	Por Adquisición temporal de activos.
	Por Préstamos de valores.
	Beneficios por operaciones financieras.
	En la cartera de renta fija de inversión.
	  Por ventas y amortizaciones
	En la cartera de renta variable.
	  Por ventas
	Por ventas de otros activos financieros.
	Acreedores por valores.

3. LA VENTA EN FIRME DE ACTIVOS FINANCIEROS

La venta en firme de un activo financiero se produce cuando una entidad (*cedente*) vende a un tercero (*cesionario*), en firme y hasta su vencimiento, todos los derechos de cobro a que la propiedad del activo financiero da derecho, pasando el cesionario a asumir la totalidad del riesgo de crédito que el activo cedido conlleva, además de responsabilizarse de su administración y, en su caso, de la defensa legal.

La entidad cedente debe dar de baja estos activos financieros de su balance, registrando en la cuenta de pérdidas y ganancias la diferencia entre el importe de la venta y el valor por el que estuviese registrado el activo en el balance, cancelando, en su caso, las cuentas de periodificación y fondos especiales imputables al activo vendido (fondos de insolvencias, fondo de riesgo país fluctuación de valores, etc.). El resultado obtenido se debe registrar como *Resultados de operaciones financieras* de las diferentes carteras (negociación, inversión, etc. [5]), cuando se hayan cedido valores incluidos en ellas, o, como *de otros activos financieros,* cuando se hayan cedido activos no incluidos en ninguna cartera de valores (ej. venta de un préstamo).

Por su parte, el comprador, si también es una entidad de crédito, debe registrar el activo adquirido por su precio de adquisición [6] y constituir, en su caso, las coberturas mínimas que el activo adquirido requiera.

---

[5] Véase el Capítulo 6.
[6] Norma 3.ª 1.

Ejemplo 7.1.—La entidad de crédito A vende un préstamo a la entidad de crédito B, en firme, hasta su vencimiento y asumiendo la entidad B la totalidad de riesgos, responsabilizándose de la administración y, en su caso, de su defensa legal. El préstamo vendido cuenta con garantía hipotecaria sobre una vivienda terminada, fué concedido hace dos años y su situación actual es:

Precio de venta	930.000 €
Capital pendiente	900.000 €
Intereses devengados no vencidos	2.000 €
Valor de tasación	*1.200.000 €*

El registro contable de esta operación en la entidad cedente (A) y cesionaria (B), será:

Cedente (A)	Cesionario (B)

930.000 Tesorería
  a/ Deudores con garantía real   900.000
  a/ Devengo de productos no vencidos 2.000
  a/ B.ᵒˢ por operaciones financieras.
    Por ventas de otros activos   28.000
 	
(por la venta en firme del préstamo con cancelación de la periodificación de intereses y registro del beneficio de la venta)
	928.000 Deudores con garantía real
	2.000 Cuentas diversas. Otros conceptos
	      (por los intereses corridos)
	              a/ Tesorería 930.000
	
	(por la compra en firme del préstamo, imputando los intereses corridos en epígrafe específico)

6.300 Fondo de Insolvencias
  a/ Recuperación de fondos de insolvencias
    Cobertura genérica   4.500
    Cobertura estadística   1.800
 	
(recuperación de los fondos de insolvencias constituidos después de 2 años [7] de la concesión del préstamo:
Cobertura genérica: 900.000 × 0,5 % = 4.500
Cobertura estadística: 900.000 × 0,1% x 2 años = 1.800)
	5.400 Dotación a los fondos especiales
	      a/ Fondo de insolvencias
	    Cobertura genérica 4.500
	    Cobertura estadística 900
	
	[por la dotación de las coberturas genérica (0,5 por 100) y estadística del activo adquirido. Nótese que la cobertura estadística es solo la correspondiente al primer año (900.000 × 0,1 % × 1 año = 900) al ser esta cobertura acumulativa desde el inicio de la operación con el límite de tres veces la dotación mínima (0,1 por 100)]

4. OTRAS VENTAS EN FIRME DE ACTIVOS FINANCIEROS

Además de las ventas en firme de activos financieros contempladas en el apartado anterior, a las que podríamos denominar *ventas limpias,* que como hemos visto suponen, para la entidad cedente, la baja del activo del balance y el reconocimiento inmediato del resultado de la venta, existen otras ventas en firme de activos financieros que, debido a que los contratos de venta contienen determinadas particularidades, requieren un tratamiento contable diferenciado, tanto respecto de la baja, o no, del activo del balance, como en el reconocimiento del resultado de la venta. Estas operaciones se agrupan en: *Transferencias de Activos, Endosos y Participa-ciones.*

---

[7] Norma 11.ª 6 a 11. Véase en el Capítulo 5 la determinación y límites de la cobertura estadística.

4.1. Las Transferencias de Activos

Se denominan *Transferencias de Activos*, a las ventas en firme y hasta su vencimiento de un activo financiero, o masas de activos financieros, con todos sus riesgos, derechos y obligaciónes, cuando la entidad cedente ha efectuado alguna clase de transformación en el activo cedido que implique su presencia permanente en éste, tales como [8]:

- Fraccionamiento del activo original en cuotas.
- Creación de un instrumento negociable distinto del original.

La regulación contable distingue tres tipos diferentes de transferencias de activos [9]:

a) *Las participaciones hipotecarias*: son títulos nominativos mediante los que una entidad de crédito vende a término uno o varios préstamos hipotecarios, por cada una de las participaciones hipotecarias [10].

b) *La titulización de activos*: es la venta a término, por parte de una entidad, de parte de sus créditos u otros derechos que conllevan la percepción constante de dinero a un fondo (Fondo de Titulización), que con posterioridad emitirá, sobre la base de los créditos y derechos adquiridos, unos valores (bonos de titulización) para su negociación en un mercado secundario organizado [11].

c) *Otras cesiones en firme*: se consideran trasferencias de activos aquellas cesiones en firme que, no siendo participaciones hipotecarias, ni titulización de activos, ni endosos cambiarios, cumplan los siguientes requisitos [12]:

  i. Deben trasmitirse todos y cada uno de los derechos de los que sea titular el cedente, tanto sobre el principal, como sobre sus productos y accesorios, incluyendo los derechos de defensa legal y administración o gestión.

  ii. La cesión será por la totalidad del plazo restante hasta el vencimiento del activo.

  iii. La operación se recogerá en documento escrito, especificándose en el mismo que el cedente no asume responsabilidad por impago del deudor, y que cualquier modificación solo afectará al cesionario del activo.

  iv. El cedente no otorgará garantías respecto del buen fin de la operación, ni asumirá compromisos de anticipos de fondos al cesionario, antes de recibirlos del deudor.

---

[8] Norma 15.ª 1. El endoso de valores transmisibles por su propia naturaleza (letras de cambio, pagarés, etc.) entraría en este concepto de transferencia, por responder el cedente frente a todos los tenedores posteriores de la letra. Sin embargo, la circular ha querido dar a esta venta un tratamiento contable diferenciado.

[9] Norma 15.ª 2 y 6.

[10] Las participaciones hipotecarias están reguladas por el Real Decreto 1.289/1991, de 2 de agosto, por el que se modifican determinados artículos del Real Decreto 685/1982, de 17 de marzo, de Regulación del Mercado Hipotecario.

[11] Este proceso es conocido también como «*Asset Securititation*» en terminología anglosajona. Los Fondos de Titulización están conceptuados jurídicamente como patrimonios cerrados carentes de personalidad, por lo que su gestión y administración corresponde a entidades especializadas: Sociedades Gestoras de Fondos de Titulización. Véase el Capítulo 1.

[12] Norma 15.ª 2.

   v. No se prohibirán posteriores cesiones del activo, ni se condicionarán al consentimiento previo del cedente.

  vi. La administración del activo cedido y la defensa legal del cesionario podrá realizarla el cedente mediante, en su caso, un contrato revocable.

4.1.1. Tratamiento contable de las transferencias de activos

Los activos vendidos en firme hasta su vencimiento, cuando la cesión reúna los requisitos para ser conceptuada como transferencia de activo, tendrán el siguiente tratamiento contable en los estados financieros de la entidad cedente:

- *En el balance*:
  - — Los activos vendidos, así como sus correspondientes cuentas de periodificación, de fondos especiales, y cualquier otra cuenta compensadora, se deben dar de baja por el importe total vendido [13].
  - — El importe del activo vendido debe registrarse, hasta su amortización definitiva, en la cuenta de orden *Transferencias de Activos*, reduciéndose periódicamente en las cantidades parcialmente amortizadas [14].

- *En la cuenta de resultados*: las ganancias o las pérdidas habidas en las ventas de activos financieros, que tengan la consideración de transferencia de activos, se reconocerán como *«resultados por operaciones financieras»*, imputándose con el siguiente criterio [15]:
  - — *Si son pérdidas*: se registrarán en el mismo momento de efectuarse la operación y por la totalidad de las mismas.
  - — *Si son ganancias*: se registrarán en la medida en que éstas se devenguen, en el transcurso del tiempo, por la diferencia entre los intereses correspondientes a los activos transferidos y los intereses pactados con el cliente en la operación de cesión.

Ejemplo 7.2.—Una entidad de crédito procede, el 1 de enero de 20X0, a la titulización (venta en firme) de parte de su cartera de préstamos personales, mediante la constitución de un Fondo de Titulización al que se venderá en firme los préstamos titulizados, manteniendo la administración y gestión de éstos. Las características financieras de los préstamos vendidos son (en millones de euros):

Principal vendido	10.000
Interés nominal	10 %
Liquidación de intereses	Anual: 31.12
Amortización de Principales:	
Primer año	4.000
Segundo año	6.000

---

[13] Norma 15.ª 1 y 4.
[14] Norma 34.ª 6i.
[15] Norma 15.ª 7.

Para financiar la compra de los préstamos, el Fondo de Titulización emite «Bonos de titulización» por 10.000 millones de euros al 8 por 100, con pago anual de intereses e idéntico plan de amortización al de los préstamos adquiridos. Los bonos son colocados por el Fondo en el mercado y la entidad de crédito vendedora de los préstamos no suscribe ninguno.

La entidad de crédito no garantiza al Fondo de Titulización el riesgo de insolvencia de los préstamos vendidos y éste, anualmente, liquidará con la entidad de crédito el diferencial de intereses entre el correspondiente a los préstamos cedidos y el correspondiente a los bonos emitidos [16].

Los asientos contables a que dará lugar esta operación, en la entidad de crédito, son:

FECHA	REGISTRO CONTABLE	
01.01.20X0	10.000 Tesorería	
	a/ Otros Deudores a plazo. Préstamos personales	10.000
	(por la venta en firme de los préstamos al Fondo de Titulización)	
	160 Fondo de Insolvencias Cobertura genérica (1 %) Cobertura estadística (0,6 %)	
	a/ Recuperación de fondo de insolvencias	160
	(por la recuperación de los fondos de insolvencias constituidos sobre los préstamos vendidos, al no haberse aportado garantías sobre el riesgo de crédito de los préstamos vendidos)	
	10.000 Transferencias de Activos Otros activos Titulizados (RD 926/1998)	
	a/ Contrapartida de cuentas de orden	10.000
	(por el registro en cuentas de orden de los préstamos titulizados)	
31.12.20X0	200 Tesorería	
	a/ Beneficios por operaciones financieras. Por ventas de otros activos financieros	200
	[importe del diferencial de intereses liquidado por el fondo: 10.000 × (10 % – 8 %) = 200]	
	4.000 Contrapartida de cuentas de orden	
	a/ Trasferencias de Activos. Otros activos Titulizados (RD 926/1998)	4.000
	(reducción del saldo correspondiente al importe amortizado de los préstamos titulizados)	
31.12.20X1	120 Tesorería	
	a/ Beneficios por operaciones financieras Por ventas de otros activos financieros	120
	[importe del diferencial de intereses liquidado por el fondo: 6.000 × (10 % – 8 %) = 120]	
	6.000 Contrapartida de cuentas de orden	
	a/ Trasferencias de Activos Otros activos Titulizados (RD 926/1998)	6.000
	(importe correspondiente al saldo amortizado de los préstamos titulizados)	

[16] Por razones didácticas se ha considerado la no aportación de garantías para cubrir al Fondo de Titulización del riesgo de insolvencias, lo que no suele ser habitual. Cuando se aporta esta garantía deben constituirse, en la entidad cedente, fondos de insolvencias por un importe equivalente al que se hubiese hecho de no realizarse la titulización, y con el límite de las garantías comprometidas (Norma 11.ª 11).

4.2. El endoso cambiario

El endoso cambiario es una operación mediante la cual el tenedor de una letra (endosante o cedente) transfiere la titularidad de la misma a otra persona (endosatario o cesionario), produciendo, además de la transmisión del crédito, un efecto de garantía, por virtud del cual el cedente garantiza al cesionario el pago de la misma a su vencimiento, si el obligado principal no lo hace [17].

De esta forma, el endoso representa una operación de movilización de activos, equivalente a las transferencias citadas anteriormente, pero con un tratamiento contable diferenciado en lo que al reconocimiento de resultados se refiere.

4.2.1. Tratamiento contable del endoso cambiario

Los activos vendidos mediante operaciones de endoso tienen en los estados financieros de la entidad cedente del activo el siguiente tratamiento:

- *En el balance*:
  — Los activos vendidos, así como sus correspondientes cuentas de periodificación, fondos especiales, y sus cuentas compensadoras (productos anticipados de operaciones activas a descuento), se deben dar de baja por el importe total vendido [18].
  — El riesgo contraído ante el cesionario por un posible incumplimiento del obligado principal al pago de la letra, se debe registrar entre las cuentas de orden como un Pasivo Contingente: *efectos redescontados o endosados,* hasta la desaparición del riesgo en el vencimiento de la letra [19].

- *En la cuenta de resultados*: se reconocerán los resultados, tanto si son pérdidas como si son ganancias, por su totalidad, desde el momento en que se realice el endoso, como *resultados por operaciones financieras, por ventas de otros activos financieros* [20].

4.3. Las Participaciones

Las ventas de activos financieros a término, es decir, hasta su vencimiento, que no reúnan los requisitos para ser consideradas *ventas en firme, transferencias de activos* o *endosos cambiarios,* son consideradas como una *captación de fondos.* Por ello, el importe recibido en la cesión del activo financiero, se debe registrar como un pasivo en el balance de la entidad cedente, denominado *Participaciones.*

---

[17] Artículos 14 a 24 de la Ley Cambiaria y del Cheque, de 16 de julio de 1985.

[18] Norma 15.ª 1, 3 y 4. Existen dos excepciones a este criterio: los efectos procedentes de ventas a plazo (Norma 25.ª 6) y los efectos procedentes de operaciones de arrendamiento financiero (Norma 26.ª 2), en ellas la operación de endoso a otra entidad será considerada como un pasivo, no procediendo la baja en balance de los efectos endosados.

[19] Normas 15.ª 3 y 34.ª 2c.

[20] Norma 37.º 1e. Véase un ejemplo de redescuento en el Capítulo 5: El redescuento de créditos comerciales.

Específicamente, se consideran participaciones en los estados financieros de la entidad cedente del activo, las siguientes operaciones [21]:

- Las ventas en firme de contratos de crédito en cuenta corriente, o de cuantía ajustable periódicamente.
- Las ventas en firme de préstamos, u otros activos, en cuyo contrato original se prohiba la cesión a terceros
- Las cesiones de usufructos y nuda-propiedad de activos financieros.
- El descuento de efectos representativos de [22]:
  — Financiaciones directas de ventas a plazo
  — Operaciones de arrendamiento financiero

4.3.1. *Tratamiento contable de las participaciones*

El importe recibido en las operaciones conceptuadas como participaciones se debe registrar, dentro del pasivo de la entidad, como «Participaciones» en el epígrafe de *Acreedores*, periodificándose de acuerdo con las condiciones pactadas en el contrato de cesión [23]. En definitiva, el activo cedido continuará apareciendo en el balance de la entidad vendedora del activo, y el efectivo recibido por la venta se debe registrar como una financiación recibida:

Tesorería	a/	Acreedores. Participaciones
	(por el importe recibido de la venta del activo)	

Las cesiones de usufructos (intereses) y nudas-propiedades (principales) de activos financieros se consideran, en todos los casos, como participaciones y tienen un tratamiento contable diferenciado [24]:

- *Cesión usufructos*: el importe de la cesión se debe registrar como «participaciones» en el pasivo, periodificándose de acuerdo con el tipo de interés implícito de la operación, y dando de baja el principal, junto con los intereses devengados, a medida que vayan venciendo los intereses objeto del usufructo.

- *Cesión de nuda-propiedad*: Se deben tratar como una operación a descuento, registrándose en el pasivo por el valor de reembolso.

---

[21] Norma 15.ª 5.

[22] Normas 25.ª 6 y 26.ª 2. Se trata de dos excepciones al tratamiento contemplado para el endoso cambiario. Los contratos de préstamo de financiación para las ventas a plazo están específicamente regulados por la Ley 28/1998, de 13 de julio, de ventas a plazo de bienes muebles.

[23] Las operaciones con otras Entidades de Crédito o con el sector Administraciones Públicas españolas no disponen de epígrafe específico en el balance reservado.

[24] Norma 15.ª 5.

Ejemplo 7.3.—Una entidad de crédito concede, el 1 de enero de 20X0, un préstamo personal de 1.000.000 de euros a un año, al 10 por 100 de interés liquidable trimestralmente y con amortización única el 31 de diciembre de 20X0. El mismo día, 1 de enero de 20X0, realiza dos contratos de venta en firme, por:

a) 95.193 euros correspondientes a todos los intereses a recibir del préstamo.
b) 920.000 euros correspondientes al principal del préstamo.

Para registrar las operaciones en los libros de la entidad cedente deberemos:

En primer lugar, tenemos que calcular la tasa de coste interna (rentabilidad para el cesionario) de la cesión del usufructo:

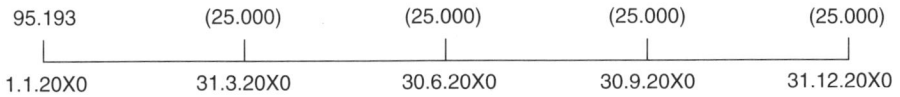

95.193	(25.000)	(25.000)	(25.000)	(25.000)
1.1.20X0	31.3.20X0	30.6.20X0	30.9.20X0	31.12.20X0

$$95.193 = \frac{25.000}{1 + i_4} + \frac{25.000}{(1 + i_4)^2} + \frac{25.000}{(1 + i_4)^3} + \frac{25.000}{(1 + i_4)^4}$$

$$i_4 = 2 \text{ \% (trimestral)}$$

que equivale, en tipo anualizado, a:

$$(1 + 0,02)^4 = 1 + i$$
$$i = 8,24 \text{ \% (anual)}$$

En segundo lugar, elaboramos el cuadro de amortización para la tasa interna anteriormente calculada:

Fecha	Capital Pendiente	Cuota Periódica		
		Total	Capital	Intereses
01.01.20X0	95.193	–	–	–
31.03.20X0	72.097	25.000	23.096	1.904
30.06.20X0	48.539	25.000	23.558	1.442
30.09.20X0	24.510	25.000	24.029	971
31.12.20X0	–	25.000	24.510	490
	Total	*100.000*	*95.193*	*4.807*

A su vez, el tipo interno de coste de la cesión de la nuda-propiedad vendrá dado por la expresión:

$$920.000 \times (1 + i) = 1.000.000$$
$$i = 8,69 \text{ \% (anual)}$$

Los asientos a efectuar serán [25]:

FECHA	Operación de préstamo	Venta del usufructo	Venta de la nuda-propiedad
01.01.20X0	1.000.000 Préstamos Personales a/ Tesorería 1.000.000 (por la concesión del préstamo)	95.193 Tesorería a/ Acreedores. Participaciones 95.193 (por la cesión de los usufructos)	920.000 Tesorería 80.000 Cuentas diversas. Intereses anticipados de recursos tomados a descuento a/ Acreedores. Participaciones 1.000.000 (por la cesión de la nuda-propiedad)
31.03.20X0	25.000 Tesorería a/ Intereses y rendimientos asimilados 25.000 (por el cobro de intereses del préstamo)	23.096 Acreedores. Participaciones 1.904 Intereses y cargas asimiladas a/ Tesorería 25.000 (por la cesión de los intereses)	20.000 Intereses y cargas asimiladas a/ Devengo de costes no vencidos 20.000 (periodificación de los rendimientos a pagar en la cesión: Periodificación lineal: 20.000 = 80.000/4)
30.06.20X0	25.000 Tesorería a/ Intereses y rendimientos asimilados 25.000	23.558 Acreedores. Participaciones 1.442 Intereses y cargas asimiladas a/ Tesorería 25.000	20.000 Intereses y cargas asimiladas a/ Devengo de costes no vencidos 20.000
30.09.20X0	25.000 Tesorería a/ Intereses y rendimientos asimilados 25.000	24.029 Acreedores. Participaciones 971 Intereses y cargas asimiladas a/ Tesorería 25.000	20.000 Intereses y cargas asimiladas a/ Devengo de costes no vencidos 20.000
31.12.20X0	1.025.000 Tesorería a/ Préstamos personales 1.000.000 a/ Intereses y rendimientos asimilados 25.000 (recuperación a su vencimiento)	24.510 Acreedores. Participaciones 490 Intereses y cargas asimiladas a/ Tesorería 25.000	1.000.000 Acreedores. Participaciones a/ Tesorería 1.000.000 (por el pago de la nuda-propiedad) 60.000 Devengo de costes no vencidos 20.000 Intereses y cargas asimiladas a/ Cuentas Diversas. Intereses. anticipados de Recursos tomados a descuento 80.000 (cancelación de la cuenta compensadora con los interees periodificados)

5. LAS CESIONES Y ADQUISICIONES TEMPORALES DE ACTIVOS FINANCIEROS

Una operación temporal con activos financieros es una operación de préstamo de fondos en la que, como garantía de la misma, se cede la propiedad de un determinado activo financiero, cuyo plazo de vencimiento es superior al de la operación. Por ello, al no tratarse de préstamos personales, suelen contratarse a tipos de interés inferiores al de éstos. La operación de préstamo se instrumenta como una venta en firme del activo y una compra posterior del mismo activo, pero a un precio diferente. La diferencia entre el precio de venta inicial y el mayor precio de compra posterior, representa un coste financiero para el vendedor inicial y un ingreso financiero para el comprador inicial [26].

---

[25] Por razones prácticas, las tres operaciones se periodifican trimestralmente, en cuyo caso, tanto para la operación de préstamo como para la cesión del usufructo, liquidación y registro del devengo, coinciden en fechas.

[26] La disposición adicional 12 de la Ley del Mercado de Valores (Ley 24/1988, de 28 de julio) introducida por la Ley 37/1998, define dos tipos de adquisición temporal de activos:

a) *Operación con pacto de recompra*: es aquélla en la que el titular de unos valores los vende hasta la amortización, conviniendo, simultáneamente, la recompra de valores de idénticas característis-

Las operaciones temporales se pueden construir sobre cualquier activo financiero, pero tienen una mayor relevancia las efectuadas con valores emitidos por las Administraciones Públicas (Deuda Pública). Pueden ser de dos tipos: *Cesiones Temporales* y *Adquisiciones Temporales.*

Una *Cesión Temporal* de activos financieros es un acuerdo para vender un activo financiero y, simultáneamente, comprar por un precio superior el mismo activo financiero, en una fecha posterior. La *Adquisición Temporal* es el lado opuesto de la Cesión Temporal, esto es, la compra de un activo financiero con un compromiso de reventa en una fecha posterior.

Desde el punto de vista del balance, la Cesión Temporal es una transacción que significa una entrada de dinero, generando por lo tanto un pasivo, y una Adquisición Temporal significa una salida de dinero, representando por tanto un activo.

El tratamiento contable de estas operaciones va a depender de si el compromiso de reventa es una opción que puede, o no, ejercer el comprador inicial (pacto de retrocesión opcional o no opcional) y, cuando este compromiso no es opcional, de si el activo financiero, objeto de la transacción, genera rendimientos periódicos antes de su vencimiento (activos con rendimientos explícitos), o se acumula todo su rendimiento hasta la fecha de amortización (activos con rendimientos implícitos o con cupón cero).

5.1. Tratamiento contable de las operaciones temporales con activos financieros

5.1.1. *Operaciones con pacto de retrocesión opcional* [27]

Cuando la recompra posterior del activo financiero, inicialmente vendido, sea un derecho a ejercer por el cesionario, el tratamiento contable será:

a) *Cesionario.* El comprador debe dar de alta los activos adquiridos, aplicándoles los criterios de valoración que, en función del tipo de activo, les corresponda (*v.g.* cartera de negociación, inversión ordinaria, etc.) [28].

b) *Cedente.* El vendedor debe considerar la operación como una venta en firme y reflejar la eventualidad de una posible recompra, a ejercer por el cesionario, entre los pasivos contingentes de las cuentas de orden: *Cesiones Temporales con opción de recompra,* por el importe convenido para la recompra, debiendo realizar, en su caso, provisiones por pérdidas potenciales si el precio de mercado del activo vendido, resulta inferior al precio de recompra convenido con el cesionario.

---

ticas, por igual valor nominal, en una fecha intermedia entre la de venta y la de amortización más próxima, aunque ésta sea parcial o voluntaria.

b) *Operación simultánea (o dobles):* es aquélla en la que se contrata, al mismo tiempo, dos compraventas de valores de sentido contrario, realizadas ambas con valores de idénticas características, y por el mismo nominal, pero con distinta fecha de ejecución, pudiendo ser ambas compraventas de contado con diferentes fechas de liquidación o plazo, o la primera al contado y la segunda a plazo.

[27] Norma 14.ª 4.

[28] Véase el Capítulo 6.

Cedente (vendedor)	Cesionario (comprador)
Tesorería a/ Activo vendido *(por la compra del activo con compromiso de reventa opcional a ejercer por comprador)*	Activo Comprado a/ Tesorería *(por la compra del activo con compromiso de reventa opcional)*
Compromisos y riesgos contingentes Cesiones Temporales con opción de recompra a/ Contrapartida de Cuentas de orden *(por el registro en cuentas de orden de la opción del comprador)*	
Pérdidas por operaciones financieras Dotación por pérdidas potenciales a/ Provisión por operaciones de futuro *(registro de las pérdidas potenciales que se sufriría, de ejercer el comprador su opción: Pérdidas Potenciales = Precio de recompra convenido – Precio de mercado)*	

5.1.2. Operaciones con pacto de retrocesión no opcional [29]

Cuando el compromiso de reventa no es optativo para el comprador inicial, el tratamiento contable será:

a) *Cedente*:
— El activo vendido temporalmente no se dará de baja y continuarán registrándose los intereses que se devenguen.
— El efectivo recibido por la venta se debe registrar como un pasivo frente al cesionario: *Cesiones Temporales de Activos*.

b) *Cesionario*: El efectivo pagado por la compra se debe registrar como un activo frente al cedente: *Adquisiciones Temporales de Activos*.

c) *Intereses de la operación*: En las operaciones temporales con activos financieros, el total de intereses que recibe el comprador (a pagar por el vendedor) está compuesto por la suma de:
— La diferencia entre el precio de compra inicial y el de venta posterior.
— En su caso, si el activo cedido liquida intereses periódicos (activos con intereses explícitos) y durante el periodo de cesión hubiese liquidación de ellos, los que se liquiden.

Por tanto, el devengo de intereses de estas operaciones debe tomar en consideración las características del activo cedido, desde el punto de vista de liquidación de intereses:

• *Activos con intereses implícitos*, también denominados *cupón cero*: los intereses de la operación temporal serán, exclusivamente, la diferencia entre el precio de compra y el de venta. Para el comprador, será un ingreso por intereses de la inversión realizada y, para el vendedor, un coste por intereses de la financiación recibida [30].

---

[29] Norma 14.ª 1.
[30] Norma 14.ª 2a.

- *Activos con intereses explícitos*, también conocidos como activos con *intereses periódicos*: los intereses de la operación estarán compuestos por la diferencia entre el precio de compra y el de venta, más, en su caso, los intereses que el activo financiero vaya a liquidar durante el plazo de la operación. Para el comprador, será un ingreso por intereses de la inversión realizada y, para el vendedor, un coste por intereses de la financiación recibida [31].

Ejemplo 7.4.—*Operación Temporal con activos financieros con intereses implícitos.*

El 1 de enero de 20X0, la entidad de crédito A adquiere un bono cupón cero por 900 euros, a un año, y reembolso por 1.000 euros.

El 31 de marzo siguiente, la entidad A cede el bono por 900 euros a la entidad de crédito B, con pacto de recompra no opcional el día 30 de septiembre, por 910 euros.

Fecha	Cedente (A)	Cesionario (B)
01.01.20X0	1.000 Cartera de Renta Fija a/ Tesorería 900 a/ Productos anticipados de operaciones activas a descuento 100 *(por la compra del bono)*	n.p.
31.03.20X0	900 Tesorería a/ Cesión Temporal de Activos 900 *(por la cesión temporal del bono con compromiso de recompra)* 25 Devengo de Productos no vencidos a/ Intereses y rendimientos asimilados 25 *(por la periodificación lineal de los intereses a recibir del bono: 100 × 3 / 12 = 25)*	900 Adquisición Temporal de Activos a/ Tesorería 900 *(por la adquisición temporal del bono con compromiso de reventa)*
30.06.20X0	5 Intereses y cargas asimiladas a/ Devengo de costes no vencidos 5 *[por la periodificación lineal de la diferencia entre el precio de venta(900) y el de recompra (910): 5 = 10 × 3/6)]* 25 Devengo de Productos no vencidos a/ Intereses y rendimientos asimilados 25 *(por la periodificación de intereses desde 31.3 hasta 30.6)*	5 Devengo de Productos no vencidos a/ Intereses y rendimientos asimilados 5 *[por la periodificación lineal de la diferencia entre el precio de venta(900) y el de recompra (910): 5 = 10 × 3/6)]*
30.09.20X0	900 Cesión Temporal de Activos 5 Devengo de costes no vencidos 5 Intereses y cargas asimiladas a/ Tesorería 910 *(por la cancelación de la operación temporal a su vencimiento)* 25 Devengo de Productos no vencidos a/ Intereses y rendimientos asimilados 25 *(por la periodificación de intereses desde 30.6 hasta 30.9)*	910 Tesorería a/ Adquisición Temporal de Activos 900 a/ Devengo de productos no vencidos 5 a/ Intereses y rendimientos asimilados 5
31.12.20X0	1.000 Tesorería 100 Productos anticipados de operaciones activas a descuento a/ Cartera de Renta Fija 1.000 a/ Devengo de productos no vencidos 75 a/ Intereses y rendimientos asimilados 25 *(por la liquidación del bono)*	n.p.

---

[31] Norma 14.ª 2b.

Ejemplo 7.5.—*Operación Temporal con activos financieros con intereses explícitos.*

La entidad de crédito A adquiere, el 1 de enero de 20X0, deuda pública por un nominal de 1.000 euros y vencimiento a diez años, al 6 por 100 de interés anual y con liquidación cada dos meses naturales (convención de calendario 30/360). El 1 de febrero cede, hasta el día 30 de junio siguiente, el nominal adquirido por 900 euros incluido el cupón corrido, con compromiso de recompra no opcional por 910 euros.

En primer lugar, debemos calcular el importe a periodificar de la operación, teniendo en cuenta los cupones intermedios (todos ellos son de igual importe, al ser la convención cronológica 30/360) que va a recibir directamente el comprador (cesionario).

Precio de venta	900 €
Precio de recompra	910 €
Diferencia	*10 €*
Cupón del 28/2	10 €
Cupón del 30/4	10 €
Cupón del 30/6	10 €
Total a cobrar por el comprador	*40 €*

Importe mensual a periodificar:
$$40/5 = 8$$

Fecha	Cedente (A)	Cesionario (B)

01.01.20X0	1.000 Cartera de Renta Fija
	   a/ Tesorería 1.000
	   (por la compra de la Deuda)
		n.p.

31.01.20X0	5 Devengo de Productos no vencidos
	   a/ Intereses y rendimientos asimilados 5
	   (por la periodificación de intereses
	   5 = 1.000 × 6 % × 30/360)
		n.p.

01.02.20X0	900 Tesorería
	   a/ Cesión Temporal de Activos 900
	   (por la venta con compromiso de recompra)
		900 Adquisición Temporal de Activos
		   a/ Tesorería 900
		   (por la compra con compromiso de reventa)

28.02.20X0	5 Devengo de Productos no vencidos
	   a/ Intereses y rendimientos asimilados 5
	   (por la periodificación de intereses 5 = 1.000 × 6 % × 30/360)
	
	8 Intereses y cargas asimiladas
	   a/ Devengo de costes no vencidos 8
	   (por la periodificación mensual de intereses de la cesión temporal: 8 = 40/5)
	
	8 Devengo de costes no vencidos
	   a/ Devengo de productos no vencidos 8
	   (compensación de las cuentas de periodificación en el cobro de cupones)
		·n.p.
		
		8 Devengo de productos no vencidos
		   a/ Intereses y rendimientos asimilados 8
		   (por la periodificación mensual de intereses de la cesión temporal: 8 = 40/5)
		
		10 Tesorería
		   a/ Devengo de productos no vencidos 8
		   a/ Diversas. Otros conceptos 2
		   (por el cobro del cupón) [32]

(Continúa)

[32] La norma 14.ª 2b. refiriéndose al momento del cobro de cupones, requiere que el cedente compense las cuentas de periodificación cancelando la diferencia, de haberla, al final de la operación. Por el contrario, para el cesionario requiere el uso de cuentas diversas para compensar la diferencia entre lo periodificado y lo cobrado, cancelándolas al vencimiento.

(Continuación)

Fecha	Cedente (A)	Cesionario (B)

31.03.20X0	8 Intereses y cargas asimiladas
	    a/ Devengo de productos no vencidos 8
	    (por la periodificación mensual de intereses de la cesión temporal: 8 = 40/5)
	
	5 Devengo de Productos no vencidos
	    a/ Intereses y rendimientos asimilados 5
	    (por la periodificación de intereses 5 = 1.000 × 6 % × 30/360)
		8 Devengo de Productos no vencidos
		    a/ Intereses y rendimientos asimilados 8
		    (por la periodificación mensual de intereses de la adquisición temporal: 8 = 40/5)

30.04.20X0	5 Devengo de Productos no vencidos
	    a/ Intereses y rendimientos asimilados 5
	    (por la periodificación de intereses 5 = 1.000 × 6 % × 30/360)
	
	8 Intereses y cargas asimiladas
	    a/ Devengo de costes no vencidos 8
	    (por la periodificación mensual de intereses de la cesión temporal: 8 = 40/5)
	
	10 Devengo de costes no vencidos
	    a/ Devengo de productos no vencidos 10
	    (compensación de las cuentas de periodificación en el cobro de cupones)
		8 Devengo de Productos no vencidos
		    a/ Intereses y rendimientos asimilados 8
		    (por la periodificación mensual de intereses de la adquisición temporal: 8 = 40/5)
		
		10 Tesorería
		    a/ Devengo de productos 10
		    (por el cobro del cupón)

31.05.20X0	5 Devengo de Productos no vencidos
	    a/ Intereses y rendimientos asimilados 5
	    (por la periodificación de intereses 5 = 1.000 × 6 % × 30/360)
	
	8 Intereses y cargas asimiladas
	    a/ Devengo de productos no vencidos 8
	    (por la periodificación mensual de intereses de la cesión temporal: 8 = 40/5)
		8 Devengo de Productos no vencidos
		    a/ Intereses y rendimientos asimilados 8
		    (por la periodificación mensual de intereses de la adquisición temporal: 8 = 40/5)

30.06.20X0	5 Devengo de Productos no vencidos
	    a/ Intereses y rendimientos asimilados 5
	    (por la periodificación de intereses 5 = 1.000 × 6 % × 30/360)
	
	8 Intereses y cargas asimiladas
	    a/ Devengo de costes no vencidos 8
	    (por la periodificación mensual de intereses de la cesión temporal: 8 = 40/5)
	
	900 Cesión Temporal de Activos
	22 Devengo de costes
	    a/ Tesorería 910
	    a/ Devento de productos no vencidos 12
	    (liquidación de la cesión temporal al vencimiento, con compensación de cuentas de periodificación)
		8 Devengo de Productos no vencidos
		    a/ Intereses y rendimientos asimilados 8
		    (por la periodificación mensual de intereses de la adquisición temporal: 8 = 40/5)
		
		900 Tesorería
		2 Cuentas diversas. Otros conceptos
		    a/ Adquisición Temporal de Activos 900
		    a/ Devento de productos 22
		    (liquidación de la adquisición temporal (910) y cobro de cupón (10) al vencimiento, con compensación de Cuentas de Periodificación y Diversas procedente de 28.2.20X0)

5.1.3.   *Operaciones con pacto de retrocesión a la vista* [33]

El pacto de retrocesión de una operación sobre activos financieros será a la vista cuando el cesionario puede exigir el compromiso de recompra, por parte del cedente, en cualquier momento a lo largo del periodo de la operación, debiendo realizarse necesariamente, de no haberse exigido antes, al final de ese periodo.

Los criterios contables a aplicar son los mismos que los indicados para las operaciones señaladas en el apartado anterior. La periodificación de los intereses se debe realizar a partir de la rentabilidad interna acordada en el contrato.

---

[33] Norma 14.ª 3.

6. EL PRÉSTAMO DE VALORES

El elemento característico de un contrato de préstamo, en general, es que una de las partes del contrato (el prestamista) entrega a la otra parte del contrato (el prestatario) alguna cosa, para que haga uso de ella durante un cierto tiempo (el plazo del contrato), con la condición de devolver otro tanto de la misma especie y calidad [34].

En su acepción más popular, a través de un contrato de préstamo lo que se trasmite es dinero, por lo que a veces se les denomina a este tipo de contratos *préstamos de dinero*. Pero también es posible prestar títulos-valores, los cuales se entregan al prestatario para que haga uso de ellos durante el plazo del préstamo, con la condición de que, a su vencimiento, devuelva otros tantos de idéntica clase y condiciones [35].

Por su parte, la regulación contable de las entidades de crédito define los contratos de préstamos de valores en los siguientes términos [36]:

> *«Se entiende por préstamo de valores la operación por la que el prestatario recibe la plena titularidad de unos valores sin efectuar ningún desembolso, salvo el depósito de fianzas o el pago de comisiones, con el compromiso de devolver otros tantos de la misma clase de los recibidos».*

Así pues, el préstamo de valores implica, al menos, a dos personas: el prestamista y el prestatario [37]. Como consecuencia del contrato, el prestatario adquiere la propiedad de los títulos recibidos en préstamo y puede disponer de ellos, cediéndolos temporalmente e incluso hasta su vencimiento. Por el contrario, el prestamista deja de tener la titularidad de los valores, durante el plazo del contrato, a cambio de recibir algún tipo de remuneración (generalmente el cobro de algún tipo de comisión).

Los elementos característicos de un contrato de préstamo de valores son:

Para el prestamista:
— Transfiere la propiedad de los valores prestados al prestatario.
— Mantiene el rendimiento, así como los derechos asociados a los valores prestados (cobro de cupones, dividendos, derechos políticos, etc.) [38].

---

[34] Artículo 1.740 del Código Civil.

[35] Artículo 312 del Código de Comercio. Estas operaciones no deben confundirse con: a) *el préstamo con garantía de valores* , que es un préstamo de dinero con simultánea pignoración de valores en garantía del préstamo (artículos 320 al 324 del Código de Comercio); ni con b) *el sistema de crédito en operaciones bursátiles de contado* regulado por la O.M. de 25 de marzo de 1991. Por otra parte, las expresiones inglesas « *Securities Lending»* y *«Stock Loan contracts»* recogen, además del concepto de préstamo de valores del Código de Comercio, las operaciones con pacto de recompra , las permutas de valores y otras operaciones .

[36] Norma 16.ª 1.

[37] Pueden, a su vez, existir unos intermediarios o «broker» que suelen ser entidades con servicio de custodia de valores, o las propias cámaras de compensación de los mercados CEDEL (Centrale de Livraison de Valeurs Mobilières), EUROCLEAR, etc.

[38] Esta característica aproxima el contrato de préstamo de valores más al contrato de comodato, por el que el prestatario adquiere el uso de los valores, pero no sus frutos (artículos 1.741-48 del Código Civil), que al contrato de préstamo (artículos 1.753-57 del Código Civil).

Para el prestatario:
— Adquiere la titularidad de los valores recibidos en préstamo.
— Paga al prestamista una comisión por el riesgo asumido por éste.

Las causas que motivan la operación de préstamo de valores son variadas, pero suelen obedecer a procesos de compensación y entrega de títulos, además de para aumentar la liquidez de un valor. Los prestamistas de valores suelen ser inversores institucionales a largo plazo, que tratan de aumentar la rentabilidad de su cartera de valores sin asumir excesivos riesgos (*v.g.* Fondos de Pensiones, de Inversión Colectiva, etc.). Los prestatarios de valores suelen ser gestores de carteras de valores muy activos y, con frecuencia, el grupo de los llamados *Creadores de Mercado* [39], que necesitan disponer de los valores para los procesos de compensación, para entregarlos a clientes, etc.

6.1. Tratamiento contable

Un aspecto importante que se debe tener en cuenta en las operaciones de préstamo de valores es que, con la excepción de, en su caso, el pago de comisiones por parte del prestatario, *no existe movimiento de dinero sino de valores*, por lo que, para reflejar la operación se da entrada a cuentas contables que reflejan que se han prestado valores (*Préstamo de valores*) en el activo del balance del prestamista, o que se han recibido valores en préstamo (*Acreedores por valores. Por préstamos*) en el pasivo del balance del prestatario.

6.1.1. Prestamista de los valores [40]

- Debe dar de baja de su cartera de valores los títulos prestados, por el importe que estuviesen valorados, según la clase de cartera en que estuviesen incluidos (Cartera de Negociación, Inversión,etc.).
- Debe dar de alta un activo denominado *Préstamo de valores*, dentro del sector al que corresponda el prestatario (entidades de crédito, residentes, no residentes), el cual reconoce la existencia de un derecho a recibir, al vencimiento del contrato, los valores prestados.

Entidades de Crédito. Préstamos de valores	a/	Cartera de valores
(por los valores prestados a otras Ecas)		
Créditos a otros sectores residentes. Préstamos de valores	a/	Cartera de valores
(por los valores prestados a residentes)		

---

[39] Se trata de un grupo restringido de entidades que adquieren una serie de compromisos especiales (frente al Tesoro Público para el caso de Creadores del Mercado de Deuda Pública), relativos a la colocación y funcionamiento del mercado, y cuya función es favorecer la liquidez del mercado y el buen funcionamiento del mismo.

[40] Norma 16.ª 2.

- La cuenta de *Préstamo de valores* se debe valorar y, en su caso, se debe sanear, con el mismo criterio que se hubiese seguido con los valores dados en préstamo [41]. En caso de necesidades de coberturas, la cuenta de compensación en que deben registrarse dichas coberturas será «Fondos de Insolvencias» en lugar de «Fondo de fluctuación de valores».
- Los valores prestados continuarán devengando los intereses que le correspondan, y en su caso los dividendos anunciados o cobrados, pero su rendimiento en lugar de considerarse de la Cartera de Valores, se considera de préstamos concedidos (*Intereses y rendimientos asimilados de préstamos de valores*).

Devengo de Productos no vencidos	a/	Intereses y rendimientos asimilados. Por préstamos de valores
(por la periodificación de intereses de valores dados en préstamo)		

6.1.2. *Prestatario de los valores* [42]

- Debe dar de alta, como un activo de su Cartera de Valores, los valores que ha recibido en préstamo, utilizando como precio de adquisición el de mercado del día de la operación, de acuerdo con el principio del precio de adquisición [43].
- Debe dar de alta, como una financiación recibida del sector al que corresponda el prestamista, la cuenta«*Acreedores por valores. Por Préstamos*», valorándose, inicialmente, por el precio de mercado de los valores recibidos el día de la operación.

Cartera de valores	a/	Entidades de crédito Acreedores por valores. Por préstamo
(por los valores recibidos en préstamo de otra Eca)		
Cartera de valores	a/	Acreedores. Otros sectores residentes. Acreedores por valores. Por préstamo
(por los valores recibidos en préstamo de titulares incluidos en el sector residente))		
Cartera de valores	a/	Acreedores no residentes. Acreedores por préstamos de valores
(por los valores recibidos en préstamo de titulares incluidos en el sector no residente)		

---

[41] Excepcionalmente cuando el préstamo tenga un plazo de vencimiento superior a tres meses, los valores no podrán valorarse con criterios de Cartera de Negociación (Norma 8.ª 1h.I). Véase en el Capítulo 6 los criterios de la Cartera de Negociación.

[42] Norma 16.ª 3.

[43] Véase el Capítulo 3.

- Los importes registrados en ambas cuentas, «cartera de valores» y «acreedores por préstamo de valores», como consecuencia de la operación de préstamo de valores, se deben valorar posteriormente de acuerdo con el criterio que se vaya a seguir con los valores recibidos en préstamo (cartera de negociación, inversión, etc.). Por ello, y mientras la entidad prestataria no realice ninguna transacción con los valores recibidos en préstamo, la operación en sí misma no genera ningún tipo de resultado neto en la entidad prestataria [44].

Ejemplo 7.6.—La entidad A suscribe y desembolsa, a la par, el 1 de enero de 20X0, un bono de 1.000.000 de euros nominales a diez años al 6 por 100 de interés liquidable anualmente. El día 1 de febrero de 20X0 presta el bono a la entidad B, hasta el día 31 de marzo de 20X0. El bono se incluye en ambas entidades dentro de la Cartera de Negociación. El contrato de préstamo no incluye el pago de ningún tipo de comisión por el préstamo concedido.

Las cotizaciones relevantes del bono son:

Fecha	Cotización (%)
31.01.20X0	101,5
01.02.20X0	102,0
28.02.20X0	99,8
31.03.20X0	100,1

Fecha	Prestamista (A)	Prestatario (B)

01.01.20X0	1.000.000 Cartera de Renta Fija
	    a/ Tesorería 1.000.000
	    (por la compra del bono)
		n.a.

31.01.20X0	15.000 Cartera de Renta Fija
	    a/ Intereses y rendimientos asimilados 5.096
	      (1.000.000 × 0,06 × 31/365)
	    a/ Beneficios por operaciones financieras.
	      En la cartera de Negociación 9.904
	    [por la revaluación del bono a precios de mercado,
	    distribuyendo la revaluación entre intereses devengados
	    y plusvalía del mercado 15.000 = 1.000.000 (101,5%-100%)] [45]
		n.a.

01.02.20X0	5.000 Cartera de Renta Fija.
	    a/ Intereses y rendimientos asimilados 164
	      (1.000.000 x 0,06 x 1 /365)
	    a/ Beneficios por operaciones financieras.
	      En la cartera de Negociación 4.836
	    [por la revaluación del bono a precios de mercado,
	    distribuyendo la revaluación entre intereses devengados
	    y plusvalía del mercado 5.000 = 1.000.000 (102 % −101,5%)]
	
	1.020.000 Préstamos de Valores
	    a/ Cartera de Renta Fija 1.020.000
	    (por el préstamo de valores a B)
		n.a.
		
		1.020.000 Cartera de Renta Fija
		    a/ Acreedores por valores.
		      Por Préstamo 1.020.000
		    (por los valores recibidos en préstamo de A)

(Continúa)

---

[44] Con la excepción de las comisiones que se puedan tener que pagar a la entidad prestamista.

[45] Véase la distribución de resultados en la cartera de negociación, en el Capítulo 6.

(Continuación)

Fecha	Prestamista (A)	Prestatario (B)
28.02.20X0	22.000 Dotación al Fondo de Insolvencias 　　　　a/ Fondo de Insolvencias　　22.000 *[por la evaluación del préstamo de valores con el mismo* *criterio que los valores prestados tenían (negociación* *22.000 = 1.000.000 (99,8-102,0)]*	22.000 Acreedores por valores. Por préstamos. 　　　　a/ Beneficios por operaciones 　　　　　　financieras. En la cartera de 　　　　　　negociación　　　　　　22.000 22.000 Pérdidas por operaciones financieras. 　　　　En la cartera de negociación 　　　　a/ Cartera de renta fija　　22.000 *(por la valoración de la cartera de renta fija —cartera de* *negociación— y la cuenta de acreedores por valores* *—a los precios de mercado)*
31.03.20X0	1.001.000 Cartera de Renta Fija 　　　　　　*(1.000.000 × 100,1 %)* 　 22.000 Fondo de Insolvencias 　　　　　a/ Préstamo de valores　　1.020.000 　　　　　a/ Recuperación de Fondo 　　　　　　　de Insolvencias　　　　3.000 *(por la recuperación de los valores dados en préstamo, y del* *fondo de insolvencias que cubría el préstamo de valores)*	998.000 Acreedores por valores 　　　　　a/ Cartera de Renta Fija　　998.000 *(por la devolución de los valores recibidos en préstamo)*

7. LA VENTA DE ACTIVOS FINANCIEROS EN DESCUBIERTO O VENTAS EN CORTO

Como hemos visto en los apartados anteriores, los valores recibidos por el cesionario, en las operaciones temporales, o por el prestatario, en el préstamo de valores, pasan a ser propiedad de éstos *durante el periodo que dura el contrato* (plazo de la operación). En consecuencia, el prestatario, o en su caso el cesionario, puede a su vez efectuar operaciones con estos valores sin ninguna restricción, siempre y cuando el plazo de estas operaciones sea inferior al de la operación inicial, pues sólo se es legítimo propietario durante este plazo.

Así, una entidad que hubiese adquirido temporalmente valores hasta el día *t* podría a su vez cederlos con vencimiento, como máximo, el día *t*:

Adquisición temporal de activos	a/	Tesorería
(Por la adquisición temporal de valores hasta el día t)		
Tesorería	a/	Cesión temporal de activos
(por la cesión de valores hasta, como máximo, el día t, adquiridos temporalmente hasta el día t)		

A su vez, si la entidad hubiese recibido los valores en préstamo con vencimiento el día *t*, podría efectuar, en principio, estas dos operaciones con los valores:

- Cederlos temporalmente con un vencimiento, como máximo, el día *t*.
- Prestarlos, como máximo, hasta el día *t*.

Cartera de valores	a/	Acreedores por valores. Por préstamos.
(Por la adquisición de valores en préstamo hasta el día t)		
Tesorería	a/	Cesión temporal de activos
(por la cesión temporal de valores hasta, como máximo, el día t, adquiridos en préstamo hasta el día t)		
Préstamos de valores	a/	Cartera de valores
(por el préstamo de valores hasta, como máximo, el día t, adquiridos, a su vez, en préstamo hasta el día t)		

Es decir, la entidad, al ser propietaria de los valores durante un periodo de tiempo inferior al del vencimiento final de los valores, no debería vender en firme estos valores y, en caso de hacerlo, ha vendido algo que realmente no posee, o mejor dicho, no lo posee completamente, pues los valores han sido adquiridos durante un plazo, al final del cual deben devolverse. Pues bien, cuando, a pesar de eso, la entidad procede a la venta en firme de los valores, se dice que se ha producido una *venta en descubierto*, también llamada *venta en corto* o *posición corta en el valor*.

Una venta en corto es la venta en firme, hasta el vencimiento, de un activo financiero que no se posee plenamente para todo ese plazo. Generalmente, el objetivo perseguido al efectuar ventas en corto es especular a una caída en el precio del activo vendido, de tal suerte que, si esto se produce, la entidad, al tener que comprar el activo a un precio inferior al de venta, obtendría un beneficio.

Ejemplo 7.7.—Supongamos que una entidad adquiere en préstamo, durante tres meses, un bono con vencimiento final dentro de cinco años, siendo el precio de mercado del bono, el día del préstamo, de 1.000 euros. Dado que dentro de tres meses la entidad debe proceder a devolver el bono, no obstante, si las expectativas de la entidad son que, en esa fecha, el valor del bono en el mercado será de 900 euros y hoy puede venderlo en firme por 970 euros, la operación de venta en descubierto consistiría en:

	Movimientos	
Operación	**Número de Valores**	**Importe Efectivo**
Al inicio:		
Pedir valores en préstamo durante 3 meses	1	–
Vender valores en firme	(1)	970
A los tres meses:		
Comprar valores a los 3 meses	1	900
Devolver el préstamo de valores	(1)	–
Resultado de la operación	–	***70***

Así pues, si las expectativas se cumplen, la entidad habrá obtenido de la venta en descubierto un beneficio de 70 euros.

Pues bien, cuando se produce esta situación, la venta en firme de los valores, al originar una venta en descubierto, tiene la característica, tanto si los valores fueron adquiridos en préstamo como si lo fueron en adquisición temporal, de que los resultados de la venta no se reconocen en el momento de realizarse ésta, sino a lo largo del periodo que dure la venta en descubierto (desde la fecha de venta en firme y la fecha en que los valores se tienen que devolver), y con un criterio distinto según que los valores estén incluidos, o no, como Cartera de Negociación.

7.1. Ventas en firme de activos adquiridos con pacto de retrocesión no opcional [46]

Cuando los valores adquiridos temporalmente, mediante una operación de cesión temporal de activos *(Adquisición temporal de activos),* son vendidos en firme, la operación se debe registrar en el balance del cesionario como un pasivo, mediante la cuenta *Acreedores por valores. Por descubiertos en cesiones*:

Tesorería	a/ Acreedores por valores. Por descubiertos en cesiones
(por la venta en firme de valores adquiridos temporalmente)	

Ejemplo 7.8.—Considerando los mismos datos planteados en el ejemplo 7.4, suponemos que, el día 1 de febrero, el cesionario (Cesionario I) vende en firme a un segundo cesionario (Cesionario II) los activos adquiridos en la operación, y por igual importe, es decir, 900 euros.

Los asientos a efectuar, en esa fecha, por el cedente y los dos cesionarios, serían:

Fecha	Cedente	Cesionario-I	Cesionario-II
01.02.20X0	900 Tesorería a/ Cesión temporal de activos 900 *(por la cesión temporal a Cesionario I)* n.p.	900 Adquisición temporal de activos a/ Tesorería 900 *(por la adquisición temporal a Cedente)* 900 Tesorería a/ Acreedores por valores. Por descubiertos en cesiones 900 *(por la venta en firme a Cesionario II de valores adquiridos temporalmente: Venta en descubierto)*	n.p. 900 Cartera de valores a/ Tesorería 900 *(por la compra en firme de valores a Cesionario I)*

Como vemos, el descubierto por venta de valores queda reflejado en el balance de Cesionario I a través de la cuenta *Acreedores por valores. Por descubiertos en cesiones,* cuya valoración posterior se tratará más adelante.

---

[46] Norma 14.ª 5.

7.2. Ventas en firme de valores recibidos en préstamo [47]

Como hemos visto, al recibir valores en préstamo, al no existir desembolso de efectivo, los valores recibidos se incorporan a la cartera del prestatario y la obligación de tener que devolver los valores se debe registrar en un epígrafe específico *Acreedores por valores. Por préstamos*:

Cartera de Valores	a/	Acreedores por valores. Por préstamos
	(por el registro de valores recibidos en préstamo)	

Dado que ambas cuentas se valoran con el mismo criterio, según la cartera a que estén asignados los valores adquiridos (negociación, inversión, etc.), en tanto no se efectúen transacciones posteriores con los valores, el resultado neto es nulo, es decir, las ganancias o pérdidas en la cartera de valores se compensarán con los resultados, pérdidas o ganancias, en *acreedores por valores, por préstamos* [48].

Cuando los valores recibidos en préstamo se venden en firme (venta en descubierto), la entidad debe registrar la operación como una baja de la cartera, por el importe que estén valorados los títulos vendidos en firme:

Tesorería	a/	Cartera de valores
	(por la venta en firme de valores recibidos en préstamo: venta en descubierto)	

Así pues, el descubierto, en este caso, queda reflejado en la cuenta *Acreedores por valores. Por Préstamo* registrada al tomar los valores en préstamo, y cuya valoración, junto con la otra modalidad de descubierto (por cesiones), veremos a continuación.

7.3. Valoraciones posteriores de las ventas en descubierto

Como hemos visto, las ventas en descubierto, dependiendo del origen de los valores, quedan reflejadas en el balance de la entidad en dos posibles cuentas de pasivo:

- *Acreedores por valores. Por préstamos.*
- *Acreedores por valores. Por descubiertos en cesiones.*

Estas cuentas deben continuar siendo valoradas después de efectuada la venta y generado el descubierto, con el fin de ir recogiendo las fluctuaciones en los precios de los valores vendidos, y ahora debidos. Los criterios que se deben aplicar para valorar estas cuentas van a depender de si los valores vendidos y debidos forman parte, o no, de la cartera de negociación.

---

[47] Norma 16.ª 3.
[48] Véase, en el ejemplo 7.6, la contabilidad del prestatario.

- *Si los valores formaban parte de la Cartera de Negociación*: se valorarán a precios de mercado de los valores, registrando las diferencias como *resultados por operaciones financieras,* del signo que sean.
- *Si los valores no formaban parte de la Cartera de Negociación:* en este caso la venta tiene dos consecuencias:
  - La venta de los valores no supondrá ningún resultado, por lo que la diferencia entre el precio de venta y el valor por el que estuviesen registrados los valores en la cartera, se debe reflejar contra las cuentas de *«Acreedores por valores».*
  - Las cuentas de *«Acreedores por valores»* se sanearán si de la evolución de los precios se desprendiesen pérdidas para la entidad [49], con fondos de fluctuación de valores.

Ejemplo 7.9.—Se adquieren, durante cuatro meses, valores en préstamo correspondientes a bonos con cupón semestral al 6 por 100, no estando en ese momento ningún importe devengado por cupones, y siendo en ese momento su valor de mercado de 1.000 euros.

Un mes después de efectuar la operación, se venden en firme los valores por 1.100 euros. Los valores de mercado, al final del segundo, tercer y cuarto mes, son 1.150, 900 y 1.300 euros, respectivamente.

Efectuar los asientos contables, considerando que: a) los valores se incluyen como cartera de negociación; b) los valores no se incluyen como cartera de negociación.

Momento	Cartera de negociación	Cartera de inversión ordinaria

T	1.000 Cartera de Renta Fija
	    a/ Acreedores por valores.
	      Por Préstamos 1.000
		1.000 Cartera de Renta Fija
		    a/ Acreedores por valores.
		      Por Préstamos 1.000

	(al tomar los valores en oréstamo)	

T + 1 mes	1.100 Tesorería
	    a/ Cartera de Renta Fija 1.000
	    a/ Beneficios por operaciones
	      financieras 100
	(por la venta de los valores tomados en préstamo, incluidos como cartera de negociación)
		1.100 Tesorería
		    a/ Cartera de Renta Fija 1.000
		    a/ Acreedores por valores.
		      Por préstamos 100
		(por la venta de los valores tomados en préstamo, incluidos como cartera de inversión ordinaria, registrando el beneficio de la venta –100– en la cuenta Acreedores por valores)

	100 Pérdidas por operaciones financieras
	    En la Cartera de Negociación
	    a/ Acreedores por valores.
	      Por préstamos 100
	(por la valoración de la cuenta Acreedores por valores a los nuevos precios de mercado –1.100–)	

T + 2 meses	50 Pérdidas por operaciones financieras.
	    En la Cartera de Negociación
	    a/ Acreedores por valores.
	      Por Préstamos 50
	(por la valoración de la cuenta Acreedores por valores a los nuevos precios de mercado –1.150–)
		50 Pérdidas por operaciones financieras.
		    En la Cartera de renta fija. Dotación al FFV
		    a/ Fondo de Fluctuación
		      de valores 50
		(por el saneamiento de la cuenta de Acreedores por valores, por incremento de los precios de mercado de los que se derivan pérdidas potenciales)

(Continúa)

---

[49] Al estar valorando un pasivo, esta situación sólo se producirá si aumenta el valor de los valores debidos y vendidos en firme.

(Continuación)

Momento	Cartera de negociación	Cartera de inversión ordinaria
T + 3 meses	250 Acreedores por valores. Por préstamos a/ Beneficios por operaciones financieras. En la Cartera de negociación 250 *(por la revaluación de Acreedores por valores, a precios* *de mercado de los valores los –900–)*	50 Fondo de Fluctuación de valores a/ Beneficios por operaciones financieras. En la cartera de renta fija. Disponibilidad FFV 50 *(por la recuperación del FFV al haber bajado el precio* *de mercado de los valores –900–)*
T + 4 meses	400 Pérdidas por operaciones financieras. En la Cartera de Negociación a/ Acreedores por valores. Por préstamos 400 *(por la valoración de la cuenta Acreedores por valores,* *a los nuevos precios de mercado –1.300–)* 1.300 Acreedores por valores. Por préstamos a/ Tesorería 1.300 *(por la devolución de los valores recibidos en préstamo)*	1.100 Acreedores por valores. Por préstamos 200 Pérdidas por operaciones financieras En la cartera de renta fija a/ Tesorería 1.300 *(por la devolución de los valores recibidos en préstamo)*

8. LA SEGREGACIÓN DE VALORES O *STRIPS*

8.1. Concepto de segregación de valores

La segregación de valores, o *strip,* es un proceso por el que un título de renta fija con intereses explícitos (*v.g.* un bono a cinco años con pago anual de intereses), con pago periódico de intereses y, en su caso, de principal, se descompone en tantos títulos de renta fija con intereses implícitos (bonos cupón cero), como número de pagos tenga el título segregado.

Por ejemplo, supongamos un bono a tres años con pagos anuales (a_1, a_2 y a_3). Este bono puede ser descompuesto en tres bonos cupón cero, con vencimiento a uno, dos y tres años, respectivamente.

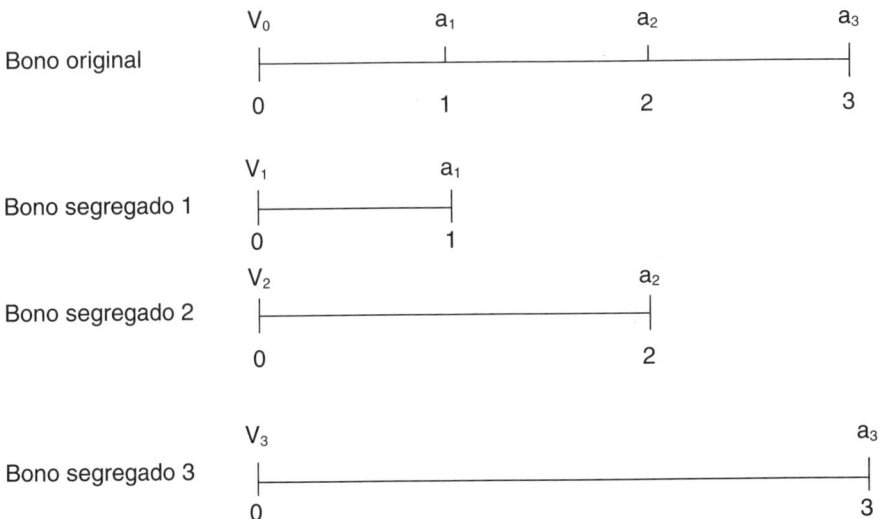

Es decir, mediante la segregación de valores se convierte un título de renta fija y periódica, en bonos cupón cero [50],o de rendimiento implícito, cuyas propiedades financieras son diferentes de las de los títulos de renta fija con rendimiento explícito. Por otra parte, la rentabilidad de los bonos cupón cero no está sometida a ningún riesgo derivado de la reinversión de los cupones, como lo están los títulos con rendimiento explícito, por lo que su rendimiento está prefijado de antemano, siempre que se conserven hasta el vencimiento, y, además de esto, cada uno de los bonos segregados puede ser negociado individualmente en el mercado [51].

8.2. Tratamiento contable

La descomposición de un título mediante la segregación de sus flujos futuros en valores individuales, no debe tener más transcendencia en la contabilidad, en el momento de realizarse la segregación, que el aumento del número de valores en la cartera (tres bonos cupón cero, frente a un bono con tres flujos de caja en el ejemplo), si bien, cada uno de ellos por un importe inferior al del título original.

Así, si suponemos que el valor de un bono en nuestra cartera es de 1.000 euros y que este bono va a ser amortizado en tres años, mediante tres cuotas constantes calculadas al 10 por 100 de interés, el valor de los cobros futuros que de este bono se van a recibir viene dado por la fórmula:

$$1.000 = \frac{C}{1 + 0,1} + \frac{C}{(1 + 0,1)^2} + \frac{C}{(1 + 0,1)^3}$$

$$C \simeq 402$$

Sustituyendo el valor de C:

$$1.000 = 365,5 + 332,2 + 302,3$$

En consecuencia, si suponemos que los tipos de interés, en este momento, son del 10 por 100 para cualquiera de los años, y la entidad decide segregar el bono, el asiento contable sería:

365,5 Cartera de Renta fija *(Bono 1)*		
332,2 Cartera de Renta Fija*(Bono 2)*		
302,3 Cartera de Renta Fija *(Bono 3)* a/		Cartera de renta fija 1.000
		(Bono original segregado)
(por la segregación del bono con interés explícito, en bono con interés implícito [52])		

---

[50] Los bonos cupón cero son aquellos que se emiten al descuento, sin ningún cupón explícito, de tal forma que su rendimiento para el inversor viene dado por la diferencia entre su precio de adquisición y el de venta o amortización.

[51] La segregación en España está regulada para los bonos y obligaciónes del Estado, en el Real Decreto 38/1997, de 17 enero, y la OM de 19 de junio de 1997. Sobre los cupones cero, véase el Anexo II de este Capítulo.

[52] Los bonos segregados son bonos cupón cero, por lo que, inicialmente, deberían registrarse a su valor de reembolso —40 € en nuestro ejemplo— y registrar la diferencia en la cuenta de pasivo

Esto es, hemos sustituido el bono original de 1.000 euros con tres flujos de caja en los próximos tres años, por tres bonos cupón cero con vencimientos a uno, dos y tres años, respectivamente.

Continuemos con el ejemplo, pero ahora suponemos que los tipos de interés de mercado en el momento de efectuar la segregación han bajado al 8 por 100. En este caso, los flujos de caja futuros del bono seguirán siendo los mismos, pero su valor actual será de 1.035,9 euros:

$$1.035,9 = \frac{402}{1 + 0,08} + \frac{402}{(1 + 0,08)^2} + \frac{402}{(1 + 0,08)^3}$$

$$1.035,9 = 372,2 + 344,6 + 319,1$$

Es decir, al haber bajado los tipos de interés, se ha producido un incremento del valor de bono en el mercado (35,9 euros de beneficio), que no puede ser reconocido, como consecuencia de efectuar la segregación del bono original. Por ello, la regulación contable de las entidades de crédito dispone que la segregación de valores se realice con un criterio de proporcionalidad, a fin de evitar el reconocimiento de resultados [53]:

> *«la segregación de valores con rendimiento explícito en valores con rendimiento implícito, o su reconstitución, no supondrá la contabilización de resultados en la cuenta de pérdidas y ganancias. En el primer caso, el valor contable se distribuirá entre los diferentes valores en que se segregue, de tal manera que sus tasas internas de rentabilidad implícitas sean directamente proporcionales a las del mercado, en la fecha de transformación. A los valores transformados les será de aplicación lo dispuesto en la norma octava, apartado 8, sobre traspaso de valores entre carteras».*

Por tanto, la segregación, desde el punto de vista contable, debe realizarse sobre la base de equilibrios patrimoniales, de tal suerte que la misma sea neutra en términos de resultados. Ello se puede conseguir mediante la ponderación de los tipos de interés del mercado, en el momento de realizar la segregación, utilizando una constante que permita este equilibrio entre el importe por el que el valor segregado esté contabilizado y los importes por los que van a ser contabilizados los valores segregados. Para ello, se debe cumplir la siguiente expresión:

$$VC = \sum_{i=1}^{n} VC_i^t = \sum_{i=1}^{n} \frac{N_i}{(1 + k \times r_{t_i})^{t_i}}$$

«Productos anticipados de operaciones activas a descuento». Sin embargo, por tratarse de valores negociables, deben registrase a su precio de adquisición: Norma 3.ª 2. Véase las excepciones al principio del precio de adquisición, en el Capítulo 3.

[53] Norma 27.ª 2e. en consonancia con el criterio general de no reconocimiento de resultados en las permutas de activos recogido en la Norma 3.ª 6.

Siendo:

VC = Valor contable del título a segregar.
VC^t_i = Valor contable teórico del valor segregado i con vencimiento t.
t_i = Plazo de vencimiento del valor i.
N_i = Valor de reembolso del título i.
r_{t_i} = Tipo cupón cero correspondiente al título i con vencimiento t.
k = Proporción constante que deben guardar los valores segregados respecto de los tipos cupón cero.

En nuestro ejemplo sería :

$$1.000 = \frac{402}{1 + 0,08k} + \frac{402}{(1 + 0,08k)^2} + \frac{402}{(1 + 0,08k)^3}$$

De donde, $k = 1,25$

Y por tanto,

$$1.000 = 365,5 + 332,2 + 302,3$$

Podemos suponer ahora que los tipos de interés al efectuar la segregación son del 9, 10 y 11 por 100 para cada año, respectivamente. En este caso, el equilibrio de valores se obtendría nuevamente aplicando la fórmula:

$$1.000 = \frac{402}{1 + 0.09k} + \frac{402}{(1 + 0.10k)^2} + \frac{402}{(1 + 0.11k)^3}$$

$$K = 0,972$$

Por tanto, $1.000 = 369,66 + 333,94 + 296,40$

El reflejo contable en este caso, será:

369,66	Cartera de Renta fija *(Bono 1)*		
333,94	Cartera de Renta Fija*(Bono 2)*		
296,40	Cartera de Renta Fija *(Bono 3)*	a/	Cartera de renta fija 1.000 *(Bono original segregado)*

Ejemplo 7.10.—Una entidad va a proceder a efectuar la segregación de un titulo de renta fija que posee y que tiene las siguientes características:

Nominal del título:	1.000 €
Precio de adquisición	1.000 €
Valor de reembolso	1.000 €
Cupón anual	8 %
Vencimiento	2 años

En el momento de efectuar la segregación, los tipos de interés en el mercado con pago de cupón anual son:

A un año: 10 %
A dos años: 15 %

Efectuar los asientos contables derivados de la segregación del valor, suponiendo que el valor a segregar está registrado: a) en la cartera de negociación, b) en la cartera de inversión ordinaria.

El valor de mercado del título vendrá dado por el valor actual de los flujos de caja que el título genera, actualizados a los tipos «cupón cero» de cada año, que son 10 por 100 para el primer año y para el segundo año lo obtenemos de la expresión [54]:

$$1 = \frac{0,15}{1 + 0,1} + \frac{1,15}{(1 + r_2)^2}$$

De donde: $r_2 = 15,4 \%$

Por tanto, el valor de mercado del título (*VA*) vendrá dado por :

$$VA = \frac{80}{1 + 0,1} + \frac{1.080}{(1 + 0,154)^2}$$

$$VA = 883,76 \ €$$

Así pues, el valor por el que estará registrado el título en el balance será:

	Cartera de Renta Fija	Fondo Fluctuación Valores
Cartera de Negociación	883,71	–
Cartera de Inversión Ordinaria	1.000,00	116,29

Es decir, la Cartera de negociación estará registrando el título a su valor de mercado (883,71 €), en tanto que si el título estuviese registrado como Cartera de inversión estaría valorado en el activo a su precio de adquisición corregido, que en nuestro ejemplo coincide con el de adquisición (Precio de adquisición = Precio de reembolso) y, además, tendría constituido un Fondo de Fluctuación de valores por la diferencia entre el precio de adquisición (1.000 €) y su precio de cotización (883,71 €) [55].

Para el registro contable de la segregación, debemos calcular en primer lugar el valor del coeficiente *k*:

$$1.000 = \frac{80}{1 + 0,1k} + \frac{1.080}{(1 + 0,154k)^2}$$

$$k = 0,52675$$

$$1.000 = 75,99 + 924,01$$

---

[54] Véase el Anexo II de este Capítulo, relativo al uso y método de cálculo de los cupones cero.

[55] Recuérdese que estas *«diferencias negativas»* se pueden registrar contra la cuenta de activo *Minusvalías en la Cartera de Renta Fija*. Véase los criterios de valoración de la Cartera de Inversión ordinaria, en el Capítulo 6.

El registro contable de la operación de segregación, dentro de la Cartera de Negociación o de Inversión, será:

Cartera de Negociación	Cartera de Inversión

72,73 Cartera de Renta Fija *(Bono 1)*
                80/(1 + 0,1)
810,98 Cartera de Renta Fina *(Bono 2)*
                1.080/(1 + 0,154)²
        a/   Cartera de Renta Fija   883,71
                (bono segregado)
	75,99 Cartera de Renta Fija *(Bono 1)*
	                80/(1 + 0,52675 × 0,1)
	924,01 Cartera de Renta Fija *(Bono 2)*
	                1.080/(1 + 0,52675 × 0,154)²
	        a/ Cartera de Renta Fija 1.000,00
	                (bono segregado)

(por la segregación del bono en dos bonos cupón cero)	

	116,29 Fondo de Fluctuación de valores
	        a/ Fondo de Fluctuación de valores 3,26
	                Del bono 1: (75,99 – 72,73)
	        a/ Fondo de Fluctuación de valores 113,03
	                Del bono 2: (924,01 – 810,98)
	        (Por la distribución del FFV entre los valores procedentes
	                de la segregación)

ANEXO I

LAS OPERACIONES TEMPORALES CON ACTIVOS FINANCIEROS A PRECIOS FUERA DE MERCADO

La regulación contable de las entidades de crédito en España, establece que las operaciones temporales efectuadas con activos financieros, se realicen a precios de mercado del día en que se efectúa la operación y que, de no realizarse a estos precios, se registre la diferencia entre el precio de mercado y el de contrato de la operación temporal, como una operación de préstamo de dinero o de valores, según corresponda.

1. OPERACIONES TEMPORALES REALIZADAS POR UN EFECTIVO SUPERIOR AL DE MERCADO [56]

En estas operaciones el efectivo recibido por el cedente del activo es superior al que se habría recibido de haberse realizado la operación a los tipos de mercado. Como consecuencia de ello, la diferencia entre el importe efectivo inicial de la operación y el que se deriva de las condiciones del mercado, en el momento de realizarse la operación temporal, se debe tratar:

a) *El Cedente*: como un depósito adquirido del cesionario.
b) *El Cesionario*: como un préstamo concedido al cedente.

Ejemplo 7.11.—El tipo de interés para operaciones a un año, instrumentadas mediante operaciones temporales sobre activos financieros, es actualmente del 5 por 100. Registrar en los libros del cedente y del cesionario la contratación de una operación de cesión temporal a un año, de un activo financiero cupón cero con vencimiento dentro de tres años, en los siguientes casos:

	A	B
Importe nominal Cedido	1.000.000	1.000.000
Efectivo inicial de cesión (a)	952.381	970.000
Efectivo a vencimiento (1 año) (b)	1.000.000	1.000.000
Rendimiento: $r = \dfrac{b-a}{a}$	5 %	3,09 %

El registro contable de ambas operaciones en los libros del Cedente y Cesionario, en el momento de contratar la operación, será:

---

[56] Norma 14.ª 2c.

Cedente	Cesionario
Supuesto A	

952.381 Tesorería
         a/ Cesión Temporal de Activos   952.381
	952.381 Cesión Temporal de Activos
	         a/ Tesorería 952.381

Supuesto B	

970.000 Tesorería
         a/ Cesión Temporal de Activos   952.381
         a/ Imposiciones a plazo   17.619
	952.381 Cesión Temporal de Activos
	17.619 Préstamos personales
	         a/ Tesorería 970.000

(por el registro de la operación, como operación temporal a los precios de mercado (952.381) y, el registro de la diferencia como una operación de préstamo dinerario: 17.619 = 970.000 – 952,381)	

2. OPERACIONES TEMPORALES REALIZADAS POR UN EFECTIVO INFERIOR AL DE MERCADO [57]

En estas operaciones, el efectivo recibido por el cedente de los valores es inferior al que se habría recibido de haberse realizado la operación a precios de mercado. Como consecuencia de ello, la diferencia entre el importe efectivo inicial de la operación y el precio de mercado de los valores cedidos, en la fecha de la operación, debe considerarse como una operación de préstamo de valores:

El Cedente: debe registrar un préstamo de valores al cesionario.

El Cesionario: debe registrar unos valores recibidos del cesionario en préstamo.

Cuando se realizan este tipo de operaciones, es necesario distribuir el importe nominal de los valores objeto de la operación entre:

a) Nominal imputable a la operación temporal.
b) Nominal imputable a la operación de préstamo de valores.

Para ello, deberemos proceder a efectuar un reparto proporcional del nominal de los valores, entre la operación temporal y la operación de préstamo de valores:

$$\frac{\text{Importe inicial efectivo}}{X} = \frac{\text{Valor de Mercado de los valores}}{\text{Nominal de los valores}}$$

En donde X será el importe nominal de los valores imputables a la operación temporal. En consecuencia, si llamamos N al nominal de los valores, N – X será el nominal de los valores imputable a la operación de préstamo de valores.

Una vez distribuido el importe nominal de los valores (N), entre nominal imputable a la operación temporal (X) y nominal imputable a la operación de préstamo (N – X), es necesario conocer cuál es la cartera en que están registrados los valores cedidos en el balance del cedente:

• *Si los valores habían sido adquiridos en firme*: los valores cedidos forman parte del saldo de *la Cartera de Renta fija*.

---

[57] Norma 16.ª 5.

En este caso, el importe que deberá registrar el cedente como préstamos de valores debe ser el importe nominal imputable a la operación de préstamo de valores (N – X), valorado según el tipo de cartera de procedencia (Negociación, Inversión Ordinaria o Inversión a vencimiento).[58]

Es decir:

$$\text{Importe del préstamo de valores} = (N - X)\ \frac{\text{Valoración según cartera de procedencia}}{N}$$

- *Si los valores habían sido adquiridos temporalmente*: los valores cedidos forman parte del saldo de *Adquisiciones Temporales de Activos*.

    En este caso, el importe que el cedente de los valores debe registrar, como operación de préstamo, debe ser el nominal imputable a la operación de préstamo de valores, valorado a precios de mercado:

$$\text{Importe del préstamo de valores} = (N - X)\ \frac{\text{Valor de Mercado}}{N}$$

Ejemplo 7.12.—La entidad A cede temporalmente, a la entidad B, valores por un importe nominal de 1.000.000 de euros, con las siguientes características:

	En euros
Nominal cedido	1.000.000
Importe efectivo de cesión:	1.000.000
Precio de mercado de los valores cedidos	1.125.000

Efectuar el registro inicial de la operación en los libros del cedente y del cesionario, suponiendo que en los libros del cesionario:

a) Los valores se adquirieron temporalmente y están registrados por un importe de 1.100.000 euros.
b) Los valores se adquirieron en firme y están incluidos como:
   1. Cartera de Negociación por un importe de 1.125.000 euros.
   2. Cartera de Inversión Ordinaria con un precio de adquisición corregido de 1.200.000 euros y un fondo de fluctuación de valores de 75.000 euros.
   3. Cartera de Inversión a vencimiento con un precio de adquisición corregido de 1.200.000 euros.

La operación temporal con valores se ha realizado por un importe efectivo (1.000.000 euros) inferior al precio de mercado de los valores (1.125.000 euros). Como consecuencia

---

[58] Norma 16.ª 2.

de ello, debe registrarse una operación de préstamo de valores entre cedente y cesionario de estos valores.

Para ello, debemos proceder, en primer lugar, a distribuir el importe nominal de la operación (1.000.000 euros) entre la operación temporal (X) y entre la operación de préstamo de valores (1.000.000 – X):

$$\frac{\text{Importe inicial efectivo}}{X} = \frac{\text{Valor de Mercado de los valores}}{\text{Nominal de los valores}}$$

Es decir:

$$\frac{1.000.000}{X} = \frac{1.125.000}{1.000.000}$$

De donde:

Nominal imputable a la operación temporal (X):	=	888.888 €
Nominal imputable a la operación de préstamo (N – X):	=	111.112 €
Nominal total de la operación (N):	=	1.000.000 €

En segundo lugar, deberemos calcular el valor por el que el nominal imputable a la operación de préstamo aparecerá en el balance del cedente, teniendo en cuenta el tipo de cartera en que los valores se hayan integrado.

Clase de valores	Valor imputable a la operación de préstamo de valores
a) Valores adquiridos temporalmente:	$(N-X)\dfrac{\text{valor de mercado}}{\text{Nominal}} = 111.112 \times \dfrac{1.125.000}{1.000.000} = 125.000$
b) Valores adquiridos en firme, incluidos en:	
1. Cartera de negociación	$(N-X)\dfrac{\text{valor de mercado}}{\text{Nominal}} = 111.112 \times \dfrac{1.125.000}{1.000.000} = 125.000$
2. Cartera de inversión ordinaria	$(N-X)\dfrac{\text{Precio de Adquisición corregido}}{\text{Nominal}} = 111.112 \times \dfrac{1.120.000}{1.000.000} = 133.334$ *Fondo de Fluctuación imputable:* $(N-X)\dfrac{\text{Fondo de fluctuación}}{\text{Nominal}} = 111.112 \times \dfrac{75.000}{1.000.000} = 8.333$
3. Cartera de inversión a vencimiento	$(N-X)\dfrac{\text{Precio de Adquisición corregido}}{\text{Nominal}} = 111.112 \times \dfrac{1.120.000}{1.000.000} = 133.334$

En consecuencia, el registro contable de la operación, considerando las diferentes situaciones, será:

Cedente (A)	Cesionario (B)

a) Valores adquiridos temporalmente:
1.000.000 Tesorería
          a/ Cesión temporal de activos   1.000.000
          (por la operación temporal de activos)	

125.000 Préstamos de valores
          a/   Acreedores por valores.
               Por descubiertos en cesiones 125.000
          (por el registro del préstamo de valores)	

b) Valores adquiridos en firme. Incluidos en: **1. Cartera de negociación:**	

1.000.000 Tesorería
          a/   Cesión temporal de activos   1.000.000
          (por la operación temporal de activos)	

125.000 Préstamos de valores
          a/   Cartera de renta fija   125.000
          (por el registro del préstamo de valores)
	1.000.000 Adquisición temporal de activos
	               a/ Tesorería 1.000.000
	               (por la operación de activos)

2. Cartera de inversión ordinaria:	

1.000.000 Tesorería
          a/   Cesión temporal de activos   1.000.000
 	
          (por la operación temporal de activos)
	125.000 Cartera de renta fija
	           a/ Acreedores por valores.
	                Por préstamo de valores 125.000
	           (por el registro del préstamo de valores)

133.334 Préstamos de valores
          a/   Cartera de renta fija   133.334
  8.333 Fondo de fluctuación de valores
          a/   Fondo de insolvencias   8.333
  *(por el registro del préstamo de valores, y la imputación del fondo
      de fluctuación como fondo de insolvencias)*	

3. Cartera de inversión a vencimiento:	

1.000.000 Tesorería
          a/   Cesión temporal de activos   1.000.000
          (por la operación temporal de activos)	

133.334 Préstamos de valores a/ Cartera de renta fija 133.334	

ANEXO II

UTILIZACIÓN DE LOS TIPOS DE INTERÉS CUPÓN CERO

1. LA TASA DE RENDIMIENTO INTERNO (TIR)

La tasa de rendimiento interno de un título de renta fija (*v.g.* un bono) es el tipo de interés (*r*) que iguala el precio actual del título (*VA*), con el valor actual de los flujos de caja esperados del título en el futuro:

$$VA_i = \frac{C_1}{1+r} + \frac{C_2}{(1+r)^2} + \ldots\ldots + \frac{C_n}{(1+r)^n} = \sum_{t=1}^{n} \frac{C_t}{(1+r)^t}$$

Siendo:

VA_i = Precio actual del título.
C_t = Flujo de caja esperado del título *i* el año *t*.
r   = Tasa interna de rentabilidad (TIR) del título *i*.

Bajo esta forma de medir la rentabilidad de un título subyace una hipótesis que supone que los flujos de caja esperados son a su vez reinvertidos, hasta el final del año *n*, a un tipo de interés que es exactamente igual a la tasa interna de rentabilidad del título. En efecto, puede comprobarse que cuando el tipo de reinversión (*r´*) es igual a la tasa interna de rentabilidad (*r*), se verifica la identidad:

$$VA_i = \frac{C_1 (1 + r´)^{n-1} + C_2 (1 + r´)^{n-2} + \ldots + C_n}{(1+r)^n}$$

En consecuencia, si el tipo de reinversión *r´* es diferente de la tasa de rentabilidad interna *r*, la rentabilidad efectiva obtenida por el título será diferente de la tasa de rendimiento teórica del título *r´*.

Esta situación no se produce cuando el título tiene un único pago futuro, es decir, cuando el título es un *bono cupón cero,* ya que, en este caso, no se produce ninguna reinversión de flujos de caja y, por tanto, garantiza una rentabilidad efectiva que coincide con su tasa de rendimiento interno, siempre que el título se mantenga hasta su vencimiento. Así, la rentabilidad interna de un bono cupón cero con un único flujo *C* situado en el momento *n*, y cuyo precio hoy es *VA*, será:

$$VA = \frac{C}{(1+r)^n}$$

Los bonos cupón cero ofrecen, además, otras ventajas frente a los bonos con intereses periódicos que los hace especialmente aptos para la gestión de carteras de renta fija. Entre estas ventajas, hay que destacar que el precio de los bonos cupón cero es más sensible a los movimientos en los tipos de interés, que el de los títulos con rendimiento explícito de igual plazo, debido a que su *Duración* y *Convexidad* son mayores, por lo que permiten aumentar la duración media de una cartera de renta fija sin aumentar al mismo tiempo el plazo de vencimiento de la misma [59].

Además, los bonos cupón cero permiten obtener una estructura de tipos de interés de mercado a diferentes plazos, lo que facilita la valoración de activos financieros y la gestión de carteras de renta fija.

2. LOS TIPOS DE INTERÉS FUTUROS

La tasa de rendimiento interno de un bono con vencimiento dentro de n años, no es el tipo de interés adecuado para descontar un flujo de caja dentro de n años, salvo que la curva de tipos de interés futuros sea plana, es decir, que el tipo de interés para cualquier plazo es el mismo, o que el bono tenga un único flujo dentro de n años, es decir, que sea un bono cupón cero.

En efecto, supongamos que en el mercado disponemos de tres tipos de bonos que pagan un cupón anual y tienen las siguientes características:

Bono	Vencimiento	Cupón anual
A	1 año	5 %
B	2 años	6 %
C	3 años	7 %

Esto quiere decir, que el mercado está dispuesto a pagar por cada 100 euros, hoy:

Inversión a:	Flujos de caja		
	A un año	A dos años	A tres años
1 año	105	–	–
2 años	6	106	—
3 años	7	7	107

Sin embargo, esto no quiere decir que el 6 por 100 o el 7 por 100 sean los tipos de interés adecuados para descontar flujos de caja dentro de dos o tres años. Para calcular el tipo correcto, deberemos calcular para cada plazo el tipo «cupón cero» correspondiente, es decir, aislar cada flujo como un valor independiente.

---

[59] Los conceptos de *Duración* y *Convexidad* son básicos en la valoración de la sensibilidad del valor de un título de renta fija a los cambios en los tipos de interés. En general, cuanto mayores sean la *Duración* y *Convexidad* de un título, mayor es la sensibilidad de su valor a los cambios en los tipos de interés. La duración de un bono cupón cero es igual al plazo de vencimiento de su único flujo de caja. Puede consultarse: Vilariño Sanz, Angel (2001): *Turbulencias Financieras y Riesgos de Mercado*. Prentice Hall. Madrid.

Así tendremos:

1.ᵉʳ Año. El tipo cupón cero será 5 por 100, ya que el título con vencimiento a un año es un título cupón cero.

$$100 = \frac{105}{1 + r_1}$$

$$r_1 = 5\ \%$$

2.º Año. El flujo del primer año lo descontaremos al tipo cupón cero del primer año, y calcularemos el tipo cupón cero del segundo año.

$$100 = \frac{6}{1 + 0{,}05} + \frac{106}{(1 + r_2)^2}$$

$$r_2 = 6{,}03\ \%$$

3.ᵉʳ Año. De la misma forma que en el segundo año:

$$100 = \frac{7}{1 + 0{,}05} + \frac{7}{(1 + 0{,}0603)^2} + \frac{107}{(1 + r_3)^3}$$

$$r_3 = 7{,}09\ \%$$

Aun cuando, en este caso, los tipos «cupón cero» y los tipos de interés explícitos para títulos de igual plazo son muy parecidos, en ocasiones las diferencias pueden ser muy importantes, por lo que conviene no eliminar estos cálculos y descontar siempre los flujos a los tipos «cupón cero».

Siguiendo con el mismo razonamiento, podríamos obtener los tipos cupón cero a los diferentes plazos, aplicando las fórmulas para cada unidad invertida (1 euro).

Primer año	$1 = \dfrac{1 + C_1}{1 + r_1}$	$r_1 = C_1$
Segundo año	$1 = \dfrac{C_2}{1 + r_1} + \dfrac{1 + C_2}{(1 + r_2)^2}$	$r_2 = \left(\dfrac{1 + C_2}{1 - \dfrac{C_2}{1 + r_1}} \right)^{\frac{1}{2}} - 1$
Tercer año	$1 = \dfrac{C_3}{1 + r_1} + \dfrac{C_3}{(1 + r_2)^2} + \dfrac{1 + C_3}{(1 + r_3)^3}$	$r_3 = \left(\dfrac{1 + C_3}{1 - \dfrac{C_3}{1 + r_1} - \dfrac{C_3}{(1 + r_2)^2}} \right)^{\frac{1}{3}} - 1$
...	...	...

(Continúa)

(Continuación)

...	...	...
Año n	$1 = \dfrac{C_n}{1+r_1} + \dfrac{C_n}{(1+r_2)^2} + ... + \dfrac{1+C_n}{(1+r_n)^n}$	$r_n = \left(\dfrac{1+C_n}{1 - \dfrac{C_n}{1+r_1} - \dfrac{C_n}{(1+r_2)^2} - ... - \dfrac{C_n}{(1+r_{n-1})^{n-1}}} \right)^{\frac{1}{n}} - 1$

8
Operaciones en Divisas

1. CONCEPTO DE DIVISA. EL MERCADO DE DIVISAS

Una divisa es un activo financiero expresado en moneda extranjera y pagadero en el extranjero. Para las entidades de crédito que operan en España, por *moneda extranjera* se entiende cualquier moneda diferente del euro [1].

Una divisa se dice que es *convertible*, cuando puede ser libremente cambiada por su poseedor en cualquier moneda, y se dice que es *cotizada,* cuando existe un mercado en el que puede ser cambiada [2].

El mercado de divisas es aquel en el que se intercambian activos financieros nominados en monedas diferentes. A través de este mercado, se obtiene el precio de una moneda expresado en otra moneda diferente. Este precio es conocido como *tipo de cambio* entre las dos monedas.

La participación de las entidades de crédito y ahorro en el mercado de divisas es muy importante, debido tanto a las necesidades que pueden tener sus clientes de disponer de recursos en moneda extranjera —como inversión o como financiación—, como a las decisiones autónomas de cada entidad: bien para efectuar inversiones en el extranjero (compra de filiales, de inmuebles, etc.), bien como operaciones de cobertura de sus riesgos en una divisa, bien como operaciones de arbitraje para aprovechar las imperfecciones que pudieran existir entre el mercado de divisas y el de dinero [3].

Al referirnos al *mercado de divisas*, es importante recordar que las operaciones en este mercado tienen siempre dos partes: la compra de una moneda, contra la

---

[1] Así como las unidades monetarias nacionales de los Estados miembros de la Unión Económica y Monetaria que hayan adaptado el euro como moneda oficial, también llamados «Estados Participantes». Norma 4.ª 1.

[2] En España, cualquier divisa puede ser libremente cotizada por las entidades registradas (Circular 22/1992 del Banco de España).

[3] El Mercado de Dinero es aquel en que se intercambian activos financieros expresados en la misma moneda.

venta de otra moneda diferente. Sin embargo, para efectuar estas transacciones no es necesario que se efectúen a través de la moneda local en que normalmente opera la entidad, a veces también llamada *moneda doméstica* (el euro en España). Así, para un banco español que desee vender yenes y comprar dólares, no necesita que el euro intervenga en la transacción.

A efectos contables, y muy especialmente para las entidades de crédito, dada la presencia de algunas de sus oficinas y sociedades filiales en otros países, es importante definir algunos términos:

- *Moneda Natural:* es la moneda de la transacción.
- *Moneda Local* (o *doméstica*): es la moneda que se usa en el país en que se efectúa la transacción.
- *Moneda Extranjera:* es cualquier moneda distinta de la local en el país en que se efectúa la transacción.
- *Moneda local equivalente:* es cualquier moneda que cotice en el país en que se efectúa la transacción.
- *Moneda Base:* se usa solo con motivos informativos. Puede ser, por ejemplo, la moneda de la matriz.

Ejemplo 8.1.—La sucursal de un banco japonés en Madrid, vende dólares australianos a un banco canadiense.

En este ejemplo las monedas de referencia, para la sucursal del banco japonés en Madrid, son:

Moneda natural:	Dólares australianos.
Moneda local (doméstica):	Euro.
Moneda Extranjera:	Cualquiera distinta del euro.
Moneda Local Equivalente:	Dólar australiano expresado en euros.
Moneda Base:	Yen.

---

2. TIPOS DE MERCADOS DE DIVISAS

La consideración del factor tiempo en la actividad financiera en general y en la bancaria en particular, nos remite al concepto de *fecha de valor*.

En el Mercado de Dinero, donde sólo interviene una moneda, el concepto de *fecha de valor* se utiliza en un doble sentido:

- Fecha en la que una determinada transacción se liquidará (se pagará).
- Fecha a partir de la cual se producirá el devengo de intereses, tanto para operaciones activas como pasivas [4].

---

[4] Véase las liquidaciónes de cuentas corrientes, en el Capítulo 4.

En el Mercado de divisas, en el que se opera siempre con dos monedas y que es básicamente un mercado interbancario y de grandes empresas, la *fecha valor* es el plazo aplicado para que la operación negociada se liquide, es decir, la fecha en que tiene lugar el intercambio efectivo entre las dos monedas, o lo que es igual, la fecha de pago.

Dependiendo de cual sea la fecha de valor en un contrato del mercado de divisas, se distingue entre *operaciones de contado* (*Mercado de contado* o *Spot*) y *operaciones a plazo (Mercado de Plazo o Forward)*.

Una operación del mercado de divisas se dice que es a plazo, cuando tiene una fecha de valor superior a dos días hábiles de mercado. El resto de operaciones son operaciones de contado[5]. En otras palabras, la cotización hoy del dólar USA en euros (€/$) es el precio para operaciones que se van a liquidar después de dos días, si no hay fines de semana o festivos en medio:

Operación	Lunes	Martes	Miércoles	Jueves	Viernes	Sábado	Domingo	Lunes	Martes	Miércoles	Jueves
N.º 1	Fecha operación		Fecha valor								
N.º 2					Fecha operación				Fecha valor		

Dentro de las operaciones de contado (fecha de valor menor o igual a dos días) podemos, a su vez, distinguir dos tipos de operaciones, dependiendo de que el resultado de la operación haya sido, o no, reflejado en cuentas patrimoniales (Activo/Pasivo), o se encuentre incluido como un compromiso pendiente, y, por tanto, entre las Cuentas de Orden[6]:

- *Operaciones de contado vencidas*: son aquellas cuya transacción ha sido ya reflejada en cuentas patrimoniales, es decir, representan un activo (préstamos, valores, inmuebles, etc.) o suponen un pasivo (depósitos, etc.).

- *Operaciones de contado no-vencidas*: son aquellas operaciones contratadas a plazo, con un valor de vencimiento residual (fecha valor) menor o igual a dos días, a la fecha de redactar el balance.

Así pues, las operaciones del Mercado de Divisas, en consideración a su fecha de valor (residual) en el momento de redactar el balance de situación de una entidad, se encontrarán situadas, en dicho balance, en:

---

[5] El hecho de considerar las operaciones de contado con dos días de decalaje, obedece a una reminiscencia anterior al uso masivo de medios electrónicos en las transferencias bancarias. Hoy día, es posible encontrar en el mercado operaciones con valor el mismo día (operaciones *overnight*) y con valor un día (operaciones *tom-next*). Sin embargo, la cotización mas frecuente en los mercados es la *spot* (valor dos días), siendo calculadas las dos operaciones anteriores descontando los intereses de un día (en las *tom-next*) o de dos días (en las *overnight*), sobre el precio *spot*.

[6] Véase en el Capítulo 4, las normas de valoración de las cuentas de orden.

Tipo de Operación	Situación en el Balance
• Operaciones de contado vencidas	En cuentas Patrimoniales de Activo o Pasivo
• Operaciones de contado no vencidas *(fecha valor hasta dos días)*	En cuentas de Orden: *«Compraventa de divisas no vencidas. Hasta dos días hábiles»*
• Operaciones a plazo *(fecha valor más de dos días)*	En Cuentas de Orden: *«Compraventa de divisas no vencidas. A plazo superior a dos días hábiles»*

3. EL RIESGO DE CAMBIO. POSICIONES DE CAMBIO: LARGA Y CORTA

Se entiende por *posición de cambio*, o simplemente *posición*, el desequilibrio, también llamado *exposición*, existente, en un momento dado, entre los activos y compras a plazo en una moneda, frente a todos los pasivos y ventas a plazo de la misma moneda.

Ejemplo 8.2.—Supongamos que una determinada entidad presenta el siguiente balance en dólares USA:

ACTIVO	PASIVO
Total Activo 1.000	Total Pasivo 500
Operaciones a Plazo	
Compras a plazo 100	Ventas a plazo 200

De acuerdo con la definición anterior, la posición de cambio en dólares para esta entidad sería:

Activos + Compras a Plazo	=	1.100 $
Pasivos + Ventas a Plazo	=	700 $
Posición de Cambio	=	400 $

A su vez, la posición de cambio podemos dividirla en:

• *Posición de contado* o *spot*: es la posición derivada de las operaciones de contado vencidas, y
• *Posición de plazo* o *forward*: es la posición derivada de las operaciones no vencidas (de contado no vencidas y a plazo).

Así, en la entidad del ejemplo anterior, la posición de cambio (400 $) se descompone en:

Activos en dólares	1.000 $
Pasivos en dólares	500 $
Posición de contado	500 $
Compras a plazo	100 $
Ventas a plazo	200 $
Posición de Plazo	(100)$

Como hemos dicho, la posición de contado o *spot* representa la situación neta de activos y pasivos en una moneda. Dentro de esta posición, se distinguen aquellas inversiones que la entidad efectúa con carácter estratégico, es decir, con un carácter de permanencia, tales como compra de sociedades filiales, adquisición de inmuebles, etc., cuya intencionalidad es la de servir, de manera duradera, al negocio de la entidad[7]. La posición en estos activos es conocida como *Posición de Inversión* o *Posición Estructural,* y forma parte de la posición de contado de la entidad.

Una posición en una determinada divisa se dice que es *larga,* cuando existe una sobreinversión en esa divisa, es decir, cuando el volumen de activos y compras a plazo, en la divisa, es superior al volumen de pasivos y ventas a plazo, en la misma divisa.

Una posición en una divisa se dice que es *corta,* cuando existe una sobrefinanciación en esa divisa, en relación con la inversión en la misma divisa, es decir, cuando el volumen de activos y compras a plazo es inferior al volumen de pasivos y ventas a plazo, en la misma divisa.

Lógicamente el desequilibrio (la posición) existente en una moneda se encuentra compensado con un desequilibrio, de igual importe pero de signo contrario, en otra moneda, que, generalmente, pero no necesariamente, será en la moneda doméstica que utiliza el banco en cuestión (v.g. cuando la entidad opera con tres o más divisas).

Así, en el ejemplo anterior, tendremos una posición de contado larga en dólares por 500 $, una posición corta a plazo en dólares por 100 $, y una posición total de cambio larga de 400 $. En consecuencia, si esta entidad sólo trabaja con dólares y euros, la posición en esta última moneda será corta de contado, por un contravalor de 500 $, y larga a plazo, por un contravalor de 100 $.

Ejemplo 8.3.—A continuación, se muestra el balance resumido de un banco español que sólo opera en dólares y en euros. La entidad refleja sus operaciones en dólares en el «Libro

---

[7] Estas inversiones son denominadas en la Circular 4/1991 del Banco de España como «Activo Inmovilizado», Norma 4.ª 4, e incluyen, tanto a las inversiones recogidas como Cartera de Participaciones Permanentes en moneda extranjera (véase el Capítulo 6), como a los inmuebles funcionales adquiridos en el extranjero.

de $» y las operaciones en euros en el «Libro de €». El balance total de la entidad se obtiene agregando ambos libros, una vez que el «libro de $» ha sido valorado en euros.

Las transacciones de contado están valoradas al cambio de 1 euro = 1,98 $, y las transacciones a plazo, con fecha valor más de dos días, están valoradas a 1 euro = 1,9157 $.

	Libro de $		Libro de	Balance Total
	En $	En €	€	€
Depósitos en Bancos	2.000	1.010	2.000	3.010
Préstamos concedidos	30.000	15.152	24.000	39.152
Total Activo	**32.000**	**16.162**	**26.000**	**42.162**
Depósitos de Bancos	46.000	23.232	18.000	41.232
Capital y reservas	—	—	930	930
Total Pasivo	**46.000**	**23.232**	**18.930**	**42.162**
Posición de Contado	*(14.000)*	*(7.070)*	*7.070*	*7.070*
Compras (ventas) a plazo	4.000	2.071	(2.071)	(2.071)
Menos de 2 días	1.000	505	(505)	(505)
Más de 2 días	3.000	1.566	(1.566)	(1.566)
Posición a plazo	*4.000*	*2.071*	*(2.071)*	*(2.071)*
Posición de cambio	*(10.000)*	*(4.999)*	*4.999*	*4.999*

Como puede observarse, en el balance total del banco están incluidas todas las monedas con las que trabaja el banco (dólares y euros). Puede, asimismo, observarse que los depósitos captados en dólares (46.000 $) son superiores a los préstamos concedidos en la misma moneda (2.000 $ a otros bancos y 30.000 $ a clientes no bancos). Este exceso de financiación en dólares ha sido utilizado para conceder préstamos en euros por 7.070 euros (posición corta en $ y larga en €).

Las compras a plazo de dólares (4.000 $) representan ventas de euros por 2.071 €, al operar el banco sólo con estas dos monedas. De ellas, las operaciones a menos de dos días (compra de 1.000 $) están valoradas al cambio de contado (1,98 $/€), y las operaciones a más de dos días (compra de 3.000 $) lo están al cambio de plazo (1,9157 $/€).

La posición de cambio (4.999 €) representa un tipo de cambio de 1 euro ≃ 2$ (10.000 $/4.999 €), que indica que la posición del contrato de compra a plazo de dólares a más de dos días (compra de 3.000 $ a 1,9157 $/€) será recuperada con beneficios en la posición de contado (1,98 $). Es decir, en este momento la posición de cambio a plazo representa un *beneficio no realizado* o *latente* por diferencias de cambio de 192,9 euros [3.000 (1,98 – 1,9157)], si en el momento futuro de liquidarse, el tipo de cambio de contado se mantiene como actualmente.

El riesgo en que incurre una entidad por intervenir en el mercado de divisas se conoce como *Riesgo de cambio*. Podemos decir que se incurre en riesgo de cambio cuando se es acreedor o deudor neto en una determinada divisa, al contado o a plazo, es decir, cuando se mantiene una posición en esa divisa.

El riesgo de cambio en una moneda, es el riesgo en que una entidad incurre derivado de mantener una posición (larga o corta) en esa divisa, y que puede generar beneficios o pérdidas, en función de la evolución de cambio de esa divisa. Así, en el ejemplo anterior, al mantener una posición corta en dólares (sobrefinanciación), una revaluación del dólar en relación con el euro en el tipo de cambio de contado, se traducirá en una pérdida por diferencia de cambio.

En este ejemplo anterior, una revaluación del dólar con respecto al euro (v.g. $/€ = 1,8) en el tipo de cambio de contado, se traduciría en unas pérdidas por diferencias de cambio, de 657 euros:

Posición	$	€		
		$/€ = 1,98	**$/€ = 1,80**	**Diferencia**
Contado	(14.000)	7.070	7.778	(708)
Plazo (menos de 2 días)	1.000	(505)	(556)	51
Diferencias de cambio (pérdidas)				*(657)*

4. EL TIPO DE CAMBIO

El tipo de cambio es el precio de la moneda de un país expresado en unidades monetarias de otro país diferente.

Como anteriormente se ha señalado, dado que existen diferentes plazos de liquidación en los mercados de divisas, mercados de contado (*spot*) y mercados de plazo (*forward*), existen dos tipos de cambio: *tipo de cambio de contado* y *tipo de cambio de plazo*.

4.1. El tipo de cambio de contado y a plazo

En general, el tipo de cambio de las monedas está constantemente fluctuando, como consecuencia de numerosos factores, tanto económicos y financieros como políticos, lo que puede llegar a generar, en un determinado país, inestabilidad económica si las fluctuaciones llegan a alterar, excesivamente, los flujos comerciales de este país con los demás. Por ello, los bancos centrales de los diferentes países ejercen una función de supervisión y control, con objeto de regular el tipo de cambio y conseguir así un entorno económico estable.

Las variaciones del tipo de cambio entre dos monedas a lo largo del tiempo, responden, desde un punto de vista económico y financiero, a la evolución de los factores que condicionan el comportamiento de los inversores y agentes comerciales, y que, resumidamente, son:

- El diferencial de precios para un mismo producto en los dos países[8].

---

[8] *Teoría de la Paridad del Poder adquisitivo.* Esta teoría se basa en el principio de precio único para bienes idénticos, con independencia del lugar en que se encuentren. De acuerdo con ella, la evo-

• El diferencial de los tipos de interés entre los dos países[9].

Una de las principales razones por las que un inversor invierte en un país (una moneda) y no en otro, es la diferente retribución (interés) que el capital invertido en un país tiene, frente al otro.

Al realizar una inversión en un país, el tipo de interés es una magnitud conocida de antemano, en tanto que el tipo de cambio al que se liquidará la inversión es una magnitud desconocida y, por tanto, una fuente de riesgo.

Si el inversor desea eliminar este riesgo (el riesgo de cambio), puede vender anticipadamente el importe que obtendrá cuando se liquide su inversión, a un tipo de cambio a plazo, conocido de antemano.

El tipo de cambio a plazo, se apoya en la idea de suponer que el rendimiento que debe obtenerse en dos países distintos debe ser el mismo, y que las diferencias de tipos de interés entre los países, de existir, deben ser compensadas por el tipo de cambio *(Teoría de la paridad de los tipos de interés)*.

Ejemplo 8.4.—Supongamos la siguiente situación:

Tipo de cambio de contado: 1$ = 1,1 €
Tipos de interés a un año:

— en dólares: 3 %
— en Euros: 8 %

Las liquidaciones de una hipotética inversión en dólares o en euros, al final de un año, serían:

— En dólares: 1 (1 + 0,03) = 1,03 $
— En Euros: 1,1 (1 + 0,08) = 1,1880 €

El tipo de cambio a plazo de un año (X) sería aquel tipo de cambio que iguale el producto de las dos inversiones:

$$1,03 \ \$ \ X = 1,1880 \ €$$

$$X = \frac{1,1880 \ €}{1,03 \ \$} = 1,1534 \ €/\$$$

---

lución del tipo de cambio entre dos monedas, es función de la diferencia de tasas de inflación entre los países, de tal forma que, cuando se produce una variación en el diferencial de inflación entre dos países, respecto de una situación anterior, el tipo de cambio entre las dos monedas se ajustará para reflejar esta diferencia. Las evidencias empíricas señalan a esta teoría como más adecuada para explicar la evolución del tipo de cambio a largo plazo, pues a corto plazo influye más el diferencial de tipos de interés entre las monedas.

[9] *Teoría de la Paridad de los tipos de interés.* Esta teoría se basa en el principio de rentabilidad única para inversiones alternativas en dos países. Según ella, el diferencial entre los tipos de interés de dos monedas, a un mismo plazo, debe ser igual a la diferencia entre los tipos de cambio al contado y a plazo, de esas monedas.

También se puede expresar:

$$1 (1 + 0,03)X = 1,1 (1 + 0,08)$$

$$X = 1,1 \left[\frac{1 + 0,08}{1 + 0,03} \right] = 1,1534 \ \text{€}/\$$$

que generalizando, para cualquier plazo *(t)*, equivale a:

$$\text{Tipo de cambio a plazo}_t = \text{Tipo de cambio de contado} \left[\frac{1 + i_{\text{€}} \dfrac{t}{360}}{1 + i_{\$} \dfrac{t}{360}} \right]$$

Donde:

$i_{\text{€}}$ = Tipo de interés del euro al plazo *t*.
$i_{\$}$ = Tipo de interés del dólar al plazo *t*.

5. TIPOLOGÍA DE OPERACIONES CON DIVISAS [10]

Las entidades de crédito realizan actividades en moneda extranjera, bien por que llevan a cabo actividades con monedas diferentes a la moneda doméstica, o bien por tener abiertas sucursales en países extranjeros.

En general, se dice que una operación es en moneda extranjera cuando el contrato en que se ha formalizado establece, o exige, que su liquidación se haga en una moneda extranjera. Por ejemplo [11]:

- Pedir prestados recursos financieros que deben ser devueltos en moneda extranjera (*v.g.* para una entidad española un depósito captado en dólares).
- Conceder un préstamo que debe ser cobrado en moneda extranjera.
- Comprar activos que están denominados en moneda extranjera (*v.g.* comprar títulos nominados en moneda extranjera).
- Ser parte de un contrato, que aún no ha sido ejecutado, expresado en moneda extranjera (*v.g.* comprar a plazo dólares contra la venta de euros).

Sin embargo, no todas las operaciones que se efectúan con divisas generan necesariamente riesgo de cambio, es decir, no todas las operaciones con divisas afectan a la posición en esa divisa. Las operaciones más habituales que las entidades de crédito realizan con una divisa se pueden concretar en:

---

[10] Una visión integradora de la operativa y funcionamiento de los mercados de divisas y dinero puede estudiarse en : RIEHL, H. y RODRÍGUEZ, R.M. (1985): *Mercados de Divisas y Mercados de Dinero.* Interamericana.

[11] International Accounting Standard Committee (1993): *Efectos de las variaciones en las tasas de cambio de la moneda extranjera NIC 21.* (Traducción autorizada del Instituto Mexicano de Contadores Públicos, 1999).

a) *Operaciones del Mercado de Dinero.* Estas operaciones suponen un activo y un pasivo en la misma moneda, y, por lo tanto, no generan posición en ninguna divisa. Un ejemplo de este tipo de operaciones sería la captación de un depósito en dólares y, simultáneamente, conceder un préstamo en dólares por el mismo importe.

b) *Operaciones del Mercado de Divisas.* Se trata de operaciones efectuadas, en el mercado de contado o de plazo, que afectan a dos monedas diferentes: euro/dólar, euro/yen, etc., y que, por tanto, sí afectan a la posición. Por ejemplo: a) la captación de un depósito en dólares para financiar un préstamo en euros; b) la compra a plazo de dólares contra la venta de euros.

c) *Operaciones Mixtas* o *«Swap».* Un *«swap»* de divisas es una operación que consiste en financiarse en una moneda (*v.g.* dólar) e invertir en otra (*v.g.* euro), y, simultáneamente, comprar a plazo la moneda de financiación (dólar) y vender a plazo la moneda de inversión (euro).

Se trata de dos operaciones del mercado de dinero, pero efectuadas a través del mercado de divisas. Por ejemplo, la captación de un depósito en dólares para financiar un préstamo en euros y, simultáneamente, efectuar una compra a plazo de dólares (por el principal del depósito más los intereses) y una venta a plazo de euros (por el principal del préstamo más los intereses)[12].

Cada una de las operaciones que integran el *swap* afectan al riesgo de cambio, pero en sentido inverso, de tal forma que en términos netos (posición total) el efecto es nulo.

La diferencia entre el tipo de cambio al contado y el tipo de cambio a plazo contratado en la operación *swap*, representa el diferencial de intereses entre las dos monedas, a ese plazo, y es conocido como *premio* o *descuento* de la divisa, a ese plazo. En el ejemplo 8.4, se diría que respecto del euro el dólar tiene un *premio*, a plazo de un año, de 0,0534 euros por dólar (1,1534 − 1,1) o, lo que es igual, que el euro tiene respecto del dólar un *descuento*, a plazo de un año, de 0,0421 dólares por euro (1/1,1 − 1/1,1534).

Ejemplo 8.5.—Un cliente solicita a una entidad de crédito un préstamo de 1 millón de dólares USA, por un año. El tipo de interés al que se formalizará la operación es del 5 por 100.

En estos momentos los datos del mercado del dólar y euro son:

— Tipo de contado \$/€ : 1\$ = 1,1 €
— Tipos de interés disponibles en los mercados interbancarios:
  – para depósitos en \$ a un año: 3 %
  – para depósitos en euros a un año: 8 %

Vamos a calcular los flujos de caja que se derivarán de efectuar la operación en el mercado de dinero, en el de divisas, o mediante una operación *«swap».*

---

[12] Estas operaciones, también se denominan «de cobertura», por cuanto cubren el riesgo de cambio de la posición de contado (invertir en una moneda y financiarse en otra moneda diferente), cumpliendo todos los requisitos para su tratamiento contable como «cobertura contable», de acuerdo con la Norma 5.ª 12a. Véanse, en el Capítulo 9, los conceptos de cobertura financiera y cobertura contable.

a) Operación efectuada en el mercado de dinero

Para efectuar la operación, la entidad de crédito tendría que tomar un préstamo de 1 millón de dólares a un año, a los tipos de mercado (3 por 100) y, simultáneamente, conceder el préstamo a su cliente, al mismo plazo, y al 5 por 100. Los flujos de caja a que dará lugar la operación para la entidad, serían:

Operación a efectuar	Flujos de caja
Al inicio:	
Tomar $ a 1 año al 3 %	1.000.000
Prestar $ a 1 año al 5 %	(1.000.000)
Un año después:	
Recuperar Préstamo e intereses	1.050.000
Devolver Préstamo e intereses	(1.030.000)
Resultado de la Operación ($)	***20.000***

El resultado de la operación (20.000 $) equivale a la diferencia entre los intereses cobrados por el préstamo concedido (50.000 $) y los pagados por el préstamo tomado (30.000 $).

b) Operación efectuada en el mercado de divisas

Para conceder el préstamo en dólares, previamente debemos comprar los dólares en el mercado a 1$ = 1,1 €. Para ello, tomamos un préstamo de 1,1 millones de euros a un año, al 8 por 100 y compramos dólares para prestarlos al 5 por 100. Los flujos de caja de la operación, en este caso, serían:

Operación a efectuar	Flujos de caja	
	En $	**En €**
Al inicio:		
Tomamos 1,1 millones de euros al 8 % a 1 año	–	1.100.000
Vendemos 1,1 millones de euros por dólares, al contado	1.000.000	(1.100.000)
Préstamos 1 millón de dólares al 5 % a 1 año	(1.000.000)	–
Un año después:		
Recuperamos el préstamo e intereses, en dólares	1.050.000	–
Devolvemos el préstamo e intereses, en euros.	–	(1.188.000)
Resultado de la operación	***1.050.000***	***(1.188.000)***

Como puede observarse, la operación se ha efectuado en el mercado de divisas (intervienen dos monedas, una en la que se invierte —dólares— y otra la que se financia —euros—). En consecuencia, el resultado de la operación queda determinado por el tipo de cambio al que tendremos que vender los dólares recuperados del préstamo concedido (1.050.000 $), para hacer frente a la devolución del préstamo tomado en euros (1.188.000 €).

c)   Operación efectuada mediante un swap

Para efectuar la operación tomaríamos, igual que en el caso b, un préstamo de 1,1 millones de euros al 8 por 100 a un año, lo cambiaríamos por dólares, al tipo de cambio de contado (1,1 €/$) y estos dólares los prestaríamos a un año al 5 por 100. La operación *swap* se completaría vendiendo, a plazo de un año, el importe de los dólares a recuperar del préstamo concedido al tipo de cambio a un año: 1$ = 1,1534 € (véase el ejemplo 8.4).

Operación a efectuar	Flujos de caja	
	En $	En €
Al inicio:		
Tomamos 1,1 millones de euros al 8 % a 1 año	–	1.100.000
Vendemos 1,1 millones de euros por dólares, al contado	1.000.000	(1.100.000)
Préstamos 1 millón de dólares al 5 % a 1 año	(1.000.000)	–
Vendemos 1.05 millones dólares a 1 año, a 1,1534 euros	–	–
Un año después:		
Recuperamos el préstamo en dólares	1.050.000	–
Vendemos los dólares a 1,1534 euros	(1.050.000)	1.211.070
Devolvemos el préstamo en euros	–	(1.188.000)
Resultado de la operación	–	***23.070***

El resultado de la operación es en euros (23.070 €) y equivale al diferencial de intereses en dólares obtenidos del cliente (5 por 100), respecto del tipo de interés de los depósitos a plazo de un año en dólares (3 por 100) que ha servido de base para calcular el tipo de cambio a plazo (1,1534 €/$) y su venta a este tipo [23.070 ≃ 1.000.000 (5 %- -3 %) × 1,1534].

---

6.   LOS ESTADOS FINANCIEROS EN MONEDA EXTRANJERA

Los estados financieros tienen por objetivo representar la situación financiera, en cuanto a los riesgos y a los resultados de la entidad,[13] pero, como no es posible sumar operaciones en distintas monedas, es necesario convertir a una sola moneda todos los activos, pasivos, compromisos futuros y los resultados de las operaciones realizadas en *moneda extranjera*, es decir, para el caso de las entidades de crédito españolas, todas las diferentes al euro.

Sin embargo, esta unidad de presentación no debe alterar el significado de las transacciones realizadas y sus resultados, por lo que es posible, y deseable, que internamente la entidad disponga de balances y de cuentas de resultados por cada una de las monedas en que realiza transacciones. Así, una entidad deberá llevar un libro diario por monedas (libro de euros, de dólares, de yenes, etc.) donde debe registrar las operaciones efectuadas con cada una de las divisas, lo que le permitirá obtener un balance y una cuenta de resultados por divisa, para, posteriormente, convertir cada balance a una moneda única (el euro).

---

[13] Norma 2.ª 1.

Siempre y cuando efectuemos operaciones del mercado de dinero, es decir, en una sola moneda, la transacción quedará reflejada exclusivamente en el libro de la moneda respectiva y no afectará a los libros de las demás monedas. Sin embargo, cuando efectuemos operaciones en el mercado de divisas, tanto al contado como a plazo, la transacción, al afectar a dos divisas, una en la que invertimos y otra en la que nos financiamos o una que compramos y otra que vendemos, requiere el uso de una *conexión* entre los libros de las dos monedas. Estas cuentas son conocidas como *cuentas de posición* y sirven para registrar las transacciones en las que están implicadas distintas monedas, además de registrar los ingresos y gastos obtenidos en divisas, por su contravalor en la moneda local.

Las cuentas de posición no aparecen en los estados financieros, pues en el proceso de *integración* de los balances y cuentas de resultados, en las diferentes monedas, quedan saldadas. Sin embargo, en los balances en cada una de las divisas en que opere la entidad aparecerán, al menos, las siguientes cuentas de posición:

Libro de Euros	Libros de Otras Monedas
Contravalor Posición Contado Contravalor Posición Plazo Contravalor Posición Inversión	Posición Contado Posición Plazo Posición Inversión

Vamos a ver el reflejo contable de diferentes operaciones, para una entidad cuya moneda local es el euro y el cambio a aplicar € /$ = 1,5

Ejemplo 8.6.—La entidad toma un depósito de 1.000 dólares de otra entidad y concede un préstamo, a un particular, de 1.000 dólares.

Libro de $	Libro de €

1.000 Tesorería
            a/ Entidades de crédito   1.000
        (por el depósito tomado)
1.000 Préstamos personales
                        a/ Tesorería   1.000
        (por el préstamo concedido)
	n.p.

La situación de ésta operación, en los balances de la entidad, será:

Balance en $		Balance en €		Balance de la entidad	
ACTIVO	PASIVO	ACTIVO	PASIVO	ACTIVO	PASIVO
1.000 Préstamos personales	Entidades de cto. 1.000	—	—	1.500 Préstamos personales	Entidades de cto. 1.500

Ejemplo 8.7.—La entidad toma un depósito de 1.000 dólares de otra entidad y concede un préstamo en euros, por el contravalor de los dólares:

Libro de $	Libro de €

1.000 Tesorería
        a/ Entidades de crédito   1.000
        (por el depósito tomado)
	n.p.

1.000 Contravalor de la posición contando
        a/ Tesorería   1.000
        (por el cambio de los dólares a euros)
	1.500 Tesorería
	        a/ Posición contado 1.500

n.p.	1.500 Préstamos personales
	        a/ Tesorería 1.500
	        (por la concesión del préstamo en euros)

La situación de esta operación, en los balances de la entidad, será:

Balance en $		Balance en €		Balance de la entidad	
ACTIVO	PASIVO	ACTIVO	PASIVO	ACTIVO	PASIVO
1.000 Contravalor y posición contado	Entidades de cto. 1.000	1.500 Préstamos personales	Posición contado 1.500	1.500 Préstamos personales	Entidades de cto. 1.500

Ejemplo 8.8.—La entidad realiza un contrato de compra a plazo de 2.000 dólares, contra la venta de euros a un tipo de cambio a plazo de €/$ = 1,8

Libro de $	Libro de €

2.000 Compra de dólares a plazo
        a/ Contravalor posición plazo   2.000
        (por la compra de 2.000 dólares a plazo)
	3.600 Posición plazo
	        a/ Venta de euros a plazo 3.600
	        [por la venta de 3.600 euros a plazo (2000 × 1,8)]

La situación de esta operación, en los balances de la entidad, será [14]:

Balance en $	Balance en €	Balance de la entidad
CUENTAS DE ORDEN	CUENTAS DE ORDEN	CUENTAS DE ORDEN
2.000 Compras a plazo dólares	3.600 Ventas a plazo euros	3.600 Compras de dólares contra euros

---

[14] Debe tenerse presente que las cuentas de orden se registran por «partida simple». Véase, en el Capítulo 3, las normas generales de valoración de las cuentas de orden.

Así pues, en el balance y cuenta de resultados de la entidad, no vamos a encontrar cuentas específicas representativas de operaciones con divisas —pues todas ellas han sido agregadas al balance de la entidad, mediante su conversión a euros—, excepto las que vamos a señalar a continuación, que corresponden al balance y cuenta de pérdidas y ganancias reservados, y cuyo significado y tratamiento veremos más adelante:

BALANCE RESERVADO	
ACTIVO	**PASIVO**
Cuentas Diversas Partidas a regularizar por operaciones de futuro. *Beneficios latentes por rectificación de interés en operaciones de cobertura.* *Beneficios latentes por otras causas.* Opciones adquiridas.	**Cuentas Diversas** Partidas a regularizar por operaciones de futuro. *Pérdidas potenciales por rectificación de interés en operaciones de cobertura.* *Pérdidas potenciales por otras causas.* Opciones emitidas. **Fondos especiales** Fondo de cobertura de inmovilizado.
CUENTAS DE ORDEN	
Operaciones de futuro ***Compraventas de divisas no vencidas.*** 　Hasta dos días hábiles. 　　Compras de divisas contra euros. 　　Ventas de divisas contra euros. 　　Compras de divisas contra otras divisas. 　A plazo superior a dos días. 　　Compras de divisas contra euros. 　　Ventas de divisas contra euros. 　　Compras de divisas contra otras divisas. 　Futuros Financieros en divisas. ***Opciones compradas.*** 　Sobre divisas. ***Opciones vendidas.*** 　Sobre divisas.	
CUENTA DE PÉRDIDAS Y GANANCIAS	
DEBE	**HABER**
Intereses y cargas asimiladas Rectificaciones del costo por operaciones de cobertura. **Pérdidas por operaciones financieras** Quebrantos por diferencias de cambio. Pérdidas netas en operaciones. Dotación por provisión de riesgos de cambio del inmovilizado.	**Intereses y rendimientos asimilados** Rectificaciones de los productos financieros por operaciones de cobertura. **Beneficios por operaciones financieras** Productos por diferencias de cambio. Beneficios netos en operaciones. Por disponibilidad de la provisión.

7. CRITERIOS DE CONTABILIZACIÓN DE LAS OPERACIONES EN DIVISAS [15]

Cuando una entidad realiza operaciones en moneda extranjera, es necesario convertir estas operaciones en euros, lo que requiere el uso de un tipo de cambio que, dependiendo de la operación, puede ser:

- *Tipo de cambio histórico*: es el tipo de cambio del día de adquisición.

- *Tipo de cambio de contado*: es la media de los tipos comprador y vendedor, más representativos, de los que se publiquen en el mercado [16].

- *Tipo de cambio a plazo*: el tipo de cambio a plazo se podrá tomar de los cambios más representativos, de los que se publiquen en el mercado, debiéndose aplicar interpolaciones lineales para los vencimientos intermedios, o estimarse de acuerdo con algún criterio de general aceptación [17].

La conversión a euros, de las operaciones en moneda extranjera, se debe llevar a cabo a través de tres etapas en las que deben determinarse:

1. ¿Cuál es la moneda extranjera?
2. ¿Cuál es el tipo de cambio que debemos aplicar?
3. ¿Dónde debemos registrar, en su caso, las diferencias que se produzcan respecto de la última evaluación?

7.1. Moneda extranjera

Los criterios generales para determinar cuál es la moneda que vamos a convertir en euros son:

A. Activos y Pasivos:

Como norma general, la moneda de los activos y pasivos será *aquella en que deba producirse su reembolso*, independientemente de que se hubiese pagado o recibido en otra moneda distinta [18]. Es decir, un préstamo concedido en dólares USA y que debe devolverse en esta moneda, representa un activo en dólares USA, pero si el mismo préstamo tiene que ser devuelto en euros, se debe registrar como un activo en euros.

Las excepciones a este principio general son:

---

[15] Un estudio amplio y detallado de las operaciones, riesgos y tratamiento contable, relacionados con las actividades en divisas, puede verse en: HERNANDO ARENAS, L.A. (1993): *Tesorería en moneda extranjera*. Centro de Formación del Banco de España. Madrid.

[16] Norma 4.ª 3.

[17] Norma 4.ª 6. Los criterios y procedimientos para determinar estas cotizaciones deberán constar por escrito en la entidad, estar documentados y mantenerse a lo largo del tiempo, salvo que concurran motivos razonables que justifiquen su cambio, los cuales tendrán que documentarse (norma 6.ª 6).

[18] Norma 4.ª 2.

a) *Las acciones y participaciones en el capital*: se deben reflejar en la moneda en que el emisor de los títulos exprese su valor nominal.

b) *Los inmuebles*: se deben reflejar en la moneda del país donde se encuentre ubicado el inmueble.

c) *Resto de bienes materiales usados directamente por sucursales en el extranjero*: podrá optarse entre reflejarlos en la moneda del país en que se encuentre la sucursal, o en la que se produjo su pago.

d) *El oro en barras o de carácter monetario, sin valor numismático, y sus certificados*:[19] se deben registrar en unidades físicas.

B. Cuentas de Orden:

Los compromisos registrados en las cuentas de orden, ya sean contingentes (*v.g.* avales, disponibles, etc.) o firmes (*v.g.* operaciones de futuro[20]), se deben reflejar en la moneda en que deban, en su caso, liquidarse.

Entre las cuentas de orden en moneda extranjera, los *contratos de compraventa de divisas no vencidos* son, lógicamente, operaciones específicamente relacionadas con la actividad en moneda extranjera, representativas de la intervención de la entidad en el mercado de divisas a plazo (compra de una moneda contra la venta de otra moneda, con liquidación en el futuro).

Los contratos de compraventa de divisas son contratos para comprar o vender una determinada moneda, o dicho de otra forma, contratos cuyos flujos de caja se determinan por referencia a dos monedas (cobros en una y pagos en otra). En estas cuentas se registran, tanto los contratos de compraventa de divisas a plazo, propiamente dichos, como los contratos de futuros en divisas y las permutas de divisas.

Estos contratos son utilizados, habitualmente, por las entidades para ajustar o corregir el riesgo de cambio, para especular, o, si la entidad solo actúa como intermediario, para atender necesidades futuras de sus clientes. Por ejemplo, un exportador que desee asegurarse el valor en euros de una venta en dólares, que se liquidará a un plazo determinado, puede vender a plazo los dólares a una entidad, que los comprará a plazo, al tipo de cambio a plazo de la fecha de liquidación del contrato del exportador[21].

Los contratos de compraventa de divisas a plazo presentan, desde el punto de vista contable, dos particularidades: *la fecha en que se contabilizan* y la *forma de contabilización*.

• *Fecha en que se contabilizan.* Se deben contabilizar desde el día de su contratación (fecha de la operación), figurando en cuentas de orden hasta la fecha de su disponibilidad (fecha valor) y en cuentas patrimoniales (activos o pasivos) a partir de esa fecha[22].

---

[19] Se refiere al oro físico en lingotes o amonedado, sin valor artístico, custodiado en las propias cajas de la entidad, y el constituido en depósitos de cualquier clase y en poder de terceros.

[20] Su tratamiento se aborda en el Capítulo 9.

[21] Estas operaciones son genéricamente conocidas como *«seguros de cambio»*.

[22] Norma 8.ª 4.

- *Forma de contabilización.* Considerando que estas operaciones suponen la compra de una divisa y la venta de otra divisa, en el balance de la entidad se sigue el criterio de registrar la operación solo por un lado, es decir, la compra o la venta, con el siguiente criterio:
  — En aquellos contratos en los que lo que se compra o se vende, es una moneda extranjera contra la moneda doméstica (el euro), la operación se debe registrar por el lado que implica a la moneda extranjera. Por ejemplo, si una entidad española contrata una operación de compra a plazo de euros contra yenes, la operación se debe reflejar como una *Venta de divisas contra euros*, por el contravalor en euros de los yenes vendidos:

Balance de la Entidad
CUENTAS DE ORDEN
Operaciones de futuro ***Compraventas de divisas no vencidas*** Compra de divisas contra euros Venta de divisas contra euros

  — En los contratos entre divisas que no implican al euro solamente se debe reflejar el lado de la compra. Por ejemplo, un contrato de compra de dólares contra francos suizos se reflejará por el contravalor de los dólares en euros, como *Compra de divisas contra otras divisas*.

Balance de la Entidad
CUENTAS DE ORDEN
Operaciones de futuro ***Compraventas de divisas no vencidas*** Compra de divisas contra otras divisas

7.2. Tipos de cambio a aplicar

El tipo de cambio de contado es, en general, el precio por el que las operaciones nominadas en moneda extranjera se integrarán en el balance de la entidad. No obstante, existen determinadas operaciones en los que deben usarse los tipos de cambio a plazo o históricos.

A. Activos y Pasivos

El criterio general es valorar en euros las inversiones y financiaciones (activos y pasivos) denominadas en moneda extranjera, *al cambio medio de contado* de la fecha a que se refiera el balance, o, en su defecto, del último día hábil del mercado anterior a dicha fecha [23], con las siguientes dos excepciones:

---

[23] Norma 4.ª 3.

a) *Los inmuebles de uso propio y las participaciones de carácter permanente* (activos inmovilizados) *no cubiertas del riesgo de cambio,* que se deben valorar en euros al tipo de cambio del día de su adquisición [24].

Esta valoración, puede dar lugar, al comparar el tipo de cambio histórico con el tipo de cambio de contado de la fecha de balance, a unas pérdidas potenciales por diferencias de cambio (cambio histórico > cambio de contado). En este caso, dichas pérdidas deben cubrirse mediante fondos específicos:

— *Fondo de Cobertura de Inmovilizado,* para los inmuebles de uso propio en el extranjero.

— *Fondo de Fluctuación de Valores,* para las participaciones de carácter permanente en otras empresas.

Estos fondos pueden posteriormente liberarse, total o parcialmente, en función de la evolución del tipo de cambio de contado en el futuro.

Pérdidas por operaciones financieras. Quebrantos por diferencias de cambio. Dotación por provisión de riesgos de cambio de inmovilizado. a/ *(pérdidas potenciales por diferencias de cambio en inmovilizado de uso propio en el extranjero)*		Fondos especiales. Fondos de cobertura de inmovilizado.
Pérdidas por operaciones financieras. Quebrantos por diferencias de cambio. Dotación por provisión de riesgos de cambio de inmovilizado. a/ *(pérdidas potenciales por diferencias de cambio en participaciones de carácter permanente)*		Fondos Especiales Fondo de Fluctuación de Valores. Renta variable.
Fondos especiales. Fondos de cobertura de inmovilizado. a/ *(recuperación de la cobertura por riesgo de cambio de Inmovilizado de uso propio en el extranjero, por evolución del tipo de cambio de contado)*		Beneficios por operaciones financieras. Productos por diferencias de cambio. Por disponibilidad de la provisión.
Fondos especiales. Fondos de Fluctuación de valores. a/ *(recuperación de la cobertura por riesgo de cambio de participaciones de carácter permanente, por evolución del tipo de cambio de contado)*		Beneficios por operaciones financieras Productos por diferencias de cambio. Por disponibilidad de la provisión.

b) *El oro en barras o de carácter monetario, y sus certificados,* que se debe valorar en dólares, al precio del mercado de Londres [25]. Estos dólares se valorarán, posteriormente, en euros, de acuerdo con el criterio general (cambio medio de contado) [26].

---

[24] Norma 4.ª 4. El riesgo de cambio estará cubierto cuando existan financiaciones en la misma moneda que el activo inmovilizado, o en otras monedas con las que la moneda de inversión presente un elevado grado de correlación.

[25] El precio del mercado es por *onza troy,* que equivale a 31,1035 gramos.

[26] Norma 4.ª 5.

B. Cuentas de Orden

El criterio general de valoración en euros de los compromisos registrados en las cuentas de orden en moneda extranjera, es valorar estos compromisos al cambio de contado de la fecha de balance, con las siguientes excepciones [27]:

a) *Operaciones de compraventa de divisas a plazo superior a dos días y que no sean de cobertura,* es decir, que no forman parte de una *operación mixta* o *swap,* se deben convertir a euros *al tipo de cambio de plazo.*

b) *Los futuros financieros sobre divisas contratados en mercados organizados,* se deben convertir a los precios a que cada contrato cotice en el respectivo mercado, a la fecha del balance, o la más cercana anterior [28].

C. Cuenta de pérdidas y ganancias

Los ingresos y gastos originados como consecuencia de la actividad en moneda extranjera (*v.g.* intereses de préstamos y de depósitos en moneda extranjera, cobros y pagos de comisiones en moneda extranjera, etc.) deben ser reconocidos en la moneda doméstica (el euro), en la fecha en que dichos ingresos y gastos se devenguen, aplicando *el tipo de cambio de contado* de esa fecha.

En consecuencia, la diferencia entre los tipos de contado de la fecha de devengo y del balance, en el supuesto de ser diferentes, generará un resultado por diferencia de cambio.

Ejemplo 8.9.—Supongamos que la periodificación de intereses de un préstamo en dólares es, en dos fechas consecutivas, de 10 dólares, sin liquidaciones intermedias. La entidad tiene actividades en dólares y en euros, y los tipos de cambio de contado, en las dos fechas de devengo, son 1,2 €/$ y 1,4 €/$. El tipo de cambio de contado, en la fecha de formular el balance de la entidad, es 1,5 €/$.

El registro de las periodificaciones y resultados será:

Libro de $	Libro de €

10 Devengo de productos no vencidos
    a/ Posición contado   10
(periodificación de intereses de préstamos en dólares)
	12 Contravalor posición contado
	    a/ Intereses y rendimientos asimilados 12
	(registro de los intereses devengados de préstamos en dólares valorados al tipo de cambio de contado 1,2 €/$ de su fecha de devengo)

10 Devengo de productos no vencidos
    a/ Posición contado   10
(periodificación de intereses de préstamos en dólares)
	14 Contravalor posición contado
	    a/ Intereses y rendimientos asimilados 14
	(registro de los intereses devengados de préstamos en dólares valorados al tipo de cambio de contado 1,4 €/$ de su fecha de devengo)

---

[27] Norma 4.ª 3 y 6.

[28] El tratamiento de los resultados obtenidos dependerá de la consideración, o no, de la operación como de cobertura. Aspecto que se tratará en el Capítulo 9.

La situación de estas operaciones, en los balances de la entidad, será:

Balance en $		Balance en €		Balance de la Entidad	
ACTIVO	PASIVO	ACTIVO	PASIVO	ACTIVO	PASIVO
20 Devengo de productos no vencidos	Posición contado 20	26 Contravalor posición contado	Resultados 26	30 Devengo de productos no vencidos	Resultados 30

Es decir, los resultados obtenidos por la entidad, todos en euros, por esta operación, se descomponen en:

Intereses y rendimientos asimilados en dólares	26
Beneficios por diferencias de cambio	4
Correspondientes a la 1.ª periodificación: 3 = 10 $ (1,5 − 1,2)	
Correspondientes a la 2.ª periodificación: 1 = 10 $ (1,5 − 1,4)	
Resultados totales	**30**

7. 3.   Tratamiento contable de las diferencias de cambio

Las modificaciones en el tipo de cambio entre la moneda doméstica (el euro) y las diferentes monedas extranjeras en que opera la entidad, aumentan o disminuyen las expectativas de flujos de caja que se recibirán en el futuro en euros, cuando las operaciones finalmente se liquiden.

Estas variaciones de las expectativas se denominan *Diferencias de cambio* y deben incluirse en la cuenta de pérdidas y ganancias de la entidad, por su importe neto y en el periodo en que se produzcan, dentro del grupo *resultados por operaciones financieras*[29]:

— Quebrantos por diferencias de cambio. Pérdidas netas en operaciones.
— Productos por diferencias de cambio. Beneficios netos en operaciones.

Ejemplo 8.10.—Supongamos que el balance en dólares de una entidad está compuesto por préstamos (100 $) y depósitos (30 $), y que los activos en euros ascienden a 2.000 €. La situación de estas inversiones y financiaciones en el balance en dólares y en el balance de la entidad (en euros) será, suponiendo un cambio de contado 1 $ = 1,1 €, de:

Balance en $		Balance de la entidad (€)	
ACTIVO	PASIVO	ACTIVO	PASIVO
100 Préstamos	Acreedores 30	110 Préstamos en dólares 2.000 Otros activos	Acreedores en dólares 33 Otros pasivos 2.077
100 Total activo en dólares	**Total Pasivo en dólares 30**	**2.110 Total activo**	**Total pasivo 2.110**

---

[29] Normas 5.ª 9, 37.ª 1g., y 40.ª 1e.I.

Si después de un mes, la situación de inversiones y financiaciones en dólares no ha variado, pero el nuevo tipo de cambio de contado es 1\$ = 1,2 €, la integración del balance en dólares en el balance de la entidad requiere un ajuste, para revaluar las operaciones en dólares al nuevo tipo de cambio de contado:

10 Préstamos en dólares	Acreedores en dólares	3
a/	Beneficios por operaciones financieras.	
	Productos por diferencias de cambio.	
	Beneficios netos en operaciones.	7

Los beneficios por diferencias de cambio (7 €) estarán recogidos entre los resultados de la entidad como ingresos del periodo y las situaciones de balance, suponiendo que los activos en euros ascienden a 2.100 €, serán:

Balance en \$		Balance de la entidad (€)	
ACTIVO	PASIVO	ACTIVO	PASIVO
100 Préstamos	Acreedores 30	120 Préstamos en dólares 2.100 Otros activos	Acreedores en dólares 36 Otros pasivos 2.184
100 Total activo **en dólares**	**Total Pasivo** **en dólares 30**	**2.220 Total activo**	**Total pasivo 2.220**

7.3.1.   Diferencias de cambio en los contratos de compraventa de divisas a plazo

Como hemos señalado anteriormente, estas operaciones se deben valorar en euros, tomando en consideración si la operación es parte de una operación mixta o *swap* (también denominadas de cobertura de tipo de cambio) o no lo es, mediante la aplicación de los tipos de cambio de contado o plazo, respectivamente:

Compraventas de divisas a plazo:	Cambio a aplicar
Hasta dos días	Contado
A plazo superior a dos días:	
Operaciones *swap* (o de cobertura)	Contado
Resto de operaciones a plazo con divisas	Plazo

Ahora bien, dado que estas operaciones están registradas entre las cuentas de orden, desde la fecha de contratación y hasta su «fecha valor», con el fin de reconocer como un resultado las diferencias que pueden producirse entre el tipo de cambio del contrato y el tipo de cambio del mercado (al contado o a plazo según el tipo de operación), en la fecha del balance, es necesario utilizar unas cuentas de carácter transitorio (incluidas entre las cuentas diversas de activo o pasivo, según corresponda) que nos permitan imputar los resultados de este tipo de operaciones dentro del periodo, como resultados por operaciones financieras [30]:

---

[30] Norma 5.ª 9.

Cuentas diversas (activo)	Beneficios por operaciones financieras
Partidas a regularizar por operaciones de futuro a/ Beneficios latentes por otras causas	Productos por diferencias de cambio. Beneficios netos en operaciones

Pérdidas en operaciones financieras Quebrantos por diferencias de cambio a/ Beneficios netos en operaciones	Cuentas diversas (pasivo) Partidas a regularizar por operaciones de futuro Pérdidas potenciales por otras causas

Adicionalmente a esta valoración, *cuando la operación sea de cobertura* (*mixta o swap*), la diferencia entre el tipo a plazo y el tipo de contado de la fecha en que se realizó la operación, se debe periodificar, a lo largo de la vida de la operación, como un ajuste de intereses (el premio o descuento entre las divisas), rectificando los rendimientos o las cargas por intereses [31]:

Cuentas diversas Partidas a regularizar por operaciones a/ de futuro Beneficios latentes po rectificación de intereses	Intereses y rendimientos asimilados Rectificación de los productos financieros por operaciones de cobertura

Intereses y cargas asimilados Rectificaciones del costo por operaciones de cobertura a/	Cuentas diversas Partidas a regularizar por operaciones de futuro Pérdidas potenciales por rectificación de intereses

Ejemplo 8.11.—La entidad compra, a plazo de tres meses, 100 dólares a 1,3 euros por dólar, siendo en ese momento el cambio de contado €/$ = 1 y a plazo de tres meses 1,3 €/$. Los cambios relevantes en los siguientes meses son:

	1 mes después	2 meses después	Al vencimiento
Contado	1,1	1,15	1,4
A plazo de dos meses	1,5	–	
A plazo de un mes	–	1,2	

El registro de la operación, considerándola de cobertura (mixta) de una financiación recibida, o no, será:

---

[31] Norma 5.ª 12.

236 *Contabilidad bancaria*

	Operación de cobertura (mixta o *swap*)	Operación de no cobertura

T	100 Compra de divisas contra euros
	    a/ Contrapartida cuentas de orden 100
	(registro en cuentas de orden de la compra a plazo de dólares, al tipo de cambio de contado1$ = 1 €)
		130 Compra de divisas contra euros
		    a/ Contrapartida cuentas de orden 130
		(registro en cuentas de orden de la compra a plazo de dólares, al tipo de cambio de contado1$ = 1,3 €)

T + 1	100 Contrapartida cuentas de orden
	    a/ Compra de divisas contra euros 100
	110 Compra de divisas contra euros
	    a/ Contrapartida cuentas de orden 110
	(registro en cuentas de orden de la compra a plazo al nuevo tipo de cambio de contado 1$ = 1,1 €)
		130 Contrapartida cuentas de orden
		    a/ Compra de divisas contra euros 130
		150 Compra de divisas contra euros
		    a/ Contrapartida cuentas de orden 150
		(registro en cuentas de orden de la compra a plazo al nuevo tipo de cambio de contado 1$ = 1,5 €)

	10 Partidas a regularizar por operaciones de cobertura
	Beneficios latentes por otras causas
	    a/ Beneficios por operaciones financieras
	    Productos por diferencias de cambio 10
	[registro de la diferencia de cambio entre tipo de contado (1,1) y el del periodo anterior (1) 10 = 100 (1,1-1)]
		20 Partidas a regularizar por operaciones de futuro
		Beneficios latentes por otras causas
		    a/ Beneficios por operaciones financieras
		    Productos por diferencias de cambio 20
		(imputación íntegra de la diferencia entre el tipo de compra del contrato –130– y el de mercado –150–)

	10 Intereses y cargas asimiladas
	Rectificación de costes por operaciones de cobertura
	    a/ Partidas a regularizar por operaciones de futuro
	    Pérdidas potenciales por rectificación de intereses 10
	[periodificación en tres meses de la diferencia entre el precio de contado y el de plazo del día de la operación (premio del $ = 0,3 €): (1,3 – 1)/3 × 100$]	

T + 2	110 Contrapartida cuentas de orden
	    a/ Compra de divisas contra euros 110
	115 Compra de divisas contra euros
	    a/ Contrapartida cuentas de orden 115
	(registro en cuentas de orden de la compra a plazo al cambio de contado: 100 × 1,15)
		150 Contrapartida cuentas de orden
		    a/ Compra de divisas contra euros 150
		120 Compra de divisas contra euros
		    a/ Contrapartida cuentas de orden 120
		(registro en cuentas de orden de la compra a plazo al cambio de plazo: 100 × 1,2)

	10 Intereses y cargas asimiladas
	Rectificación de costes por operaciones de cobertura
	    a/ Partidas a regularizar por operaciones de futuro
	    Pérdidas potenciales por rectificación de intereses 10
	
	[periodificación en tres meses de la diferencia entre el precio de contado y el de plazo del día de la operación: (1,3 – 1)/3 × 100$)]
		30 Pérdidas en operaciones financieras
		Quebrantos por diferencias de cambio
		    a/ Partidas a regularizar por operaciones de futuro
		    Beneficios latentes por otras causas 20
		    a/ Partidas a regularizar por operaciones de futuro
		    Pérdidas potenciales por otras causas 10
		(imputación íntegra de la diferencia entre el tipo de compra del contrato –130– y el de mercado –120–, así como del resultado de la última revaluación –20 de beneficios latentes–)

	5 Partidas a regularizar por operaciones de futuro
	Beneficios latentes por otras causas
	    a/ Beneficios por operaciones financieras
	    Productos por diferencias de cambio 5
	[registro de la diferencia de cambio entre tipo de contado (1,15) y el del periodo anterio (1,1); 5 = 100 (1,15 – 1,1)]	

T + 3	115 Contrapartida cuentas de orden
	    a/ Compra de divisas contra euros 115
		150 Contrapartida cuentas de orden
		    a/ Compra de divisas contra euros 150

	(por la cancelación de las cuentas de orden)	

	10 Intereses y cargas asimiladas
	Rectificación de costes por operaciones de cobertura
	    a/ Partidas a regularizar por operaciones de futuro
	    Pérdidas potenciales por rectificación de intereses 10
	[periodificación en tres meses de la diferencia entre el precio de contado y el de plazo del día de la operación: (1,3 – 1)/3 × 100$)]
		140 Tesorería (contravalor de dólares en euros)
		10 Partidas a regularizar por operaciones de futuro
		Pérdidas potenciales por otras causas
		    a/ Tesorería 130
		    a/ Beneficios por operaciones financieras
		    Productos por diferencias de cambio 20

	140 Tesorería (contravalor de dólares en euros)
	30 Partidas a regularizar por operaciones de futuro
	Pérdidas potenciales por rectificación de intereses
	    a/ Tesorería 130
	    a/ Partidas a regularizar por operaciones de futuro
	    Beneficios latentes por otras causas 15
	    a/ Beneficios por operaciones financieras
	    Productos por diferencias de cambio 25
	
	(por la compra de dólares a 1,3 €/$, y la entrada de los dólares al cambio de contato, 1,4 €/$)	

En la cuenta de pérdidas y ganancias, el reflejo de la operación será:

	Final del mes:			Total
	T+1	**T+2**	**T+3**	
Operación de cobertura:				
Rectificación de costes por operaciones de cobertura	(10)	(10)	(10)	(30)
Resultado neto por diferencias de cambio	10	5	25	40
Total	–	**(5)**	**15**	**10**
Operación de no cobertura:				
Resultado neto por diferencias de cambio	20	(30)	20	10
Total	**20**	**(30)**	**20**	**10**

En la operación de cobertura, los resultados por rectificación de costes (30 €) corresponden a la diferencia entre el tipo de contado de la fecha del contrato (€/$ = 1) y el tipo de cambio a plazo contratado (1,3 €/$), y las diferencias de cambio (40 €) corresponden a la diferencia entre el tipo de cambio de contado de la fecha del contrato (€/$ = 1) y el tipo de cambio de contado de la fecha de liquidación (1,4 €/$). Por su parte, el resultado de la operación de no cobertura (10 €) corresponde a la diferencia entre el tipo de cambio contratado (1,3 €/$) y el tipo de cambio de contado de la fecha de liquidación (1,4 €/$).

El cuadro siguiente, resume los tipos de cambio a aplicar en la conversión de las operaciones en moneda extranjera a euros, y las cuentas de resultados en que se imputan las diferencias de cambio:

	Tipo de cambio			Imputación de las diferencias de cambio
	Histórico	Contado	Plazo	
ACTIVO				
• Activo Inmovilizado *sin cobertura de riesgo de cambio*	X	–	–	Quebrantos por diferencias de cambio. *Dotación por riesgo de cambio del inmovilizado.* a/ Fondo de cobertura de inmovilizado. a/ Fondo de Fluctuación de Valores. Renta variable. *(Si cambio histórico < cambio contado)*
• Activo inmovilizado *con cobertura de riesgo de cambio*	–	X	–	Pérdidas en operaciones financieras. *Quebrantos por diferencias de cambio.* Pérdidas netas en operaciones.
• Resto de activo	–	X	–	
PASIVO	–	X	–	Beneficios por operaciones financieras *Productos por diferencias de cambio.* Beneficios netos en operaciones.
CUENTAS DE ORDEN • Operaciones de futuro • Compraventas a plazo de divisas • Cobertura (Mixtas o *Swap*)	–	X	–	1. Diferencias de cambio: • Pérdidas en operaciones financieras. *Quebrantos por diferencias de cambio.* Pérdidas netas en operaciones. • Beneficios por operaciones financieras. *Productos por diferencias de cambio.* Beneficios netos en operaciones. 2. Periodificar diferencia entre cambio de contado y plazo del día de la operación como: • Intereses y cargas asimiladas. *Rectificación del costo por operaciones de cobertura.* • Intereses y rendimientos asimilados *Rectificación de los productos financieros por operaciones de cobertura.*

(Continúa)

(Continuación)

	Tipo de cambio			Imputación de las diferencias de cambio
	Histórico	Contado	Plazo	
• Resto • Hasta 2 días	–	X	–	Pérdidas en operaciones financieras. *Quebrantos por diferencias de cambio.* *Pérdidas netas en operaciones.*
• Mas de 2 días	–	–	X	
• Resto de operaciones de futuro	–	X	–	Beneficios por operaciones financieras. *Productos por diferencias de cambio.* *Beneficios netos en operaciones.*
• Resto de cuentas de orden	–	X	–	

Ejemplo 8.12.—Con los datos planteados en el ejemplo 8.5, registrar las operaciones, en el libro de dólares o de euros, según proceda, considerando que el cambio medio de cierre al final de la operación fue: 1 dólar = 1,12 euros.

Caso A. Operación efectuada a través del Mercado de Dinero.

Fecha	Libro de €	Libro de $

Inicio	n.p.	1.000.000 Tesorería
		    a/ Entidades de Crédito 1.000.000
		    (al tomar el depósito en dólares)

		1.000.000 Préstamos personales
		    a/ Tesorería 1.000.000
		    (por la concesión y disposición del préstamo en dólares)

Vencimiento	56.000 Contravalor posición contado
	    a/ Intereses y rendimientos
	        asimilados 56.000
	    (por el registro en euros de los intereses cobrados en dólares
	    al cambio de contado: 50.000 × 1,12)
		1.050.000 Tesorería
		    a/ Préstamos personales 1.000.000
		    a/ Posición contado 50.000
		    (por la recuperación del préstamo y sus intereses)

	33.600 Intereses y cargas asimiladas
	    a/ Contravalor posición contado 33.600
	    (por el registro en euros de los intereses pagados en dólares
	    al cambio de contado: 30.000 × 1,12)
		1.000.000 Entidades de crédito
		   30.000 Posición contado
		    a/ Tesorería 1.030.000
		    (por la devolución del depósito en dólares con sus intereses)

El resultado de la operación ha sido en dólares (20.000 $), que han sido registrados en el libro de € al cambio de cierre (1,12):

Intereses y rendimientos asimilados	50.000 $
Intereses y cargas asimiladas	(30.000) $
Margen	20.000 $

Estos resultados, lógicamente, corresponden al saldo de la cuenta de Tesorería en dólares, cuyo contravalor en euros queda reflejado en el saldo de la cuenta Contravalor de la Posición Contado (22.400 €) al cambio de contado (20.000 × 1,12 = 22.400 = 56.000 – 33.600).

Caso B. Operación efectuada a través del Mercado de Divisas.

Fecha	Libro de €	Libro de $

Inicio	1.000.000 Tesorería
	    a/ Entidades de Crédito 1.000.000
	    (por tomar el depósito en euros)
		n.p.

	1.100.000 Contravalor posición contado
	    a/ Tesorería 1.100.000
	    (al comprar al contado un millón de dólares a 1,1 €/$)
		1.000.000 Tesorería
		    a/ Posición contato 1.000.000

Vencimiento	n.p.	1.000.000 Préstamos personales
		    a/ Tesorería 1.000.000
		    (por la concesión y disposición del préstamo en dólares)

	56.000 Contravalor posición contado
	    a/ Intereses y rendimientos 56.000
	    *(por el registro en euros de los intereses cobrados
	    en dólares al cambio de contado: 50.000 × 1,12)*
		1.050.000 Tesorería
		    a/ Préstamos personales 1.000.000
		    a/ Posición contato 50.000
		    (por la recuperación del préstamo y sus intereses)

	1.176.000 Tesorería
	    (1.050.000 × 1,12)
	        a/ Contravalor posición
	            contado 1.156.000
	        a/ Beneficios en operaciones
	            financieras. Productos por
	            diferencias de cambio 20.000
	    (por la venta de 1.050.000 dólares al cambio de contado: 1,12 €/$)
		1.050.000 Posición contato
		        a/ Tesorería 1.050.000

	1.100.000 Entidades de crédito
	   88.000 Intereses y cargas asimiladas
	        a/ Tesorería 1.188.000
	    (por la devolución del depósito en euros y sus intereses)
		n.p.

El resultado de la operación ha sido:

Intereses y rendimientos	56.000	€
Intereses y cargas asimiladas	(88.000)	€
Margen de Intermediación	*(32.000)*	*€*
Resultados por diferencias de cambio	20.000	€
Margen Ordinario	*(12.000)*	*€*

La operación ha ocasionado una pérdida por margen de intermediación de 32.000 euros parcialmente compensada con unos beneficios obtenidos por diferencias de cambio, correspondientes a los dólares (1 millón) que fueron comprados a 1,1 euros y han sido vendidos a 1,12 euros.

Caso C: Operación efectuada a través de un «swap».

Fecha	Libro de €	Libro de $

Inicio	1.100.000 Tesorería
	          a/ Entidades de Crédito 1.100.000
	          (por tomar el depósito en euros)
		n.p.

	1.100.000 Contravalor posición contado
	          a/ Tesorería 1.100.000
	(al comprar al contado 1 millón de dólares a 1,1 €/$)
		1.000.000 Tesorería
		          a/ Posición contato 1.000.000

Vencimiento	n.p.	1.000.000 Préstamos personales
		          a/ Tesorería 1.000.000
		          (por la concesión y disposición del préstamo en dólares)

	1.211.070 Compra de euros a plazo
	          a/ Contravalor posición
	          plazo 1.211.070
	(por la venta de 1.050.000 dólares a plazo a 1,1534 €/$)
		1.050.000 Posición plazo
		          a/ Venta de dólares a plazo 1.050.000

	1.100.000 Entidades de crédito
	   88.000 Intereses y cargas asimiladas
	          a/ Tesorería 1.188.000
	(por la devolución del depósito en euros y sus intereses)
		n.p.

	57.670 Contravalor posición contado
	          a/ Intereses y rendimientos 57.670
	*(por el registro euros de los intereses cobrados en dólares
	al cambio contratado en la venta a plazo: 50.000 × 1,1534)*[32]
		1.050.000 Tesorería
		          a/ Préstamos personales 1.000.000
		          a/ Posición contato 50.000
		          (por la recuperación del préstamo y sus intereses)

	1.211.070 Tesorería
	          a/ Contravalor posición
	          contado 1.157.670
	          a/ Intereses y cargas asimiladas
	          Rectificaciones de costes por
	          operaciones de cobertura 53.400
	
	*(por la venta de 1.050.000 dólares al cambio contratado 1,1534 €/$ y la imputación del resultado como
	una diferencia correctora de intereses «rectificación de costes por operaciones de cobertura»)*
		1.050.000 Posición contado
		          a/ Tesorería 1.050.000

	1.270.000 Contravalor posición plazo
	          a/ Compra de euros
	          a plazo 1.270.000
	(cancelación de las cuentas de orden a su vencimiento)
		1.050.000 Venta de dólares a plazo
		          a/ Posición plazo 1.050.000

El Resultado de la operación ha sido:

Intereses y rendimientos	57.670 €
Intereses y cargas asimiladas	(88.000) €
Rectificación costes por cobertura	53.400 €
Margen de Intermediación	23.070 €

---

[32] Los 50.000 dólares están vendidos a 1,1534 euros en la operación de cobertura. Sería indiferente valorar estos resultados al cambio de contado (1,12 €/$), en cuyo caso los productos financieros serían 56.000 euros (50.000 × 1,12) y los resultados de la cobertura serían de 55.070 euros, es decir, 53.400 euros equivalentes a 1 millón de dólares vendidos a 1,1534 euros y comprados a 1,1 euros, más 1.670 euros equivalentes a 50.000 dólares de intereses × (1,1534 € –1,12 €).

Ejemplo 8.13.—Un banco español realiza actividades exclusivamente en euros y francos suizos (F.S.), presentando en cada una de estas monedas los siguientes balances:

ACTIVO	€	F.S.	PASIVO	€	F.S.
Tesorería y Entidades de Crédito			Entidades de Crédito		
(depósitos prestados)	143.645	550	(depósitos tomados)	18.900	–
Cartera de Valores	62.500	1.400	Acreedores	437.330	30.000
Créditos	252.576	22.600	Fondos Especiales	10.850	2.000
Inmovilizado	22.544	9.100	Posición contado	–	7.700
Contravalor posición contado	14.630	–	Posición Inversión	–	9.100
Contravalor posición inversión	14.415	–	Periodificaciones (neto)	2.680	1.200
Otras Cuentas (neto)	1.260	16.350	Recursos Propios	35.300	–
			Resultados	6.510	–
Total	*511.570*	*50.000*	*Total*	*511.570*	*50.000*

CUENTAS DE ORDEN						
Pasivos Contingentes					
Avales y Créditos documentarios	1.000	500			
Operaciones de futuro					
Compraventa de divisas a plazo					
Contravalor posición plazo	4.800	–	Ventas de euros a plazo	4.800	–
Compras de FS a plazo	–	3.000	Posición plazo	–	3.000

Otras informaciones relevantes son:

— La entidad tiene una oficina abierta en Ginebra en un edificio de su propiedad adquirido, hace años, por 14.415 euros, no estando cubierto de riesgo de cambio.
— Los tipos de cambio del mercado a la fecha de balance, y los del mes anterior, son:

	Mes actual	Mes anterior
Tipo medio de contado	1,400 €	1,600 €
Tipos de cambio a plazo		
A un mes	1,350 €	1,400 €
A dos meses	1,400 €	1,380 €
A tres meses	1,500 €	1,500 €
A cuatro meses	1,700 €	1,673 €

— Los apuntes contables correspondientes a la revaluación del periodo de las operaciones a plazo (todas compras de F.S. contra ventas de €) están pendientes de efectuarse, y su detalle es:

	€	F.S.
Operaciones de cobertura (*swap*)	1.600	1.000
Operaciones no cobertura	3.200	2.000
Total	*4.800*	*3.000*

—La operación de cobertura (*swap*) asciende a 1.000 F.S. Fue contratada hace tres meses y vence dentro de dos meses (plazo total cinco meses). El cambio de contado del día de la operación fue 1 F.S = 1,3 € y cambio a plazo contratado fue 1 F.S. = 1,5 €.
— El resto de las operaciones a plazo que no son de cobertura, fueron contratadas hace dos meses y tienen el siguiente detalle:

Vencimiento Actual	Importe Importe en F.S.	Cambio a plazo contratado €/F.S.	Importe en euros
Dentro de un mes	500	1,4	700
Dentro de tres meses	1.500	1,7	2.550
Total	*2.000*	–	*3.250*

Se desea conocer el balance final de la entidad, en euros, aplicando los criterios de la Circular 4/1991 del Banco de España.

En primer lugar, tenemos que registrar los apuntes contables pendientes, correspondientes a las operaciones a plazo:

A. Por las operaciones a plazo, de cobertura:

En primer lugar debemos registrar en las cuentas de orden la operación por el cambio de contado de la fecha de balance (1,4 €/F.S.), y cancelar la valoración del periodo anterior (1,6 €/F.S.).

1.600	Ventas a plazo de euros	a/	Contravalor posición plazo	1.600

(eliminación del contravalor del mes anterior:1,6 × 1.000 F.S.)

1.400	Contravalor posición plazo	a/	Ventas de euros a plazo	1.400

(por la revaluación de la compra de cobertura al cambio de contado: 1,4 × 1.000 F.S.)

Posteriormente, debemos proceder a evaluar la operación al cambio medio de contado (1,4 €/F.S.), registrando la diferencia respecto del cambio del mes anterior (1,6 €/F.S.), como diferencias de cambio dentro de la cuenta de resultados, utilizando como contrapartida una cuenta del grupo de diversas.

200	Pérdidas por operaciones financieras	a/	Cuentas diversas	
	Quebrantos por diferencias de cambio		Partidas a regularizar por operaciones de futuro	
	Pérdidas netas en operaciones		Pérdidas potenciales por otras causas	200

[1.000 F.S. × (1,4 − 1,6)]

Finalmente, debemos proceder a periodificar la diferencia correctora de inte-reses (diferencia de cambio entre el cambio de contado de la fecha del contrato —1,3 €/F.S.— y el cambio contratado —1,5 €/F.S.—).

El importe a periodificar será:

$$1.000 \ F.S. \ (1,5 - 1,3) \times \frac{3 \ meses}{5 \ meses} = 120 \ €$$

El importe periodificado el mes anterior, fue:

$$1.000 \ F.S. \ (1,5 - 1,3) \times \frac{2 \ meses}{5 \ meses} = 80 \ €$$

40 Cuentas diversas
     Partidas a regularizar por operaciones de futuro
     Beneficios latentes por rectificaciones de intereses
     en operaciones de cobertura
	a/ Intereses y cargas asimiladas
	     Rectificaciones de los costes por
	     operaciones de cobertura 40

[Incremento de la periodificación del mes (120 – 80) «descuento» de F.S. comprados en la operación de cobertura]

B. Por las operaciones a plazo, que no son de cobertura.

El detalle por plazos de las operaciones que no son de cobertura, por sus valores contractuales y el valor de mercado de las mismas, tanto en el mes anterior como en el actual, es:

Plazo	Condiciones de los contratos			Valor de los contratos mes anterior			Valor actual de los contratos		
	Compra FS	Cambio	Venta € (1)	Cambio	Valor en € (2)	Diferencia (2) - (1)	Cambio	Valor en € (3)	Diferencia (3) - (1)
1 mes	500	1,4	700	1,380	690	(10)	1,35	675	(25)
3 meses	1.500	1,7	2.550	1,673	2.510	(40)	1,50	2.250	(300)
Totales	*2.000*	–	*3.250*	–	*3.200*	*(50)*	–	*2.925*	*(325)*

Los contratos a plazo que no son de cobertura, presentan, a precios de mercado, unas pérdidas acumuladas de 325 euros, correspondientes a la diferencia entre el precio de compra de 2.000 F.S., contratado a 3.250 €, y el valor en la fecha de balance de estos 2.000 F.S. (2.925 €). La pérdida correspondiente a este periodo (mes) será la diferencia con el resultado de la evaluación del periodo anterior, que presentaba unas pérdidas de 50 euros.

3.200 Ventas a plazo de euros	a/ Contravalor posición plazo 3.200

(eliminación del contravalor del mes anterior correspondiente a las operaciones a plazo que no son de cobertura)

2.925 Contravalor posición plazo	a/ Ventas de euros a plazo 2.925

(por la revaluación de la compra de F.S. de operaciones que no son de cobertura, a los cambios de plazo –500 F.S. a 1,35 € y 1.500 F.S. a 1,50 €–)

275	Pérdidas por operaciones financieras		
	Quebrantos por diferencias de cambio	a/	Cuentas diversas
	Pérdidas netas en operaciones		Partidas a regularizar por operaciones de futuro
			Pérdidas potenciales por otras causas 275
(por las pérdidas potenciales del periodo correspondientes a las compras a plazo de F.S. de operaciones que no son de cobertura)			

C. Evaluación del Inmueble en Ginebra.

El inmueble fue adquirido por 14.415 euros que representaron una inversión de 9.100 F.S., lo que supone un cambio histórico de 1,584 € / F.S. Al comparar este cambio histórico con el tipo de cambio de contado del mes actual (1,4 € / F.S.), resultan unas pérdidas potenciales de 1.675 euros [9.100 × (1,4 − 1,584)] que deben ser cubiertas con un fondo específico por cobertura de inmovilizado.

1.675	Pérdidas por operaciones financieras		
	Quebrantos por diferencias de cambio		
	Dotación a la provisión de riesgo de cambio	a/	Fondos especiales
	de inmovilizado.		Fondo de cobertura de inmovilizado 1.675
(por la cobertura de las pérdidas potenciales del inmovilizado no cubierto de riesgo de cambio)			

Tras efectuar estos apuntes en el libro de euros, los balances en € y F.S. serán:

ACTIVO	€	F.S.	PASIVO	€	F.S.
Tesorería y Entidades de Crédito			Entidades de Crédito		
(depósitos prestados)	143.645	550	(depósitos tomados)	18.900	–
Cartera de Valores	62.500	1.400	Acreedores	437.330	30.000
Créditos	252.576	22.600	Fondos Especiales	12.525	2.000
Inmovilizado	22.544	9.100	Posición contado	–	7.700
Contravalor Posición Contado	14.630	–	Posición Inversión	–	9.100
Contravalor posición inversión	14.415	–	Periodificaciones (neto)	2.680	1.200
Otras Cuentas (neto)	825	16.350	Recursos Propios	35.300	–
			Resultados	4.400	–
Total	*511.135*	*50.000*	*Total*	*511.135*	*50.000*
CUENTAS DE ORDEN					
Avales y Créditos documentarios	1.000	500			
Compraventa de divisas a plazo					
Contravalor posición plazo	4.325	–	Ventas de euros a plazo	4.325	–
Compras de FS a plazo	–	3.000	Posición plazo	–	3.000

El detalle del saldo de la cuenta de resultados es:

	Debe	Haber
Saldo anterior		6.510
Pérdidas por diferencias de cambio. Operaciones de cobertura	200	–
Rectificaciones de costes por operaciones de cobertura	–	40
Pérdidas por diferencias de cambio. Operaciones de no cobertura	275	–
Pérdidas por diferencias de cambio. Cobertura Inmovilizado m.e.	1.675	–
Saldo posterior	–	4.400

D. Balance de la entidad.

Para obtener el balance de la entidad, correspondiente a este mes, procederemos a agregar ambos balances, una vez convertido a euros el balance en F.S., aplicando el tipo de cambio de contado, excepto para la inversión en inmovilizado no cubierto, al que deberemos aplicar el tipo de cambio histórico.

	€	F.S.		Balance agregado €	Ajustes	Balance de la Entidad €
		F.S.	Valor en €			
ACTIVO						
Tesorería	143.645	550	770	144.415		144.415
Cartera de valores	62.500	1.400	1.960	64.460		64.460
Créditos	252.576	22.600	31.640	284.216		284.216
Inmovilizado	22.544	9.100	14.415	36.959		36.959
Contravalor Posición contado	14.630	–	–	14.630	(1) (14.630)	–
Contravalor Posición inversión	14.415	–	–	14.415	(2) (14.415)	–
Otras cuentas (neto)	825	16.350	22.890	23.715		23.715
Total activo	*511.135*	*50.000*	*71.675*	*582.810*	*(29.045)*	*553.765*
PASIVO						
Ecas	18.900	–	–	18.900		18.900
Acreedores	437.330	30.000	42.000	479.330		479.330
Fondos Especiales	12.525	2.000	2.800	15.325		15.325
Posición Contado	–	7.700	10.780	10.780	(1) (10.780)	–
Posición Inversión	–	9.100	14.415	14.415	(2) (14.415)	–
Periodificaciones (neto)	2.680	1.200	1.680	4.360		4.360
Recursos Propios	35.300	–	–	35.300		35.300
Resultados	4.400	–	–	4.400	(1) (3.850)	550
Total pasivo	*511.135*	*50.000*	*71.675*	*582.810*	*(29.045)*	*553.765*
CUENTAS DE ORDEN						
Avales y créditos documentarios	1.000	500	700	1.700	–	1.700
Compraventa de divisas a plazo						
Compras de F.S. a plazo	–	3.000	4.325	4.325	(3) (4.325)	–
Posición plazo	–	(3.000)	(4.325)	(4.325)	(3) 4.325	–
Ventas de euros a plazo	4.325	–	–	4.325	(3) (4.325)	–
Contravalor posición plazo	(4.325)	–	–	(4.325)	(3) 4.325	–
Compra de divisas contra euros	–	–	–	–	–	(3) 4.325

Detalle de los ajustes:

(1)	10.780	Posición contado			
	3.870	Pérdidas por operaciones financieras			
		Quebrantos por diferencias de cambio			
		Pérdidas netas en operaciones	a/	Contravalor posición contado	14.630
		(ajuste de diferencias de cambio de activos y pasivos valorados a cambio de contado)			
(2)	14.415	Posición inversión	a/	Contravalor posición inversión	14.415
		(ajuste del control de la osición en activos inmovilizados en m.e.)			
(3)	4.325	Venta de euros a plazo	a/	Compra de F.S. a plazo	4.325
		(cancelación de los compromisos a plazo y sus cuentas de posición)			
	4.325	Compra de divisas contra euros	a/	Contravalor de las cuentsa de orden	4.325
		(por el registro de las compras a plazo contra euros por el lado de la moneda extranjera)			

9

Los derivados financieros (I)

1. INTRODUCCIÓN

La denominada *innovación financiera* tiene sus orígenes en la década de los años setenta, como respuesta de la comunidad financiera al aumento de la *volatilidad* en los tipos de interés, tipos de cambio y en los precios de las materias primas, que se reflejó en un incremento de incertidumbre respecto de los activos financieros y, en consecuencia, de su riesgo [1].

La volatilidad en los mercados financieros es una medida de variabilidad de un precio de mercado (acciones, tipos de interés, de cambio, etc.) que cambia a lo largo del tiempo, siendo uno de los más importantes instrumentos utilizados para medir el riesgo de un activo financiero. Habitualmente, la volatilidad se mide a través de la desviación típica de la serie estadística de distribución de los precios, y se dice que es alta si el precio sufre grandes cambios en un corto periodo de tiempo. De esta forma, un activo con *volatilidad cero* significaría que se puede prever con exactitud el valor futuro del activo, que sería igual al precio del activo, hoy revalorizado, al tipo de interés del mercado para la fecha futura considerada.

Ejemplo 9.1—Si el precio de una acción hoy es 18,2 euros y la volatilidad estimada de la serie de precios diarios, para esta acción, es de un 2 por 100, hay un 68 por 100 de probabilidad (una desviación típica [2]) de que el precio de la acción mañana se encuentre en el rango definido por:

---

[1] En este sentido, dos de los acontecimientos más significativos del periodo fueron el abandono, en agosto de 1971, del sistema de tipo de cambios fijo acordado en julio de 1944, en Bretton Woods (New Hampshire, USA), que significó un aumento del riesgo de cambio en las transacciones internacionales, y, en octubre de 1979, el cambio del tipo de interés por la oferta monetaria como objetivo de control por parte de la Reserva Federal de los Estados Unidos, que se tradujo en una elevada volatilidad de los tipos de interés a corto plazo.

[2] Bajo el supuesto de que la serie temporal se comporta de acuerdo con una distribución normal.

$$18,2 \ (1 - 0,02) = 17,836 \ \text{€}$$
$$18,2 \ (1 + 0,02) = 18,564 \ \text{€}$$

El aumento del riesgo, medido por el aumento de la volatilidad en el precio de los activos financieros, generó una respuesta para eliminar, o reducir, este riesgo, mediante el desarrollo de unos instrumentos financieros, conocidos genéricamente como *derivados financieros,* cuya formulación teórica se encontraba desarrollada [3], que ofrecen tanto la oportunidad de limitar, o anular, el riesgo de mercado, como la de especular en mercados muy volátiles [4].

Un derivado financiero es un activo financiero cuyos derechos y obligaciones dependen del comportamiento de otro activo financiero, o de variables económico-financieras observables, a las que genéricamente se denomina *activo subyacente.* Como consecuencia de ello, el valor de un derivado financiero es una función del precio del activo subyacente con el que se encuentra relacionado.

1.1. Importe nocional, activo subyacente, desembolso inicial y liquidación

Los elementos que caracterizan a los derivados financieros son: el activo subyacente, el importe nocional, la forma de liquidación del derivado y el requerimiento, o no, de un desembolso de efectivo al contratar el derivado financiero.

El *importe nocional* de un contrato de derivado financiero es una unidad expresada en el contrato, que puede ser:

— Un importe expresado en una determinada moneda.
— Un número de valores (acciones, bonos, etc.).

El *activo subyacente* en un contrato de derivado financiero es un activo financiero o cualquier variable sobre un activo financiero, pero no el activo financiero en sí mismo, cuyos cambios de valor responden a condiciones de mercado y son observables, y medibles, objetivamente. Por ejemplo:

— El tipo de interés a un determinado plazo (*v.g.* a un mes, tres meses, etc.).
— El tipo de cambio entre dos monedas.
— El precio de un valor.
— Un índice de precios sobre valores (*v.g.* IBEX-35, etc.).

Las características que identifican a los contratos en que se formalizan estas operaciones son [5]:

---

[3] El primer desarrollo teórico de este tipo de productos corresponde a la tesis doctoral presentada en Francia, en 1900, por el matemático Louis Bachelier: *Théorie de la Speculation.* Annales Scintifiques, 17. École Normal Supérieur, págs. 21-86.

[4] Existen también derivados sobre activos reales (commodities): productos agrícolas, ganaderos, metales (preciosos o no), energía; e índices extrabursátiles.

[5] International Accounting Standards Committee (1998). *Instrumentos Financieros: Reconocimiento y Medición. NIC 39.* (Traducción autorizada del Instituto Mexicano de Contadores Públicos, 1999).

a) El valor del contrato cambia como respuesta a los cambios en los tipos de interés, precios de los valores, índice de precios, calificaciones crediticias, o variables similares (*activo subyacente*).
b) No exigen un desembolso inicial, o éste es muy pequeño en relación con otro tipo de contratos que tienen una respuesta similar a los cambios en las condiciones de mercado.
c) Se liquidan en fechas futuras.

En relación con el desembolso inicial, la mayoría de los contratos de derivados financieros, como cualquier otra operación que debe liquidarse en el futuro, no exigen ningún desembolso de este tipo. Algunos exigen el pago de una *prima,* para compensar el *valor temporal* del derivado (*v.g.* las opciones), o el mantenimiento de una cantidad variable de seguridad (*v.g.* los contratados en mercados organizados) o el intercambio de un importe en distintas monedas (*v.g.* las permutas de divisas).

Esta pequeña o nula inversión inicial, ofrece la posibilidad de participar en las fluctuaciones del mercado del activo subyacente sin necesidad de efectuar la inversión en el activo. Por ejemplo, si se desea participar en los cambios de valor de 1.000 acciones de la sociedad ABC dentro de tres meses, cuyo valor actual es de 10 euros, se puede obtener el mismo resultado:

1) Comprando hoy los valores a su precio de mercado y vendiéndolos dentro de tres meses.
2) Comprar un contrato de compras de futuros a 10 euros por acción, con un nocional de 1.000 acciones cuyo activo subyacente sean acciones de la sociedad ABC.

En el primer caso es necesario invertir 10.000 euros en acciones de la sociedad ABC y en el segundo no se requiere ninguna inversión, pero da la oportunidad de beneficiarse de los aumentos de valor del activo subyacente.

Respecto de la liquidación de los contratos, las fórmulas que producen los mismos efectos en términos de resultados pueden ser:

• *Liquidación por diferencias*: es la fórmula mas frecuente y consiste en comparar, en el momento de liquidación, el valor del importe nocional del contrato y el del activo subyacente.

• *Liquidación por entrega del activo*: esta fórmula sólo puede ser posible cuando el activo subyacente es un valor (acciones, bonos, etc.).

De esta forma, si, en el ejemplo anterior, a los tres meses (momento de liquidación) el precio de las acciones de la sociedad ABC fuese de 12 euros por acción, la liquidación sería:

— Por diferencias: 1000 acciones (12-10) = 2.000 € de ganancias.
— Por entrega del activo: se adquirirían 1.000 acciones a 10 € (10.000 €) que se venderían por 12.000 €, lo que significa un beneficio de 2.000 €.

Ejemplo 9.2.—Supongamos estos cuatro contratos:

a) Un contrato que da derecho a adquirir 1.000 acciones de la sociedad ABC, dentro de tres meses, a un precio de 10 euros por acción, a cambio de pagar hoy una prima de 200 euros. El precio de las acciones de ABC en el mercado, a los tres meses del contrato, es de 12 euros por acción.

b) Un contrato de compra, dentro de tres meses, de 1.000 acciones de la sociedad ABC a 10 euros por acción. A los tres meses, el precio de mercado de las acciones de ABC es de 9 euros por acción.

c) Un contrato de venta de tipo de interés sobre el tipo Euribor a un año, dentro de tres meses, sobre un interés de referencia hoy del 10 por 100 y sobre un importe de un millón de euros. Dentro de tres meses, el tipo de interés Euribor a un año es del 12 por 100.

d) Un contrato de venta de 1.000.000 de dólares, dentro de tres meses, a 1,2 €/$. El tipo de cambio de contado €/$, a los tres meses del contrato, es 1,4 €/$.

El siguiente cuadro muestra cuáles son, en estos contratos, el activo subyacente y los nocionales, así como el resultado de las operaciones en la liquidación por diferencias, por el lado del comprador (a y b) y por el lado vendedor (c y d).

	(a)	(b)	(c)	(d)
Activo subyacente	Acciones ABC	Acciones ABC	Tipo de interés Euribor 1 año	Tipo de cambio €/$
Importe Nocional	1.000 acciones	1.000 acciones	1 millón de €	1 millón de $
Desembolso inicial Liquidación al vencimiento	200 € 2.000 € 1.800 €	– 1.000 € (1.000) €	– 20.000 € 20.000 €	– 200.000 € (200.000) €
Resultados: Beneficios (pérdidas)	*1.000 (12-10) –200*	*1.000 (9-10)*	*1.000.000 (12 %-10 %)*	*1.000.000 (1,2-1,4)*

Finalmente, determinados tipos de contratos no tienen la consideración de derivados financieros, bien porque el activo subyacente no es un activo financiero (*v.g.* un inmueble), bien por que el objetivo del contrato es atender el funcionamiento normal de una empresa. Así, no tienen la consideración de derivados financieros [6]:

• Los contratos de compra y venta a plazo, de mercancías que la empresa va a utilizar o vender en el curso normal de su negocio.

• Los contratos de alquiler que incluyen una opción la cual sirve, de hecho, para reconocer el contrato como de venta (*v.g.* un contrato de arrendamiento financiero).

• Los contratos basados en condiciones físicas (*v.g.* contratos de seguros climatológicos, etc.).

---

[6] International Accounting Standards Committee (1998). *Instrumentos Financieros: Reconocimiento y Medición. NIC 39.* (Traducción autorizada del Instituto Mexicano de Contadores Públicos, 1999) y Financial Accounting Standards Board (2000). *Accounting for Derivative Instruments and Hedging Activities. FASB 133.* Norwalk, Connecticut, EE.UU.

2. MERCADOS DE PRODUCTOS DERIVADOS

2.1. Según el tipo de activo

Considerando la diversidad de activos que se negocian en los mercados, nos podemos encontrar con tantos mercados de productos derivados como activos subyacentes. Los podemos agrupar en:

- Mercados financieros derivados sobre valores (acciones, bonos, índices, etc.).
- Mercados financieros derivados sobre tipos de interés (a corto y largo plazo).
- Mercados financieros derivados sobre tipos de cambio.

2.2. Según su reglamentación

Los derivados financieros pueden ser contratados en dos tipos de mercados, según su nivel de regulación: *Mercados organizados* y *Mercados no organizados*.

A. Mercados Organizados

Son mercados en los que se negocian *contratos normalizados (estandarizados)* en cuanto a cantidades, vencimientos y plazos de entrega. Para operar en estos mercados es necesario hacerlo a través de algún miembro autorizado a operar en ellos. La liquidez y garantía de cumplimiento de las operaciones, está asegurada por la existencia de una Cámara de Compensación que garantiza el cumplimiento de los contratos, mediante la exigencia de un depósito mínimo inicial de garantía (denominado margen o depósito de garantía) y la liquidación, a las partes contratantes, de las pérdidas y ganancias de cada sesión de negociación, mediante cargo o abono en los depósitos de garantía.

En consecuencia, al finalizar cada sesión del mercado, todos los participantes que tengan posiciones (de compra o de venta) liquidan sus resultados y deben mantener el depósito mínimo de garantía [7].

Así, en un mercado organizado, pueden cerrarse las posiciones abiertas por un partícipe y, por lo tanto, desaparecer los riesgos; por el contrario, en un mercado no organizado, el cierre de una posición es más difícil y, en el supuesto de conseguirlo, la operación no se cancela sino que se crea otra de signo contrario.

B. Mercados No Organizados

También son conocidos como «Mercados a la Medida» o Mercados OTC [8]. En ellos, cada participante elige a su contraparte en el contrato en función del riesgo de crédito que éstas tengan. Se trata de mercados básicamente interbancarios y de

---

[7] El depósito de garantía puede ser una cantidad de dinero en efectivo o activos financieros, que cada participante en el mercado ha de depositar en la Cámara de Compensación.

[8] Las operaciones realizadas fuera de mercados organizados son conocidas como *operaciones OTC* (*over the counter*), *operaciones a la medida, operaciones bis-a-bis*, etc.

grandes empresas, libres de reglamentación en cuanto a formalidades contractuales[9] y que, a cambio de una menor liquidez frente a los negociados en mercados organizados, permiten una mayor flexibilidad de negociación en cuanto
a plazos e importes y, además, no requieren el pago de ningún tipo de margen
o depósito de garantía.

3. LOS DERIVADOS FINANCIEROS EN LAS ENTIDADES DE CRÉDITO

El uso de derivados financieros, como respuesta al incremento de los niveles de
incertidumbre en los tipos de interés y de cambio, ha tenido en el sector de las entidades de crédito a su gran protagonista, debido, de un lado, a la necesidad de proteger su patrimonio dada la mayor sensibilidad de sus cuentas de resultados a las
fluctuaciones de aquéllos y, de otro lado, para dar respuesta a necesidades de sus
clientes que quieran cubrir sus riesgos de mercado.

Así, la demanda de estos productos, por parte de las entidades de crédito, tiene
como objetivo primario la cobertura del riesgo de interés y de cambio, es decir,
limitar las pérdidas a las que las fluctuaciones de tipos de interés y de cambio pueden someter a las entidades o a sus clientes.

3.1. Tipos de derivados financieros

La comunidad financiera, con el fin de atender tanto a los especuladores como a los
que desean cubrir sus riesgos de mercado, ha desarrollado numerosos productos
derivados, si bien todos ellos pueden ser agrupados en cuatro grandes categorías[10]:

- *Contratos de compraventa a plazos:*
  — De divisas.
  — De tipos de interés
  — De valores
- *Contratos de futuro:*
  — De divisas
  — De tipos de interés
  — De valores
- *Permutas financieras:*
  — De divisas
  — De tipos de interés

---

[9] El único organismo internacional que existe es el International Swap Dealers Association
(ISDA), que no tiene ningún poder legal, pero que a modo de un club de participantes en este tipo de
mercados, sirve para intercambiar opiniones y aspectos legales como documentación contractual, etc.

[10] Véase la definición de cada tipo de contrato en el Capítulo 2. Por otra parte, los contratos de
compraventa de divisas a plazo se estudian en el Capítulo 8.

- *Opciones:*
  — De divisas
  — De tipos de interés
  — De valores

Junto a estos grandes grupos de derivados financieros, a veces también denominados productos sencillos o poco sofisticados («*Plain vanilla*» en terminología anglosajona), se han desarrollado otro tipo de productos financieros más complejos que podemos agrupar en:

- *Productos estructurados*: se trata de productos tradicionales de las entidades de crédito (préstamos y depósitos), cuya principal característica es que su rendimiento o coste (los intereses a cobrar o pagar), mediante el uso de opciones, está:
  — vinculado al precio de mercado de una determinada acción o un índice de precios de acciones (*v.g.* depósitos remunerados sobre la base del *IBEX-35*).
  — protegido de los movimientos en los tipos de interés a corto plazo, durante periodos de tiempo largos (*v.g.* préstamos con opciones «*cap*» y depósitos con opciones «*floor*»[11]).

- *Productos sintéticos:* cuya principal característica es reproducir, mediante la combinación de dos o más instrumentos financieros, el comportamiento financiero de otro instrumento financiero (*v.g.* opciones sintéticas).

Desde el punto de vista del riesgo cubierto, los derivados financieros pueden ser agrupados en tres categorías:

- *Contratos de tipos de interés*: son contratos cuyos flujos de caja esperados se determinan con referencia a un tipo de interés de mercado (*v.g.* el Euribor a tres meses), o cuyo activo subyacente es un instrumento financiero de renta fija (*v.g.* una opción de compra de un bono del Estado). Este tipo de contratos se utiliza para cubrir el riesgo de tipo de interés de la entidad o, si la entidad solo actúa como intermediaria, el riesgo de interés de terceros. En este grupo de derivados financieros se incluyen:
  — Permutas financieras de tipos de intereses.
  — Los contratos de compra a plazo de tipos de interés.
  — Los contratos de futuro que obligan a comprar, o vender, un activo financiero cuya característica predominante de riesgo es el tipo de interés (*v.g.* futuros sobre bonos del Estado)
  — Opciones sobre el tipo de interés.

- *Contratos de tipo de cambio*: son contratos para comprar, o vender, divisas, o contratos cuyos flujos de caja se determinan con referencia a una moneda extranjera. Este tipo de contratos se utiliza para cubrir el riesgo de tipo de cambio de la entidad o, si la entidad solo actúa como intermediaria, el riesgo de tipo cambio de terceros. En este grupo de derivados financieros se incluyen:

---

[11] Los *cap* y *floor* son un tipo de opciones que protegen contra subidas en los tipos de interés (los *cap*) o contra bajadas en los tipos de interés (los *floor*).

— Los contratos de compraventa de divisas a plazo.
— Las permutas financieras de divisas.
— Los contratos de futuros sobre divisas.
— Las opciones sobre divisas.

• *Contratos de precio de mercado:* son contratos cuyo activo subyacente es un instrumento de renta variable (acciones) y son utilizados para cubrir el riesgo de cambios en el precio de los valores. En este tipo de contratos se incluyen:
— Los contratos de futuro que obligan a comprar o vender un activo financiero de renta variable (*v.g.* acciones de una sociedad).
— Las opciones sobre valores de renta variable.

3.2. Valoración de los derivados financieros

Una vez que se ha contratado un derivado financiero, las variaciones de valor del activo subyacente con el que el derivado está relacionado generan, igualmente, variaciones de valor en el derivado financiero contratado. Por ejemplo, el precio de una opción que da el derecho a adquirir una acción de una empresa a un precio X, a un determinado plazo, evolucionará de forma directa con los cambios de valor de la acción en el mercado.

El valor de un derivado financiero es el importe por el que una entidad podría vender el contrato del derivado financiero en una operación que no supusiese una venta forzosa, o por liquidación de la entidad [12].

En definitiva, el valor de un derivado financiero, una vez contratado, recogerá las ganancias o pérdidas que la entidad tendría en el supuesto de desear cerrar la posición en el derivado, en otras palabras, el coste de reposición del contrato a tipos actuales de mercado.

El valor de un derivado financiero puede obtenerse de dos formas:

a) *Externamente.* Cuando el derivado cotiza en un *mercado organizado*, el precio de mercado es la mejor referencia de su valor actual. Al igual que existen mercados públicos para acciones y bonos, ciertos productos derivados tienen una cotización pública en mercados organizados, como es el caso de los contratos de futuros (Mercados de Futuros) y determinadas opciones (Mercados de opciones).

b) *Internamente.* Cuando el derivado no cotiza en un mercado organizado, las entidades disponen, básicamente, de tres formas de valorar estos instrumentos financieros:

1. *Por comparación interna.* Esta técnica de valoración consiste en calcular el valor de un derivado financiero utilizando el precio que, el mismo derivado o similar, está siendo actualmente utilizado por la entidad en sus nuevas operaciones.

---

[12] International Accounting Standards Committee (1998): *Instrumentos Financieros: Reconocimiento y Medición. NIC 39.* (Traducción autorizada del Instituto Mexicano de Contadores Públicos, 1999).

2. *Valor actual de los flujos netos de caja esperados.* De acuerdo con este método, el valor de un derivado financiero es igual a sus flujos de caja esperados descontados al *tipo de interés adecuado* a cada flujo, que debe ser el tipo *cupón cero* del plazo de cada flujo de caja esperado [13].

El Valor Actual Neto de los flujos de caja (*VAN*) puede ser determinado descontando los flujos netos de caja esperados, es decir, cobros menos pagos, asociados con el derivado financiero, a un determinado tipo de interés. Formalmente:

$$VA = \frac{CF}{(1 + i)^n}$$

Siendo:

VA = valor actual de un flujo de caja futuro.
CF = flujo de caja a cobrar o pagar en el futuro
i = tipo de interés adecuado para un plazo n (tipo cupón cero al plazo n)
n = Número de periodos (días, meses, años) antes de que el flujo de caja deba ser liquidado.

$$VAN = \Sigma \, VA_c - \Sigma \, VA_p$$

VA_c = valor actual de un cobro a recibir en el futuro.
VA_p = valor actual de un pago a realizar en el futuro.

Esta técnica es la más utilizada en la valoración de las permutas financieras y de los contratos de compraventa de tipos de interés.

3. *Modelos de Mercado.* Estos modelos son utilizados para valorar opciones. El precio actual de una opción es el valor actualizado de la liquidación esperada de ésta a su vencimiento. Una opción sólo se ejercerá, a su vencimiento o en las fechas de posible ejercicio, si:
— El precio de mercado del activo subyacente, en las *opciones de compra*, es más alto que el precio de ejercicio, es decir, el valor de una opción de compra vendrá dado por la expresión:

$$C_t = Max \quad [S_t - K; 0]$$

— El precio de mercado del activo subyacente, en las *opciones de venta,* es más bajo que el precio de ejercicio, es decir, el valor de una opción de venta vendrá dado por la expresión:

$$P_t = Max \quad [K - S_t; 0]$$

---

[13] Respecto al uso de los tipos cupón cero véase el Anexo II del Capítulo 7.

Siendo:

C_t = valor de una opción de compra en el momento t.
P_t = valor de una opción de venta en el momento t.
S_t = precio del activo subyacente en el momento t.
K = precio de ejercicio.

En algunos casos (*opciones de tipo europeo*) existen modelos que aportan una solución analítica, es decir, existe una «fórmula», o expresión matemática cerrada, que permite obtener el valor actual de la opción. Estos modelos, denominados *modelos analíticos*, están basados en el supuesto comportamiento del activo subyacente de acuerdo con alguna ley estadística de distribución (normal, binomial, etc.) y bajo la hipótesis de *equilibrio de mercado* [14], y tienen sus fundamentos técnicos en los desarrollados por Black-Sholes [15] y Cox-Ross-Rubinstein [16].

En otros casos (*opciones americanas* y las genéricamente denominadas *exóticas* [17]), no existe solución analítica para determinar el valor de la opción y éste tiene que determinarse mediante métodos o *modelos numéricos*, que aproximan el valor actualizado de liquidación esperada de la opción. Uno de estos métodos es el *Método de Simulación de Montecarlo* [18].

4. CONCEPTO DE COBERTURA. COBERTURA FINANCIERA Y COBERTURA CONTABLE

La evolución previsible de los tipos de interés, de cambio y de los precios de los valores que una entidad puede y debe realizar, puede dar lugar a que una aparente normalidad actual del negocio devenga, en el futuro, en unas pérdidas que pueden llegar a cuestionar la viabilidad de la entidad, de no realizarse hoy ninguna acción.

---

[14] Es decir el *mercado es perfecto*, lo que implica que: a) los precios incorporan absolutamente toda la información disponible; b) no existen penalizaciones para las ventas en descubierto, es decir, hay posibilidad de mantener posiciones cortas; c) no existen costes de transacción ni impuestos; d) es posible tomar prestado cualquier fracción del activo subyacente.

[15] Se trata de un modelo en tiempo continuo —hipótesis de distribución normal— desarrollado por F. BLACK y M. SCHOLES. *The Princing of Options and Corporate Liabilities*. Journal of Politica Economy, mayo-junio 1973, págs. 637-654. En el Anexo III del Capítulo 10 se describe brevemente este modelo.

[16] Se trata de un modelo en tiempo discreto —hipótesis de distribución binomial— desarrollado por J. COX, S. ROSS y M. RUBINSTEIN. *Option Princing: A simplified approach*. Journal of Financial Economics 7, págs. 229-263.

[17] Las opciones exóticas se pueden definir como aquellas opciones cuyas características propias, son diferentes de las opciones de compra o de venta estándar. Por ejemplo, opciones que incluyen combinaciones de activos como activo subyacente, con diferentes formas de liquidación, etc. Se incluyen entre ellas, las opciones asiáticas (*average-rate options*), las opciones barrera (*barrier options*), las opciones cesta (*basket options*), las opciones digitales (*digital options*), etc.

[18] El *Método de simulación de Montecarlo* es un método de generación de números aleatorios que pretende obtener la secuencia de una variable aleatoria, a partir del cumplimiento de determinadas propiedades típicas de ésta.

Gracias a los derivados financieros, hoy en día es posible eliminar, o reducir, los riesgos de mercado (tipos de interés, tipos de cambio, precio de los valores) de tal forma que no cubrirlos equivale a asumirlos voluntariamente, es decir, de hecho, a tomar una posición especulativa sobre estos riesgos.

Lo esencial de la cobertura de estos riesgos, y por tanto del uso de derivados financieros, es la *transferencia del riesgo de precio* (*v.g.* valor de cotización, tipo de interés, tipo de cambio) de una parte del contrato, expuesta a alguno de estos riesgos, a la otra parte del contrato. Pero, además, también razones especulativas pueden ser el motivo de demanda de derivados financieros [19].

4.1.   Cobertura Financiera

Una cobertura financiera es una técnica financiera usada para compensar, o reducir, el riesgo de pérdidas, derivadas de las fluctuaciones futuras en los precios de mercado. Las técnicas de cobertura son variadas, pero, generalmente, se trata de compensar transacciones, generando otras de signo contrario, eliminando uno o más riesgos y reduciendo las expectativas de beneficios [20]. La cobertura financiera actúa como un seguro, es decir, como una protección ante los posibles efectos adversos que determinadas variables, sobre las que una entidad no tiene posibilidades de control (tipos de interés, de cambio, precios de mercado de los valores, etc.), pueden tener sobre su actividad.

Desde un punto de vista estrictamente financiero, la cobertura de un riesgo observable y medible mediante algún método o modelo específico, se produce tomando una posición, o combinación de posiciones, en instrumentos financieros cuyos resultados varían de forma inversa, es decir, *replican* a los resultados de los elementos cuyos riesgos se pretende cubrir. En este sentido, los derivados financieros ofrecen un mecanismo eficiente de cobertura financiera frente a los riesgos de mercado.

4.2.   Instrumento cubierto e instrumento de cobertura [21]

Un *elemento o instrumento cubierto* es cualquier activo, pasivo, pasivo contingente u operación de futuro, que expone a la entidad a un riesgo, derivado de cambios en las condiciones del mercado (tipos de interés, de cambio) respecto de sus flujos de caja esperados o de su valor esperado.

Un *elemento o instrumento de cobertura* es cualquier activo, pasivo, pasivo contingente u operación de futuro cuyos flujos de caja esperados o cambios de valor

---

[19] La existencia de especuladores incrementa la profundidad y liquidez de los mercados, en general, y de los derivados, en particular.

[20] Aun cuando la cobertura de estos riesgos reduce el riesgo de pérdidas por fluctuaciones desfavorables de los tipos de interés o de cambio, también, generalmente, limitan las ganancias derivadas de cambios favorables.

[21] International Accounting Standards Committee (1998). *Instrumentos Financieros: Reconocimiento y Medición. NIC 39.* (Traducción autorizada del Instituto Mexicano de Contadores Públicos, 1999).

se espera que compensen los cambios, de una manera efectiva, de los flujos de caja
o de valor, del elemento cubierto.

Así pues, la principal característica que debe tener el instrumento de cobertura
es que sea *efectiva*, es decir, que tenga *capacidad* para compensar los cambios de
valor, o de los flujos de caja esperados, del elemento cubierto. En otras palabras, que
exista una *alta correlación inversa* entre las ganancias y pérdidas del elemento
cubierto, y las ganancias y pérdidas del elemento de cobertura.

4.3. Cobertura contable

Una cobertura contable es la forma de imputar en la cuenta de resultados las
ganancias y pérdidas de una cobertura financiera, con el fin de que los estados
financieros reflejen, adecuadamente, la gestión que de los riesgos de mercado esté
haciendo una entidad.

Debido a que contablemente se aplican distintos criterios de valoración (precio
de mercado, coste, menor entre coste y mercado, etc.) y de registro de resultados,
entre los diferentes tipos de activos financieros, las coberturas contables exigen que
las coberturas financieras cumplan determinados requisitos, con objeto de aplicar,
a los elementos cubiertos y a los de cobertura, los mismos criterios de valoración,
evitando, de esta forma, que la consideración aislada de cada elemento suponga un
registro asimétrico de resultados, no reflejando los estados financieros la gestión
conjunta de diferentes instrumentos.

4.4. Los derivados financieros como instrumentos de cobertura contable

Un derivado financiero que haya sido identificado como *cobertura contable* significa que sus ganancias y pérdidas son registradas, en la cuenta de resultados de la
entidad, *en el mismo momento en que se registren las ganancias y pérdidas del elemento cubierto*. En otras palabras, las ganancias y pérdidas del derivado financiero
se reflejan en la cuenta de resultados como una *compensación* de las ganancias y
pérdidas del elemento cubierto.

Los criterios para poder cualificar a una operación como cobertura contable son:

— El elemento que va a ser cubierto (instrumento cubierto) debe exponer a la
  entidad a un riesgo de precio, de tipo de cambio o de tipo de interés.
— El elemento de cobertura (instrumento de cobertura) debe *reducir* la exposición al riesgo, es decir, que debe existir una alta correlación inversa entre sus
  ganancias y pérdidas, y las del elemento cubierto.
— La cobertura haya sido previamente designada como tal [22].

Cuando el derivado financiero no cumple los requisitos para ser considerado
una operación de «cobertura contable», se presume que el derivado es especulativo

---

[22] Es decir, no sería correcto esperar hasta que una pérdida ocurra en un instrumento y en ese momento
decidir que otro instrumento es su cobertura y, en consecuencia, diferir el reconocimiento de la pérdida.

y, entonces, sus ganancias y pérdidas deben ser registradas en la cuenta de resultados de la entidad, según que el derivado cotice o no en un mercado organizado:

- *Si cotiza en un mercado organizado*: todos los cambios de valor del mercado (ganancias o pérdidas) se registran desde el momento en que se producen.
- *Si no cotiza en un mercado organizado*: en este caso la entidad tendrá que utilizar algún método de valoración del derivado y sólo se registrarán, en su caso, las pérdidas potenciales que se derivasen de esta valoración[23].

5. LOS DERIVADOS FINANCIEROS EN LOS ESTADOS FINANCIEROS DE LAS ENTIDADES DE CRÉDITO

Las cuentas del balance reservado de las entidades de crédito en España, relacionadas con los contratos de derivados financieros, son:

BALANCE RESERVADO	
ACTIVO	**PASIVO**
Cuentas Diversas *Fianzas dadas en efectivo* *Partidas a regularizar por operaciones de futuro* Beneficios latentes por rectificación de intereses en operaciones de cobertura Importes pagados no imputados a resultados Beneficios latentes por otras causas Opciones adquiridas	**Cuentas Diversas** *Partidas a regularizar por operaciones de futuro* Importes cobrados no imputados a resultados Pérdidas potenciales por rectificación de intereses en operaciones de cobetura Pérdidas potenciales por otras causas Opciones emitidas **Fondos especiales** Provisiones por operaciones de futuro
CUENTAS DE ORDEN	
Operaciones de futuro Compraventas de divisas no vencidas. Hasta dos días hábiles. Compras de divisas contra euros. Ventas de divisas contra euros. Compras de divisas contra otras divisas. A plazo superior a dos días. Compras de divisas contra euros Ventas de divisas contra euros. Compras de divisas contra otras divisas Futuros Financieros en divisas Compraventas no vencidas de activos financieros Compraventas al contado de deuda anotada pendiente de ejecución Compras Ventas Compras a plazo De deuda anotada Resto Ventas a plazo De deuda anotada Resto	

(Continúa)

---

[23] Tanto el *FASB 133* como la *NIC 39*, autorizan el reconocimiento de los beneficios cuando el derivado se valora internamente.

(Continuación)

Futuros financieros sobre valores y tipos de interés
   Comprados
   Vendidos
Opciones
   Opciones compradas
      Sobre valores
      Sobre tipos de interés
      Sobre divisas
   Opciones emitidas
      Sobre valores
      Sobre tipos de interés
      Sobre divisas
Otras operaciones sobre tipos de interés
   Acuerdos sobre tipos de interés futuro *(FRA)*
   Permutas financieras
   Otras

Por su parte, los epígrafes de la cuenta de pérdidas y ganancias reservada, relacionados con los derivados financieros, son:

CUENTA DE PÉRDIDAS Y GANANCIAS	
DEBE	**HABER**

Intereses y cargas asimiladas
Rectificaciones del costo por operaciones
   de cobertura
Pérdidas por operaciones financieras
Quebrantos por otras operaciones de futuro
   En futuros financieros
   En opciones
   En operaciones a plazo liquidadas por diferencias
   Otras operaciones de futuro
   Dotación por pérdidas potenciales
Quebrantos por diferencias de cambio
   Pérdidas netas en operaciones
	Intereses y rendimientos asimilados
	Rectificaciones de los productos financieros por
	   operaciones de cobertura
	Beneficios por operaciones financieras
	Productos por otras operaciones de futuro
	   En futuros financieros
	   En opciones
	   En operaciones a plazo liquidadas por diferencias
	   En otras operaciones de futuro
	   Por disponibilidad de la provisión
	Productos por diferencias de cambio
	   Beneficios netos en operaciones

6. TRATAMIENTO CONTABLE DE LOS DERIVADOS FINANCIEROS

El aspecto más relevante en el tratamiento contable de los derivados financieros es que éste depende, fundamentalmente, del objetivo perseguido por la entidad al contratar el derivado, que puede ser:

— Por motivos de cobertura.
— Por motivos especulativos

Los aspectos fundamentales que han de tenerse en cuenta en el tratamiento contable de estas operaciones son:

a) Los contratos en que se instrumentan estas operaciones implican a dos partes que adquieren un «compromiso», que ha de cumplirse, en su caso, en el futuro.

b) El reconocimiento contable de los resultados viene determinado, de un lado, por el valor que de cada contrato se haga en el momento presente (valor actual), bien por valoración externa, cuando se negocia en un mercado organizado, o, en caso contrario, a través de algún método o modelo de valoración, y, de otro lado, del carácter especulativo o de cobertura que la entidad persiga con el contrato de derivado financiero.

c) Las operaciones pueden ser contratadas o no en mercados organizados, lo que implica la facilidad, o no, de poder cerrar (cancelar) la operación antes de su vencimiento. A efectos contables, se entiende por mercado organizado:

«Aquellos en los que teniendo establecido un sistema de depósitos de garantía, actualizables diariamente en función de las cotizaciones, exista un centro de compensación que organice la cotización y negociación del mercado, registre sus operaciones y se interponga entre las partes, actuando como comprador ante el vendedor y como vendedor ante el comprador[24]*».*

La regulación contable de las entidades de crédito en España, distingue dos tipos de coberturas financieras que pueden ser consideradas como coberturas contables: *Microcoberturas* y *Macrocoberturas*[25].

A. Microcoberturas:

Son aquellas operaciones de cobertura en las que concurren las siguientes circunstancias:

a) Que existiendo elementos patrimoniales u otras operaciones que contribuyan a exponer a la entidad a un riesgo de cambio, interés o de mercado, aquéllas tengan por objeto, y por efecto, eliminar o reducir significativamente ese riesgo.

b) Que las operaciones cubiertas y de cobertura sean identificadas explícitamente desde el nacimiento de la cobertura.

B. Macrocoberturas:

Son operaciones que han sido contratadas para:

«Reducir el riesgo global al que se expone la entidad en su gestión de masas correlacionadas de activos y pasivos y otras operaciones a las que, bien se aplica el criterio de devengo, bien se valoran a precios de mercado, siempre que se sometan a un sistema integrado, prudente y consistente de medición, gestión y de resultados que permitan el seguimiento e identificación de las operaciones.»

El tratamiento contable que reciben las operaciones de futuro para las entidades de crédito, se concreta en el registro de los compromisos que los contratos de operaciones de futuro conllevan y en la valoración periódica de estos compromisos.

---

[24] Norma 5.ª 11.
[25] Norma 5.ª 12.

6.1. Registro contable

6.1.1. Registro inicial

Los derivados financieros representan compromisos futuros para la entidad que deben ser registrados entre las cuentas de orden [26]. El importe por el que estos compromisos deben registrarse en estas cuentas, desde el momento de su contratación y hasta su liquidación, es el importe nocional contratado, el precio de ejercicio, en el caso de las opciones, y el contravalor en euros de las divisas contratadas, en el caso de las permutas de divisas [27]:

Contrados de:	Registro contable en Cuentas de Orden
Compras a plazo de tipos de interés	Acuerdos sobre tipos de interés futuros a/ Contrapartida de Cuentas de orden *(por el importe nocional sobre el que se calculan los intereses)*
Permutas financieras de intereses	Permutas financieras a/ Contrapartida de cuentas de orden *(por el importe nocional sobre el que se calculan los intereses)*
Permutas financieras de divisas	Compraventa de divisas a plazo a/ Contrapartida de cuentas de orden *(contravalor en euros de las divisas –compradas o vendidas– contra euros u otras divisas)*
Futuros financieros sobre tipos de interés	Futuros financieros sobre tipos de interés — Comprados — Vendidos a/ Contrapartida de cuentas de orden *(número de contratos × nocional por contrato)*
Futuros financieros sobre valores	Futuros financieros sobre valores — Comprados — Vendidos a/ Contrapartida de cuentas de orden *(número de contratos × nocional por contrato)*
Operaciones a plazo de activos financieros	Compraventas no vencidas de activos financieros — de Deuda Pública — Resto a/ Contrapartida de cuentas de orden *(por el importe contratado de los valores)*
Opciones compradas	Opciones compradas — sobre valores — sobre tipos de interés — sobre divisas a/ Contrapartida de cuentas de orden *(por el precio de ejercicio del activo subyacente)*
Opciones emitidas	Opciones emitidas — sobre valores — sobre tipos de interés — sobre divisas a/ Contrapartida de cuentas de orden *(por el precio de ejercicio del activo subyacente)*

---

[26] Norma 3.ª 10 y 34.ª 1.
[27] Norma 34.ª 4.

6.1.2. Desembolsos o garantías iniciales

Por regla general, los únicos derivados que exigen la entrega de efectivo o la aportación de garantías son:

- *En las opciones*: las primas pagadas por el comprador de la opción al vendedor de la opción. Estos desembolsos iniciales representan un activo para el comprador de la opción y un pasivo para el vendedor o emisor de la opción:

Comprador de opciones	Vendedor (emisor) de opciones
Opciones adquiridas a/ Tesorería *(por el importe de la prima pagada al comprar un contrato de opción)*	Tesorería a/ Opciones emitidas *(por el importe de la prima recibida al vender un contrato de opción)*

- *En los contratos de futuro*: las cantidades depositadas en efectivo en la Cámara de Compensación, desde el momento en que se contrata una operación de futuro en un mercado organizado, representan una fianza dada y, por lo tanto, un activo para el participante en un mercado organizado, hasta el vencimiento de la operación o la liquidación anticipada [28]:

Participante en Mercados Organizados
Cuentas diversas Fianzas dadas en efectivo   a/   Tesorería *(por el depósito de garantía constituido a favor de la Cámara de Compensación)*

6.1.3. Valoraciones posteriores

Una vez contratado el derivado financiero, las ganancias y pérdidas del contrato se registran en la cuenta de resultados, teniendo en consideración los siguientes aspectos:

1. El objetivo perseguido al contratar el derivado: cobertura o especulativo.
2. La cotización o no del contrato en un mercado organizado.

A. *Contratos que cumplen los requisitos para ser considerados cobertura contable:*

En este caso, las ganancias y pérdidas del derivado financiero se registran en la cuenta de resultados de forma simétrica (peridificándolos) a las ganancias y pérdidas del elemento cubierto. En otras palabras, el derivado financiero compensa el

---

[28] Norma 33.ª 8.

rendimiento o coste del elemento cubierto, de tal forma que el resultado conjunto es la diferencia entre el resultado del elemento cubierto modificado y el resultado del derivado financiero que lo cubre [29].

- *Contratos negociados en mercados organizados*: en este caso, las ganancias y pérdidas se obtienen de la liquidación diaria que haga la Cámara de Compensación. Estos cobros o pagos se registrarán como activos (los pagos) o pasivos (los cobros), para su imputación periódica en la cuenta de resultados de forma simétrica al elemento cubierto:

Liquidación periódica de ganancias de la Cámara de Compensación	
Cobros, por ganancias	Tesorería a/ Partidas a regularizar por operaciones de futuro Importes cobrados no imputados a resultados *(por los cobros diarios de la Cámara no imputados en la cuenta de resultados)*
Imputación de las ganancias como rectificaciones de costes	Partidas a regularizar por operaciones de futuro. Importes cobrados no imputados a resultados a/ Intereses y cargas asimiladas Rectificaciones del costo por operaciones de cobertura *(por la imputación periódica de las ganancias de un derivado financiero contratado en cobertura de un pasivo)*
Imputación de las ganancias como rectificaciones de ingresos	Partidas a regularizar por operaciones de futuro. Importes cobrados no imputados a resultados a/ Intereses y rendimientos asimilados Rectificaciones de los productos financieros por operaciones de cobertura *(por la imputación periódica de las ganancias de un derivado financiero contratado en cobertura de un activo)*
Imputación de las ganancias como Resultados de operaciones financieras [30]	Partidas a regularizar por operaciones de futuro. Importes cobrados no imputados a resultados a/ Beneficios por operaciones financieras. En la cartera de negociación *(por la imputación periódica de las ganancias de un derivado financiero, contratado en cobertura de un activo registrado a valor de mercado –cartera de negociación–)*

Las pérdidas liquidadas periódicamente con la Cámara de Compensación darán lugar a un activo (importes pagados no imputados a resultados), cuya imputación en resultados será equivalente, pero a la inversa, a la señalada en el cuadro anterior.

---

[29] Norma 5.ª 12b y 35.ª 5.

[30] La imputación simétrica, en este caso, implica corregir los resultados del elemento cubierto que, cuando éste es valorado a precios de mercado (*v.g.* cartera de negociación), significará corregir los resultados por operaciones financieras (véase, en el Capítulo 6, los criterios de valoración de la cartera de negociación).

• *Contratos no negociados en mercados organizados*: en este caso, no existe liquidación periódica de ganancias y pérdidas, sino que éstas, aun cuando se puedan conocer con anterioridad, se producen a su vencimiento con la liquidación del contrato, salvo algunos contratos que se liquidan por anticipado (*v.g.* los acuerdos de tipos de interés futuro —*FRAS*—). Por tanto, para la imputación periódica de los resultados se utilizarán cuentas de periodificación que se cancelarán con la liquidación.

Así, un contrato de derivado financiero no negociado en mercado organizado y considerado como cobertura contable de un pasivo, cuyos resultados (*v.g.* ganancias) se conocen con anterioridad a su liquidación (*v.g.* una permuta financiera), se registrará:

Devengo de productos no vencidos
      a/   Intereses y cargas asimiladas
           Rectificaciones de costes por operaciones de cobertura
(por el registro simétrico del resultado desde que se conoce hasta que se liquida)

Tesorería   a/   Devengo de productos no vencidos *(en la liquidación del derivado)*

Por el contrario, si la liquidación del derivado se realiza por anticipado (v.g. una compra a plazo de tipos de interés futuros —*FRA*—), el registro contable será:

Tesorería
      a/   Partidas a regularizar por operaciones de futuro
           Importes cobrados no imputados a resultados
(por el cobro de las ganancias del derivado por anticipado)

Partidas a regularizar por operaciones de futuro.
Importes cobrados no imputados a resultados
      a/   Intereses y cargas asimiladas
           Rectificaciones de costes por operaciones de cobertura
(por el registro simétrico del resultado hasta su vencimiento)

B. Contratos que no cumplen los requisitos para ser considerados cobertura contable

En el supuesto de que el contrato no haya sido realizado con motivos de cobertura o que, habiéndolo sido, no reúna los requisitos para ser considerado como tal, las ganancias y pérdidas del derivado se registrarán, por su importe neto, en la cuenta de resultados como «Resultados por operaciones financieras», con el siguiente criterio:

• *Contratos negociados en mercados organizados.* Las diferencias que resulten de las variaciones en las cotizaciones se registrarán, íntegramente, en la cuenta de resultados [31].

---

[31] Norma 5.ª 11a y 37.ª 1f.

— Opciones compradas o emitidas en mercados organizados [32]:

Comprador de opciones	Emisor de opciones

Opciones adquiridas
  a/ Beneficios por operaciones financieras
  Productos por otras operaciones de futuro
      En opciones
	Pérdidas por operaciones financieras
	Quebrantos por operaciones de futuro
	En opciones
	            a/ Opciones emitidas

(por las ganancias de mercado del comprador de la opción)	

Pérdidas por operaciones financieras
Quebrantos por operaciones de futuro
En opciones
         a/ Opciones adquiridas
	Opciones emitidas
	  a/ Beneficios por operaciones financieras
	  Productos por otras operaciones de futuro
	      En opciones

(por las pérdidas de mercado del comprador de la opción)	

— Futuros contratados en mercados organizados:

Tesorería
        a/   Beneficios por operaciones de futuro
            Productos por otras operaciones de futuro
            En futuros financieros
*(por las ganancias liquidadas por la cámara de mercado de un contrato de futuro
no considerado de cobertura)*

Pérdidas por operaciones financieras Quebrantos por operaciones de futuro En futuros financieros   a/   Tesorería *(por las pérdidas liquidadas por la cámara de mercado de un contrato de futuro no considerado de cobertura)*

- *Contratos no negociados en mercados organizados.* Las ganancias y pérdidas de estas operaciones sólo se reconocerán a su vencimiento, cuando se realicen (liquiden), no obstante, al menosal final de cada mes, se deben efectuar valoraciones de estos contratos de acuerdo con algún método o modelo adecuado al tipo de derivado, y, de resultar unas pérdidas potenciales, debe constituirse, con cargo a la cuenta de resultados, un fondo especial por el importe de estas pérdidas [33].

[32] 33.ª 3b.
[33] 5.ª 11b, 12.ª 2 y 37.ª 1f.

Pérdidas por operaciones financieras
Quebrantos por operaciones de futuro
Dotaciones por pérdidas potenciales
           a/   Fondos Especiales
                Provisión por operaciones de futuro
(por las pérdidas potenciales de derivados contratados fuera de mercados organizados
y no considerados de cobertura)

Fondos Especiales
Provisión por operaciones de futuro
           a/   Beneficios por operaciones financieras
                Productos por operaciones de futuro
                Por recuperación de la provisión
(por la recuperación de la provisión)

El siguiente cuadro resume los criterios a emplear en los diferentes supuestos:

OPERACIÓN / MERCADOS	ESPECULATIVA	COBERTURA [34]
Organizados	Las diferencias que resulten de las variaciones en las cotizaciones del respectivo mercado, se registrarán en la cuenta de pérdidas y ganancias, por el neto, como [35]: — *Pérdidas por operaciones financieras (Debe)* — *Beneficios por operaciones financieras (Haber)*	Los resultados se llevaran a la cuenta de pérdidas y ganancias de forma simétrica al elemento cubierto, dentro de las cuentas: — *Rectificación del costo por operaciones de cobertura (Debe)* — *Rectificación de los productos financieros por operaciones de cobertura (haber)*

No Organizados	Las diferencias que resulten, se registrarán en la cuenta de pérdidas y ganancias, por el neto, en el momento de su liquidación como [36]:
	— *Pérdidas por operaciones financieras (Debe)*
	— *Beneficios por operaciones financieras (Haber).*
	No obstante, al menos al fin de cada mes, se efectuará un cierre teórico de las posiciones y, de resultar pérdidas potenciales, se realizarán las provisiones oportunas con cargo a pérdidas y ganancias [37]:
	Dotación por pérdidas potenciales
	    a/ Provisión por operaciones de futuro
		Si existiesen diferencias temporales entre el reconocimiento del resultado y su liquidación, se usarán, durante este periodo, cuentas transitorias del grupo de Diversas:
		— *Partidas a regularizar por operaciones de Futuro:*
		    Importes pagados no imputados a resultados (Activo)
		    Importes cobrados no imputados a resultados (Pasivo)
		Si la liquidación del derivado se produce a su vencimiento:
		— *Devengo de productos no vencidos*
		— *Devengo de costes no vencidos*

---

[34] Normas 5.ª 12 y 35.ª 5 de la Circular 4/1991.
[35] Normas 5.ª 11a y 37.ª 1f.
[36] Normas 5.ª 11b y 37.ª 1f.
[37] Norma 12.ª 2.

ANEXO I

TRATAMIENTO CONTABLE
DE LOS DERIVADOS FINANCIEROS

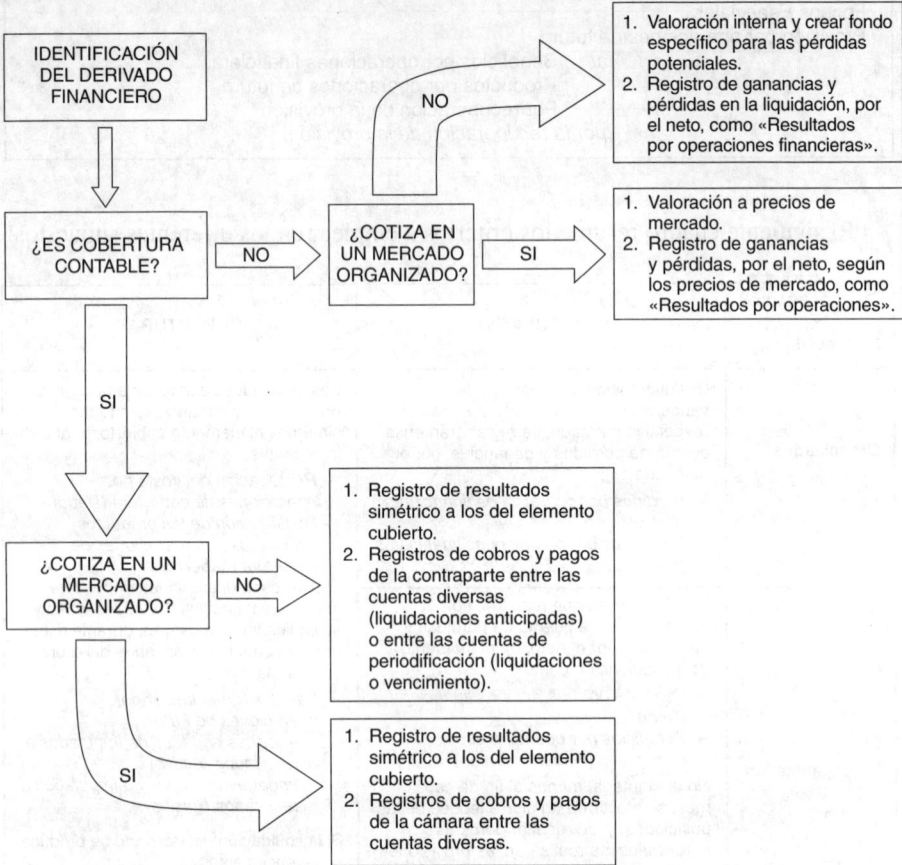

```
┌──────────────────┐
│ IDENTIFICACIÓN   │                                    NO ──────────▶  ┌─────────────────────────────────┐
│ DEL DERIVADO     │                                                    │ 1. Valoración interna y crear    │
│ FINANCIERO       │                                                    │    fondo específico para las     │
└──────────────────┘                                                    │    pérdidas potenciales.         │
         │                                                              │ 2. Registro de ganancias y       │
         ▼                                                              │    pérdidas en la liquidación,   │
                                                                        │    por el neto, como «Resultados │
                                                                        │    por operaciones financieras». │
                                                                        └─────────────────────────────────┘
```

1. Valoración interna y crear fondo específico para las pérdidas potenciales.
2. Registro de ganancias y pérdidas en la liquidación, por el neto, como «Resultados por operaciones financieras».

¿ES COBERTURA CONTABLE? — NO → **¿COTIZA EN UN MERCADO ORGANIZADO?** — SI →

1. Valoración a precios de mercado.
2. Registro de ganancias y pérdidas, por el neto, según los precios de mercado, como «Resultados por operaciones».

(¿ES COBERTURA CONTABLE?) — SI ↓

¿COTIZA EN UN MERCADO ORGANIZADO? — NO →

1. Registro de resultados simétrico a los del elemento cubierto.
2. Registros de cobros y pagos de la contraparte entre las cuentas diversas (liquidaciones anticipadas) o entre las cuentas de periodificación (liquidaciones o vencimiento).

(¿COTIZA EN UN MERCADO ORGANIZADO?) — SI →

1. Registro de resultados simétrico a los del elemento cubierto.
2. Registros de cobros y pagos de la cámara entre las cuentas diversas.

ANEXO II
CONTRATOS EN MERCADOS ORGANIZADOS
EN ESPAÑA [38]

Futuros					
Contrato	**Subyacente**	**Nocional**	**Fluctuación mínima**	**Depósito Inicial**	**Forma de cotización**
Euro-Ibex-35	Indice IBEX-35	Indice IBEX × 10	1 punto IBEX = 10 €	7.000 €	En puntos enteros del índice. El valor monetario = = Indice × 10 €
Futuro sobre Bono a 30 años	Bono nocional de Deuda Pública con cupón anual del 6,5 %	100.000 €	1 punto básico = 10 €	Variable en función de la cartera de opciones y futuros	En porcentaje sobre el nominal
Futuro sobre Bono a 10 años	Bono nocional de Deuda Pública con cupón anual del 4 %	100.000 €	1 punto básico = 10 €	Variable en función de la cartera de opciones y futuros	En porcentaje sobre el nominal
Futuro sobre Bono a 5 años	Bono nocional de Deuda Pública con cupón anual del 5,5 %	100.000 €	1 punto básico = 10 €	Variable en función de la cartera de opciones y futuros	En porcentaje sobre el nominal
E-360	Tipo de interés interbancario a 360 días	1.000.000 €	1 punto básico = 100 €	Variable en función de la cartera de opciones y futuros	100 – Precio Futuro = = tipo de interés implícito
E-90	Tipo de interés interbancario a 90 días	1.000.000 €	1 punto básico = 100 €	Variable en función de la cartera de opciones y futuros	100 – Precio Futuro = = tipo de interés implícito
Futuros sobre acciones	BBVA BSCH ENDESA REPSOL TELEFÓNICA	100 acciones por contrato	1 céntimo de euro	Variable en función de la cartera de opciones y futuros	En euros por acción

[38] Fuente: MEFF, Sociedad rectora de productos financieros derivados de renta fija, S.A. (http://www.meff.com) y MEFF, Sociedad rectora de productos financieros derivados de renta variable, S.A. (http://www.meffrv.com).

Opciones				
Contrato	**Subyacente**	**Nocional**	**Tipo de opción**	**Garantías**
Euro-opciones IBEX 35	Un contrato de Futuros Euro-Ibex 35 del mismo vencimiento	Indice IBEX × 10	Europea	Variable en función de la cartera de opciones y futuros
Euro-opciones sobre acciones	BBVA BSCH POPULAR BANKINTER ACESA REPSOL TELEFÓNICA IBERDROLA ENDESA FENOSA TPI ACERINOX GAS NATURAL ALTADIS TERRA SOGECABLE INDRA AMADEUS	100 acciones por contrato	Americana	Variable en función de la cartera de opciones y futuros
Opciones sobre Bono nocional a 30 años	Futuro sobre el Bono nocional a 30 años	1 contrato de futuros	Americana	Variable en función de la cartera de opciones y futuros
Opciones sobre Bono nocional a 10 años	Futuro sobre el Bono nocional a 10 años	1 contrato de futuros	Americana	Variable en función de la cartera de opciones y futuros
Opciones sobre Bono nocional a 5 años	Futuro sobre el Bono nocional a 5 años	1 contrato de futuros	Americana	Variable en función de la cartera de opciones y futuros
Opciones sobre E-90	Futuro sobre E -90	1 contrato de futuros	Americana	Variable en función de la cartera de opciones y futuros

10

Los derivados financieros (II)

1. INTRODUCCIÓN

Los derivados financieros han supuesto una verdadera revolución en el campo financiero, en general, y en el ámbito bancario, en particular. Gracias a este tipo de operaciones, cuando se tiene una determinada previsión, respecto a cuál puede ser la evolución futura del mercado (tipos de interés, de cambio, valores), es posible responder a los cambios futuros previstos y a los riesgos que se presenten en los mercados financieros, comprando o vendiendo un derivado financiero, de tal forma que no cubrir estos riesgos, hoy en día, equivale a asumirlos voluntariamente.

Estos instrumentos son utilizados para el diseño de coberturas financieras, pero también como un activo financiero más, por fondos de inversión, fondos de pensiones, etc., pero es en las entidades de crédito, debido a su relevante presencia en los mercados de divisas, de capitales y de dinero, donde su utilización resulta más relevante, por lo que no es de extrañar que haya sido este grupo de entidades, el que ha dedicado más recursos al diseño de nuevos productos y a las técnicas de valoración, medición y gestión de sus riesgos.

En este capítulo, vamos a ver las características y aplicación práctica de los criterios contables, estudiados en el capítulo anterior, de cuatro de los contratos de operaciones de futuro más comunes: *los acuerdos de tipos de interés futuro o FRA, las permutas financieras de intereses, los futuros financieros y las opciones financieras* [1].

---

[1] De entre la amplia bibliografía existente sobre derivados financieros, tanto en inglés como en castellano, destacan por su claridad y amplitud: HULL, J.C. (2000): *Options, Futures and Other Derivatives*. Prentince Hall (Fourth Edition); KOLB, R.W. (2000): *Futures, Options and Swaps*. Blackwell Publishers. Inc., y FERNÁNDEZ, P. (1996): *Opciones, Futuros e Instrumentos Derivados*. Ediciones Deusto.

2. LOS ACUERDOS DE TIPOS DE INTERÉS FUTURO O *FRA*

Un acuerdo de tipos de interés futuro, o *FRA* [2], es un contrato entre dos partes que, para protegerse contra una futura variación de los tipos de interés, acuerdan sobre un importe principal teórico (*importe nocional*), durante un periodo de tiempo concreto (*periodo de cobertura*), y respecto a un tipo de interés de referencia, que si el tipo de interés, en la fecha convenida, resulta superior (inferior) al de referencia, el vendedor (comprador) del contrato deberá pagar al comprador (vendedor) la diferencia de tipos de interés sobre el importe nocional.

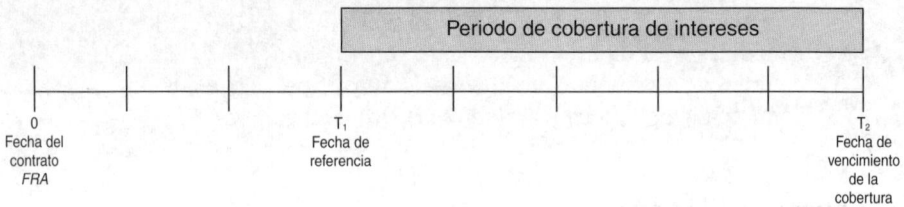

Es decir, lo que se compra y vende, mediante un contrato *FRA*, es un tipo de interés, de tal forma que, quien está comprando el contrato (compra un tipo de interés), se está protegiendo de una posible futura subida de tipos de interés (y viceversa), ya que si así ocurriera, al liquidar el contrato a su vencimiento se obtendría un beneficio por esa diferencia de tipos de interés.

2.1. Características de los contratos *FRA*

Las principales características de este tipo de contrato de derivado financiero son las que se indican a continuación:

— Los *FRA* son contratos no negociados en mercados organizados, es decir, son contratos *OTC*, lo que permite una gran flexibilidad en cuanto a plazos e importes y, además, no requieren ningún desembolso inicial.
— En estos contratos, ninguna de las partes se compromete a conceder un préstamo o a dar un depósito a la otra parte del contrato, por lo que el importe principal del contrato (importe nocional) nunca se intercambia.
— El contrato FRA se liquida, en efectivo, por la diferencia entre el tipo de interés de referencia y el de mercado (*v.g.* euribor). Sobre la base de la diferencia de tipos de interés y el periodo de cobertura, se calculan los resultados en la fecha de vencimiento del contrato:

$$R_{FRA} = N \times (i_M - i_R) \times \frac{t}{360}$$

---

[2] Acrónimo del inglés *Forward Rate Agreement*.

Siendo:

R_{FRA} = Ganancias o pérdidas, en la fecha de vencimiento.

N = Importe nocional del contrato.

i_M = Tipo de interés de mercado en la fecha de referencia.

i_R = Tipo de interés del contrato (tipo de referencia).

t = Tiempo, en días, del periodo de cobertura.

Sin embargo, debido a que en la fecha de referencia ya se conoce cuál será el resultado que se liquidará en la fecha de vencimiento, suele ser habitual el que estos contratos se liquiden anticipadamente, en la citada fecha de referencia. El importe de esta liquidación anticipada, es el importe de las ganancias o pérdidas en la fecha de vencimiento (R_{FRA}), actualizadas al tipo de interés correspondiente al periodo, que es precisamente el tipo de interés de mercado en la fecha de referencia (i_M). Es decir:

$$L_{FRA} = \frac{R_{FRA}}{\left(1 + i_M \times \dfrac{t}{360}\right)} = \frac{N \times (i_M - i_R) \times \dfrac{t}{360}}{\left(1 + i_M \times \dfrac{t}{360}\right)}$$

Siendo L_{FRA}, el importe de la liquidación anticipada durante un periodo t, correspondiente a los resultados a vencimiento (R_{FRA}).

Ejemplo 10.1.—Un contrato típico *FRA*, podría ser:

Importe nocional teórico: 100 millones de euros
Periodo de cobertura: 3/9 (para dentro de 3 meses y durante 6 meses).
Tipo de interés base :   8 %
Tipo de interés de referencia: Euribor –6 meses.

Es decir, dentro de tres meses se observará cuál es el tipo Euribor para seis meses y si éste difiere del tipo de interés de referencia (8 por 100), el contrato se liquidará por la diferencia.

Así, si, dentro de tres meses, el tipo Euribor para seis meses es del 8,5 por 100, el comprador recibirá del vendedor el importe que se deriva de la diferencia:

Tipo de compra 0,080
Tipo de venta 0,085
                              _____
Diferencia 0,005

El beneficio correspondiente a la operación, para el comprador, suponiendo meses iguales de 30 días, será:

$$R_{FRA} = 0{,}005 \times 100.000.000 \times \frac{180}{360} = 250.000 \text{ €}$$

Por el contrario, si, pasados tres meses, el tipo Euribor es del 7,0 por 100, será el vendedor el que recibirá del comprador:

Tipo de compra 0,080
Tipo de venta 0,070

Diferencia 0,010

En este caso, el beneficio para el vendedor del *FRA*, será:

$$R_{FRA} = 0,010 \times 100.000.000 \times \frac{180}{360} = 500.000 \text{ €}$$

Los contratos *FRA,* generalmente, se liquidan por anticipado, por lo que, en este caso, el valor a liquidar en el momento de conocerse el tipo Euribor seis meses (a los tres meses de contratar el *FRA*) sería:

a) Tipo Euribor: 8,5 %

$$L_{FRA} = \frac{250.000}{1 + 0,085 \times \dfrac{180}{360}} = 239.808 \text{ €}$$

b) Tipo Euribor: 7,0 %

$$L_{FRA} = \frac{500.000}{1 + 0,07 \times \dfrac{180}{360}} = 483.092 \text{ €}$$

2.2. Valoración de los contratos *FRA*

Una vez contratado un *FRA*, sobre la base de la evolución de los tipos de interés del mercado (*v.g.* euribor), el contrato producirá unas ganancias, o pérdidas, potenciales, es decir, no realizadas, hasta su fecha de liquidación, las cuales, por tratarse de un producto no negociado en un mercado organizado, tendrían en atención a si el *FRA* tiene o no la cualidad de cobertura contable de otra operación, el siguiente tratamiento contable [3]:

- *Operación de cobertura*: las ganancias o pérdidas se reconocerán una vez liquidadas, de forma simétrica a las ganancias o pérdidas del elemento cubierto.

- *Operación especulativa*: las ganancias o pérdidas se reconocerán en el momento de su liquidación, pero, al menos mensualmente, se debe calcular cuál es el valor del *FRA,* y si, de este cálculo, resultasen unas pérdidas poten-

---

[3] Véanse, en el Capítulo 9, las valoraciones posteriores a la inicial de contratos de derivados financieros.

ciales, éstas se deben reconocer en la cuenta de resultados mediante la constitución de un fondo especial denominado *Provisión por operaciones de futuro*:

Pérdidas por operaciones financieras
Quebrantos por otras operaciones de futuro
Dotación por pérdidas potenciales   a/   Fondos especiales
                                                    Provisiones por operaciones de futuro
(para la cobertura de las pérdidas potenciales de un contrato FRA no considerado cobertura contable)

Así pues, cuando el *FRA* no tiene la cualidad de cobertura contable, el cálculo
de su valor, a efectos de crear o no una provisión, resulta transcendental. Para ello,
teniendo en cuenta que no existe un mercado organizado de *FRA's*, debe acudirse a
métodos internos de valoración y, concretamente, al método de valoración actualizada de los flujos de caja esperados.

El concepto de *valor de un FRA,* está basado en cuál sería el precio de otro *FRA*
que compense la posición del primero. Por ejemplo, el valor de un *«FRA 6/9»* com-
prado un mes después de haberse contratado, se determinará calculando por cuánto
podríamos vender un *«FRA 5/8»*, utilizando los tipos de interés del mercado.

Los pasos que debemos dar, para la valoración de los contratos *FRA*, son:

1. Cálculo de las ganancias o pérdidas, *en la fecha de vencimiento* del *FRA*.
2. Cálculo de las ganancias o pérdidas, *en la fecha de liquidación* del *FRA*.
3. Cálculo del valor *hoy* de la liquidación del *FRA*.

Ejemplo 10.2.—Supongamos que hace un mes vendimos un contrato *FRA 6/9*, con un tipo
de interés base del 10 por 100, tipo de referencia el tipo Euribor-tres meses, importe
nocional de 10 millones de euros y convención de calendario 30/360.

En el momento actual los tipos de interés del mercado euribor son:

— A 3 meses (90 días):   8,5 %
— A 5 meses (150 días):   9,0 %
— A 8 meses (240 días):   9,4 %

Al contratar el *FRA,* hace un mes, el perfil de la cobertura de interés era:

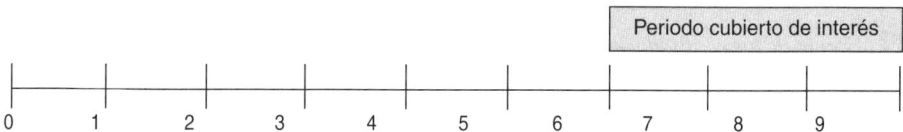

Periodo cubierto de interés

```
|-----|-----|-----|-----|-----|-----|-----|-----|-----|-----|
0     1     2     3     4     5     6     7     8     9
```

Un mes después el perfil de cobertura es:

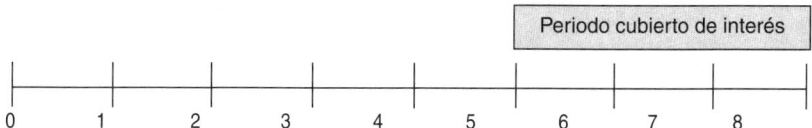

Periodo cubierto de interés

```
|-----|-----|-----|-----|-----|-----|-----|-----|-----|
0     1     2     3     4     5     6     7     8
```

Para la valoración del *FRA* realizamos los pasos:

1. Cálculo del resultado teórico en la fecha de vencimiento (mes 8):

Sobre la base de la equivalencia de los tipos de interés, podemos calcular cuál es el tipo teórico hoy de un *FRA 5/8*:

$$\left(1 + i_5 \times \frac{150}{360}\right) \times \left(1 + i_{5/8} \times \frac{90}{360}\right) = \left(1 + i_8 \times \frac{240}{360}\right)$$

Siendo:

i_5 = tipo de interés anual con liquidación a 5 meses.
i_8 = tipo de interés anual con liquidación a 8 meses.
$i_{5/8}$ = tipo de interés anual para dentro de 5 meses y con liquidación a 3 meses (tipo $FRA_{5/8}$).

es decir:

$$\left(1 + 0,09 \times \frac{150}{360}\right) \times \left(1 + FRA_{5/8} \times \frac{90}{360}\right) = \left(1 + 0,094 \times \frac{240}{360}\right)$$

De donde se obtiene que:

$$FRA_{5/8} = 9,703\ \%$$

Por lo tanto, los resultados no realizados (potenciales) de nuestro *FRA,* vendido hace un mes, con un tipo base del 10 por 100, serían:

$$Resultado\ Potencial = 10.000.000 \times (0,10 - 0,09703) \times \frac{90}{360} = 7.425\ €$$

Es decir, de acuerdo con el cierre teórico, dentro de ocho meses nuestro *FRA* daría un resultado, a nuestro favor, de 7.425 euros.

2. Cálculo de los resultados potenciales en la fecha de liquidación (mes 5):

Como todos los *FRA* se liquidan en efectivo, en la fecha en que comienza el periodo de intereses cubierto, los resultados potenciales calculados deben ser descontados a ese momento, utilizando el tipo de interés de ese plazo, es decir, el plazo y tipo del *FRA* calculado (en nuestro ejemplo, 9,703 %).

La fórmula de cálculo será:

$$Resultado\ Potencial\ de\ Liquidación = \frac{7.425}{\left(1 + 0,09703 \times \dfrac{90}{360}\right)} = 7.249,15$$

3. Cálculo del valor hoy de la liquidación teórica:

El último paso del proceso de evaluación del *FRA* es descontar los potenciales resultados, desde la fecha de liquidación (mes 5) a la fecha en que estamos calculando el valor del *FRA*, al tipo de interés de ese plazo (9 por 100, en nuestro ejemplo).

$$Valor\ Actual\ de\ Liquidación\ = \frac{7.249,15}{\left(1 + 0,09 \times \dfrac{150}{360}\right)} = 6.987,13$$

Es decir, el resultado potencial de nuestro FRA es de unas ganancias potenciales de 6.987,13 euros.

Ejemplo 10.3.—La entidad X toma un depósito de 100 millones de euros a tres meses, al tipo Euribor 3 meses, que en el momento de contratar el depósito es del 10 por 100, e invierte su importe en un préstamo a doce meses al 15 por 100. Simultáneamente, y con el objetivo de cubrir el riesgo de interés, derivado del desfase de vencimientos entre la inversión (doce meses) y la financiación (tres meses), compra un contrato *FRA* [4] *3/12* con tipo base del 10 por 100 y referencia el tipo Euribor 9 meses, sobre un capital teórico de 100 millones.

Transcurridos tres meses, el nuevo depósito se toma por un periodo de nueve meses, a tipo de intereses de mercado Euribor 9 meses.

Los tipos de intereses por plazos, al final de cada uno de los próximos tres meses, que se liquidarán sobre la convención de calendario 30/360, son:

Plazos	Tipo Euribor al final de meses:		
	1	2	3
1 mes	8,50	8,50	9,50
2 meses	8,75	8,75	10,00
3 meses	8,80	8,80	11,00
9 meses	8,85	8,85	12,00
10 meses	8,90	8,90	12,50
11 meses	9,00	9,00	12,70
1 año	9,50	9,50	13,00

Los flujos de caja de las operaciones quedan reflejados en el siguiente cuadro:

---

[4] Al haber invertido a doce meses a tipo fijo del 15 por 100 y financiar a tres meses al 10 por 100, cuando hayan transcurrido tres meses la entidad tendrá que volver a tomar prestado, a los tipos del momento, con lo que su riesgo es que los tipos de interés para ese momento hayan subido y, por tanto, la protección que necesita es ante subida de tipos de tipos.

	Flujo de caja
Momento Inicial	
Toma de depósito a 3 meses al 10 %	100.000.000
Concesión de préstamo a 12 meses	(100.000.000)
Contrato *FRA 3/12* sobre 100 millones de nocional	–
A los 3 meses	
Devolución del depósito tomado a 3 meses:	(102.500.000)
100.000.000 (1 + 0,10 × 90/360)	
Toma de depósito a 9 meses al 12 %	100.000.000
Liquidación del *FRA 3/12*:	1.376.147
Importe a vencimiento: 100 mill (0,12 - 0,10) × 270/360 = 1.500.000	
Liquidación anticipada: X = 1.500.000 / (1+ 0,12 × 270/360)	
Cancelación del contrato *FRA 3/12*	–
A los 12 meses	
Recuperación del préstamo: *100.000.000 (1 + 0,15)*	115.000.000
Devolución del depósito tomado a 9 meses: 100.000.000 (1 + 0,12 × 270/360)	(109.000.000)
Resultado neto	***4.876.148***

Registro contable:

Momento inicial	100.000.000	Tesorería	
		a/ Entidades de Crédito	100.000.000
		(por el depósito tomado a tres meses al 10 por 100)	
	100.000.000	Préstamos Personales	
		a/ Tesorería	100.000.000
		(por el préstamo concedido a un año al 15 por 100)	
	100.000.000	Acuerdos sobre tipos de interés futuros	
		a/ Contrapartida de cuentas de orden	100.000.000
		(por el registro de cuentas de orden del contrato FRA)	
Final de mes 1.º y 2.º	833.333	Intereses y cargas asimiladas	
		a/ Devengo de costes no vencidos	833.333
		(por la periodificación mensual de intereses a pagar del depósito: 833.333 = 100 mill. × 10 % × 30/360)	
	1.250.000	Devengo de productos no vencidos	
		a/ Intereses y rendimientos asimilados	1.250.000
		(por la periodificación mensual de intereses a cobrar del depósito: 1.250.000 = 100 mill. × 15 % × 30/360)	
A los tres meses	100.000.000	Entidades de crédito	
	1.666.666	Devengo de costes no vencidos	
	833.333	Intereses y cargas asimiladas	
		a/ Tesorería	102.500.000
		(por la devolución del depósito y sus intereses)	
	100.000.000	Tesorería	
		a/ Entidades de Crédito	100.000.000
		(por el depósito tomado a nueve meses al 12 por 100)	
	1.376.147	Tesorería	
		a/ Partidas a regularizar por operaciones de futuro	
		Importes cobrados no imputados a resultados	1.376.147
		(por la liquidación del FRA)	
	100.000.000	Contrapartida de cuentas de orden	
		a/ Acuerdos sobre tipos de interés futuros	100.000.000
		(por la cancelación del contrato FRA)	
	1.250.000	Devengo de productos no vencidos	
		a/ Intereses y rendimientos asimilados	1.250.000
		(por la periodificación del préstamo)	

(Continúa)

(Continuación)

Meses 4.º a 12.º	1.000.000	Intereses y cargas asimiladas a/ Devengo de costes no vencidos 1.000.000 *(por la periodificación mensual de intereses apagar del depósito: 1.000.000 = 100 mill. × 12 % × 30/360)*
	1.250.000	Devengo de productos no vencidos a/ Intereses y rendimientos asimilados 1.250.000 *(por la periodificación del préstamo))*

	152.905	Partidas a regularizar por operaciones de coberturas
		Importes cobrados no imputados a resultados
		    a/ Intereses y cargas asimiladas
		         Rectificaciones de costos por operaciones de cobertura 152.905
		(por la imputación simétrica en resultados de la liquidación de FRA: 1.376.147/9 = 152.905)

A los
doce meses
	115.000.000	Tesorería
		    a/ Préstamos personales 100.000.000
		    a/ Devengo de productos no vencidos 15.000.000
		(por la recuperación del préstamo concedido)

	100.000.000 9.00.000	Entidades de crédito Devengo de costes no vencidos a/ Entidades de Crédito 109.000.000 *(por la devolución del depósito)*

El resultado de la operación, con y sin cobertura del *FRA,* sería:

Resultados por:	Mes							
	1	2	3	4	5	.....	12	Total
Intereses y rendimientos asimilados	1.250.000	1.250.000	1.250.000	1.250.000	1.250.000	...	1.250.000	15.000.000
Intereses y cargas asimiladas	(833.333)	(833.333)	(833.333)	(1.000.000)	(1.000.000)	...	(1.000.000)	(11.500.000)
Margen (intermediación) sin cobertura	416.667	416.667	416.667	250.000	250.000	...	250.000	3.500.000
Imputación de la cobertura contable	–	–	–	152.905	152.905	...	152.905	1.376.147
Margen de Intermediación con cobertura	416.667	416.667	416.667	402.905	402.905	...	402.905	4.876.147

El margen de la operación, en términos financieros, es de 5.000.000 de euros, correspondiente a la diferencia de tipos de intereses del préstamo concedido de 100 millones de euros al 15 por 100 y del depósito tomado de 100 millones de euros al 10 por 100, que aún cuando ha habido que renovar este último, a los tres meses, a tipos de mercado (12 por 100) el mayor coste ha sido compensado por el *FRA.* La diferencia entre el resultado financiero y el margen de la operación después de la cobertura (123.853 € = 5.000.000€ – 4.876.147 €), corresponde al efecto de la liquidación del *FRA* por adelantado (123.853 € = 1.500.000 €– – 1.376.147 €).

Como puede observarse, el contrato *FRA* registrado como cobertura contable, ha servido para estabilizar el margen de la operación en un 5 por 100 desde el inicio (15 por 100 menos 10 por 100), es decir, se ha eliminado el riesgo de tipo de interés que, de no haberse contratado el *FRA,* se habría producido al existir un desfase de vencimientos entre el préstamo concedido y el depósito tomado.

Ejemplo 10.4.—Registro del *FRA* como operación especulativa (no cobertura).

Si el contrato *FRA 3/12,* del ejercicio 10.3, no hubiese sido contratado como cobertura contable del depósito tomado, o no hubiese sido considerado como tal, entonces la operación del *FRA* se consideraría especulativa. En este caso, deberíamos proceder a efectuar la valoración del *FRA* hasta que se liquide, esto es, debemos valorar el *FRA* al final de los meses 1.° y 2.°, y, si de esta valoración teórica se derivasen pérdidas teóricas, deberemos proceder a cubrirlas con un fondo específico.

Vamos a proceder a valorar el contrato de acuerdo con la metodología estudiada.

1. Valoración del contrato al final del primer mes:

Para valorar nuestro *FRA 3/12* de hace un mes, tenemos que, en primer lugar, calcular el tipo teórico de un *FRA 2/11* vendido:

$$\left(1 + i_2 \times \frac{60}{360}\right) \times \left(1 + i_{2/11} \times \frac{270}{360}\right) = \left(1 + i_{11} \times \frac{330}{360}\right)$$

Es decir

$$\left(1 + 0{,}0875 \times \frac{60}{360}\right) \times \left(1 + i_{2/11} \times \frac{270}{360}\right) = \left(1 + 0{,}09 \times \frac{330}{360}\right)$$

$$i_{2/11} = 8{,}9254\ \%$$

a) Valor del contrato en la fecha de vencimiento (mes 11):

$$100.000.000 \times (0{,}089254 - 0{,}1) \times \frac{270}{360} = (805.950)$$

Es decir, el valor teórico del contrato, a su vencimiento, sería de 805.950 euros de pérdidas.

b) Valor del contrato en la fecha de liquidación (mes 2):

$$\frac{(805.950)}{\left(1 + 0{,}089254 \times \dfrac{270}{360}\right)} = (755.384)$$

c) Valor del contrato al final del primer mes:

$$\frac{(755.384)}{\left(1 + 0{,}0875 \times \dfrac{60}{360}\right)} = (744.526)$$

Por lo tanto, un mes después de haber contratado el *FRA*, la evaluación teórica del mismo, arroja unas pérdidas potenciales de 744.526 euros.

2. *Valoración del contrato al final del segundo mes:*

Nuestro *FRA 3/12*, de hace dos meses, es ahora un *FRA 1/10*, cuyo tipo teórico es:

$$\left(1 + i_1 \times \frac{30}{360}\right) \times \left(1 + i_{1/10} \times \frac{270}{360}\right) = \left(1 + i_{10} \times \frac{330}{360}\right)$$

Es decir

$$\left(1 + 0,085 \times \frac{30}{360}\right) \times \left(1 + i_{1/10} \times \frac{270}{360}\right) = \left(1 + 0,089 \times \frac{330}{360}\right)$$

$$i_{1/10} = 8,8836\ \%$$

a) *Valor del contrato en la fecha de vencimiento (mes 10):*

$$100.000.000 \times (0,088836 - 0,1) \times \frac{270}{360} = (837.300)$$

b) *Valor del contrato en la fecha de liquidación (mes 1)*:

$$\frac{(837.300)}{\left(1 + 0,088836 \times \dfrac{270}{360}\right)} = (784.998)$$

c) *Valor del contrato al final del segundo mes*:

$$\frac{(784.998)}{\left(1 + 0,085 \times \dfrac{60}{360}\right)} = (779.477)$$

Por lo tanto, dos meses después de contratar el *FRA*, la evaluación teórica es de 779.477 euros de pérdidas, es decir, 34.951 euros más que el mes anterior (744.526 – –779.477).

Operación	Registro contable

Al contratar el FRA	100.000.000 Acuerdos sobre tipos de interés futuros
	                        a/ Contravalor Cuentas de Orden 100.000.000
	                        (por el registro del contrato FRA en cuentas de orden)

Un mes después	744.526 Pérdidas por operaciones financieras
	                     Quebrantos por otras operaciones de futuro
	                     Dotación por pérdidas potenciales
	                        a/ Provisión por operaciones de futuro 744.526
	(para la cobertura de las pérdidas potenciales derivadas del ejercicio teórico del primer mes)

A los dos meses	34.951 Pérdidas por operaciones financieras
	                    Quebrantos por otras operaciones de futuro
	                    Dotación por pérdidas potenciales
	                        a/ Provisión por operaciones de futuro 34.951
	(para la cobertura de las pérdidas potenciales calculadas el segundo mes: 34.951 = 779.477 – 744.526)

A los tres meses	1.376.148 Tesorería
	                        a/ Beneficios por operaciones financieras
	                              Productos por otras operaciones de futuro
	                              En otras operaciones a plazo liquidadas por diferencias 1.376.148
	                        (por la liquidación del FRA por anticipado, ver ejercicio 10.3)

	779.477 Provisión por operaciones de futuro
	                        a/ Beneficios de Operaciones Financieras
	                              Productos por otras operaciones de futuro
	                              Por Recuperación de la Provisión 779.477
	                 (por la recuperación de la provisión constituida en el primer y segundo mes)

	100.000.000 Contravalor Cuentas de Orden
	                        a/ Acuerdos sobre tipos de interés futuros 100.000.000
	                              (por la cancerlación de las cuentas de orden)

3.   LAS PERMUTAS FINANCIERAS DE INTERESES

Una permuta financiera de intereses es un contrato entre dos partes, por el cual deciden intercambiarse, sobre la base de un importe principal (importe nocional), pagos de intereses calculados a dos tipos de interés diferentes (fijo y variable) y, generalmente, con periodos de liquidación diferentes [5].

Al igual que en los contratos *FRA*, las partes que intervienen en un contrato de permuta de intereses no se intercambian el importe principal (nocional), es decir, no hay ningún tipo de operación de préstamo o depósito, entre las partes del contrato.

Por lo general, un contrato de permutas de intereses es un cambio de pagos (cobros), calculados a un tipo de interés fijo (normalmente para plazos de hasta diez años y con liquidación mensual, trimestral, semestral o anual), contra cobros (pagos) calculados a un tipo de interés variable, por el mismo periodo de tiempo (hasta diez años), pero no necesariamente con la misma frecuencia de liquidación.

---

[5] En ocasiones, estos contratos se refieren como *IRS*, que corresponde al acrónimo inglés de *Interest Rate Swap*.

También puede consistir en un intercambio de pagos calculados, ambos, a tipo variable, pero con diferente referencia (*v.g.* euribor mes, contra euribor año).

El perfil de pagos de un contrato de permuta de intereses, con liquidación anual y en las mismas fechas, de la parte fija de intereses (*f*) y la variable (*v*), sobre un importe nocional *N*, sería:

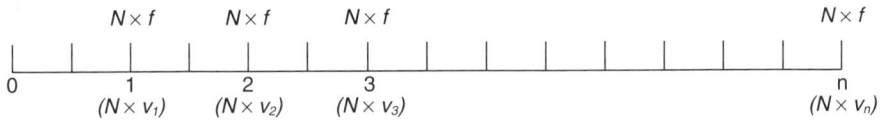

A su vez, el perfil con liquidación semestral de la parte fija y anual de la parte variable, sería:

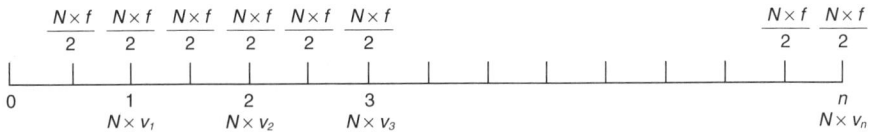

Las partes que intervienen en un contrato de permuta de intereses persiguen, básicamente, dos objetivos:

1. Cambiar una corriente de flujos de caja fijos por variables (o al contrario).
2. Obtener una mejora del tipo de interés en una operación.

Ejemplo 10.5.—Supongamos que la empresa A tiene un préstamo de 1.000.000 de euros, a un tipo de interés fijo del 10 por 100 que desearía cambiar por tipo de interés variable. Dadas las características de esta empresa podría obtener un tipo variable Euribor más 0,25 por 100.

Por otra parte, la empresa B tiene un préstamo de 1.000.000 de euros a tipo de interés variable Euribor más 1 por 100 que desearía cambiar por un tipo de interés fijo y que, dadas sus características, podría obtener al 12 por 100.

En definitiva, lo que ambas empresas desean es modificar sus corrientes de pagos, A tipo fijo por tipo variable y B tipo variable por tipo fijo. Esto lo podrían realizar de dos formas:

a) Cambiando el préstamo original por uno nuevo a las condiciones actuales (10 % por Euribor + 0,25 % para A y Euribor + 1 % por 12 % para B).

b) Sin necesidad de cambiar las condiciones de sus préstamos originales, contratar, entre ambas, una permuta de intereses sobre un importe nocional de 1.000.000 de euros con las siguientes características de intercambios de flujos de caja:

   1) A pagará a B intereses variables calculados sobre Euribor más 1 por 100.
   2) B pagará a A intereses fijos al 11 por 100.

El coste neto que resultaría de ambas alternativas, para cada una de las empresas, sería:

	Empresa A		Empresa B	
	a)	b)	a)	b)
Pagos por el préstamo	Euribor + 0,25 %	10 %	12 %	Euribor + 1 %
Permuta de Intereses				
— Cobros	–	11 %	–	Euribor + 1 %
— Pagos	–	Euribor + 1 %	–	11 %
Coste neto	***Euribor + 0,25 %***	***Euribor***	***12 %***	***11 %***

Como se puede observar, a través del contrato de permuta de intereses (opción b), ambas empresas han conseguido modificar sus flujos de pagos de su respectivo préstamo, pero, además, han obtenido un coste neto menor que el que habrían obtenido cambiando su préstamo original (opción a).

Esta mutua ventaja, que las dos empresas han obtenido del contrato de permuta financiera, es vista, en muchas ocasiones, como un elemento de utilidad del contrato de permuta de intereses (las dos partes del contrato salen mutuamente beneficiadas), frente a otros contratos en donde el beneficio de una parte es a costa de la pérdida de la otra parte.

En realidad, lo que ha ocurrido es que ambas entidades han realizado un arbitraje, aprovechando la no coincidencia de diferenciales de intereses entre los tipos fijos y variables:

Tipos de interés	Empresa A	Empresa B	Diferencia
• Fijos	10 %	12 %	2 %
• Variables	Euribor + 0,25	Euribor + 1	0,75 %
		Diferencia	***1,25 %***

El arbitraje ha consistido en distribuirse, con la alternativa b, el diferencial de intereses entre los tipos fijos y variables (1,25 por 100) entre ambas compañías, 0,25 por 100 para la compañía A (obtiene Euribor frente a Euribor más 0,25 por 100) y 1 por 100 para la compañía B (obtiene 11 por 100 frente a 12 por 100).

3.1. Características de los contratos de permuta de intereses

Las principales características de este tipo de contrato de derivado financiero son:

Las permutas financieras de intereses son contratos no negociados en mercados organizados, es decir, son contratos *OTC*, lo que permite una gran flexibilidad en cuanto a plazos e importes y, además, no requieren ningún desembolso inicial.

En estos contratos, ninguna de las partes se compromete a conceder un préstamo o a dar un depósito, por lo que el importe principal del contrato (importe nocional) nunca se intercambia.

Un contrato de permuta de interés puede ser visto como una combinación de contratos *FRA* encadenados. Por ejemplo, si efectuamos una serie de contratos *FRA* sobre el mismo nocional (*FRA 6/12, FRA 12/18, FRA 18/24*,..., hasta, por ejemplo, cinco años con el mismo tipo base y de referencia), lo que hemos conseguido es un contrato de permuta de intereses semestral a un tipo fijo (el base) contra uno variable (el de referencia)

El contrato de permuta de intereses se liquida, en cada una de las fechas de pago, en efectivo (nocional × tipo de interés × plazo), y cuando las fechas de liquidación de las dos partes coinciden, por la diferencia entre el tipo de interés de fijo y el variable de mercado (*v.g.* euribor). Sobre la base de la diferencia de tipos de interés, se calculan los intereses en la fecha de vencimiento del contrato. Sin embargo, a diferencia de los contratos *FRA*, los contratos de permuta de intereses son liquidados al vencimiento de cada periodo de intereses cubierto. La fórmula para calcular la liquidación de un periodo de interés fijo contra interés variable, es:

$$L_{PF}^m = N \times (i_v - i_f) \times \frac{t}{360}$$

Siendo:

L_{PF}^m = Liquidación de la permuta de intereses en el momento *m*.
N = Importe nocional del contrato de permuta de intereses.
i_v = Tipo de interés variable del contrato.
i_f = Tipo de intereses fijo del contrato.
t = Tiempo transcurrido desde la última liquidación de intereses *(m-1)*.

3.2. Valoración de los contratos de permutas de intereses

Los contratos de permutas de intereses, al igual que los *FRA*, son contratos que no se negocian en mercados organizados y, por lo tanto, dependiendo de que el contrato haya sido identificado o no como cobertura contable, tendrá el siguiente tratamiento:

- *Cobertura contable*: los resultados se deben registrar de manera simétrica a los resultados del elemento cubierto, como rectificaciones de intereses *(Rectificaciones de costes/productos por operaciones de cobertura)*. Si la liquidación de la permuta de intereses y su imputación en la cuenta de resultados no coinciden, se registrarán:
  — Los cobros y pagos liquidados y pendientes de imputar, entre las cuentas diversas *(importes cobrados/ pagados no imputados en resultados)*.
  — Los cobros y pagos devengados y no cobrados, entre las cuentas de periodificación *(Devengo de productos no vencidos, o Devengo de costes no vencidos)*.

- *No cobertura contable*: los resultados de la permuta de intereses se registrarán, en el momento de liquidarse, como *Resultados por operaciones financieras,* pero, al menos a fin de mes, se debe valorar el contrato, y de resultar unas pérdidas potenciales se reconocerán éstas en la cuenta de resultados, mediante la dotación de una provisión para operaciones de futuro, por el importe de las pérdidas potenciales:

Pérdidas por operaciones financieras		
Quebrantos por otras operaciones de futuro		
Dotación por pérdidas potenciales	a/	Fondos especiales
		Provisiones por operaciones de futuro

(para la cobertura de las pérdidas potenciales de un contrato de permuta de intereses no considerado cobertura contable)

Por lo tanto, para los contratos de permuta de intereses que no son de cobertura, el obtener su valoración es trascendental en la cuenta de resultados de la entidad.

Para valorar un contrato de permuta de intereses, al no existir mercado organizado, la entidad debe recurrir a los métodos internos de valoración. La valoración actualizada de los flujos de caja es la metodología adecuada para valorar estos contratos y, de acuerdo con ella, el valor actual de un contrato de permuta de intereses es igual al valor actual de todos los flujos de caja conocidos en el momento de valorar el contrato [6]:

$$VAPFI = \sum_{i=1}^{n} \frac{N \times f}{(1 + z_i)^i} + \frac{N}{(1 + z_n)^n} + \frac{N(1 + v_0)}{1 + z_1}$$

Siendo:

VAPFI	=	Valor actual de un contrato de permuta de intereses.
N	=	Importe nocional del contrato.
z_i	=	Tipo de interés cupón cero liquidable en el momento i.
f	=	tipo de interés fijo del contrato.
v_0	=	tipo de interés variable liquidable al final del periodo *(momento 1).*
n	=	número de pagos pendientes.

En consecuencia, con este método, la parte de intereses correspondientes al tipo variable sólo tiene una fecha de cobro/pago (el próximo pago de intereses, incluyendo el importe nocional) y la parte de intereses correspondientes al tipo fijo se valora como si se tratase de un préstamo.

Los pasos a seguir en esta valoración son:

1. Cálculo de los flujos de caja en cada fecha.
2. Obtención de los tipos cupón cero correspondientes a cada fecha de cobro/pago.
3. Cálculo del valor actual de todos los flujos de caja, según los tipos cupón cero.

---

[6] Véase el Anexo II de este Capítulo.

Ejemplo 10.6.—Supongamos que pretendemos valorar, el día 30 de Junio del año 20X0, un contrato de permuta de intereses contratado hace tres años, con vencimiento el día 30 de abril del año 20X2, y con las siguientes características:

- Importe nocional: 20.000.000 €.
- Intereses:
    - *Fijos (Cobros)*: 8,5 % con liquidación anual el día 30 de abril de cada año.
    - *Variables (Pagos)*: Euribor – 6 meses, con liquidación semestral los días 30 de abril y 31 de octubre de cada año,
- El tipo variable actual, fijado el día 30 de abril de este año (20X0), fue el 6,75 %.
- Los tipos cupón cero el 30.06.20X0 son:

Fecha de vencimiento	Tipo cupón cero	Días desde 30.06.20X0
31.10. 20X0	6,30	123
30.04. 20X1	7,50	304
31.10. 20X1	8,00	488
30.04. 20X2	9,00	669

Con esta información vamos a proceder a valorar, el día 30.6.20X0, el contrato de permuta de intereses.

1. Cálculo de los flujos de caja en cada fecha (considerando el intercambio de nocionales):

Fecha de vencimiento	Días de intereses (desde la última liquidación)	Fijos	Variable	Flujo neto
31.10. 20X0	183	–	(20.676.849)	(20.676.849)
30.04. 20X1	365	1.700.000	–	1.700.000
30.04. 20X2	365	21.700.000	–	21.700.000

2. Cálculo del valor actual de los flujos de caja, a partir de los tipos cupón cero:

Fecha	Cupón cero	Actualización de flujos: valor actual
31.10. 20X0	6,30	$\dfrac{(20.676.849)}{(1+0,063)^{\frac{123}{365}}} = (20.225.502)$
30.04.20X1	7,50	$\dfrac{1.700.000}{(1+0,075)^{\frac{304}{365}}} = 1.600.625$
30.04.20X2	9,00	$\dfrac{21.700.000}{(1+0,09)^{\frac{669}{365}}} = 18.529.409$
Total (pérdidas)		**(125.468)**

Así pues, el valor actual (30 de junio de 20X0) del contrato de permuta de intereses es negativo por 125.468 euros. En consecuencia, si este contrato no tiene la cualidad de cobertura contable, la entidad debe proceder a cubrir estas pérdidas no realizadas (potenciales):

```
125.468  Pérdidas por operaciones financieras
         Quebrantos por otras operaciones de futuro
         Dotación por pérdidas potenciales
                    a/  Fondos especiales
                        Provisiones por operaciones de futuro  125.468
         (para la cobertura de las pérdidas potenciales del contrato de permuta de intereses no considerado
                                    cobertura contable)
```

Ejemplo 10.7.—Una entidad concede, el 1 de enero de 20X0, un préstamo de 100 millones de euros a dos años, a interés fijo del 10 por 100 liquidable anualmente el 31 de diciembre, y con amortización única el 31 de diciembre de 20X1.

Simultáneamente, contrata una permuta de intereses por la que durante dos años y sobre un nocional de 100 millones de euros, recibirá, cada seis meses, el tipo de interés Euribor-6 meses y pagará anualmente el 10 por 100, liquidándose a su vencimiento la parte variable los días 30 de junio y 31 de diciembre, y la parte fija el 31 de diciembre de cada año. El tipo de interés euribor-6 meses del primer semestre queda fijado el día del contrato en el 9 por 100.

Suponiendo que en las siguientes fechas los tipos Euribor- 6 meses son:

30.06.20X0:   12 %
31.12.20X0:   11 %
30.06.20X1:   10 %

Realizar los asientos contables correspondientes a ambas operaciones:

El siguiente cuadro muestra los flujos de caja que ambas operaciones van a generar.

Fecha	Operación de préstamo		Permuta de intereses		Euribor siguiente periodo
	Cobros	Pagos	Cobros	Pagos	
01.01.X0	–	100.000.000	–	–	9 %
30.06.X0	–	–	4.500.000	–	12 %
31.12.X0	10.000.000	–	6.000.000	10.000.000	11 %
30.06.X1	–	–	5.500.000	–	10 %
31.12.X1	110.000.000	–	5.000.000	10.000.000	–
Total	*120.000.000*	*100.000.000*	*21.000.000*	*20.000.000*	

El Detalle de las periodificaciones será:

Periodo	Préstamo		Permuta de intereses			
	Mensual	Semestral	Mensual			Semestral
			Parte variable	Parte fija	Neto	
1.er semestre	833.333	5.000.000	750.000	833.333	(83.333)	(500.000)
2.º semestre	833.333	5.000.000	1.000.000	833.333	166.667	1.000.000
3.er semestre	833.333	5.000.000	916.667	833.333	83.334	500.000
4.º semestre	833.333	5.000.000	833.333	833.333	–	–
Total		**20.000.000**	–	–	–	**1.000.000**

El registro contable será:

Fecha	Registro contable
01.01.X0	100.000.000 Préstamos personales a/ Tesorería 100.000.000 *(por la disposición del préstamo)*
	100.000.000 Permutas financieras a/ Contrapartida de cuentas de orden 100.000.000 *(por el contrato de permuta de intereses)*
30.06.X0	5.000.000 Devengo de productos no vencidos a/ Intereses y rendimientos asimilados 5.000.000 *(por la periodificación semestral de intereses del préstamo: 100 mill. × 0,1 × 6/12)*

	4.500.000 Tesorería
	    a/ Partidas a regularizar por operaciones de futuro
	    Importes cobrados no imputados a resultados 4.500.000
	(por el cobro semestral de la permuta de intereses)

	500.000 Rectificaciones de productos por operaciones de cobertura a/ Devengo de costes no vencidos 500.000 *(por la imputación simétrica de los resultados de la permuta de intereses. Ver detalle de las periodificaciones)*

31.12.X0	10.000.000 Tesorería
	    a/ Devengo de productos no vencidos • 5.000.000
	    a/ Intereses y rendimientos asimilados 5.000.000
	(por el cobro de intereses del préstamo)

	4.500.000 Partidas a regularizar por operaciones de cobertura
	Importes cobrados no imputados a resultados
	500.000 Devengo de costes no vencidos
	    a/ Tesorería 4.000.000
	    a/ Rectificaciones de productos por operaciones de cobertura 1.000.000
	(por el cobro neto de la permuta de intereses y la imputación simétrica de los resultados. Ver el detalle de flujos de caja y de periodificaciones)

30.06.X1	5.000.000 Devengo de productos no vencidos a/ Intereses y rendimientos asimilados 5.000.000 *(por la periodificación semestral de intereses del préstamo: 100 mill. × 0,1 × 6/12)*

	5.500.000 Tesorería
	    a/ Partidas a regularizar por operaciones de futuro
	    Importes cobrados no imputados a resultados 5.500.000
	(por el cobro semestral de la permuta de intereses)

	500.000 Devengo de productos no vencidos a/ Rectificaciones de productos por operaciones de cobertura 500.000 *(por la imputación simétrica de los resultados de la permuta de intereses. Ver detalle de periodificaciones)*

(Continúa)

(Continuación)

Fecha	Registro contable	
31.12.X1	110.000.000 Tesorería	
	a/ Préstamos personales	100.000.000
	a/ Devengo de productos no vencidos	5.000.000
	a/ Intereses y rendimientos asimilados	5.000.000
	(por la recuperación del préstamo y los intereses del último año)	
	5.500.000 Partidas a regularizar por operaciones de futuro Importes cobrados no imputados a resultados	
	a/ Tesorería	5.000.000
	a/ Devengo de productos no vencidos	500.000
	(por el cobro neto de la permuta de intereses y la imputación simétrica de los resultados)	
	100.000.000 Contrapartida de cuentas de orden	
	a/ Permutas financieras	100.000.000
	(por la cancelación de las cuentas de orden)	

La evolución de la cuenta de resultados, acumulada en cada uno de los dos años, presentará la siguiente distribución:

Cuenta de pérdidas y ganancias reservada:	Año 20X0		Año 20X1		Total
	30.06	31.12	30.06	31.12	
Intereses y rendimientos asimilados	5.000.000	10.000.000	5.000.000	10.000.000	20.000.000
Rectificaciones de productos por operaciones de cobertura	(500.000)	500.000	500.000	500.000	1.000.000
Total	*4.500.000*	*10.500.000*	*5.500.000*	*10.500.000*	*21.000.000*

4. LOS CONTRATOS DE FUTUROS

Un contrato de futuros es un contrato realizado en un mercado organizado, a través de miembros autorizados a negociar en el mercado (miembros del mercado), y cuyas características están normalizadas (estandarizadas) en cuanto a importes nocionales, fechas de liquidación y requerimientos de garantías.

En atención al activo subyacente, los contratos de futuros pueden ser sobre activos reales (*v.g.* productos agrícolas, minerales, etc.) o sobre activos financieros (valores, tipos de interés, tipos de cambio).

Un contrato de futuros financieros es un contrato que tiene por activo subyacente un instrumento de naturaleza financiera, cuyos importes nocionales y fechas de vencimiento están normalizados, y que se negocian en mercado organizado cuya sociedad rectora (cámara de compensación) registra, compensa y liquida las operaciones, actuando como comprador ante el vendedor y viceversa [7].

---

[7] Artículo 1.2 del Real Decreto 1.814/1991, de 20 de diciembre, por el que se regulan los mercados de futuros y opciones.

4.1. Características de los contratos de futuros

Cuando se realizan operaciones en el mercado de futuros (se toman posiciones en el mercado de futuros), se está asumiendo el compromiso de comprar o de vender el activo subyacente del contrato, es decir, comprar un futuro significa asumir un compromiso de compra en una fecha futura (la fecha de vencimiento del contrato) y a un precio específico establecido en el contrato, y vender futuros significa asumir el compromiso de venta del activo subyacente, en una fecha futura, a un precio especificado en el contrato.

Adicionalmente a este compromiso de compra o venta futura, cuando se negocia en el mercado de futuros se está obligado a entregar una determinada cantidad en concepto de fianza (depósito inicial), que representa un margen de cobertura, de la obligación asumida, exigido por el organismo administrador del mercado (la cámara de compensación) [8].

La posición tomada (compradora o vendedora) es valorada y liquidada diariamente por la cámara de compensación, mediante cargos y abonos en el depósito inicial, de tal forma que siempre se mantenga, en concepto de fianza, la garantía mínima exigida por la cámara para cada tipo de contrato. En otras palabras, la cámara abona y carga diariamente las ganancias y pérdidas de cada participante, de manera que cuando el saldo de la garantía, como consecuencia de las pérdidas liquidadas, cae por debajo de un determinado importe, la cámara exige cantidades adicionales para que se mantenga el margen de cobertura y, en caso de no aportarse, se procede a liquidar la posición abierta.

Finalmente, respecto de los objetivos perseguidos al operar en el mercado de futuros, éstos pueden ser motivos de cobertura, asegurándose en el momento presente necesidades futuras, o bien motivos especulativos. Así, sobre la base de las expectativas futuras que se tengan hoy en relación con el activo subyacente, las posiciones serán:

- *Comprar futuros*: cuando las *expectativas* sobre la evolución futura del subyacente sean *alcistas*, es decir, se espera que respecto del presente los precios suban.
- *Vender futuros*: cuando las *expectativas* sobre la evolución futura del subyacente sean *bajistas,* es decir, se espera que los precios del subyacente bajen.

4.2. Valoración de los contratos de futuros

Por tratarse, los contratos de futuro, de contratos negociados en mercados organizados, el método de valoración es el de cotización en el mercado (*valoración externa*), el cual, por comparación con el precio del día que se contrató la operación, determina unas ganancias o pérdidas que, de acuerdo con la práctica del mercado, son diariamente liquidadas por la cámara de compensación, mediante abonos o cargos, en la cuenta del participante en el mercado.

---

[8] El importe de esta garantía se determina en función de diferentes factores tales como: la volatilidad del subyacente, el tipo de interés, etc.

Ejemplo 10.8.—Contratos de futuros en divisas.

Una entidad decide, el día 1 de julio de 20X0, especular a una subida del tipo de cambio dólar/euro. Para ello, decide intervenir en el mercado de futuros donde se venden contratos normalizados dólar/euro con las siguientes características:

- Importe de cada contrato: 500.000 $
- Depósito de garantía: 2.000 € por contrato.
- Fechas de liquidación y tipos de cambio negociados:
  — 30.09.20X0   1 $ = 0,652 €
  — 31.12.20X0   1 $ = 0,655 €
  — 31.03.20X1   1 $ = 0,658 €
  — 30.06.20X1   1 $ = 0,660 €

La entidad decide comprar cinco contratos con vencimiento 31 de diciembre de 20X0 y diez contratos con vencimiento 30 de junio de 20X1.

Realizar los asientos contables, asumiendo que:

- Los tipos de cambio de contado son:
  — 01.07.20X0   1$ = 0,65 €
  — 31.12.20X0   1$ = 0,68 €
  — 30.06.20X1   1$ = 0,70 €
- El día 31 de diciembre de 20X0 el tipo de cambio a plazo (vencimiento 30 de junio de 20X1) es de 1$ = 0,69 €.

De acuerdo con esta información, la liquidación que efectuará la cámara de compensación del mercado de futuros será:

Fecha	Operación	Liquidación (?)	
		Cobros	Pagos
01-07-X0	Compra de 5 contratos vencimiento 31/12/X0 a 0,655 € Depósito Inicial: 5 × 2.000 € Compra de 10 contratos vencimiento 30/06/X1 a 0,660 € Depósito Inicial: 10 × 2000 € *Total*		10.000 20.000 *30.000*
31-12-X0	Liquidación contratos vencimiento 31-12-X0: 5 × 500.000 × (0,68-0,655) Liquidación contratos vencimiento 30/06/X1: 10 × 500.000 × (0,69-0,66) *Total*	62.500 150.000 *212.500*	
30-06-X1	Liquidación de contratos vencimiento 30/06/X1: 10 × 500.000 × (0,70-0,69) *Total*	50.000 *50.000*	

Los asientos contables serán [9]:

Fecha	Registro contable	
01.07.20X0	30.000 Cuentas Diversas. Fianzas dadas en efectivo a/ Tesorería *(importe de las garantías entregadas a la cámara por los contratos de futuro)*	30.000
	4.937.500 Futuros Financieros en divisas a/ Contrapartida de cuentas de orden *(por el registro en las cuentas de orden de los contratos de futuros en divisas, al precio de los contratos:* *5 × 500.000 × 0,655 = 1.637.500 €* *10 × 500.000 × 0,660 = 3.000.000 €)*	4.937.500

31.12.20X0	62.500 Tesorería
	        a/ Cuentas Diversas.Fianzas dadas en efectivo
	           Beneficios por operaciones financieras
	           Productos por diferencias de cambio
	(por la liquidación de los contratos con vencimiento 31-12-X0, así como la cancelación
	de las fianzas de estos contratos: 5 × 2.000 = 10.000 €)
		10.000
		
		52.500

	1.637.500 Contrapartida de cuentas de Orden a/ Futuros financieros en divisas *(por la cancelación de las cuentas de orden de los contratos con vencimiento 31-12-X0)*	1.637.500

	150.000 Tesorería
	        a/ Beneficios por operaciones financieras
	           Productos por diferencias de cambio
	(por la liquidación de los contratos con vencimiento 30-06-X1)
		150.000

	150.000 Futuros Financieros en divisas a/ Contrapartida de cuentas de orden *[por el ajuste de los contratos de futuros pendientes de vencer, a sus precios de mercado:* *10 × 500.000 × (0,69-0,66)]*	150.000

30.06.20X1	50.000 Tesorería
	        a/ Cuentas Diversas. Fianzas dadas en efectivo
	        a/ Beneficios por operaciones financieras
	           Productos por diferencias de cambio
		20.000
		
		30.000

	3.450.000 Contrapartida de cuentas de Orden a/ Futuros financieros en divisas *(por la liquidación y cancelación de los contratos de vencimiento 30-6-X1, así como la devolución* *de las fianzas de estos contratos 10 × 2.000 = 20.000 €)*	3.450.000

5. LAS OPCIONES

Un contrato de opción involucra a dos partes: el emisor del contrato (vendedor) y el comprador del contrato. El comprador de una opción, a cambio de pagar una prima al vendedor, tiene el derecho, pero no la obligación, de comprar (*call*) o vender (*put*) un determinado activo (activo subyacente), a un determinado precio (precio de ejercicio), en una fecha o serie de fechas determinadas (fecha de ejercicio). El emisor de la opción, a cambio de recibir la prima, está obligado a actuar de acuerdo con las condiciones del contrato. El activo subyacente puede ser cualquier

---

[9] Sobre los criterios contables véase, en el Capítulo 9, el tratamiento contable de las valoraciones posteriores. Debe tenerse en cuenta que por tratarse de futuros de divisas, los resultados deben reflejarse como *diferencias de cambio*.Norma 5.ª 10.

cosa: acciones, bonos, materias primas, un inmueble, un tipo de interés e, incluso, otra opción.

La terminología de las opciones es, en su mayor parte, anglosajona y los términos *call* y *put* no son siempre aplicables a sus equivalentes en castellano, *comprar* y *vender*, especialmente cuando la opción no da derecho a comprar o vender nada [10]. En cualquier caso, cualquiera que sea su mecanismo de funcionamiento, una opción será un *call* si su comprador gana cuando el activo subyacente *sube,* y será *put* cuando su comprador gana si el activo subyacente *baja.*

Otra distinción, entre tipos de opciones, concierne a la fecha en las que está permitido a su comprador ejercer los derechos: a su vencimiento (europeas), en cualquier fecha hasta su vencimiento (americanas), en un número de fechas hasta su vencimiento (bermudas) [11].

5.1. Características de los contratos de opciones

Los elementos básicos que podemos distinguir en un contrato de opciones son:

- *El emisor de la opción*: también llamado vendedor de la opción, es quien se compromete frente al comprador, a cambio de recibir la prima.
- *El comprador*: es quien tiene el derecho que otorga la opción, a cambio de pagar la prima.
- *El precio de ejercicio*: en el caso de las opciones de compra o venta de un activo, es el precio al que el comprador tiene derecho a comprar o vender el activo subyacente.
- *La prima*: es la remuneración recibida por el emisor de la opción, por su compromiso de comprar o vender el activo subyacente.
- *El activo subyacente*: es el activo que el vendedor se compromete a comprar o vender.

A diferencia de los contratos de operaciones a plazo, permutas financieras y futuros, en que las partes que intervienen tienen una obligación asumida (de comprar o vender), el comprador de una opción tiene un derecho, pero ninguna obligación. Así, si en una opción de compra el precio de ejercicio es más bajo que el precio de mercado del activo subyacente, por lo general, la opción será ejercida por su comprador. La situación opuesta se produce en las opciones vendidas, es decir, el comprador de una opción de venta sólo ejercerá su opción, cuando el precio de ejercicio esté por encima del precio de mercado del activo subyacente.

Por el contrario, el vendedor de opciones no tiene la oportunidad de elegir, de hecho, el vendedor de una opción tiene en todo momento una obligación contingente que se producirá en función de la decisión del comprador. Si el comprador de

---

[10] Es el caso de las opciones que dan derecho a entrar en una transacción (*v.g.* «*swaption*», *contingent swap*», etc.) o a recibir una determinada cantidad de dinero, si se dan una determinadas circunstancias (*v.g.* opciones sobre índices bursátiles, etc.).

[11] Véase en el Capítulo 2, los contratos de opciones.

la opción decide ejercer su opción, entonces el vendedor de ésta deberá vender (en las opciones de compra) o comprar (en las opciones de venta) el activo subyacente al precio de ejercicio del contrato.

5.2. Valoración de los contratos de opciones financieras

El valor de una opción es el valor actualizado de la liquidación esperada de la opción a su vencimiento. Cuando las opciones cotizan en un mercado organizado, el valor de mercado de la opción es la mejor estimación de su valor esperado de liquidación. Cuando las opciones no cotizan en un mercado organizado, para estimar su valor debe acudirse a métodos de valoración internos de la entidad.

Tratándose de opciones de tipo europeo, es decir, con fecha de ejercicio al vencimiento de la opción, el método de valoración comúnmente empleado es el basado en el modelo de valoración de *Black-Sholes*. De acuerdo con este modelo, el valor esperado de liquidación de una opción viene dado por las expresiones [12]:

- Valor esperado de una opción de compra:
$$C = S \times e^{-qT} \times N(d_1) - E \times e^{-rT} \times N(d_2)$$
- Valor esperado de una opción de venta:
$$P = -S \times e^{-qT} \times N(-d_1) + E \times e^{-rT} \times N(-d_2)$$

Para el resto de opciones (*v.g.* americanas, exóticas, etc.) en muchos casos no existen modelos de valoración cerrados, por lo que debe acudirse a métodos numéricos de simulación como, por ejemplo, los métodos de simulación de *Montecarlo* [13].

5.3. Criterios contables específicos de los contratos de opciones

Respecto a los criterios contables a aplicar, en relación con los contratos de opciones, hay que señalar que:

- Las opciones son conceptuadas como operaciones de futuro, debiendo registrarse, en cuentas de orden, el precio de ejercicio del instrumento financiero subyacente [14].
- El importe de las primas cobradas o pagadas se debe registrar entre las cuentas diversas como un activo por el comprador (opciones adquiridas), y como un pasivo por el emisor (opciones emitidas) [15].

---

[12] En el anexo III de este capítulo se detallan las características más relevantes de este modelo.

[13] Sobre el uso de los métodos de Montecarlo en la valoración de opciones, puede consultarse: VILARIÑO, A. (2001): *Turbulencias financieras y riesgos de mercado,* págs 242 y ss. Prentice Hall, Madrid.

[14] Norma 34.ª 4d.

[15] Norma 33.ª 3a.

- Cuando las opciones se hayan contratado en mercados organizados:
  — La Cámara de Compensación del mercado, a diferencia de los futuros, no liquida a las partes las ganancias y pérdidas diarias.
  — Las primas se deben valorar por los precios de mercado, registrando los cambios de valor [16]:
    a) *Cuando no sean consideradas cobertura contable*: directamente en la cuenta de resultados, como *Beneficios o pérdidas por operaciones financieras* [17].
    b) *Cuando sean consideradas cobertura contable:* de forma simétrica a los resultados del elemento cubierto [18].
- Las opciones adquiridas fuera de los mercados organizados (opciones *OTC*) se valorarán por el importe cobrado o pagado [19] y, además, si las opciones no son de cobertura deberán provisionarse si, mensualmente, del cierre teórico de la posición resultasen pérdidas potenciales, pudiendo, para el caso de las opciones emitidas, utilizarse alguno de los habituales modelos estadísticos de valoración [20].

Ejemplo 10.9.—Negociación de opciones cotizadas en un mercado organizado.

Los datos del mercado de opciones de compra *«call»*, sobre acciones de la compañía ABC, para un precio de ejercicio de 7.450 euros y fecha de ejercicio en el momento 3, son los siguientes, con dos alternativas en la fecha de ejercicio:

a) Precio de ejercicio < Precio de mercado
b) Precio de ejercicio > Precio de mercado

Momento		Precio del subyacente	Precio de las primas *«call»*
0		7.449	225
1		7.591	285
2		7.390	110
3	a)	7.807	357
	b)	6.900	0

Los asientos a efectuar, por un comprador y un vendedor de estas opciones, suponiendo que las operaciones no tienen la cualidad de cobertura contable, serían:

---

[16] Norma 33.ª 3b. Véase el tratamiento contable general de los derivados financieros en el Capítulo 9.

[17] Norma 5.ª 11a.

[18] Norma 5.ª 12c.

[19] Norma 33.ª 3c.

[20] Norma 11.ª 2. Los modelos estadísticos más frecuentes de valoración de opciones son adaptaciones del modelo desarrollado por Fisher Black y Myron Scholes, en 1973, y en el caso de opciones europeas *vanilla*, es el mismo modelo.

Momento	Comprador de opciones	Vendedor de opciones

0	225 Opciones adquididas
	  a/ Tesorería 225
	  (por el importe de las primas pagadas)
		225 Tesorería
		  a/ Opciones emitidas 225
		  (por el importe de las primas cobradas)

	7.450 Opciones compradas sobre valores
	  a/ Contrapartida de cuentas
	     de orden 7.450
	  *(por el registro en las cuentas de orden del precio
	  de ejercicio de las opciones compradas)*
		7.450 Opciones emitidas sobre valores
		  a/ Contrapartida de cuentas
		     de orden 7.450
		  *(por el registro en las cuentas de orden del precio
		  de ejercicio de las opciones compradas)*

1	60 Opciones adquididas
	  a/ Beneficios por operaciones financieras
	     Productos por operaciones de futuro
	     En opciones 60
	  *(por la valoración a precios de mercado de las opciones
	  compradas: 60 = 285 – 225)*
		60 Pérdidas por operaciones financieras
		     Quebrantos por otras operacione de futuro
		     En opciones
		  a/ Opciones emitidas 60
		  *(por la valoración a precios de mercado de las opciones
		  emitidas: 60 = 225 – 285)*

2	175 Pérdidas por operaciones financieras
	     Quebrantos por otras operaciones de futuro
	     En opciones
	  a/ Opciones adquiridas 175
	  *(por la valoración a precios de mercado de las opciones
	  compradas: 175 = 110 – 285)*
		175 Opciones emitidas
		  a/ Beneficios por operaciones financieras
		     Productos por operaciones de futuro
		     En opciones 175
		  *(por la valoración a precios de mercado de las opciones
		  emitidas: 175 = 285 – 110)*

3 a)	357 Tesorería
	  a/ Opciones adquiridas 110
	  a/ Beneficios por operaciones financieras
	     Productos por operaciones de futuro
	     En opciones 247
	  (por el ejercicio de la opción y su liquidación: 357 = 7.807 – 7.450)
		110 Opciones emitidas
		247 Pérdidas por operaciones financieras
		     Productos por operaciones de futuro
		     En opciones
		  a/ Tesorería 357

	7.450 Contrapartida de cuentas de orden
	  a/ Opciones compradas sobre
	     valores 7.450
	  (por la anulación de las cuentas de orden
		7.450 Contrapartida de cuentas de orden
		  a/ Opciones emitidas sobre
		     valores 7.450

3 b)	110 Pérdidas por Operaciones financieras
	     Quebrantos por otras operaciones de futuro
	     En opciones
	  a/ Opciones adquiridas 110
	  (por no ejercer la opción a su vencimiento)
		110 Opciones emitidas
		  a/ Beneficios por operaciones financieras
		     Productos por operaciones de futuro
		     En opciones 110
		  (por no haber sido ejercida la opción a su vencimiento)

	7.450 Contrapartida de cuentas de orden
	  a/ Opciones compradas sobre
	     valores 7.450
	  (por la anulación de las cuentas de orden)
		7.450 Contrapartida de cuentas de orden
		  a/ Opciones emitidas sobre
		     valores 7.450

El resultado, expresado en términos de los flujos de caja generados, ha sido:

		Flujos de caja	
		Comprador	**Vendedor**
Prima		(225)	225
Alternativas			
a)	Liquidación en el vencimiento *Resultado*	357 *132*	(357) *(132)*
b)	Liquidación en el vencimiento *Resultado*	– (225)	– 225

Ejemplo 10.10.—Negociación de opciones no cotizadas en un mercado organizado.

La entidad A adquiere, el día 1 de marzo de 20X0, 1.000 acciones cotizadas, de la empresa ABC, a 24 euros por acción, que se incluirán dentro de la Cartera de Negociación.

El día 31 de marzo de 20X0, el precio de las acciones han subido hasta 25 euros por acción, pero, ante unas previsiones de caída en el valor de las acciones de la empresa ABC, la entidad A compra opciones de venta fuera de mercados organizados (opciones *OTC*) a la entidad B, con las siguientes características:

Activo Subyacente	Acciones ABC
Tipo de opción	Europea
Fecha de ejercicio	31.7.20X0
Forma de liquidación	Por diferencias
Número de opciones «*put*»	1.000
Precio de ejercicio	25 €
Prima por opción	1,855 €
Días hasta el vencimiento	122

La tasa de dividendos estimada para las acciones es de 1 por 100 ($q = 1$ %) y el tipo de interés a cuatro meses es del 4,5 por 100.

Los datos relevantes del mercado en fechas posteriores son:

	30.04.20X0	31.05.20X0	30.06.20X0
Precio de las acciones de ABC	24 €	27 €	21€
Tipo de interés	4,7 % (a 3 meses)	5 % (a 2 mes)	5,1 %(a 1 mes)
Días hasta vencimiento de la opción	92	61	31

El día de vencimiento de la opción (31.7.20X0), las acciones de la empresa ABC cotizan a 20 euros. La entidad procede a vender las acciones y a ejercitar sus opciones de venta.

Suponiendo que las dos entidades (A y B) utilizan el modelo de valoración de opciones Black-Sholes, y que la entidad B no considera las opciones emitidas como cobertura contable, realizar los asientos contables de final de mes, correspondientes a estas transacciones.

La operación de compra de opciones de venta sobre acciones de ABC, es una operación realizada fuera de mercados organizados, que, por tratarse de una opción europea, puede ser valorada de acuerdo con la metodología desarrollada por B-S.

Partiendo de la fórmula de valoración para opciones de venta de B-S, tendremos:

$$P = -S \times e^{-qT} \times N\,(-d_1) + E \times e^{-r \times t} \times N\,(-d_2)$$

$$d_1 = \frac{Ln \dfrac{S}{E} + \left(r - q + \dfrac{\sigma^2}{2}\right) \times T}{\sigma \sqrt{T}} \quad y \quad d_2 = d_1 - \sigma \sqrt{T}$$

En las expresiones anteriores la única incógnita es la volatilidad, ya que el resto son conocidas:

$$P = 1,855 \; €; \; S = 25 \; €; \; E = 25 \; €; \; r = 0,045; \; q = 0,01; \; T = 122/365.$$

Sustituyendo estos valores, se obtiene que la volatilidad estimada es del 35 por 100 ($\sigma = 0,35$). Este valor es anualizado, ya que los restantes parámetros que tienen dimensión temporal (tipo de interés, tasa de dividendos y el propio tiempo) están expresados en base anual.

El siguiente cuadro muestra los valores que se obtendrían en las diferentes fechas, manteniendo constante la volatilidad:

	30.04.20X0	31.05.20X0	30.06.20X0
Precio del subyacente *(S)*	24 €	27 €	21 €
Días hasta el vencimiento de la opción	92	61	31
Tipo de interés *(r)*	4,7 %	5,0 %	5,1 %
$d_1 = \dfrac{Ln \dfrac{S}{E} + \left(r - q + \dfrac{\sigma^2}{2}\right) \times T}{\sigma \sqrt{T}}$	(0,09138)	0,65614	(1,62337)
$d_2 = d_1 - \sigma \sqrt{T}$	(0,26710)	0,51306	(1,72537)
$N(-d_1)$	0,53641	0,25587	0,94783
$N(-d_2)$	0,60530	0,30396	0,95784
$P = -S \times e^{-qT} \times N(-d_1) + E \times e^{-rT} \times N(-d_2)$	2,113 €	0,639 €	3,953 €

Los asientos contables en los libros del comprador y del emisor, serán:

Fecha	Comprador de opciones (Entidad A)	Vendedor de opciones (Entidad B)
01.03.20X0	24.000 Cartera de Renta Variable a/ Tesorería 24.000 *(por la compra de 1.000 acciones de ABC a 24 € por acción,* *que se valorarán como Cartera de Negociación)*	n.p.

31.03.20X0	1.000 Cartera de Renta Variable
	          a/ Beneficios por operaciones financieras
	          En la cartera de negociación 1.000
	[revaluación de la cartera de negociación:
	1.000 × (25-24)= 1.000]
		n.p.

	1.855 Opciones adquiridas
	          a/ Tesorería 1.855
	(por la compra de 1.000 opciones de venta de acciones
	ABC a 1.855 € por opción)
		1.855 Tesorería
		          a/ Opciones adquiridas 1.855
		(por la venta de 1.000 opciones de venta de acciones
		ABC a 1.855 € por opción)

(Continúa)

300   *Contabilidad bancaria*

(Continuación)

Fecha		

31.03.20X0	25.000 Opciones compradas sobre valores
	          a/ Contrapartida de cuentas
	              de orden 25.000
	*(por el registro en las cuentas de orden del precio
	de ejercicio de las opciones compradas: 1.000 × 5 €)*
		25.000 Opciones emitidas sobre valores
		          a/ Contrapartida de cuentas
		              de orden 25.000
		*(por el registro en las cuentas de orden del precio
		de ejercicio de las opciones compradas: 1.000 × 5 €)*

30.04.20X0	1.000 Pérdidas por operaciones financieras a/ Cartera de Renta variable 1.000 *[revaluación de la cartera de negociación: 1.000 × (24-25) = 1.000]*	n.p.

	n.p.
	*(por tratarse de opciones contratadas fuera de mercados
	organizados, las plusvalías teóricas no se registran
	en la cuenta de resultados.
	Pluvalías teóricas = 258)*
		258 Pérdidas por operaciones financieras
		        Quebrantos por otras operaciones de futuro
		        Dotaciones por pérdidas potenciales
		        a/ Fondos especiales
		            Provisiones por operaciones
		            de futuro 258
		*[por el registro de las pérdidas potenciales en las
		opciones emitidas, que no son cobertura contable:
		1.000 (1,855 – 2,113) = 258]*

31.05.20X0	3.000 Cartera de Renta Variable
	          a/ Beneficios por operaciones financieras
	          - En la cartera de negociación 3.000
	*[revaluación de la cartera de negociación:
	1.000 × (27-24)= 3.000]*
		n.p.

	n.p.
	*[por tratarse de opciones contratadas fuera de mercados
	organizados y ser cobertura contable, las minusvalías
	teóricas no se registran en la cuenta de resultados.
	Minusvalías teóricas: 1.000 × (0,639 – 1,855) = 1.216]*
		258 Fondos especiales
		        Provisiones por operaciones
		        de futuro
		          a/ Beneficios por operaciones de futuro
		              Productos por otras operaciones de
		              futuro
		              Por disponibilidad de la provisión 258
		*[el resultado teórico de las opciones vendidas es:
		1.000 (1,855 – 0,639) = 1.216 € de beneficios teóricos.
		Por tanto, procede recuperar la provisión del mes anterior
		–258– y por tratarse de opciones fuera de mercados
		organizados no se registrará la plusvalía teórica]*

30.06.20X0	6.000 Pérdidas por operaciones financieras
	        En la cartera de negociación
	          a/ Cartera de Renta variable 6.000
	*[revaluación de la cartera de negociación:
	1.000 × (21-27) = 6.000]*
		n.p.

	n.p.
	*[por tratarse de opciones de mercados organizados,
	las plusvalías teóricas no se registran en la cuenta
	de resultados. Plusvalías teóricas = 2.098]*
		2.098 Pérdidas por operaciones financieras
		          Quebrantos por otras operaciones de futuro
		          Dotaciones por pérdidas potenciales
		          a/ Fondos especiales
		              Provisiones por operaciones
		              de futuro 2.098
		*[por el registro de las pérdidas potenciales en las
		opciones de emitidas, que no son cobertura contable:
		1.000 (1,855 – 3,953) = 2.098]*

31.07.20X0	20.000 Tesorería
	1.000 Pérdidas por operaciones financieras
	        En la cartera de negociación
	          a/ Cartera de Renta 21.000
	*(por la venta de las acciones de ABC a precios de mercado:
	1.000 × 20 = 20.000)*
		n.p.

(Continúa)

(Continuación)

31.07.20X0	5.000 Tesorería a/ Opciones adquiridas 1.855 a/ Beneficios por operaciones financieras Productos por operaciones de futuro En opciones 3.145	1.855 Opciones emitidas 2.098 Fondos especiales Provisiones por operaciones de futuro 1.047 Pérdidas por operaciones financieras Quebrantos por otras operaciones de futuro En opciones a/ Tesorería 5.000
	[por el ejercicio de las opciones a su vencimiento: 1.000 × (25-20) = 5.000]	
	25.000 Contrapartida de cuentas de orden a/ Opciones compradas 25.000	25.000 Contrapartida de cuentas de orden a/ Opciones emitidas 25.000
	(por la anulación de las cuentas de orden)	

El resultado, en términos de flujos de caja, ha sido:

	Flujos de caja	
	Comprador A	**Vendedor B**
(31.03.20X0) Prima	(1.855)	1.855
(31.07.20X0) Liquidación al vencimiento	5.000	(5.000)
Resultados por operaciones financieras. En opciones	*3.145*	*(3.145)*
Resultados por operaciones financieras. En la Cartera de Negociación	(4.000)	
Resultado Neto por operaciones financieras	*(855)*	

Como se observa, el comprador de las opciones de venta (entidad A), ha limitado la pérdida en su cartera de acciones de la compañía ABC (4.000 €), gracias a la cobertura realizada con la compra de opciones de venta de acciones de esta compañía, que han aportado unas ganancias de 3.145 euros.

Ejemplo 10.11.—Cobertura de opciones emitidas mediante la construcción de una posición sintética (Cobertura Delta – Neutra).

La entidad X emite, el día 1 de julio de 20X0, 100 millones de opciones de compra sobre acciones cotizadas de la sociedad ABC, con precio de ejercicio de 25 euros por acción, y con fecha de ejercicio el día 6 de julio de 20X0.

La volatilidad estimada para estas acciones es del 25 por 100, la tasa de dividendos es del 1 por 100 ($q = 1$ %) y el tipo de interés para operaciones de préstamos interbancarios se mantiene durante los seis días en el 5 por 100.

La entidad va a cubrir el riesgo de las opciones emitidas mediante la construcción de una cobertura Delta-Neutra [21].

---

[21] Véase, en el anexo III de este Capítulo, la Metodología Delta-Neutra.

Asumiendo que los datos del mercado, para los siguientes días, son:

Día	Precio de las acciones
1.07.20X0	25,00 €
2.07.20X0	24,96 €
3.07.20X0	24,76 €
4.07.20X0	25,02 €
5.07.20X0	24,87 €
6.07.20X0	25,50 €

La cobertura de opciones emitidas mediante la metodología de la Cobertura Delta-Neutra consiste en, para el caso de las opciones de compra, tomar un depósito equivalente al importe del activo subyacente (25,00 × 100 millones = 2.500 millones) e invertir dicho importe, más el importe de la prima ingresada por la venta de la opción (29,9 millones), en el propio activo subyacente, en un porcentaje que es igual a la delta de la opción (delta × valor del activo subyacente) y, con el resto, conceder un préstamo día a día, de tal forma que, diariamente, debe procederse a reajustar la cobertura en función de la evolución del subyacente y, en consecuencia, de su delta.

Partiendo de la fórmula de valoración de opciones de compra del modelo de B-S, tendremos:

Valor de una opción de compra:

$$C = S \times e^{-qT} \times N(d_1) - E \times e^{-rT} \times N(d_2)$$

La delta de una opción de compra viene dada por:

$$\Delta_c = \frac{\delta(C)}{\delta(S)} = e^{-qT} \times N(d_1)$$

El siguiente cuadro muestra los valores que se obtendrían en las diferentes fechas:

	01.07.20X0	02.07.20X0	03.07.20X0	04.07.20X0	05.07.20X0
Precio del subyacente (S)	25,00	24,96	24,76	25,02	24,87
Días hasta el vencimiento de la opción (T/365)	0,0137	0,0110	0,0082	0,0055	0,0027
Tipo de interés	5 %	5 %	5 %	5 %	5 %
$d_1 = \dfrac{Ln\frac{S}{E} + \left(r - q + \frac{\sigma^2}{2}\right) \times T}{\sigma\sqrt{T}}$	0,03336	(0,3135)	(0,39977)	0,06431	(0,38350)
$d_2 = d_1 - \sigma\sqrt{T}$	0,00410	(0,05752)	(0,42244)	0,04580	(0,39659)
$N(d_1)$	0,51330	0,48750	0,34466	0,52564	0,35067
$N(d_2)$	0,50163	0,47707	0,33635	0,51827	0,34584
$C = S \times e^{-qT} \times N(d_1) - E \times e^{-rT} \times N(d_2)$	0,299 €	0,246 €	0,128 €	0,198 €	0,076 €
$\Delta_c = \dfrac{\delta(C)}{\delta(S)} = e^{-qT} \times N(d_1)$	0,5132	0,4874	0,3446	0,5256	0,3507

La siguiente tabla muestra cuáles serían las posiciones a tomar en acciones, así como el préstamo diario a conceder, de acuerdo con la metodología Delta- Neutra:

Día	Valor				Posiciones			Resultados (En millones de €)					
	Acciones	Call	Tipo de interés	Delta	En acciones: Variación diaria	En acciones: Posición del día	Préstamo concedido	En opciones	En acciones	En préstamo	En depósito	Diario	Acumulado
1.07.20X0	25,00	0,299	5 %	0,5132	1.283,00	1.283,00	1.246,90	–	–	–	–	–	–
2.07.20X0	24,96	0,246	5 %	0,4874	(64,40)	1.216,55	1.311,47	5,30	(2,05)	0,17	(0,34)	3,08	3,08
3.07.20X0	24,76	0,128	5 %	0,3446	(353,57)	853,23	1.665,22	11,80	(9,75)	0,18	(0,34)	1,89	4,97
4.07.20X0	25,02	0,198	5 %	0,5256	452,86	1.315,05	1.212,59	(7,00)	8,96	0,23	(0,34)	1,85	6,82
5.07.20X0	24,87	0,076	5 %	0,3507	(434,98)	872,19	1.647,74	12,20	(7,88)	0,17	(0,34)	4,15	10,97
6.07.20X0	25,50	0,500	–	1,0000	872,19	–	–	(42,40)	22,09	0,23	(0,35)	(20,43)	(9,46)
Totales							–	*(20,10)*	*11,37*	*0,98*	*(1,71)*	–	*(9,46)*

Las posiciones, tanto en acciones de ABC como del préstamo diario, se obtienen de:

Posición del día en acciones =	Valor de mercado de las acciones × 100 millones × Delta
Variación diaria en acciones =	Posición del día – Posición del día anterior ± resultado de acciones del día
Préstamo a conceder cada día	
Primer día =	Valor de mercado total – posición en acciones + prima = = 2.500,00 – 1.283,00 + 29,9 = 1.246,90
Resto de días =	Préstamo del día anterior (1 + 0,05/365) ± variación de la posición en acciones

A su vez, la contabilización de estas operaciones, en cada uno de los días, sería:

Fecha	Registro contable (en millones de euros)
01.07.20X0	29,90 Tesorería a/ Opciones emitidas 29,90 *(por la venta de 100 mill. de opciones de compra de acciones de la sociedad ABC* *100 × 0,299 = 29,90 mill.)*
	2.500 Opciones emitidas a/ Contrapartida de cuentas de orden 2.500 *(por el registro en las cuentas de orden del precio de las opciones emitidas: 2.500 × 25,00 × 100)*

	1.283,00 Cartera de Renta variable
	1.246,90 Ecas. Cuentas a plazo (activo)
	                a/ Ecas. Cuentas a plazo (pasivo) 2.500,00
	                     Tesorería 29,90
	[por la toma de un depósito equivalente al valor de las acciones de la cartera de opciones
	(2.500 = 25,00 x 100 millones) y la compra de acciones de ABC en un porcentaje equivalente
	a su delta (1.283,00 = 2.500 x 0,5132) y la concesión de un préstamo por el resto más la tesorería
	cobrada con la opción vendida (29,90)]

02.07.20X0	5,30 Opciones emitidas
	           a/ Beneficios por operaciones financieras
	                Productos por otras operaciones de futuro
	                En opciones 5,30
	[por la evaluación de las opciones emitidas a su precio de mercado: 5,30 = (0,299 – 0,246) × 100]

	2,05 Pérdidas en operaciones financieras
	           En la cartera de negociación
	           a/ Cartera de Renta variable 2,05
	[por la valoración a precios de mercado de las acciones compradas: 2,05 = 1.283(24,96/25,00 – 1)]

	64,40 Tesorería a/ Cartera de Renta variable 64,40 *(por la venta de acciones para ajustar la cobertura a su delta)*

	1.311,47 Ecas. Cuentas a plazo (activo)
	                a/ Ecas. Cuentas a plazo (activo) 1.246,90
	                a/ Intereses y rendimientos asimilados 0,17
	                a/ Tesorería 64,40
	(por la recuperación del préstamo a un día y la concesión de uno nuevo a un día junto con la liquidez
	procedente de la venta de acciones)

03.07.20X0	11,80 Opciones emitidas
	            a/ Beneficios por operaciones financieras
	                 Productos por otras operaciones de futuro
	                 En opciones 11,80
	[por la evaluación de las opciones emitidas a su precio de mercado: 11,80 = (0,246 – 0,128) × 100]

(Continúa)

(Continuación)

	9,75 Pérdidas en operaciones financieras En la cartera de negociación a/ Cartera de Renta variable *[por la valoración a precios de mercado de las acciones compradas: 9,75 = 1.216,55(24,76/24,96 − 1)]*	9,75
	353,57 Tesorería a/ Cartera de Renta variable *(por la venta de acciones para ajustar la cobertura a su delta)*	353,57

	1.665,22 Ecas. Cuentas a plazo (activo)
	    a/ Ecas. Cuentas a plazo (activo)
	    a/ Intereses y rendimientos asimilados
	    a/ Tesorería
	*(por la recuperación del préstamo a un día y la concesión de uno nuevo a un día, junto
	con la liquidez procedente de la venta de acciones)*
		1.311,47
		0,18
		353,57

04.07.20X0	7,00 Pérdidas en operaciones financieras Quebrantos por otras operaciones de futuro En opciones a/ Opciones emitidas	7,00

	8,96 Cartera de Renta Variable
	    a/ Beneficios por operaciones financieras
	        En la cartera de negociación
		8,96

	452,86 Cartera de Renta variable a/ Tesorería	452,86

	1.212,59 Ecas. Cuentas a plazo (activo)
	452,86 Tesorería
	    a/ Ecas. Cuentas a plazo (activo)
	    a/ Intereses y rendimientos asimilados
		1.665,22
		0,23

05.07.20X0	12,20 Opciones emitidas
	    a/ Beneficios por operaciones financieras
	        Productos por otras operaciones de futuro
	        En opciones
		12,20

	7,88 Pérdidas en operaciones financieras En la cartera de negociación a/ Cartera de Renta variable	7,88
	434,98 Tesorería a/ Cartera de Renta variable	434,98

	1.647,74 Ecas. Cuentas a plazo (activo)
	    a/ Ecas. Cuentas a plazo (activo)
	    a/ Intereses y rendimientos asimilados
	    a/ Tesorería
		1.212,59
		0,17
		434,98

06.07.20X0	7,60 Opciones emitidas 42,40 Pérdidas en operaciones financieras Quebrantos por otras operaciones de futuro En opciones a/ Tesorería *[por el ejercicio de la opción a su vencimiento: 50 = 100 × (25,50 − 25,00)]*	50,00
	2.500 Contrapartida de cuentas de orden a/ Opciones emitidas *(por la anulación de las cuentas de orden)*	2.500

	894,28 Tesorería
	    a/ Cartera de renta variable
	    a/ Beneficios por operaciones financieras
	        En la cartera de negociación
	(por la venta de la totalidad de las acciones)
		872,19
		
		22,09

	1.647,97 Tesorería
	    a/ Ecas. Cuentas a plazo. (activo)
	    a/ Intereses y rendimientos asimilados
	(por la recuperación del préstamo día a día y sus intereses)
		1.647,74
		0,23

	2.500,00 Ecas. Cuentas a plazo (pasivo) 1,71 Intereses y cargas asimiladas a/ Tesorería *(por la devolución del depósito tomado para financiar la cobertura delta junto con los intereses: 1,71 = 2.500 × 0,05 × 5/365)*	2.501,71

La comparación de los resultados que la entidad ha tenido, junto a los que hubiese obtenido de no efectuar la cobertura Delta-Neutra, son:

En millones de €

	Sin cobertura	Con cobertura Delta – Neutra
Prima cobrada	29,90	29,90
Liquidación al vencimiento		
$100 \times (25,50 - 25,00)$	50,00	50,00
Resultados de la opción	(20,10)	(20,10)
Beneficios en la cartera de acciones	–	11,37
Intereses y rendimientos del préstamo	–	0,98
Intereses y cargas del depósito	–	(1,71)
Resultado Neto	***(20,10)***	***(9,46)***

Como se observa, la cobertura ha servido para reducir las pérdidas de 20,10 millones de euros a 9,46 millones de euros.

ANEXO I

ANÁLISIS COMPARATIVO
DE LOS DERIVADOS FINANCIEROS

Atributos	FRAs	Futuros	Permutas de intereses	Opciones
Puede ser diseñado a la medida (importes, vencimientos)	SÍ	NO	SÍ	SÍ
Desembolso Inicial	NO	Depósito de garantía	NO	La prima (el comprador)
Liquidaciones del contrato	Anticipadamente, en la fecha de determinación de intereses	Diariamente	Periódicamente	En la fecha de ejercicio en función del valor del activo subyacente
Liquidez	Baja	Alta	Baja	Alta (mercados organizados) Baja (mercados no organizados)
Riesgo de crédito	Alto	Bajo	Alto	Baja (mercados organizados) Alta (mercados no organizados)
Cumplimiento del contrato	SÍ	SÍ	SÍ	Potencial (comprador) Contingente (vendedor)

ANEXO II

VALORACIÓN DE LOS CONTRATOS DE PERMUTA DE INTERESES

El objetivo perseguido, al valorar un contrato de permuta de intereses, es conocer cuál es el valor de mercado del contrato en el momento de valorarlo. Aun cuando existen diferentes fórmulas para valorar un contrato de permuta de intereses, el método de actualización de los flujos de caja es, desde el punto de vista financiero, el más consistente y, además, el generalmente utilizado.

La asunción de este método de valoración es que los tipos de interés variables futuros, por tanto hoy desconocidos, pueden ser estimados a partir de los tipos cupón cero existentes en el mercado, en el momento de realizar la valoración de la permuta de intereses.

Supongamos un contrato de permuta de intereses con las siguientes características:

Nocional:	N
Tipo fijo (a cobrar):	f
Tipos variables (a recibir).	
— Próxima liquidación:	v_0
— Restantes liquidaciónes:	desconocidos $(v_1, v_2,..., v_{n-1})$
Número de pagos pendientes:	n

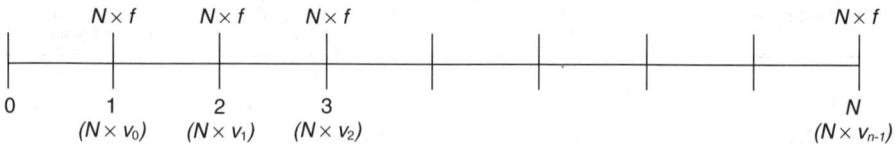

Suponiendo que las fechas de cobro y pago son anuales, y que coinciden, el perfil de la permuta sería:

Asumiendo que en el momento de valorar la permuta de intereses (*momento* 0), los tipos cupón cero son:

A 1 año:	z_1
A 2 años:	z_2
A 3 años:	z_3
....	
A n años:	z_n

El valor actual del contrato de permuta financiera *(VAPFI)*, actualizando los lujos de cajas, sería:

$$VAPFI = \left[\frac{N \times f}{1 + z_1} + \frac{N \times f}{(1 + z_2)^2} + ... + \frac{N \times f}{(1 + z_n)^n} \right] - \left[\frac{N \times v_0}{1 + z_1)} + \frac{N \times v_1}{(1 + z_2)^2} + \frac{N \times v_2}{(1 + z_3)^3} + ... + \frac{N \times v_{n-1}}{(1 + z_n)^n} \right]$$

De esta expresión todos los datos son conocidos, excepto los tipos variables a que se liquidarán en el futuro la parte de pagos de la permuta de intereses $(v_1, v_2, \ldots v_{n-1})$.

Estos tipos pueden ser obtenidos a partir de los tipos cupón cero conocidos, mediante la equivalencia financiera de tipos de interés. Así, el tipo variable para el segundo periodo (v_1) se obtendría de la expresión:

$$(1 + z_1) \quad \times \quad (1 + v_1) \quad = \quad (1 + z_2)^2$$

De donde:

$$v_1 = \frac{(1 + z_2)^2}{1 + z_1} - 1$$

El tipo variable para el tercer periodo (v_2) se obtendrá de la equivalencia:

$$(1 + z_2)^2 \quad \times \quad (1 + v_2) \quad = \quad (1 + z_3)^3$$

De donde:

$$v_2 = \frac{(1 + z_3)^3}{(1 + z_2)^2} - 1$$

Y así sucesivamente, hasta el tipo correspondiente al último pago (v_{n-1}):

$$(1 + z_{n-1})^{n-1} \quad \times \quad (1 + v_{n-1}) \quad = \quad (1 + z_n)^n$$

De donde:

$$v_{n-1} = \frac{(1 + z_n)^n}{(1 + z_{n-1})^{n-1}} - 1$$

Sustituyendo estos tipos de interés en la fórmula del valor actual del contrato de permuta de intereses *(VAPFI)*, tendremos:

$$VAPFI = \left[\frac{N \times f}{(1 + z_1)} + \frac{N \times f}{(1 + z_2)^2} + \ldots + \frac{N \times f}{(1 + z_n)^n} \right] - \left[\frac{N \times v_o}{(1 + z_1)} + \frac{N}{(1 + z_2)^2} \left(\frac{(1 + z_2)^2}{(1 + z_1)} - 1 \right) + \right.$$

$$\left. + \frac{N}{(1 + z_3)^3} \left(\frac{(1 + z_3)^3}{(1 + z_2)^2} - 1 \right) + \ldots + \frac{N}{(1 + z_n)^n} - \left(\frac{(1 + z_n)^n}{(1 + z_{n-1})^{n-1}} - 1 \right) \right]$$

De donde:

$$VAPFI = \left[\frac{N \times f}{1 + z_1} + \frac{N \times f}{(1 + z_2)^2} + \ldots + \frac{N \times f}{(1 + z_n)^n} \right] - \left[\frac{N \times v_0}{1 + z_1} + \frac{N}{1 + z_1} - \frac{N}{(1 + z_2)^2} + \frac{N}{(1 + z_2)^2} - \ldots \right.$$

$$\left. \ldots - \frac{N}{(1 + z_{n-1})^{n-1}} + \frac{N}{(1 + z_{n-1})^{n-1}} - \frac{N}{(1 + z_n)^n} \right]$$

Que eliminando miembros, resulta:

$$VAPFI = \left[\frac{N \times f}{1 + z_1} + \frac{N \times f}{(1 + z_2)^2} + \ldots + \frac{N \times f}{(1 + z_n)^n} \right] - \frac{N \times v_0}{1 + z_1} - \frac{N}{1 + z_1} + \frac{N}{(1 + z_n)^n}$$

Es decir:

$$VAPFI = \sum_{i=1}^{n} \frac{N \times f}{(1 + z_i)^i} + \frac{N}{(1 + z_n)^n} - \frac{N \times v_0}{1 + z_1} - \frac{N}{1 + z_1} =$$

$$= \sum_{i=1}^{n} \frac{N \times f}{(1 + z_i)^i} + \frac{N}{(1 + z_n)^n} - \frac{N \times v_0 + N}{1 + z_1}$$

O lo que es igual:

VAPFI = SUM (Cobros fijos más nocional en la fecha del último pago actualizados) –SUM (Pago intereses variables conocidos más nocional en la fecha de primer pago, actualizados).

ANEXO III

MODELO DE BLACK-SHOLES DE VALORACIÓN DE OPCIONES

1. EL MODELO

La teoría de valoración de opciones fue inicialmente desarrollada para las opciones europeas [22], a veces también llamadas convencionales. Para el resto de opciones, incluidas las llamadas *exóticas*, no se ha conseguido una solución analítica, teniendo que recurrir a métodos numéricos, entre otros, el método de simulación de Montecarlo.

Los modelos de valoración de opciones intentan determinar la valoración de la prima, o precio que el comprador de la opción tiene que pagar al emisor, para tener el derecho que la opción concede. El modelo que mayor éxito ha tenido, y que es casi universalmente utilizado, es el desarrollado por Black-Sholes (B-S), cuyas hipótesis más relevantes son:

- La rentabilidad del precio (S) del activo subyacente sigue un *modelo browniano* geométrico del tipo [23]:

$$\frac{dS}{S} \mu \times dt + \sigma \cdot \times dz$$

Siendo:

μ = tasa esperada de rentabilidad.

$dz = \varepsilon \times \sqrt{dt}$

ε = variable aleatoria normal estándar.

- El tipo de interés y la varianza de las rentabilidades son parámetros conocidos y constantes.
- Los mercados de capitales son perfectos, es decir:
  — Los precios incorporan, absolutamente, toda la información disponible.
  — No existen penalizaciones para las ventas en descubierto, es decir, se pueden mantener posiciones cortas en un valor.
  — No existen costes de transacción ni impuestos.
  — Es posible tomar prestado cualquier fracción del activo subyacente.
- El mercado opera continuamente, es decir, se puede operar en ellos en cualquier momento.
- Los precios, en cada instante, son tales que no es posible realizar operaciones de arbitraje.

---

[22] BLACK, F. y SCHOLES, M. *The Princing of Options and Corporate Liabilities.* Journal of Political Economy 81, mayo-junio 1973, págs 637-659, y MERTON, R.C. *Theory of Rational Option Princing.* Bell Journal of Economics and Management Science, 4 (Spring 1973) págs 141-183.

[23] Modelo matemático, construido en 1905 por Albert Einstein, para explicar el movimiento de partículas de polen en el agua, al que denominó *movimiento browniano* en honor del botánico inglés Robert Brown, quien en 1828 intentó encontrar una explicación a estos movimientos.

Basados en estas hipótesis, Black y Scholes obtuvieron un modelo para calcular el valor de opciones europeas sobre los siguientes activos subyacentes:

- Acciones.
- Divisas.
- Futuros
- Mercancías.

De acuerdo con el modelo, el valor de una opción es:

- Opciones de compra *(call)*

$$C = S \times e^{-qT} \times N(d_1) - E \times e^{-rT} \times N(d_2)$$

- Opciones de venta *(put)*

$$P = -S \times e^{-qT} \times N(-d_1) - E \times e^{-rT} \times N(-d_2)$$

Siendo:

S = precio actual del activo subyacente.
E = precio de ejercicio de la opción.
T = plazo en años hasta el vencimiento de la opción.
r = tipo de interés de la moneda domestica al plazo T.
q = tasa de dividendos:
     — para acciones que no paguen dividendos $q = 0$.
     — para divisas $q = r'$, siendo r' el tipo de interés de la divisa.
     — para futuros $q = r$.
$N(d)$ = función de distribución acumulada correspondiente a una distribución normal standard [24]:

$$N(d) = \frac{1}{\sqrt{2\pi}} \int_{-\infty}^{d} e^{\frac{-x^2}{2}} \, dx$$

e = número base de los logaritmos neperianos = 2,71828
e' = tipo de interés continuo (instantáneo) correspondiente a un tipo r anual:

$$\lim_{n \to \infty} \left(1 + \frac{r}{n}\right)^n = e^r$$

σ = volatilidad anualizada.

$$d_1 = \left[\frac{Ln\left(\frac{S}{E}\right) + \left(r - q + \frac{\sigma^2}{2}\right) \times T}{\sigma \times \sqrt{T}} \right]$$

$$d_2 = d_1 - \sigma \times \sqrt{T}$$

---

[24] Los valores numéricos de $N(d)$ se pueden obtener en las tablas de distribución normal estándar, publicadas en la mayoría de los manuales de estadística.

De acuerdo con el modelo de B-S, el valor de una opción depende fundamentalmente de: el valor del subyacente *(S)*, la volatilidad de los rendimientos *(σ)*, el tipo de interés *(r)* y la tasa de dividendos *(q)*.

La volatilidad es una medida de la variabilidad de los rendimientos del activo subyacente, que se suele calcular mediante la desviación típica de la serie de rentabilidades del activo subyacente. Se trata del único factor explicativo que varía *según quien lo calcule*, dependiendo esto de la serie de rentabilidades históricas elegida y la forma de parametrizarla, es decir, de la serie estadística elegida.

Por otra parte, la relación entre volatilidad y valor de una opción supone que, tanto si la opción es de compra *(call)* como si es de venta *(put)*, el valor de la opción será tanto mayor cuanto mayor sea su volatilidad.

2. LA COBERTURA DE OPCIONES

Cubrir el riesgo de una cartera de opciones consiste en eliminar, o reducir significativamente, los riesgos debidos a los parámetros que determinan el valor de las opciones, y puede efectuarse de dos formas:

a) *Cobertura perfecta*: este tipo de cobertura consiste en tomar una posición contraria a la que existe en la cartera. Así, la venta de una opción de compra *(call)* se cubriría con la compra de otra opción de compra *(call)*, al mismo vencimiento.

b) *Cobertura sintética*: este tipo de coberturas consiste en tomar posiciones en varios instrumentos financieros, a la vez, de tal forma que los flujos de fondos que generan, reproducen el flujo de fondos de la opción que se pretende cubrir. Estas coberturas no son perfectas, en el sentido de que no eliminan la totalidad del riesgo de mercado, por lo que, respecto a los resultados de la opción que se pretende cubrir, pueden generar resultados positivos o negativos que, en cualquier caso, son inferiores a los que se hubiesen obtenido de no realizar la cobertura.

De entre las diferentes coberturas sintéticas que se pueden construir, la más utilizada por los operadores del mercado de opciones es la conocida como «Cobertura Delta-Neutra», que se apoya en el modelo B-S, según el cual una cartera que combine simultáneamente opciones y una determinada proporción del activo subyacente es *aproximadamente* equivalente, en términos de flujos de caja, a *«una posición libre de riesgo»*, es decir, a un depósito. Aproximadamente, quiere decir que esta posición combinada está libre de riesgo de mercado sólo para pequeños movimientos en el precio del subyacente.

3. LA COBERTURA DELTA-NEUTRA

El modelo de B-S, además de ofrecer la posibilidad de valorar opciones, permite construir una posición «cubierta» de una opción, que consiste en tomar una determinada posición en el activo subyacente (y viceversa) cuyo valor no depende del precio del subyacente, sino del tiempo que falta hasta el vencimiento de la opción y del valor de constantes conocidas.

El mayor factor de riesgo de una opción, de acuerdo con B-S, es el valor del activo subyacente. El modelo demuestra que una determinada posición en opciones *«call»* o *«put»* es «equivalente» a una determinada proporción de posición en el activo subyacente más una posición de liquidez (préstamo o depósito), y, además, que esta proporción en el activo subyacente es «dinámica» en el tiempo, es decir, que debe ser constantemente modificada.

Esto significa que una posición en opciones puede ser «replicada» con una determinada proporción del activo subyacente. Por ejemplo, una venta de opciones de compra *«call»* (posición corta en opciones) puede ser cubierta (replicada) con una compra «parcial» del activo subyacente (posición larga en el subyacente), de forma que esta última posición se incrementa cuando aumenta el precio del subyacente y al revés, de tal suerte que actúa como un modelo para limitar los riesgos de pérdidas («*stop-loss*»).

La fracción del subyacente que hay que comprar (o vender) se denomina «ratio de cobertura» o «delta» de la opción. La delta de una opción se define como la variación en el precio de la opción en relación con la variación del precio del activo subyacente, que, por tratarse el modelo B-S de un modelo en tiempo continuo, es igual a la primera derivada del valor de la opción con respecto al precio del subyacente, es decir:

- Para opciones de compra *«call»*:

$$\Delta_c = \frac{\delta(C)}{\delta(S)} = e^{-qT} \times N(d_1)$$

Que siempre es positiva y menor que 1.

- Para opciones de venta *«put»*:

$$\Delta_c = \frac{\delta(C)}{\delta(S)} = e^{-qT} \times [N(d_1) - 1]$$

Que siempre es negativa y mayor que –1.

De acuerdo con el modelo de B-S, las posiciones a tomar para la cobertura delta-neutra serían:

- Para cubrir opciones de compra *«call»*:

$$C = \Delta_c \times S - B$$

- Para cubrir opciones de venta *«put»*:

$$P = -\Delta_p \times S + B$$

Siendo:

C = valor de la prima de una opción de compra «*call*».
P = valor de la prima de una opción de venta «*put*».
S = valor del activo subyacente.
B = préstamo (o depósito) a realizar.

En definitiva, un emisor de opciones tiene la posibilidad de cubrir su riesgo contingente mediante este modelo:

- *En la venta de opciones de compra*: pidiendo prestado una cantidad igual al valor de mercado del subyacente, en el momento de emitir la opción (S), e invirtiendo una parte en el propio subyacente ($\Delta_c \times S$) y concendiendo un préstamo por el resto más la prima cobrada ($[1 - \Delta_c] S + C$).

- *En la venta de opciones de venta*: pidiendo valores prestados por la totalidad del subyacente (S) y vendiendo parte de estos en descubierto *($\Delta_p \times S$)*, y concediendo un préstamo por el importe obtenido con el descubierto de valores más la prima cobrada.

Bibliografía
y fuentes de referencia

Allen, F. and Santomero, A. (1996): *The Theory of Financial Intermediation*. The Warton Financial Institutions Center. University of Pennsylvania, Philadelphia (EE.UU.).

Asociación Española de la Banca Privada y Confederación Española de las Cajas de Ahorro, (1997): *Sistemas de Control Interno para la actividad de tesorería*.

Bachelier, L. (1900): *Théorie de la Speculation*. Annales Scintifiques,17. École Normal Supérieur (France).

Bagehot, Walter (1968): *Lombard Street: El mercado monetario de Londres*. Fondo de Cultura Económica. México.

Black, F. y Scholes, M. *The Princing of Options and Corporate Liabilities*. Journal of Political Economy, mayo-junio 1973.

Brown, C. *Similar but different: repos and buy/sell back compared*. International Financial Law Review, March 1996.

Cámara de Comercio Internacional (1993): *Reglas y usos uniformes relativos a los créditos documentarios*. París.

Carretero Sánchez, A. *Las actividades de factoring y su tratamiento contable*. Partida Doble n.º 109, 2000.

Coronado, M. y Robles, F. *Los strips sobre deuda pública. El nuevo mercado español*. Análisis financiero, 74, 1996.

Cox, D.W. (1993): *Banking and Finance*. Butterworths.

Cox, J., Ross, S. y Rubinstein, M. *Option Princing: A simplified approach*. Journal of Financial Economics 7, 1979.

Díaz Fernández, A. y Martín Fernández, M. «La Contabilidad bancaria en España» en, *Estudios de Contabilidad y Auditoria* (homenaje a Carlos Cubillo Valverde). ICAC, 1997.

Fama, E. *Efficient capital markets. A review of theory and empirical work*. Journal of Finance, 25, march 1970.

Fernández, P. (1996): *Opciones, Futuros e Instrumentos Derivados*. Ediciones Deusto.

Fernández de Lis, S. y otros. *Credit Grawth, problem loans and credit risk provisioning in Spain*. Servicio de Estudios. Documento de trabajo 0018 (2000). Banco de España.

Financial Accounting Standards Board (1977): *Accounting for Leases, FAS 13*, Stanford, Connecticut, EE.UU.

Financial Accounting Standards Board (2000): *Accounting for Derivative Instruments and Hedging Activities. FASB 133*. Norwalk, Connecticut, EE.UU.

García-Legaz Ponce, J. *Los strips de deuda del Estado*. Cuadernos de Información Económica, 124/125, julio/agosto 1997.

Garrigues, J. (1975): *Contratos Bancarios*, (segunda edición). Madrid.

González Mosquera, L.M. *Medición y supervisión del riesgo de tipo de cambio*. Boletín económico del Banco de España, junio 1994.

Hernando Arenas, L.A. (1993): *Tesorería en moneda extranjera*. Centro de Formación del Banco de España. Madrid.

Hull, J.C. (2000): *Options, Futures and Other Derivatives*. Prentice Hall. (Fourth Edition).

Iglesias Arauzo, I. *Bonos segregables en el mercado español de deuda pública. Aspectos financieros y fiscales*. Actualidad financiera, junio 1997.

Iglesias Arauzo, I. y Esteban Velasco, J. *Repos y operaciones simultáneas: estudio de la normativa*. Banco de España. Servicio de Estudios. Documento de trabajo 9.518.

International Accounting Standards Committee (1989): *Marco conceptual para la preparación y presentación de los estados financieros*. (Traducción autorizada del Instituto Mexicano de Contadores Públicos, 1999).

International Accounting Standards Committee (1993): *Efectos de las variaciones en las tasas de cambio de la moneda extranjera NIC 21*. (Traducción autorizada del Instituto Mexicano de Contadores Públicos, 1999).

International Accounting Standards Committee (1997): *Arrendamientos, NIC-17*. (Traducción autorizada del Instituto Mexicano de Contadores Públicos, 1999).

International Accounting Standards Committee (1998): *Instrumentos Financieros: Reconocimiento y Medición. NIC 39*. (Traducción autorizada del Instituto Mexicano de Contadores Públicos, 1999).

Kolb, R.W. (2000): *Futures, Options and Swaps*. Blackwell Publishers. Inc.

Latorre Díez, J. (1997): *Regulación de las entidades de crédito en España*. Fundación de las Cajas de Ahorro Confederadas.

Merton, R.C. *Theory of Rational Option Princing*. Bell Journal of Economics and Management Science, 4, Spring 1973.

Mesa Dávila, F. *Factoring con regreso y cesión de créditos*. Revista de Derecho bancario y bursátil, n.º 70, 1998.

Mishkin, F. S. (1998): *Financial Markets and Institutions*. Addinson-Wesley (Second Edition).

Muñoz Cervera, M. *Garantías en la contratación bancaria*. Perspectivas del Sistema Financiero, n.º 54, 1996.

Pedraja García, P. (1998): *Contabilidad y Análisis de balances en la banca*. Tomo II, tercera edición actualizada. Centro de Formación del Banco de España. Madrid.

Poveda Anadón, R. *La reforma del sistema de provisiones de insolvencias*. Boletín económico del Banco de España, enero 2000.

Quirós Romero, G. *Operaciones de provisión o préstamo de valores públicos. Comparación internacional*. Análisis Financiero, 63.

Riehl, H. y Rodríguez, R.M. (1985): *Mercados de divisas y mercados de dinero*. Interamericana.

Rodríguez de Castro, J. (1993): *El Riesgo Flexible*. Ciencias de la Dirección.

Sánchez Calero, F. (2000): *Instituciones de Derecho Mercantil*. (23.ª edición) McGraw-Hill.

Santillán Fraile, R. *El nuevo contrato de repo como pieza esencial de los mercados financieros en la tercera fase de la U.M.E. Análisis jurídico*. Noticias de la Unión Europea n.º 175/176, Agosto-septiembre 1999.

Sharpe, W.F. (1974): *Teoría de cartera y mercado de capitales*. Deusto.

Suárez Suárez, A.S. (1998): *Decisiones óptimas de inversión y financiación en la empresa*. Pirámide.

Trujillo del Valle, J.A. y otros. (2001) «La Titulización de activos» en: *Curso de Bolsa y Mercados Financieros*. Ariel.

Urías Valiente, J. (1995): *Análisis de estados financieros*. McGraw-Hill.

Vilariño Sanz, A. (2001): *Turbulencias financieras y riesgos de mercado*. Prentice Hall, Madrid.

Por otra parte, las siguientes publicaciones, periódicamente, facilitan información y estudios relacionados con temas contables y de banca:

- Accountancy.
- Accounting Horizons.
- Actualidad Financiera.
- American Accounting Review.
- Análisis financiero.
- Banca y Finanzas.
- Boletín económico del Banco de España.
- Boletín mensual del Banco Central Europeo.
- Federal Reserve Bulletin.
- Financial Accounting Series.
- Journal of Banking and Finance.
- Journal of Derivatives.
- Journal of International Banking Law.
- Journal of International Markets, Institutions & Money.
- Journal of Money, Credit and Banking.
- Partida doble.
- Revista de contabilidad. ASEPUC.
- Revista de la Bolsa de Madrid.
- Revista de Derecho bancario y bursátil.
- Revista española de financiación y contabilidad.
- Técnica contable.
- The Accounting Review.
- The Bank of England Quarterly Bulletin.
- The Banker.
- The Treasurer.

APÉNDICE A

BANCO DE ESPAÑA
Circular n.º 4/1991, de 14 de junio actualizada a 31 de diciembre de 2000

ENTIDADES DE CRÉDITO. NORMAS DE CONTABILIDAD Y MODELOS DE ESTADOS FINANCIEROS

(Texto actualizado con las modificaciones introducidas por las circulares 7/1991, de 13 de noviembre; 4/1992, de 28 de enero; 7/1992, de 31 de marzo; 9/1992, de 26 de mayo; 14/1992, de 26 de junio; 15/1992, de 22 de julio; 18/1992, de 16 de octubre; 21/1992, de 18 de diciembre; 4/1993, de 26 de marzo; 11/1993, de 17 de diciembre; 3/1994, de 26 de abril; 6/1994, de 26 de septiembre; 2/1995, de 28 de julio; 2/1996, de 30 de enero; 7/1996, de 26 de julio; 5/1997, de 24 de julio; 7/1998, de 3 de julio; 2/1999, de 26 de enero; 9/1999, de 17 de diciembre; 4/2000, de 28 de junio, y 5/2000, de 19 de septiembre.)

CONTENIDO

SECCIÓN SEGUNDA. DE LAS CUENTAS DE ORDEN

SECCIÓN TERCERA. DE LA CUENTA DE PERDIDAS Y GANANCIAS

CAPÍTULO III. *DE LA PRESENTACIÓN DE ESTADOS*

SECCIÓN PRIMERA. ESTADOS RESERVADOS

DISPOSICIONES VIGENTES INCLUIDAS EN OTRAS CIRCULARES DEL BANCO DE ESPAÑA QUE AFECTAN A LA CIRCULAR 4/1991

Circular 5/1993, de 26 de marzo. Normas segunda y tercera.
Circular 5/1997, de 24 de julio. Entrada en vigor.
Circular 7/1998, de 3 de julio. Disposiciones adicional y transitoria.
Circular 2/1999, de 26 de enero. Disposición transitoria.
Circular 9/1999, de 17 de diciembre. Normas transitorias.
Circular 5/2000, de 19 de septiembre. Normas transitorias y entrada en vigor.

ENTIDADES DE CRÉDITO

Normas de contabilidad y modelos de estados financieros

El Banco de España, según lo dispuesto en la Orden del Ministerio de Economía y Hacienda de 31 de marzo de 1989, por la que se desarrolla lo establecido en el artículo 48 de la Ley 26/1988, de 29 de julio, sobre Disciplina e Intervención de las Entidades de Crédito, está facultado para establecer y modificar las normas de contabilidad y los modelos a los que deberán sujetarse el balance, la cuenta de pérdidas y ganancias y demás estados financieros de las entidades de crédito, así como los estados consolidados previstos en la Ley 13/1985, de 25 de mayo.

La normativa contable para esta clase de entidades, vigente en la actualidad, debe, en primer lugar, ajustarse a la establecida por las directivas comunitarias 86/635, sobre cuentas anuales y cuentas consolidadas de bancos y otras entidades financieras, y 89/117, sobre obligaciones en materia de publicidad de los documentos contables de las sucursales de entidades financieras con sede en otro Estado miembro.

El Banco de España, al desarrollar las normas contables para las entidades de crédito, ha tenido siempre en cuenta los criterios de general aplicación, aunque con un mayor encarecimiento del criterio de prudencia, en razón de la especial necesidad de proteger los fondos ajenos confiados a estas entidades. Sin embargo, la favorable evolución general alcanzada por las coberturas de los riesgos en desarrollo de otras normas y técnicas de control de los mismos, así como el apreciable nivel de recursos propios obtenidos, permiten una mayor aproximación a los criterios de la normativa general, y en particular al de imagen fiel. En principio, para todas las cuestiones relacionadas con el tratamiento contable de los impuestos, se aceptan los criterios establecidos por el Plan General de Contabilidad, cuyas modificaciones e interpretaciones se tendrán en cuenta, procurando su adaptación a las especiales características del negocio bancario. En el caso concreto de los créditos fiscales por dotación a fondos de pensiones internos, respecto a cuyo tratamiento el Instituto de Contabilidad y Auditoría está estudiando una resolución interpretativa del criterio establecido en el Plan General de Contabilidad, ha parecido aconsejable demorar la regulación de dichos créditos fiscales hasta tanto se conozca el alcance de la mencionada resolución.

La circular extiende los criterios contables de las entidades de depósito a las entidades oficiales de crédito y entidades de ámbito operativo limitado, salvando para estas las peculiaridades operativas que les afectan, mediante unas normas y modelos de estados financieros que, dentro de los criterios generales, facilitan la presentación de la propia identidad.

La circular da ocasión para homogeneizar algunos tratamientos contables que habían ido planteándose ante sucesivas circunstancias y cuya normativa resultaba un tanto dispersa y poco coordinada, así como para perfeccionar y completar otras normas que el transcurso del tiempo y las nuevas técnicas operativas habían dejado incompletas.

En la revisión de los modelos contables y estadísticos se tiene presente la atención a nuevas necesidades supervisoras, aunque conjuntando dicha necesidad con la conveniencia de reducir la masa de datos solicitados para limitar el coste administrativo de su producción y posterior tratamiento. Las normas establecen la necesidad de que las entidades procedan a un riguroso seguimiento de los diferentes riesgos de su negocio, incluyendo el riesgo de interés; sin embargo, no plantean exigencias estadísticas específicas sobre este último aspecto, en espera de que den fruto los distintos modelos de análisis que en estos momentos vienen experimentándose.

Un último objetivo perseguido es el de componer la circular con una estructura más sistemática, procurando una mayor simplicidad en su manejo, generalizando temas, y reduciendo el propio contenido material, al evitar repeticiones innecesarias a lo largo del texto.

Por todo ello, el Banco de España ha dispuesto:

SECCIÓN INTRODUCTORIA

NORMA PRIMERA.—Ámbito de aplicación

1. La presente circular será de aplicación a las entidades de crédito definidas en el artículo 1.º del Real Decreto Legislativo 1.298/1986, de 28 de junio, y a los grupos consolidables de entidades de crédito definidos en la Ley 13/1985, de 25 de mayo, y disposiciones que la desarrollan.

También será de aplicación a las sucursales de entidades de crédito extranjeras que operen en España, sin perjuicio del alcance previsto en la misma para las sucursales de entidades de crédito autorizadas en otros Estados miembros del Espacio Económico Europeo.

2. La presente circular constituye el desarrollo y adaptación al sector de las entidades de crédito de las normas contables establecidas en el Código de Comercio, la Ley de Sociedades Anónimas y la normativa legal específica que, en su caso, sea de aplicación a las entidades de crédito. El Plan General de Contabilidad y las Normas para formulación de cuentas anuales consolidadas serán de aplicación a las entidades de crédito en lo no regulado expresamente en las siguientes normas.

CAPÍTULO PRIMERO

DE LA CONTABILIDAD EN GENERAL

SECCIÓN PRIMERA
PRINCIPIOS Y CRITERIOS GENERALES

NORMA SEGUNDA.—Principios generales

1. Los balances, cuentas de pérdidas y ganancias, las memorias anuales y los demás estados complementarios habrán de dar una imagen fiel del patrimonio, de la situación financiera y de riesgos, y de los resultados de la entidad, debiendo reflejar con exactitud el curso de sus operaciones.

Para el cumplimiento de este objetivo, y al aplicar las normas contenidas en esta circular, se tendrán especialmente en cuenta los principios señalados a continuación.

2. Se dará especial relevancia al principio de prudencia valorativa, que deberá tenerse en cuenta para una correcta interpretación de todas las normas contables, y que prevalecerá en caso de conflicto, o a falta de aquéllas.

3. Regirá el principio del precio de adquisición, en los términos y con las excepciones establecidos en la norma tercera.

4. La imputación temporal de ingresos y gastos se hará atendiendo al principio del devengo, en los términos y con las excepciones establecidos en otras normas de la presente circular.

5. Se respetará el principio de uniformidad; en consecuencia, fijados unos criterios en la aplicación de los principios contables, no se variarán, salvo por causa justificada, en cuyo caso se acompañará al estado o estados afectados una nota explicativa que permita apreciar la procedencia de los nuevos criterios introducidos y su efecto cuantitativo. En los estados contables públicos anuales, este extremo se hará constar en la memoria.

6. Todos los derechos y obligaciones de la entidad, incluso futuros o de carácter contingente, deberán registrarse contablemente, desde el mismo momento en que se originen, bien en cuentas patrimoniales, bien en cuentas de orden, según corresponda.

Igualmente, deberán contabilizarse, en los términos establecidos por esta circular y tan pronto se conozcan, las alteraciones y transformaciones de valor de los anteriores derechos y obligaciones.

Se considerarán conocidos los hechos divulgados públicamente, o comunicados particularmente a la entidad, desde el momento de su divulgación o comunicación.

7. En la formación de estados contables regirá el principio de no compensación de saldos, con las excepciones que se recogen en la norma cuadragésima. En particular, no se compensarán las diferentes cuentas de un mismo titular, que deberán figurar separadamente en los correspondientes conceptos.

8. En la formación de las cuentas de las entidades de crédito no se aplicará el principio de importancia relativa.

9. El Banco de España autorizará aquellos casos en los que, con carácter excepcional, no sea procedente la aplicación de alguna de las normas de la presente circular, por resultar la misma incompatible con la imagen fiel del patrimonio, de la situación financiera o de los resultados de la entidad, o cuando ello resulte preciso, de acuerdo con el plan de saneamiento aprobado específicamente para aquélla. En tales casos, la entidad deberá hacer pública esta circunstancia en su memoria.

NORMA TERCERA.—Criterios generales de valoración

A) Activo patrimonial

1. Las partidas de activo que representen derechos sobre personas o sobre bienes se valorarán por el precio de adquisición, en los términos y con las excepciones que se establecen en estas normas.

Esta valoración será corregida, en su caso, por las amortizaciones, provisiones y saneamientos dispuestos en las mismas.

Solo se admitirán las revalorizaciones amparadas por la ley. La contabilización de las revalorizaciones derivadas de fusiones se ajustará a lo dispuesto en los apartados 12 y 13 de esta norma.

2. Los activos adquiridos a descuento, salvo los valores negociables, se registrarán por su valor de reembolso.

La diferencia entre el importe contabilizado y el precio pagado se contabilizará en cuenta compensatoria hasta que el activo desaparezca del balance.

3. Los valores negociables incluidos en la cartera de negociación, con arreglo a lo establecido en el apartado 1.*h*) de la norma octava, se valorarán al precio de mercado del día del balance o, en su defecto, del último día hábil de mercado anterior a dicha fecha. En los valores de renta fija que coticen excupón, a dicho precio se incorporará el cupón corrido.

4. A efectos de lo dispuesto en el apartado 1, se entiende por precio de adquisición el conjunto de los desembolsos dinerarios realizados o comprometidos, comprendidos, en su caso, los gastos inherentes a la compra que puedan integrarse en su valor de recuperación o de mercado, incluso derechos de suscripciones u opciones compradas, y excluyendo, si ha lugar, los intereses por aplazamiento de pago.

El IVA soportado no recuperable será componente del coste del bien adquirido.

5. Los activos adquiridos con pago aplazado se contabilizarán por el importe total de la compra, recogiéndose en el pasivo la obligación de pago contraída. Los intereses de aplazamiento se entenderá que se devengan aun cuando no figuren expresamente en el contrato. En este caso, se calcularán utilizando tasas semejantes a las que pudiera tener establecida la entidad como remuneración de depósitos para plazos iguales a los de la demora.

Cuando se trate de activos materiales con aplazamiento de pago no superior a noventa días, o a ciento ochenta días si se trata de inmuebles, podrá prescindirse del devengo de intereses.

6. El valor de los activos adquiridos por aplicación de otros activos (acciones procedentes de la conversión de obligaciones, participaciones adquiridas con aportaciones no dinerarias, valores o inmuebles adjudicados o adquiridos en pago de deudas, disolución de sociedades participadas, etc.) no podrá exceder del valor contable de los activos aplicados a su adquisición, incrementado con los gastos judiciales, registrales y fiscales que se hayan originado, así como con los intereses pendientes de cobro, ni del valor de mercado de los activos adquiridos, teniendo en cuenta, en su caso, las cantidades que, dentro de este último valor, pudieran quedar pendientes de pago a terceros por subrogación de obligaciones en la aplicación de los activos.

El valor de mercado de los activos adquiridos se estimará por su cotización en mercados organizados cuando la haya, por tasación de una sociedad de tasación independiente en el caso de los inmuebles, o por el valor teórico resultante del balance auditado, en el caso de acciones o participaciones en entidades no cotizadas.

Las provisiones y fondos de saneamiento específicos que, en su caso, cubrieran o debieran cubrir los activos aplicados deberán mantenerse hasta un 25 por 100 del principal de los créditos o de la tasación, si esta fuese menor, más, en su caso, el

100 por 100 de los intereses recuperados. El resto de la cobertura podrá liberarse, salvo por la parte que haya podido ser absorbida por una valoración inferior de los activos adquiridos, si la tasación de éstos no permite albergar dudas sobre su efectividad. La liberación de la cobertura podrá ser total si el valor de los activos adquiridos está respaldado por cotizaciones en mercados reconocidos oficialmente. En el caso de bienes inmuebles procedentes de operaciones de arrendamiento financiero, siempre que lo permita el valor de tasación, se podrá liberar la provisión a que se refiere el segundo párrafo del apartado 5 de la norma undécima, pero deberá mantenerse la provision específica dotada para la cobertura de cuotas impagadas, salvo que su importe supere el 25 por 100 del principal del crédito activado o del valor de tasación si fuese inferior, en cuyo caso el exceso sobre dicho importe podrá liberarse.

No obstante lo anterior, los activos materiales que no sean inmuebles adquiridos por aplicación de otros activos se contabilizarán por el menor importe entre el valor contable de los activos aplicados menos las provisiones constituidas para su cobertura (valor neto contable) y el valor que pudiera esperarse obtener en su venta mediante las peritaciones y tasaciones procedentes u otros indicadores fiables del mercado de segunda mano.

6 bis. Para que las tasaciones inmobiliarias a que se refieren distintas normas de esta circular surtan los efectos en ellas previstos, deberán reunir las condiciones que en cada momento prevea la legislación sobre el mercado hipotecario en relación con los requisitos subjetivos del tasador y con los criterios, métodos, procedimientos e instrucciones técnicas a los que hayan de ajustarse el cálculo del valor de tasación y el contenido de los informes o certificados que lo acrediten. En particular, en las tasaciones se deberán aplicar las disposiciones que la Orden de 30 de noviembre de 1994, sobre normas de valoración de bienes inmuebles para determinadas entidades financieras, establece para el cálculo del valor de tasación de los bienes inmuebles a efectos del mercado hipotecario.

Los informes de tasación que incluyan alguno de los condicionantes que, de acuerdo con la citada Orden, impiden su utilización en el mercado hipotecario tampoco se podrán utilizar a los efectos de esta circular, salvo que los mismos se hayan subsanado. Los informes en los que figure alguna de las advertencias a las que se refiere la mencionada Orden se deben tomar con cautela, debiendo, en estos casos, descontarse necesariamente de la valoración el efecto económico que se derive de las mismas.

En todo caso:

a) La tasación deberá efectuarse por una sociedad de tasación inscrita en el Registro Oficial del Banco de España.

b) El criterio de valoración empleado será el del valor de tasación, según éste queda definido en la citada normativa del mercado hipotecario. Cuando los inmuebles a valorar sean o vayan a destinarse a uso propio, se utilizará el criterio del coste neto de reposición.

c) El informe de tasación contendrá una indicación expresa de la finalidad de la valoración, con referencia a las correspondientes normas de esta circular.

En los casos en que en la presente circular se exija la valoración por sociedad de tasación independiente, se entenderá por tal aquélla que no pertenezca al mismo grupo de la entidad, conforme a los criterios establecidos en el art. 4.º de la Ley 24/1988, del Mercado de Valores, y cuya facturación en el último ejercicio a dicha entidad o su grupo no sea superior al 15 por 100 de los ingresos totales de la sociedad de tasación.

B) *Pasivo patrimonial*

7. Los saldos que representen obligaciones se contabilizarán por su valor de reembolso.

8. En el caso de pasivos emitidos a descuento, la diferencia entre el valor de reembolso y el importe recibido al generarse la obligación con terceros se tratará según lo establecido en el segundo párrafo del apartado 2 precedente.

9. Las cuentas acreedoras por préstamos de valores se registrarán siguiendo los criterios que se apliquen a los valores tomados, salvo cuando se encuentren en descubierto, en cuyo caso se valorarán según los precios de mercado de aquéllos.

C) *Cuentas de orden*

10. Los derechos y compromisos de naturaleza contractual registrados en cuentas de orden figurarán por el valor contratado, con las excepciones establecidas en estas normas.

Las pérdidas potenciales derivadas de esos compromisos serán objeto de las correspondientes provisiones.

11. Los compromisos por operaciones de cobertura se valorarán siguiendo el mismo criterio que se aplique a los elementos cubiertos.

D) *Revalorizaciones por fusiones*

12. En las fusiones, solo se registrarán las revalorizaciones que cumplan las siguientes condiciones:

a) Se tratará de fusiones que se realicen solamente entre entidades consolidables por su actividad en grupos de entidades de crédito.

b) La fusión deberá responder a una reestructuración económica y gerencial importante del conjunto de entidades implicadas, que deberá justificarse ante el Banco de España. En las fusiones entre entidades de dimensiones notoriamente distintas, se entiende que dicha condición sólo se cumple en la de menor tamaño, incluso si ésta actúa como absorbente. En general, existen dimensiones notoriamente distintas cuando, después de aplicadas, en su caso, revalorizaciones, el activo total o el patrimonio neto de la mayor represente cinco veces o más que los del resto de las fusionadas.

13. Los criterios de valoración a aplicar en los supuestos contemplados en el apartado anterior serán:

a) Las valoraciones de los valores de renta variable de empresas no pertenecientes al grupo no excederán de las cotizaciones medias del último trimestre, o de la última cuando sea menor, si son valores cotizados, y de su valor teórico si no lo son; las valoraciones de los activos materiales se basarán en tasaciones realizadas por peritos o tasadores independientes, inscritos en el registro correspondiente del Banco de España, cuando se trate de inmuebles.

Las valoraciones de la cartera de renta variable de empresas filiales o asociadas no podrán ser superiores al valor teórico de las participaciones, si bien se admitirán, en su caso, los valores superiores por los que, según las reglas señaladas en la norma vigésima octava, apartados 7 y 8, estén contabilizadas en la entidad fusionada.

Cuando existan participaciones entre las entidades fusionadas, estas no serán objeto de revalorización.

En fusiones entre entidades filiales pertenecientes a un mismo grupo de entidades de crédito, se admitirán las plusvalías existentes sólo hasta la diferencia entre el costo y el valor teórico de la participación en dichas filiales en la fecha o fechas de su adquisición a terceros por la matriz u otras entidades del grupo, incluso si aquélla o éstas no son consolidables.

Los valores teóricos a considerar en el caso de entidades filiales serán los resultantes después de realizadas las eliminaciones de resultados intergrupo.

En las cajas de ahorros no se admitirá la revalorización de los bienes de la obra social.

b) Si en el proceso de fusión apareciesen fondos de comercio, éstos se amortizarán inmediatamente después de realizada la fusión, con cargo a reservas de revalorización, o a otros fondos genéricos o reservas si aquéllas no bastasen.

c) El valor por el que se hayan revalorizado los activos, una vez descontados los saneamientos, minusvalías, gastos y contingencias inherentes a la fusión, así como los impuestos diferidos correspondientes, se contabilizará como reservas de revalorización, para lo que se separará un importe equivalente del total de las reservas de la nueva entidad, cualquiera que sea su origen.

d) Las reservas de revalorización podrán pasarse a reservas de libre disposición a la amortización o realización de los activos, o, en todo caso, a partir de los cinco años, siempre que en ese momento puedan confirmarse las valoraciones de los activos en que se fundamentaron.

E) Sucursales en España de entidades de crédito del Espacio Económico Europeo

14. Las sucursales de entidades de crédito extranjeras cuya sede central se encuentre en un país miembro del Espacio Económico Europeo podrán sustituir los criterios que establece esta circular, por los que aplique su casa central en las materias siguientes: registro de resultados y periodificaciones (norma quinta de esta circular); distribución de la cartera de valores y registro de sus resultados (normas octava, apartado 1.*h*); vigésima séptima, apartados 2.*d*) y 3; y vigésima octava, apartados 5 a 8); cobertura de los riesgos (normas novena, undécima y duodécima), y amortización, saneamiento y cobertura de activos materiales (normas tercera, apartado 6, y vigésima novena, parte correspondiente de los diferentes apartados) y de activos inmateriales y gastos amortizables (norma trigésima, parte correspondiente de los diferentes apartados). Las sucursales que se propongan hacer uso de esta opción informarán detalladamente al Banco de España (Oficina de Documentación y Central de Riesgos) sobre los criterios que vayan a aplicar, actualizando dicha información cada vez que se produzcan modificaciones.

NORMA CUARTA.—Conversión de moneda extranjera

1. A efectos de esta circular, por moneda extranjera se entiende cualquier moneda diferente del euro y de las unidades monetarias nacionales de los Estados miembros participantes de la Unión Económica y Monetaria que hayan adoptado la moneda única como moneda oficial, haciéndose referencia a ellos, en adelante, como «Estados participantes».

2. Los créditos y débitos se denominarán en los registros y base contable en a moneda en que deba producirse su reembolso, con independencia de que originalmente se pagasen o recibiesen en moneda distinta. Las acciones y participaciones en capital se denominarán en la moneda en que el emisor exprese su valor nominal.

Los bienes inmuebles se registrarán contablemente en la moneda del país donde están ubicados. Los demás bienes materiales utilizados directamente por sucursales en el extranjero podrán registrarse en la moneda del país en que se encuentra la sucursal, o en aquélla en la que se produjo su pago.

El oro en barras o de carácter monetario, sin valor numismático, y sus certificados, se registrarán en unidades físicas.

Los compromisos, firmes o contingentes, se denominarán en la moneda en que deban satisfacerse, en su caso.

Las operaciones contratadas en unidades monetarias nacionales de los «Estados participantes» mantendrán en la base contable su denominación en las citadas unidades en tanto no se produzca su redenominación, automática o voluntaria, a euros.

3. Los saldos activos y pasivos del balance patrimonial denominados en moneda extranjera y las operaciones al contado no vencidas se expresarán en euros al cambio medio del mercado de divisas de contado de la fecha a que se refiera el balance o estado afectado, o, en su defecto, del último día hábil de mercado anterior a dicha fecha.

A estos efectos, se entiende por cambio medio de contado la media de los tipos comprador y vendedor más representativos de los que se publiquen en el mercado, teniendo siempre presente el principio de prudencia valorativa. Cuando el Banco Central Europeo publique cotizaciones del euro respecto de otras monedas se tomarán dichas cotizaciones.

Los elementos denominados en las unidades monetarias nacionales de los «Estados participantes» se convertirán a los tipos fijados irrevocablemente por el Consejo Europeo, de acuerdo con lo dispuesto en el apartado 4 del artículo 109 L del Tratado de la Unión Europea.

4. Se exceptúa del criterio establecido en el apartado precedente el activo inmovilizado no cubierto de riesgo de cambio, que se convertirá al cambio del día de su adquisición.

A estos efectos, se entiende por activo inmovilizado las inversiones en inmuebles de uso propio, y las participaciones de carácter permanente. Tendrán la misma consideración las dotaciones a sucursales en el extranjero en el balance de negocios en España.

5. Para su presentación en balance, el oro mencionado en el apartado 2 anterior se convertirá en dólares, aplicándole el precio del mercado de Londres, convirtiéndose luego a euros según el criterio general recogido en el apartado 3.

6. Las operaciones a plazo que no sean de cobertura se convertirán a euros al cambio del mercado de divisas a plazo de la fecha del balance, o, en su defecto, del último día hábil de mercado anterior, tomando para ello las cotizaciones correspondientes a los plazos residuales de las operaciones pendientes. Para determinar estas cotizaciones se podrán tomar los cambios más representativos de los que se publiquen en el mercado, debiéndose aplicar interpolaciones lineales para los vencimientos intermedios, o estimarse de acuerdo con algún criterio de general aceptación.

Los futuros financieros sobre divisas contratados en mercados organizados, tal como éstos quedan definidos en el apartado 11 de la norma quinta, se convertirán a los precios a que cada contrato se cotice en el respectivo mercado en la fecha del balance o más cercana anterior.

Las demás cuentas de orden en divisas se convertirán al cambio de contado de la divisa, según se describe en el apartado 3 anterior.

NORMA QUINTA.—Sobre resultados y periodificación

A) *Aplicación del principio del devengo*

1. En aplicación del principio del devengo, serán periodificables los intereses de las carteras de efectos, valores de la renta fija no incluidos en la cartera de negociación, inversiones y financiaciones interbancarias y recursos financieros, los intereses y las comisiones de disponibilidad de los créditos, las comisiones de los pasivos contingentes, las de operaciones de *factoring* que tengan carácter financiero, las percibidas o satisfechas por servicios que se presten o reciban a lo largo de un período de tiempo, los gastos de personal y generales, las amortizaciones de inmovilizado y de gastos amortizables, y, en general, cuantos productos y costes sean susceptibles de ello, porque se produzcan como un flujo temporal, es decir, que su cuantía sea función del tiempo, incluyendo los que afectan al ejercicio en su conjunto.

2. La periodificación de intereses en operaciones, tanto activas como pasivas, con plazos de liquidación superiores a doce meses se calculará por el método financiero, esto es, en función del tipo interno de rentabilidad o coste que resulte. En las operaciones a menor plazo se podrá optar entre este método y la periodificación lineal.

No obstante, los productos de los arrendamientos financieros concedidos se periodificarán según las condiciones del contrato. Cuando el tipo de interés resulte decreciente, sólo se llevará a resultados el importe correspondiente a la tasa anual efectiva del conjunto de la operación, abonándose la diferencia en una cuenta de periodificación que se reconocerá en pérdidas y ganancias, en la medida en que esa diferencia se haga negativa. Se aplicará criterio simétrico a los costos de los arrendamientos financieros tomados.

2 bis. Las diferencias de valoración que se produzcan en los valores incluidos en la cartera de negociación y en acreedores por valores imputables a intereses devengados se contabilizarán, respectivamente, como productos y costes financieros; el resto de las diferencias de valoración se registrará por neto como resultados de operaciones financieras. Los dividendos cobrados o anunciados por valores de renta variable incluidos en la cartera de negociación se incluirán entre los rendimientos de la cartera de renta variable.

3. . . . .

4. Los productos o costes que se refieren al conjunto del ejercicio, o a un período inferior, como un todo (tales como pagas extraordinarias al personal o amortizaciones) se suponen uniformemente devengados a lo largo del período, a efectos de su imputación temporal.

5. La periodificación de los gastos generales podrá realizarse sobre la base de presupuestos de gastos, prestando la debida atención a las desviaciones importantes que se produzcan, rectificándose, en tal caso, las periodificaciones efectuadas. No obstante, al cierre de ejercicio, se realizará el ajuste a los efectivamente devengados.

6. Cuando la periodificación no se lleve individualizada, las cuentas de periodificación deberán desarrollarse contablemente en paralelo con las cuentas principales de que deriven, de forma que pueda establecerse la correspondiente relación con dichas cuentas.

7. Las sucursales de bancos extranjeros operantes en España adeudarán en la cuenta de pérdidas y ganancias la imputación de costes indirectos que, en su caso, pueda haberle hecho su matriz, debiendo tener a disposición del Banco de España documentación sobre las bases económicas que justifican dicha imputación.

Estos gastos serán periodificables en base a los importes presupuestados o estimados, que se ajustarán, en su caso, una vez conocidos los importes reales de final de ejercicio. Si con posterioridad al cierre del mismo la matriz rectificase la cifra imputada, la diferencia se contabilizará en la cuenta en curso como quebranto o beneficio no correspondiente al ejercicio.

B) Tratamiento de las diferencias de cambio y de los resultados de operaciones de futuro

8. A los efectos de esta circular, el término genérico «operaciones de futuro» comprenderá todas las operaciones relacionadas en el apartado 4 de la norma trigésima cuarta.

9. Las diferencias de cambio en moneda extranjera producidas como consecuencia de la conversión a euros que establece la norma cuarta se registrarán íntegramente y por neto en la cuenta de pérdidas y ganancias. Para ello, y en cuanto a las operaciones a plazo, se utilizarán como contrapartida cuentas transitorias a incluir entre las cuentas diversas, que se cancelarán a la liquidación o resolución de los contratos.

En las operaciones a plazo, se registrará como resultado, salvo en el supuesto contemplado en el apartado 12 de esta norma, el valor actual de las diferencias entre los valores contratados y las cotizaciones correspondientes a los plazos residuales de las operaciones, determinadas éstas de acuerdo con lo dispuesto en el apartado 6 de la norma cuarta. Asimismo, para calcular el citado valor actual se utilizarán tipos de interés de mercado para los plazos residuales de las operaciones.

10. A los futuros en divisas y a las opciones en divisas contratadas o no en mercados organizados, se les aplicarán las reglas contenidas en el siguiente apartado. Los resultados habidos en dichas operaciones se integrarán en diferencias de cambio.

11. Salvo lo dispuesto en el apartado siguiente, los quebrantos o beneficios que resulten de las operaciones de futuro sobre valores, tipo de interés y mercaderías se contabilizarán según las reglas siguientes:

a) En el caso de los futuros financieros u opciones, contratados en mercados organizados, las diferencias que resulten de las variaciones, en más o en menos, en las cotizaciones del respectivo mercado se llevarán íntegramente a la cuenta de pérdidas y ganancias.

b) Los resultados de las operaciones realizadas fuera de dichos mercados se contabilizarán en el momento de la liquidación de aquéllas, sin perjuicio de las provisiones que, en su caso, deban constituirse de acuerdo con la norma duodécima.

No obstante, en los convenios de tipos de interés y en las permutas financieras de interés u otros contratos cuyo flujo financiero, con independencia de la fecha de su liquidación, se conozca al comienzo del período de interés, se llevarán íntegramente a resultados en ese momento.

A estos efectos, se entiende por mercados organizados aquéllos en los que, teniendo establecido un sistema de depósitos en garantía actualizables diariamente en función de las cotizaciones registradas, exista un centro de compensación que organice la cotización y negociación del mercado, registre sus operaciones y se interponga entre las partes actuando como comprador ante el vendedor y como vendedor ante el comprador. El mercado ciego de deuda pública anotada se considerará un mercado organizado.

Asimismo, se entiende por mercaderías cualquier activo subyacente que no tenga naturaleza financiera.

C) *Operaciones de cobertura*

12. Para las operaciones de futuro que supongan una cobertura se tendrán en cuenta las siguientes reglas:

a) En las operaciones a plazo con divisas, los premios o descuentos entendidos como la diferencia entre el cambio contractual y el cambio de contado del día del contrato se periodificarán a lo largo de la vida del contrato, contabilizándose como rectificaciones del coste o productos por operaciones de cobertura.

b) En las demás operaciones de cobertura, los beneficios o quebrantos resultantes se llevarán a pérdidas y ganancias de manera simétrica a los ingresos o costes del elemento cubierto, salvo que la operación de cobertura sea patrimonial y la cubierta una operación de futuro, en cuyo caso serán los beneficios o quebrantos de esta última los que, desde el momento de la cobertura, se harán simétricos a los de la primera. Entre tanto, y si es preciso, los cobros o pagos correspondientes a las liquidaciones que se hayan efectuado se registrarán en una cuenta transitoria a incluir en diversas.

A los efectos de lo dispuesto anteriormente, se considerarán operaciones de cobertura aquéllas en las que concurran las condiciones *a*), y *b*) o *c*) siguientes:

a) Que existiendo elementos patrimoniales u otras operaciones que contribuyan a exponer a la entidad a un riesgo de cambio, de interés o de mercado, aquellas operaciones tengan por objeto y por efecto eliminar, o reducir significativamente, ese riesgo.

b) Que las operaciones cubiertas y de cobertura sean identificadas explícitamente desde el nacimiento de la cobertura.

c) Que se utilicen para reducir el riesgo global al que se expone la entidad en su gestión de masas correlacionadas de activos, pasivos y otras operaciones a las que, bien se aplica el criterio del devengo, bien se valoran a precios de mercado, siempre que se sometan permanentemente a un sistema integrado, prudente y consistente de medición, gestión y control de los riesgos y resultados, que permita el seguimiento e identificación de las operaciones. Las características, prudencia, consistencia y efectiva aplicación de tal sistema deberán, además, constar en informe favorable del auditor externo, revisado anualmente. La utilización del sistema, con el informe favorable del auditor, deberá ser comunicada al Banco de España. En la memoria anual se indicará la aplicación de este criterio de cobertura.

D) *Cuestiones varias*

13. El impuesto sobre sociedades, o equivalente, será considerado como gasto, imputándose, en su caso, a la cuenta de pérdidas y ganancias, al menos, trimestralmente. Su contabilización se ajustará a los criterios del Plan General de Contabilidad, teniendo en cuenta lo establecido en el apartado 10 de la norma trigésima octava.

Las dotaciones a provisiones para insolvencias que establece la norma undécima, apartado 6, que no tengan el carácter de gastos fiscalmente deducibles, se deben tratar como diferencias permanentes a efectos del cálculo del gasto contable por impuesto de sociedades.

14. Los saneamientos y amortizaciones, así como los gastos de personal llamados de participación en beneficios, constituyen, por su naturaleza, elementos de gasto a incluir en los conceptos que correspondan del debe de la cuenta de pérdidas y ganancias, no procediendo su contabilización como aplicaciones del beneficio del ejercicio. Se practicarán y reconocerán en la citada cuenta, aunque con ello se anule el beneficio, se produzcan pérdidas o se incrementen las existentes.

15. Las dotaciones y disponibilidades de cada uno de los fondos especiales a que se refieren los apartados 4 y 5 c) de la norma novena se imputarán a pérdidas y ganancias por el neto resultante cuando unas y otras correspondan al ejercicio. Las disponibilidades de dotaciones efectuadas en ejercicios anteriores se registrarán independientemente. Los fondos que cubran activos aplicados a la adquisición de otros activos, y se deban mantener en el balance para la cobertura de éstos, se traspasarán directamente de rúbrica, sin reflejo en la cuenta de pérdidas y ganancias.

16. No se llevarán a la cuenta de pérdidas y ganancias los beneficios aparentes obtenidos mediante la venta de inmuebles, valores, participaciones u otros activos a personas o entidades vinculadas a la entidad, ni las revalorizaciones realizadas mediante la venta y posterior recompra de activos o sus equivalentes, no pudiendo efectuarse otras revalorizaciones que las previstas en las leyes.

Si se realizase alguna operación de las citadas, las plusvalías contables que pudieran producirse se bloquearán mediante la constitución de un fondo específico no disponible hasta la realización efectiva, a juicio del Banco de España, de tales plusvalías.

En caso de venta de activo inmovilizado con pago aplazado, se procederá a cubrir los posibles beneficios contabilizados mediante la dotación, con cargo a pérdidas y ganancias, de un fondo específico por el importe de aquellos beneficios, fondo que podrá ser liberado en la medida en que se realice el cobro de la parte aplazada, o antes si las condiciones de la venta y la solvencia del deudor no permiten albergar dudas sobre el buen fin de la operación.

NORMA SEXTA.—Desarrollo contable interno y control de gestión

1. Los activos, pasivos, compromisos, ingresos y costes, y sus movimientos, deberán estar perfectamente identificados en la base contable, de la que se derivará con claridad la información contenida en los diferentes estados a rendir, públicos o reservados, que se derivan de estas u otras normas de obligado cumplimiento; éstos mantendrán la necesaria correlación, tanto entre sí, cuando proceda, como con aquella base contable. Asimismo, se llevarán inventarios o pormenores de las diferentes partidas. Se pondrá especial atención en los correspondientes a las carteras de efectos, préstamos y créditos, valores, avales y acreedores, así como a los de control interno de los riesgos de insolvencia, con detalle de los dudosos y los importes de sus respectivas provisiones integradas en el correspondiente fondo.

2. Con independencia de las cuentas que se precisen para formar los balances y estados públicos o reservados, se establecerá el desarrollo contable auxiliar que se estime necesario y se crearán los registros de entrada y salida precisos para el control de gestión.

3. Las entidades seguirán con el máximo cuidado las diversas clases de riesgo a que está sometida su actividad financiera. En particular, se dispondrá de la información necesaria para poder evaluar los riesgos de interés y de mercado, de cambio, de liquidez, de concentración, de insolvencia y de operaciones con el propio grupo.

4. Las entidades establecerán una contabilidad analítica que aporte información suficiente para el cálculo de los costes y rendimientos de los diferentes productos, servicios, centros, departamentos, líneas de negocio y otros aspectos que interesen a la gestión de su negocio.

4 bis. Las entidades establecerán criterios internos objetivos, que deberán estar adecuadamente documentados, para determinar los valores que incluirán en las diferentes carteras de valores descritas en la norma octava, apartado 1.*h*).

Las entidades tendrán perfectamente identificados en todo momento los valores asignados a cada una de esas carteras, que se contabilizarán en cuentas internas separadas.

5. Los avales y demás cauciones a los que se refiere el apartado 2.a) de la norma trigésima cuarta prestados por cualquier entidad de crédito se inscribirán, consecutiva y cronológicamente, en un registro centralizado de avales en el que constarán, necesariamente, los siguientes datos: fecha en que se presta; número de registro; personas que se avalan o garantizan; importe, vencimiento y naturaleza de la obligación garantizada y ante quién se garantiza; garantías reales prestadas, en su caso, por la entidad avalista; fedatario público interviniente; fechas de declaración por primera vez a la Central de Información de Riesgos y de cancelación del aval, y observaciones.

Como complemento del mencionado registro, se custodiarán, debidamente ordenadas, fotocopias íntegras de los documentos en los que se han prestado las garantías. Dichos documentos, a continuación de la fórmula de aceptación, aval, garantía o caución, incluirán, incluso en las copias que se entreguen a terceros, la siguiente expresión: «El presente... (aval, garantía, caución, aceptación, etc.) ha sido inscrito en esta misma fecha en el registro especial de avales con el número...», seguida del lugar, la fecha y las firmas. En su caso, también se custodiarán los documentos que acrediten la cancelacion del aval.

6. Los criterios y procedimientos que se utilicen para determinar las cotizaciones al contado y a plazo de las monedas extranjeras, así como para efectuar el cierre teórico de las operaciones de futuro y la valoración de las carteras de renta fija y variable, deberán adoptarse por el órgano adecuado de la entidad, constar por escrito, estar documentados y mantenerse a lo largo del tiempo, salvo que concurran motivos razonables que justifiquen su cambio, los cuales tendrán que documentarse. En la elección de los citados criterios y procedimientos se deberá tener presente el principio de prudencia valorativa.

Las entidades deberán mantener a disposición de la Inspección la documentación justificativa de los datos que hayan utilizado para la valoración de las operaciones en los estados mensuales.

7. La actividad de la entidad se clasificará, a efectos de la confección de los estados reservados, en «negocios en España» y «negocios en el extranjero», en función de que las operaciones estén registradas contablemente en los libros de las oficinas operantes en España o de las sucursales en el extranjero. Las entidades comunicarán detalladamente al Banco de España los criterios de localización contable que aplican. Asimismo, también comunicarán, con carácter previo a su implantación, las modificaciones que piensen realizar a los citados criterios, así como, para los diferentes tipos de operaciones, los volúmenes que estimen que puedan quedar afectados por el cambio de criterio.

8. La información a que se refieren los apartados anteriores deberá mantenerse a disposición del Banco de España.

NORMA SÉPTIMA.—**Sectorización de saldos personales según titulares**

1. Las entidades de crédito registrarán todos los atributos de los saldos personales, deudores o acreedores, y de sus titulares, necesarios para clasificarlos en los conceptos que figuran en los estados contables y estadísticos contenidos en esta circular.

Estos atributos comprenderán, por lo que respecta a los titulares, el sector, tipo de entidad y condición de residencia, según las categorías relacionadas en el anejo XI, la ubicación geográfica (provincia o país) y, en su caso, el sector de actividad económica; y, por lo que respecta a las operaciones, el tipo de instrumento y garantías, la moneda, la vida original y residual, la situación en relación con el riesgo de crédito, y la finalidad de la operación, especialmente en las crediticias, que se clasificarán en las categorías establecidas en el estado T.13.

Las cuentas acreedoras instrumentadas en títulos al portador y a la orden no se atribuirán a ningún sector específico, con independencia de que la entidad lleve registro de sus primeros titulares, a los efectos que procedan.

2. Se entiende por titular, a los efectos de esta circular, el primer obligado al pago en los saldos deudores, y quien ostente el derecho al reembolso en los acreedores, con las siguientes precisiones o excepciones:

a) En el descuento de papel comercial se considerará titular al beneficiario a quien se abona la remesa.

b) En las adquisiciones y cesiones de activos con compromiso de reventa o recompra no opcional, se considerará titular al sujeto con quien se realiza la operación, no al emisor del activo objeto de la transmisión.

c) Las operaciones sin recurso, ya sean de *factoring* o no, se clasificarán en el sector a que corresponda el obligado al pago de los efectos o facturas.

d) Las cuentas que recojan movimientos de fondos entre sujetos se imputarán al sujeto destinatario.

e) Los importes adelantados en el pago de pensiones y nóminas por cuenta de Administraciones Públicas se imputarán a los sujetos beneficiarios.

3. El atributo de residencia se aplicará de acuerdo con lo establecido en la Ley 40/1979, de 10 de diciembre, y en el artículo 2.º del RD 1.816/1991, de 20 de diciembre.

Este atributo se completará, en el caso de los no residentes, con la nacionalidad del titular.

4. El sector entidades de crédito comprenderá:

a) Las entidades definidas en el artículo 12 del Real Decreto Legislativo 1.298/1986, de 28 de junio, que estén debidamente inscritas en los registros del Banco de España.

b) Las entidades extranjeras que desarrollen la actividad descrita en el número 1 del artículo 1.º de la norma citada.

Las sucursales en España de entidades de crédito extranjeras se clasificarán como entidades de crédito residentes, integrándose en el subsector bancos en aquellos estados en los que figure ese desglose.

5. Las sucursales en España de entidades de crédito extranjeras se clasificarán como entidades de crédito residentes. Las sucursales en el extranjero de entidades de crédito españolas se clasificarán como entidades de crédito no residentes. Cuando por la naturaleza de las operaciones o de los saldos no sea posible determinar su imputación a una oficina determinada de una entidad, se atribuirán a la casa matriz de la entidad titular.

6. El sector Administraciones Públicas españolas comprenderá:

a) Administración Central: Estado y Organismos Autónomos Administrativos del Estado y similares.

b) Administraciones Autonómicas: Comunidades Autónomas y sus Organismos Autónomos Administratívos y similares, excepto entidades gestoras de la Seguridad Social gestionadas por la Administración Autonómica.

c) Administraciones Locales: Corporaciones Locales y sus Organismos Autónomos Administrativos y similares, excepto unidades de la Seguridad Social gestionadas por las Diputaciones Forales.

d) Administraciones de Seguridad Social.

Las Administraciones Públicas extranjeras se clasificarán en subsectores equivalentes a los mencionados en el párrafo precedente, teniendo en cuenta la organización política y administrativa de cada país.

Los organismos internacionales y supranacionales, incluso los de la Unión Europea, se clasificarán en el sector Administraciones Públicas del resto del mundo sin asignarlos a ningún país en concreto.

Las deudas asumidas por las Administraciones Públicas se imputarán necesariamente al subsector correspondiente, con independencia de quién fuese el titular original.

7. En otros sectores residentes en España se agruparán los demás titulares residentes distintos del Banco de España, de las entidades de crédito o de las Administraciones Públicas, sea cual sea su naturaleza jurídica. Se clasificarán en las siguientes agrupaciones:

a) *Otras instituciones financieras:* esta agrupación se divide en:

a.1) *Otras instituciones financieras monetarias (IFM):* recoge todas las instituciones que, no siendo entidades de crédito, se dedican principalmente a la intermediación financiera consistente en recibir sustitutos próximos de los depósitos y en invertir en valores por su propia cuenta. En esta categoría se incluirán exclusivamente las instituciones que el Banco de España comunique a las entidades.

a.2) *Otras instituciones financieras no monetarias:* esta subagrupación se divide en:

a.2.1) *Seguros y fondos de pensiones:* incluye a las empresas de seguros (empresas de seguros privadas, entidades de previsión social y Consorcio de Compensación de Seguros) y a los fondos de pensiones inscritos, tanto las primeras como los segundos, en los registros de la Dirección General de Seguros.

a.2.2) *Otros intermediarios financieros:* incluye cualquier tipo de entidad o de institución que, no siendo entidad aseguradora o fondo de pensiones, tenga como actividad típica y principal la intermediación financiera, incurriendo en pasivos distintos del efectivo, depósitos y/o sustitutos próximos de los mismos.

a.2.3) *Auxiliares financieros:* abarca cualquier tipo de entidad o institución, distinta de las incluidas en otras agrupaciones, que realice sobre todo actividades estrechamente relacionadas con la intermediación financiera, pero que no formen parte de ella.

En concreto, en «Otros intermediarios financieros» y «Auxiliares financieros» se incluyen las entidades que se reseñan en el anejo XIII.

b) *Empresas no financieras:* esta subagrupación se divide en:

b.1) *Otros organismos públicos:* en esta categoría se incluyen las entidades públicas empresariales.

b.2) *Otras empresas no financieras:* comprende todas las personas jurídicas que no estén incluidas en otros apartados.

c) *Instituciones sin fines de lucro al servicio de los hogares:* recoge cualquier tipo de asociación, fundación, organización religiosa, política o sindical, etc., que, con personalidad jurídica propia, desarrolle su actividad al servicio de los hogares sin ánimo de lucro. La financiación de las instituciones que se incluyen en esta agrupación debe proceder de forma mayoritaria de contribuciones voluntarias de los hogares, pagos de las Administraciones Públicas y rentas de la propiedad. Las instituciones que se financien principalmente a través de la venta de sus productos o servicios se incluirán en la agrupación «b.2. Otras empresas no financieras».

d) *Hogares:* Comprende a todas las personas físicas, incluso a los empresarios individuales.

En la clasificación de los saldos correspondientes a otros sectores no residentes en España se aplicarán criterios equivalentes a los mencionados en el párrafo precedente.

8. Anualmente, el Banco de España (Oficina de Instituciones Financieras) distribuirá a las entidades de crédito una relación informativa de los entes y organismos españoles que deben incluirse a efectos contables en los sectores Administraciones Públicas y Otros organismos públicos. La inclusión en dichas categorías de otros entes u organismos españoles que no figuren en la citada relación requerirá conformidad previa del Banco de España.

NORMA OCTAVA.—Clasificación en balance

1. Todos los activos y pasivos se clasificarán en balance según su naturaleza instrumental y por sujetos, de acuerdo con los epígrafes, rúbricas y conceptos establecidos, para lo que se aplicarán las siguientes reglas:

a) Los créditos y débitos representados por obligaciones u otros valores negociables se integrarán en epígrafes específicos de activo y pasivo, cualquiera que sea el sujeto emisor o tenedor de tales valores, sin perjuicio de la sectorización de los créditos a nivel de rúbrica.

Por lo que a estas normas se refiere, no tendrán la consideración de valores negociables los efectos o recibos descontados a clientes, o a otras entidades de crédito, que se incluirán en balance como efectos financieros o créditos comerciales, según su naturaleza. Tampoco se considerarán negociables los certificados de depósito emitidos por entidades de crédito, que se registrarán como imposiciones a plazo.

b) Los bienes cedidos en arrendamiento financiero se reflejarán en balance como créditos concedidos al sector al que pertenezca el arrendatario. Esta clasificación contable se entiende sin perjuicio de los derechos que corresponden a la entidad arrendadora como propietaria de los bienes cedidos. Todos los arrendamientos con opción de compra que realicen las entidades de crédito arrendadoras se contabilizarán como arrendamientos financieros.

c) Los préstamos de mediación en los que la entidad mediadora asuma total o parcialmente el riesgo se incluirán en el concepto que por su sujeto e instrumentación corresponda en el balance de la mediadora. La entidad financiadora incluirá las provisiones de fondos correspondientes entre sus financiaciones a las entidades mediadoras.

d) Sólo se considerarán importes a la vista aquellos que puedan ser retirados en cualquier momento, sin previo aviso, o que estén sujetos a un preaviso de 24 horas o día laborable. No se incluyen entre éstos los depósitos «día a día», que se clasificarán como cuentas a plazo.

f) Los activos adquiridos por cuenta ajena no se reflejarán en el activo del balance de la entidad, aunque sea titular de aquéllos, siempre que exista un contrato que determine que la propiedad pertenece a terceros.

En los activos emitidos a través de un sistema de anotaciones en cuenta, sólo se considerarán operaciones por cuenta ajena las que realicen las entidades autorizadas para ello por el sistema.

g) Cuando, a efectos legales, de gestión o de otro tipo, sea necesario diferenciar determinados saldos, ello se hará mediante cuentas internas, a los efectos de esta circular.

h) Sin perjuicio de su clasificación en balance según su naturaleza, las carteras de valores se distribuirán, a efectos de valoración, en cuatro categorías, de acuerdo con los siguientes criterios:

I. *Cartera de negociación.* Se incluirán en esta cartera los valores de renta fija o variable que las entidades mantengan en el activo con la finalidad de beneficiarse a corto plazo de las variaciones de sus precios.

Sólo podrán tener esa condición valores que coticen públicamente y cuya negociación sea ágil, profunda y no influenciable por agentes privados individuales.

No podrán incluirse en esta cartera, o deberán excluirse, en su caso:

— Los valores emitidos por la propia entidad, y las participaciones en el capital de sociedades del grupo o asociadas;
— los valores adquiridos con pacto de retrocesión no opcional;
— los valores cedidos temporalmente o prestados por plazos superiores a tres meses, y los destinados a cubrir las cesiones a cuentas financieras;
— los valores dados en garantía.

II. *Cartera de inversión ordinaria.* Figurarán en ella los valores de renta fija o variable que no hayan sido asignados a otra categoría.

III. *Cartera de inversión a vencimiento.* Comprenderá los valores de renta fija que las entidades hayan decidido mantener hasta su amortización, teniendo capacidad financiera para hacerlo. Esa capacidad se presumirá cuando la entidad cuente, sea con financiaciones vinculadas a los valores de plazo equiparable a su vida residual, sea con un excedente neto de pasivos sobre activos de plazo residual e importe iguales o superiores al de esa cartera en el resto del balance, sea con otras coberturas apropiadas del valor de estas inversiones frente a variaciones del tipo de interés.

La clasificación en esta cartera precisará una decisión documentada, de modo que pueda verificarse si se cumplen las condiciones señaladas en el párrafo anterior.

La modificación de la decisión de mantener los valores hasta el vencimiento habrá de estar justificada, debiendo comunicarse al Banco de España las enajenaciones que se produzcan. Se consideran causas justificadas de enajenación los cambios en la legislación que modifiquen de forma profunda el marco en el que actúa la entidad, variaciones importantes en las circunstancias que concurren en el emisor, la ejecución de garantías constituidas, la existencia de dificultades financieras de la entidad o su grupo, u otras causas suficientes a juicio del Banco de España.

IV. *Cartera de participacíones permanentes.* Se incluirán en esta cartera las participaciones destinadas a servir de manera duradera a las actividades de la entidad o del grupo al que ésta pertenezca.

i) Los importes de las fianzas y consignaciones en efectivo recibidas se clasificarán en el balance, con independencia de que estén o no remuneradas, en los epígrafes de entidades de crédito o acreedores que correspondan, en función del sujeto que las haya efectuado, si la entidad los puede invertir libremente, o entre las cuentas diversas, si necesariamente se tienen que invertir en activos concretos.

j) Las financiaciones subordinadas, que recogerán todas las que, a efectos de prelación de créditos, se sitúen detrás de los acreedores comunes, se registrarán en balance como partida independiente, sea cual sea su instrumentación.

2. En el caso de las cajas de ahorros y cooperativas de crédito, los activos, pasivos y cuentas diferenciales relacionados, respectivamente, con la obra benéficosocial, o con el fondo de educación y promoción cooperativo (en adelante, Obra Social — OS), tendrán su reflejo dentro de los epígrafes señalados al efecto y de acuerdo con las siguientes reglas:

a) Las dotaciones al fondo de obra social incorporarán los resultados generales aplicados a tales conceptos, así como, en su caso, y en la forma prevista en el siguiente punto *b*), los productos o gastos de mantenimiento netos que pudieran resultar y los beneficios o pérdidas que se deriven de la venta o realización de activos afectos a esas funciones.

Las reservas por regularización de bienes afectos recogerán, en su caso, las creadas al amparo de la legislación vigente por los bienes en que se haya realizado la aplicación del fondo. Como «otros pasivos» se contabilizarán las cantidades debidas por aplazamientos de pago de activos afectos a esas funciones.

b) La partida de activo de aplicación del fondo de obra social recogerá las cuentas activas referidas a esas funciones. Las amortizaciones del inmovilizado material afecto se harán con cargo a gastos de mantenimiento. Esta cuenta desempeña la función de cuenta de pérdidas y ganancias de estas actividades, y su saldo reflejará el importe neto deudor resultante de los gastos e ingresos procedentes de tales inversiones, cancelándose a la apertura de libros del siguiente ejercicio, con cargo al fondo.

En ningún caso se cargarán gastos de obra social en la cuenta de pérdidas y ganancias de la entidad, o en cualquier otra de su balance.

Los aplazamientos de pago que pudieran pactarse en la enajenación de activos afectos a la obra social se registrarán en las cuentas activas de obra social.

3. Las operaciones sobre activos instrumentados en anotaciones en cuenta del Banco de España se abonarán o adeudarán en las cuentas de su naturaleza en la fecha en que se efectúen los traspasos en las correspondientes cuentas en el Banco de España. En el caso de que se admitiesen provisiones o se efectuasen anticipos en las operaciones con la clientela en fechas distintas de la de liquidación, aquellos importes se recogerán sin compensar en cuentas diversas de activo o pasivo, según su signo.

4. Las operaciones con moneda extranjera, así como las contratadas en el mercado de deuda anotada, se contabilizarán el día de la contratación, figurando en cuentas de orden hasta la fecha de su disponibilidad —fecha valor— y en cuentas patrimoniales a partir de la misma.

5. Los cheques, efectos, cupones y títulos amortizados, y, en general, cualesquiera otros activos tomados a clientes en comisión para su cobro o realización, o recibidos en garantía de créditos o de otras obligaciones y riesgos, o cedidos con tales fines por otras entidades, que estén en poder de la entidad que formula el balance, o hayan sido remitidos a corresponsales, se incluirán en cuentas de orden y no podrán integrarse en las rúbricas patrimoniales.

Paralelamente, los activos de la propia cartera cedidos a otras entidades en comisión de cobro no se darán de baja en el balance, manteniéndose en la cuenta a la que pertenecen por su naturaleza. Consecuentemente, el importe de los activos así remesados no se adeudará a las entidades corresponsales hasta que el cobro tenga lugar, figurando, entre tanto, en cuentas de orden.

Este concepto incluye también las operaciones de *factoring* sin anticipo y con recurso, que suponen simplemente una cesión de efectos en gestión de cobro.

6. Continuarán figurando en cartera los valores u otros activos que las entidades acepten en garantía de operaciones de préstamo o crédito, y los que utilicen en calidad de fianza para responder ante terceros de obligaciones y responsabilidades propias o ajenas.

7. Los activos clasificados como dudosos, en aplicación de los criterios establecidos en la norma décima, se segregarán de las cuentas a que pertenecen por su naturaleza instrumental y sectorial.

8. Los traspasos de valores de la cartera de negociación a cualquier otra cartera se realizarán a precios de mercado, deducido, en su caso, el cupón corrido. Los traspasos de la cartera de inversión ordinaria a la de inversión a vencimiento se realizarán al menor del precio de mercado y el precio de adquisición corregido, según se definen éstos en la norma vigésima séptima, apartado 2, saneando, en su caso, las pérdidas que se pongan de manifiesto. Los traspasos de la cartera de participaciones permanentes a otras carteras se realizarán al valor neto en libros. No se realizarán traspasos de la cartera de inversión a vencimiento a otras carteras, ni de la de inversión ordinaria a la de negociación.

Todos los traspasos de valores entre las diferentes carteras deben estar adecuadamente documentados, con expresión de las causas que los motivan.

SECCIÓN SEGUNDA

TRATAMIENTO CONTABLE DE LOS RIESGOS

NORMA NOVENA.—Fondos especiales

1. Tienen la consideración de fondos especiales las cuentas cuyo objeto consista en:

a) Corregir la valoración de activos individuales, o de masas de activos determinadas, o prevenir pagos o cargas contingentes con carácter específico (fondos específicos).

b) Servir de cobertura para riesgos generales (fondos genéricos).

No incluyen las cuentas generadas en la adquisición de activos a descuento por contabilización a valor de reembolso.

En el balance reservado figurarán separadamente en el pasivo, si bien en los balances públicos los fondos específicos se aplicarán, en su caso, a los activos provisionados, según se indica en esta circular.

2. Las dotaciones de fondos específicos respetarán los mínimos que para cada uno se contemplan en las normas siguientes, debiendo las entidades complementarlas cuando consideren que así lo exigen los riesgos o las correcciones de valor necesarias.

3. Los fondos genéricos integrarán los importes que la entidad asigne por razones de prudencia a la cobertura del riesgo general de su actividad bancaria, sin que exista un deterioro identificado del valor de sus activos o masas de activos, o una carga contingente. Estos fondos no podrán dotarse mientras existan defectos de cobertura en los fondos específicos.

4. El abono a fondos especiales se realizará con adeudo a la correspondiente partida de la cuenta de pérdidas y ganancias, con las excepciones contenidas en otras normas.

5. Los fondos específicos se adeudarán:

a) Por correcciones definitivas del valor de los activos que permanecen en cuentas patrimoniales, o por su aplicación a la amortización de tales activos.

b) Por hacerse firmes las cargas o compromisos contingentes.

c) Por disponibilidad de los mismos, al no ser ya necesaria, total o parcialmente, la corrección de valor efectuada, o desaparecer el compromiso o contingencia, en cuyo caso se estará a lo dispuesto en el apartado 15 de la norma quinta.

Los fondos genéricos se adeudarán:

d) Por aplicación a fondos específicos.

e) Por aplicación a otros quebrantos no cubiertos con fondos específicos.

6. Las utilizaciones de fondos a que se refieren las letras *a*) y *b*) del apartado anterior se contabilizarán directamente con cargo al respectivo fondo específico. En la utilización de los fondos genéricos señalados en las letras *d*) y *e*) se reconocerán en la cuenta de pérdidas y ganancias tanto las dotaciones o quebrantos cubiertos como la utilización del fondo.

7. La disposición del fondo para riesgos generales requerirá previa autorización del Banco de España. La propuesta de disposición se entenderá aceptada si el Banco de España no responde en el plazo de un mes.

8. Cuando el riesgo esté expresado en moneda extranjera, las entidades cifrarán los fondos de provisión correspondientes en la moneda en que se expresa el riesgo, reflejándose en balance según las reglas aplicables a la conversión del activo provisionado.

9. La rúbrica «Bloqueo de beneficios» recogerá exclusivamente los importes que, conforme establecen las normas quinta, apartado 16, y vigésima séptima, apartado 3, se deban incluir entre los fondos específicos.

NORMA DÉCIMA.—Riesgo de crédito

1. Las entidades de crédito pondrán el máximo cuidado y diligencia en el estudio riguroso e individualizado del riesgo de crédito de sus operaciones, no solo en el momento de conceder los créditos, sino también continuamente durante su vigencia, y no retrasarán la amortización de los saldos deudores, su pase a activos dudosos y su cobertura con fondos especiales, según proceda, tan pronto se aprecie la existencia de una situación anormal de riesgo de crédito.

En los activos en los que concurra riesgo de insolvencia y riesgo-país, se aplicará, a los efectos de su clasificación en balance, el criterio más severo.

A) Riesgo de insolvencia

2. Pasarán a la situación contable activa de dudosos las inversiones crediticias, valores de renta fija y demás saldos deudores, cualquiera que sea su titular, instrumentación o garantía, cuyo reembolso sea problemático por razones distintas de las recogidas en los apartados 7 y siguientes de esta norma. En particular, se clasificarán como dudosos:

a) En razón de su morosidad, los efectos, cuotas a cobrar de préstamos, créditos o arrendamientos financieros, cupones, valores de renta fija y demás débitos vencidos y no cobrados sin mediar novación o prórroga, cuando hayan transcurrido más de tres meses desde su vencimiento. En los descubiertos u otros saldos deudores a la vista sin vencimiento pactado, este plazo se contará desde el primer requerimiento de reembolso que efectúe la entidad, o desde la primera liquidación de intereses que resulte impagada.

La morosidad de una cuota supondrá la aplicación, a todo el crédito, de lo dispuesto en el apartado 22 de esta norma, así como el pase a dudosos, en el mismo día de su vencimiento, de las cuotas siguientes que resulten impagadas.

En relación con un solo riesgo, la acumulación de importes vencidos no cobrados clasificados como dudosos en virtud de su morosidad, tanto en concepto de principal como de intereses y gastos, por cuantía superior al 25 por 100 de los riesgos pendientes (excluidos intereses no devengados), o la existencia de cuotas o importes impagados con antigüedad superior a seis meses, en préstamos a personas físicas que no tengan como finalidad financiar su actividad empresarial con cuotas mensuales, o al año, en los demás casos, obligará a clasificar aquél como dudoso. Igual tratamiento se aplicará a las cuotas de arrendamientos financieros.

Respecto al conjunto de riesgos dinerarios y de firma de un cliente, la acumulación de saldos clasificados como dudosos por importe superior al 25 por 100 de los riesgos pendientes (excluidos intereses no devengados) llevará a clasificar la totalidad de estos últimos como dudosos.

En las operaciones que hubiesen sido clasificadas en activos dudosos por existir cuotas impagadas con más de un año —o seis meses, en su caso— de antigüedad o representar el riesgo vencido más del 25 por 100 del total de la deuda, se podrá reclasificar a inversión normal la parte de la operación no vencida y recuperar las provisiones constituidas para su cobertura si, como consecuencia del cobro de parte de las cuotas impagadas, desaparecen las causas objetivas que motivaron el traspaso a activos dudosos.

En las operaciones con cuotas de amortización periódica, la fecha del primer vencimiento, a efectos de la clasificación de las cuotas impagadas en activos dudosos, del arrastre a dudosos de importes no vencidos, de la fijación del porcentaje mínimo de cobertura y de la interrupción del devengo de intereses, será la correspondiente a la de la cuota más antigua de la que, en la fecha del balance, permanezca impagado algún importe por principal y/o intereses.

b) Los débitos, vencidos o no, en los que, aunque no concurran las circunstancias señaladas en la letra *a*) anterior, se presenten dudas razonables sobre su reembolso total en el momento y forma previstos contractualmente, sea por incurrir su titular en situaciones que supongan un deterioro de su solvencia, tales como patrimonio negativo, pérdidas continuadas, retraso generalizado en los pagos, estructura económica o financiera inadecuada, flujos de caja insuficientes para atender las deudas o imposibilidad de obtener financiaciones adicionales; o por otras causas. Se incluyen, entre otros, los saldos reclamados judicialmente por la entidad, aquéllos sobre los que el deudor haya suscitado litigio de cuya resolución dependa su cobro, las operaciones de arrendamiento financiero en las que la entidad haya decidido rescindir el contrato para recuperar la posesión del bien, y los activos cuyos titulares estén en situación de suspensión de pagos o de quita y espera. En las ejecuciones de garantías hipotecarias y en las rescisiones de contratos de operaciones de arrendamiento financiero sobre los bienes mencionados en la norma undécima, apartado 4.*a*.2), las entidades actuarán según su criterio, sin perjuicio de que tengan que clasificar las operaciones como de dudoso cobro si concurren las situaciones descritas en la anterior letra *a*).

3. Los pasivos contingentes cuyo pago por la entidad se estime probable, y su recuperación dudosa, se contabilizarán como dudosos en cuentas de orden.

En todo caso, en los avales y demás cauciones prestadas se clasificarán como dudosos los siguientes importes:

a) Por razón de la morosidad del avalado, en los avales no financieros, el importe reclamado por el beneficiario del aval y pendiente de pago, y, en los avales financieros, tal como se definen en el apartado 2.*a*) de la norma trigésima cuarta, al menos, el mismo importe que se tuviera que clasificar como dudoso de los riesgos dinerarios que garanticen conforme a los criterios establecidos en la letra 2.*a*) anterior incluyendo el tratamiento del conjunto de operaciones de un cliente. La fecha determinante para contar el plazo para la clasificación de los avales como dudosos es la del vencimiento de la primera cuota o plazo del riesgo dinerario impagado por el avalado a sus prestamistas que permanezca, total o parcialmente, pendiente de pago a la fecha del balance.

b) Por razones distintas de la morosidad del avalado, los importes de los avales cuyos avalados estén declarados en quiebra o sufran un deterioro notorio e irrecuperable de su solvencia, presenten patrimonio negativo o pérdidas continuadas, se encuentren en suspensión de pagos, manifiesten un retraso generalizado en los pagos, o se encuentren en circunstancias similares, aunque el beneficiario del aval no haya reclamado su pago.

4. La clasificación del principal como dudoso implica, simultáneamente, la de sus intereses y comisiones acumulados pendientes de pago, y, en su caso, la de los gastos pagados reclamables al interesado. Los pagos en que incurran las entidades con motivo de los trámites para recuperar operaciones clasificadas como activos dudosos o en suspenso deben contabilizarse directamente en la cuenta de pérdidas

y ganancias, salvo que puedan repercutirse al deudor, en cuyo caso podrán contabilizarse como activos dudosos, dotándose fondos de insolvencia por la totalidad de
su importe.

5. La prórroga o reínstrumentación de las operaciones de reembolso problemático no interrumpe su morosidad, ni producirá su reclasificación como inversión
normal, salvo que exista una razonable certeza de que el cliente puede hacer frente
a su pago en el calendario previsto o se aporten nuevas garantías eficaces, y, en
ambos casos, se perciban, al menos, los intereses ordinarios pendientes de cobro,
sin tener en cuenta los intereses de demora.

Los riesgos de acreditados en suspensión de pagos se reclasificarán a inversión
normal cuando el acreditado haya pagado, al menos, el 25 por 100 de los créditos
de la entidad afectados por la suspensión de pagos —una vez descontada, en su
caso, la quita acordada—, o hayan transcurrido dos años desde la inscripción en el
Registro Mercantil del auto de aprobación del convenio del suspenso con los
acreedores, siempre que dicho convenio se esté cumpliendo fielmente y la evolución
de la situación patrimonial y financiera de la empresa elimine las dudas sobre el
reembolso total de los débitos. Los riesgos en los que se incurra con posterioridad a
la aprobación del convenio de la suspensión no necesitarán contabilizarse como dudosos en tanto se cumpla el convenio y no se tengan dudas razonables sobre su cobro.

Los importes de las operaciones reclasificadas a inversión normal conforme a
los dos párrafos anteriores se reflejarán en el balance reservado, hasta su extinción,
dentro de otras informaciones complementarias, en una partida denominada
«Crédito reestructurado».

Se consideran garantías eficaces las siguientes: garantías pignoraticias sobre
depósitos dinerarios, valores de renta variable cotizados y valores de renta fija emitidos por emisores de reconocida solvencia; garantías hipotecarias sobre viviendas,
oficinas y locales polivalentes terminados y fincas rústicas, deducidas, en su caso,
las cargas previas; y garantías personales (avales, fianzas, incorporación de nuevos
titulares, etc.) que impliquen la responsabilidad directa y solidaria de nuevos garan-
tes ante la entidad, que sean personas o entidades cuya solvencia patrimonial esté
lo suficientemente contrastada como para asegurar el reembolso total de la operación en los términos acordados. El importe de estas garantías ha de cubrir plenamente el riesgo garantizado por las mismas.

Se considera que tienen carácter de polivalentes todas las oficinas y locales que,
sin alteración estructural o arquitectónica, sean susceptibles de utilización para distintas actividades empresariales y por parte de distintas empresas o agentes económicos, sin que existan limitaciones legales o administrativas que restrinjan apreciablemente su uso o la posibilidad de su venta.

6. Se considerarán de muy dudoso cobro y se darán inmediatamente de baja
en el activo del balance, con pase a cuentas suspensivas y aplicación de las provisiones que ya estuviesen constituidas, las inversiones crediticias, valores de renta
fija y demás saldos deudores, vencidos o no, cuyos titulares estén declarados en
quiebra o concurso de acreedores o sufran un deterioro notorio e irrecuperable de
su solvencia, así como los saldos impagados a los tres años desde su pase a la
situación de dudosos; ese plazo podrá ser de cuatro años o de seis en las operaciones hipotecarias a que se refiere la norma undécima, apartado 4.*a*.2), cuando

medien circunstancias objetivas que mejoren las expectativas de recuperación de los saldos (pactos financieros expresos, planes de viabilidad, percepción de los intereses pendientes, percepción parcial de los principales, afianzamiento o garantías complementarias suficientes, trabas o embargos de bienes, u otras similares).

El pase contable de los activos de muy dudoso cobro a cuentas suspensivas no interrumpirá las negociaciones y actuaciones legales de la entidad tendentes a lograr su eventual recuperación.

B) Riesgo-país

7. Se entiende por riesgo-país el que concurre en las deudas de un país, globalmente consideradas, por circunstancias distintas del riesgo comercial habitual. Comprende el *riesgo soberano*, el *riesgo de transferencia* y los *restantes riesgos derivados de la actividad financiera internacional.*

Riesgo soberano es el de los acreedores de los estados o de entidades garantizadas por ellos, en cuanto pueden ser ineficaces las acciones legales contra el prestatario o último obligado al pago por razones de soberanía.

Riesgo de transferencia es el de los acreedores extranjeros de los residentes de un país que experimenta una incapacidad general para hacer frente a sus deudas, por carecer de la divisa o divisas en que estén denominadas.

Restantes riesgos derivados de la actividad financiera internacional incluyen los demás riesgos susceptibles de cobertura dentro del ámbito del seguro de crédito a la exportación enumerados en la Orden Ministerial de 12 de febrero de 1998, sobre cobertura por cuenta del Estado de riesgos derivados del comercio exterior e internacional.

8. El riesgo-país afecta a todos los activos financieros y pasivos contingentes de la entidad sobre un país, cualquiera que sea la naturaleza del sujeto financiado y la instrumentación de la financiación, con las excepciones que recoge el apartado 9 siguiente. Incluye las garantías prestadas a favor de la entidad por los residentes de un país a residentes de otro peor clasificado, en aplicación de los criterios del apartado 11 y siguientes de esta norma.

Los riesgos con sucursales en el extranjero de una entidad se imputarán al país de residencia de la casa central de dichas sucursales.

9. De los riesgos imputables a un país, se excluirán, a los efectos de la cobertura por riesgo-país:

   a) Los riesgos con los residentes en un país, cualquiera que sea la moneda en la que estén denominados, registrados en entidades filiales y multigrupo radicadas en el país de residencia del titular; los riesgos en moneda local, cualquiera que sea el titular, registrados en sucursales radicadas en el país de residencia del titular; y los riesgos que no sean frente a Administraciones Públicas denominados en la moneda del país del titular registrados en los estados financieros de sucursales o entidades filiales o multigrupo radicadas en un país diferente al de residencia del titular.

   b) Las acciones y participaciones en empresas.

c) Los créditos comerciales, dinerarios o no, y los financieros derivados de los mismos, con vencimiento no superior a un año desde la fecha de utilización del crédito inicial.

d) Los créditos de prefinanciación con plazos iguales o inferiores a seis meses sobre contratos de exportación específicos, siempre que los citados créditos tengan como vencimiento la fecha de la exportación.

e) Los interbancarios con las sucursales en países del Espacio Económico Europeo de entidades de crédito extranjeras.

f) Los del sector privado de países pertenecientes a la zona monetaria de una divisa emitida por un país clasificado en el grupo 1, en aplicación de los criterios del apartado 11 y siguientes.

g) Los activos financieros negociables, adquiridos a precios de mercado para su colocación a terceros en el marco de una cartera gestionada separadamente con este propósito, con menos de seis meses en poder de la entidad.

10. Los riesgos descritos a continuación no se considerarán riesgos del país de su deudor original, sino del país en el que reside el garante o la garantía:

a) Los que estén garantizados por residentes de otro país mejor clasificado, o por CESCE u otros residentes en España, por la parte garantizada.

b) Los que tengan garantía real, incluso de depósitos, por la parte garantizada, y siempre que la garantía sea suficiente y la cosa objeto de la garantía se encuentre y sea realizable en un país del grupo 1, según el apartado 11, o en España.

11. Al objeto de lo dispuesto en esta circular sobre riesgo-país, las entidades clasificarán a los países en los siguientes grupos, ordenados de menor a mayor riesgo:

Grupo 1. Países cuyos riesgos son negociables, según relación incluida en el anejo de la Comunicación de la Comisión a los Estados miembros sobre seguro de crédito a la exportación a corto plazo (97/C 281/03, de 17 de septiembre de 1997).

Grupo 2. Países no clasificados en ningún otro grupo.

Grupo 3. Países con dificultades transitorias.

Grupo 4. Países dudosos.

Grupo 5. Países muy dudosos.

Grupo 6. Países fallidos.

A estos efectos, además de su apreciación global del riesgo en función de la evolución de la balanza de pagos, del nivel de endeudamiento y de cargas por servicio de la deuda, de las cotizaciones de las deudas en los mercados secundarios internacionales y de otros indicadores y circunstancias de cada país, las entidades aplicarán, en todo caso, los criterios que se recogen en los siguientes apartados.

12. En el grupo 2 se incluirán todos los países que no figuren en ningún otro grupo, en función de los criterios establecidos en esta norma.

13. Se considerarán países con dificultades transitorias los que incurran en una o más de las siguientes circunstancias:

a) Hayan interrumpido por más de tres meses, total o parcialmente, la amortización de sus deudas, pero satisfagan los intereses.

b) Transcurridos tres meses desde su vencimiento, no hayan satisfecho el pago de los intereses o lo hayan hecho solo parcialmente.

c) Ante las dificultades de pago, hayan renegociado los principales multilateralmente, de un modo total o parcial, alargando su plazo de vencimiento, o exista constancia de que vayan a hacerlo.

d) Estén intentando imponer una refinanciación unilateral de sus deudas.

e) Presenten un deterioro macroeconómico profundo que pueda afectar a la capacidad de pago del país. El citado deterioro se manifiesta si en el país concurren situaciones tales como: déficit significativos por cuenta corriente, proporciones excesivas de la deuda a corto plazo sobre la deuda externa total o las reservas internacionales netas, devaluación drástica de la moneda, fuertes caídas en los precios de las bolsas de valores, ratios de deuda externa muy superiores a las normales, etc.

14. Se considerarán países dudosos los que incurran en una o más de las siguientes circunstancias:

a) Hayan interrumpido por más de doce meses, total o parcialmente, la amortización de sus deudas, pero satisfagan los intereses.

b) Transcurridos seis meses desde su vencimiento, no hayan satisfecho el pago de los intereses o lo hayan hecho solo parcialmente.

c) Ante las dificultades de pago, hayan renegociado los principales multilateralmente, alargando su plazo de vencimiento, y sus intereses totales o parciales también hayan sido renegociados con sus acreedores privados, o satisfagan la mitad, al menos, del pago de los mismos mediante un nuevo endeudamiento.

d) Hayan impuesto una renegocíación unilateral de las deudas oficiales o bancarias.

e) Participen, o hayan participado recientemente, en una guerra generalizada con otro país (u otros países), o sufran una guerra civil que afecte a una amplia extensión de su territorio y tenga graves repercusiones para su economía.

f) Estén clasificados como países elegibles para la obtención de ayuda financiera ligada, según el Acuerdo sobre Líneas Directrices para los créditos a la exportación con apoyo oficial (Consenso OCDE).

15. Se considerarán países muy dudosos los que presenten dificultades prolongadas para hacer frente al servicio de su deuda, siendo escasa la posibilidad de recobro. Un país se incluirá en esta categoría si incurre en una o más de las siguientes circunstancias:

a) Haya interrumpido por más de veinticuatro meses, total o parcialmente, la amortización de sus deudas, pero satisfaga los intereses.

b) Transcurridos nueve meses desde su vencimiento, no haya satisfecho el pago de los intereses o lo haya hecho solo parcialmente.

c) Haya interrumpido totalmente la amortización de sus deudas durante doce meses y satisfaga el pago de los intereses, en todo o en parte, mediante un nuevo endeudamiento.

d) No cumpla durante más de tres meses los términos de una renegociación pactada.

e) Haya rechazado definitivamente programas de ajuste del Fondo Monetario Internacional o similares.

16. Se considerarán países fallidos los que hayan repudiado sus deudas o no hayan atendido la amortización ni el pago de intereses de las mismas durante cuatro años.

17. A efectos de la clasificación de los países en estos seis grupos, se tendrán en cuenta las siguientes consideraciones:

a) En principio, las entidades apreciarán la situación de impago de un país según lo sucedido en sus propias operaciones; no obstante, tendrán en cuenta lo sucedido con otras entidades, cuando ello induzca a una peor clasificación del país.

b) Cuando a un país puedan aplicársele criterios de más de un grupo, se le clasificará en el peor de ellos.

c) La interrupción de los plazos de pago por moratorias acordadas durante los procesos de renegociación no se computará al determinar la duración de los impagos a que hacen referencia los apartados anteriores.

18. La clasificación de un país podrá ser revisada favorablemente cuando, estando al corriente en el servicio de su deuda, se dé alguna de las siguientes circunstancias: que, transcurridos, al menos, dos años desde el acuerdo de renegociación, esté cumpliendo sus términos; que vuelva a operar con volúmenes significativos en el mercado internacional de capitales, en condiciones normales; que presente una balanza de pagos por cuenta corriente positiva, durante tres años, al menos, o que presente una mejora sustancial y patente en su solvencia financiera exterior.

19. La clasificación de un país como muy dudoso, dudoso o con dificultades transitorias supone, simultáneamente, la de los principales y los intereses vencidos y no cobrados.

20. La contabilización de los activos afectados por riesgo-país seguirá las siguientes reglas:

a) Los activos financieros en los países clasificados como fallidos se presumirán no recuperables y se darán de baja del activo del balance de la entidad, con pase a cuentas suspensivas.

b) Los activos financieros en países clasificados como muy dudosos se contabilizarán junto con los activos dudosos enumerados en el apartado 2 de esta norma.

Los pasivos contingentes sobre países fallidos o muy dudosos se contabilizarán con los pasivos contingentes dudosos enunciados en el apartado 3.

c) Los activos financieros y los pasivos contingentes en países clasificados como dudosos o en dificultades transitorias se mantendrán en sus cuentas en el balance confidencial, si bien en contabilidad interior se llevarán en cuentas desglosadas, para su oportuno control.

21. Los organismos multilaterales de países clasificados en los grupos 3, 4 y 5 se clasificarán en el grupo en que se sitúe el mayor número de los países participantes, salvo los bancos multilaterales de desarrollo enumerados en la norma decimotercera, apartado 1.II.*a*), de la circular 5/1993, de 26 de marzo, que se clasificarán en el grupo 1.

Si hubiese razones objetivas para una mejor clasificación, se elevará consulta razonada al Banco de España, proponiendo la que se estime procedente.

C) Intereses de operaciones de dudoso cobro

22. No se registrarán como productos, en tanto no se cobren, los intereses de las operaciones de cobro dudoso, incluyendo las afectadas de riesgo-país y clasificadas en las categorías de países muy dudosos, dudosos y en dificultades transitorias. Los imputables a ejercicios anteriores se considerarán activos en suspenso recuperados si en su día fueron imputados a pérdidas y ganancias, y posteriormente amortizados, o como beneficios no imputables al ejercicio si no llegaron a figurar en pérdidas y ganancias o se carece de antecedentes suficientes para determinarlo.

NORMA UNDÉCIMA.—Cobertura del riesgo de crédito

1. Las provisiones para el riesgo de crédito, hasta alcanzar las coberturas establecidas en la presente norma, se efectuarán tan pronto como se manifiesten las situaciones descritas en la norma décima y transcurran, en su caso, los plazos indicados en los apartados 4 y 12 siguientes, no debiendo dilatarse hasta las operaciones de cierre de ejercicio.

Si las coberturas dejan de ser necesarias por llegar a buen fin los activos provistos, o mejorar su calidad permitiendo su reclasificación como inversión normal, los fondos de insolvencia podrán recuperarse en la forma prevista en la norma novena.

2. Cuando en un mismo riesgo concurran el de insolvencia y el riesgo-país, la cobertura y clasificación del mismo se realizarán por el concepto que implique mayor exigencia, sin perjuicio de lo establecido en el apartado 20.*b*) de la norma décima.

3. Los activos financieros depreciados por razones de riesgo de crédito y adquiridos por ello a precios inferiores a los de su principal se provisionarán en la medida en que la depreciación sea inferior a la cobertura exigida, según las siguientes reglas, calculada sobre el principal del crédito.

A) Riesgo de insolvencia

4. Los fondos de insolvencia deberán igualar o superar en todo momento la suma de las siguientes coberturas:

a) A los activos clasificados como dudosos en función de su morosidad se les aplicarán los siguientes porcentajes de cobertura en función del tiempo transcurrido desde el vencimiento de la primera cuota o plazo impagado de una misma operación:

a.1) Con carácter general:

Más de tres meses, sin exceder de seis .... 10 %.
Más de seis meses, sin exceder de doce .... 25 %.
Más de doce meses, sin exceder de dieciocho .... 50 %.
Más de dieciocho meses, sin exceder de veintiuno .... 75 %.
Más de veintiún meses, hasta su baja en el activo .... 100 %.

La escala anterior será igualmente de aplicación a los demás saldos dudosos cuya clasificación proceda de la acumulación de morosidad a que se refiere el cuarto párrafo del apartado 2.*a*) de la norma décima. Para ellos, en tal caso, se considerará como fecha origen de los plazos establecidos la de su pase a dudosos. Ello, sin perjuicio de que, en consideración de otras circunstancias, deba aplicárseles lo dispuesto en el siguiente punto *a.*2) de este mismo apartado, o en el apartado 6 de la norma décima.

a.2) Para préstamos con garantía hipotecaria sobre viviendas terminadas, siempre que las garantías hayan nacido con la financiación, y para arrendamientos financieros sobre tales bienes:

Más de tres años, sin exceder de cuatro .... 25 %.
Más de cuatro años, sin exceder de cinco .... 50 %.
Más de cinco años, sin exceder de seis .... 75 %.
Más de seis años .... 100 %.

No obstante, mientras el importe del riesgo vivo supere el 80 por 100 del valor de tasación de las viviendas, se aplicará la escala de carácter general. A estos efectos, se utilizarán los valores de tasación originales si la entidad no dispone de otros más actuales.

La escala precedente no se aplicará a los préstamos y arrendamientos financieros contemplados en este apartado que pasen a la situación de dudosos por aplicación de lo establecido en el cuarto párrafo del apartado 2.*a*) de la norma décima, mientras se hallen al corriente de pago.

A estos efectos, se consideran viviendas los inmuebles utilizados como despachos, oficinas, etc., siempre que hubiesen sido construidos con fines residenciales, sigan siendo legalmente susceptibles de dicho uso y no requieran una transformación importante para su reutilización como vivienda.

a.3) No requerirán provisión por insolvencias: los riesgos con las Administraciones Públicas de países de la Unión Europea, incluidos los derivados de adquisiciones temporales de deuda pública, los otros organismos públicos a que se refiere la norma séptima, apartado 7.*b.1*) y las Administraciones Centrales de países clasificados en el grupo 1 a efectos de riesgo-país; los anticipos sobre pensiones y nóminas correspondientes al mes siguiente, siempre que la entidad pagadora sea una

Administración Pública y las mismas estén domiciliadas en la entidad; los avalados o reafianzados por dichas Administraciones Públicas, directa, o indirectamente a través de organismos con garantía ilimitada de las mismas; los asegurados, avalados o reafianzados por organismos o empresas públicas de países de la Unión Europea cuya actividad principal sea el aseguramiento o aval de crédito, en la parte cubierta; los que cuenten con garantía personal plena, solidaria, explícita e incondicional otorgada por las entidades de crédito citadas en la norma decimotercera, apartado 1.II.*g*), de la Circular 5/1993, de 26 de marzo, y sociedades de garantía recíproca que sean reclamables a primer requerimiento; los riesgos a nombre de Fondos de Garantía de Depósitos; los garantizados con depósitos dinerarios ni los que cuenten con garantía pignoraticia de participaciones en FIAMM o de valores de renta fija emitidos por las Administraciones Públicas o entidades de crédito mencionadas en este apartado, cuando el riesgo vivo sea igual o inferior al 90 por 100 del valor de rescate de los FIAMM y del de mercado de los valores recibidos en garantía.

b) En los activos y pasivos contingentes, excepto avales y demás cauciones prestadas, clasificados como dudosos por razones distintas de la morosidad, se provisionará un importe igual a la estimación de las cuantías no recuperables, efectuada con criterios de máxima prudencia valorativa.

Con carácter general, la cobertura de estas operaciones no podrá ser inferior al 25 por 100 de los saldos calificados como dudosos. Cuando la calificación como dudoso se haya realizado porque el acreditado presente una estructura económica o financiera inadecuada, y se estime que la cuantía no recuperable es inferior al 25 por 100 de la deuda, la cobertura será, al menos, del 10 por 100.

No obstante, los tipos de riesgos enumerados en el punto *a.2)* precedente, cuyo titular se encuentre en suspensión de pagos, se sujetarán a los plazos y coberturas señalados en dicho punto, sin que les sea aplicable la cobertura mínima prevista en el párrafo anterior.

Se rebajará al 10 por 100 la cobertura de los riesgos de un acreditado en suspensión de pagos cuando, transcurrido un año desde la inscripción en el Registro Mercantil del auto de aprobación del convenio del suspenso con los acreedores, se esté cumpliendo fielmente el mismo y la evolución de la situación patrimonial y financiera de la empresa elimine las dudas sobre el reembolso total de los débitos, todo ello salvo que se hayan pactado intereses notoriamente inferiores a los de mercado.

En las operaciones de arrendamiento financiero sobre bienes inmuebles cuyo arrendatario esté en situación concursal, no es necesario realizar sobre los importes pendientes de vencimiento la cobertura mínima del 25 por 100 a la que se refiere este apartado, siempre que no exista duda sobre la posibilidad de separar el bien de la masa concursal del arrendatario y reintegrarlo, en su caso, al de la entidad de crédito; siendo de aplicación en este caso, exclusivamente, el criterio de provisión que establece el apartado 5 siguiente.

c) Los avales y demás cauciones prestadas clasificados como dudosos se provisionarán en un importe igual al que, con criterios de máxima prudencia valorativa, se estime no recuperable de los mismos. En todo caso, los importes dudosos se cubrirán como mínimo con los porcentajes de cobertura establecidos en la letra *a*) anterior para los riesgos dinerarios, con las siguientes precisiones:

c.1) Cobertura por razón de morosidad

c.1.1) En los avales financieros clasificados como dudosos por razón de la morosidad de los riesgos que garantizan, así como en los riesgos dinerarios derivados de dichos avales, se aplicarán, en función de las garantías con las que cuente la entidad avalista, los mismos porcentajes de cobertura que por razón de morosidad correspondiesen a los riesgos dinerarios que garantizan, tomando como fecha determinante para contar el plazo para la fijación del porcentaje mínimo de cobertura la del vencimiento de la primera cuota o plazo del riesgo dinerario impagado por el avalado a sus prestamistas que permanezca, total o parcialmente, pendiente de pago a la fecha del balance.

c.1.2) En los avales no financieros y en los riesgos dinerarios derivados de los mismos, la fecha que se debe tomar a efectos de la fijación del porcentaje mínimo de cobertura será la más antigua de las que el avalado haya sido requerido de pago por el beneficiario del aval entre las que, a la fecha del balance, permanezca impagado algún importe, salvo cuando la reclamación se hubiese efectuado directamente a la entidad avalista, en cuyo caso se tomará la fecha de este requerimiento.

c.1.3) Se exceptúa de lo dispuesto en los subapartados precedentes el importe de los riesgos cubierto por las garantías a que se refiere el apartado 4.*a.3*) de esta norma.

c.2) Cobertura por razones distintas de la morosidad

c.2.1) Los avales financieros se provisionarán íntegramente si los avalados están declarados en quiebra o sufren un deterioro notorio e irrecuperable de su solvencia, aunque el beneficiario del aval no haya reclamado su pago.

c.2.2) Los avales financieros en los que el avalado presente patrimonio negativo o pérdidas continuadas, se encuentre en suspensión de pagos, o se manifieste un retraso generalizado en los pagos, o circunstancias similares, se provisionarán, al menos, en un 25 por 100 de su importe total, aunque el beneficiario del aval no haya reclamado su pago.

c.2.3) En los demás avales y garantías clasificados como dudosos por razones distintas de la morosidad, los importes no reclamados por el beneficiario del aval se provisionarán, al menos, en un 10 por 100 y los reclamados se provisionarán con los porcentajes que, en función de la situación del avalado, corresponda aplicar conforme a los criterios que se establecen en los subapartados *c.2.1)* y *c.2.2)* anteriores.

c.2.4) Se exceptúa de lo dispuesto en los subapartados precedentes el importe de los riesgos que dispongan de las garantías a que se refiere el apartado 4.*a.3)*, o de hipoteca sobre los bienes a los que se refiere el apartado 4.*a.2)*, siempre que, en este último caso, no exista duda de que el riesgo dinerario que pudiera derivarse del aval gozaría de derecho de separación en un procedimiento concursal. Asimismo, en caso de suspensión de pagos será aplicable lo dispuesto en el tercer párrafo de la letra *b)* anterior.

d) A los créditos superiores a 25.000 euros, no clasificados como dudosos, que no se encuentren adecuadamente documentados se les aplicará una cobertura del 10 por 100; cuando los titulares sean sociedades, la documentación deberá comprender los oportunos estados contables actualizados que permítan su análisis económico-financiero. No obstante lo anterior, no será necesario que se actualice la documentación de aquellos acreditados con riesgos vivos, exclusivamente por operaciones de arrendamiento financiero o que cuenten con garantías eficaces, por importes inferiores a 150.000 euros y que no tengan importes impagados, siempre que el valor estimado, con cualquier criterio objetivo, de los bienes cedidos o de las garantías eficaces sea superíor al riesgo pendiente de vencimiento.

Cuando concurran varias razones de clasificación de un riesgo como dudoso, se aplicarán las provisiones más elevadas que según ellas puedan corresponderle.

5. En las operaciones de cesión de bienes en arrendamiento financiero, las cuotas vencidas no cobradas hasta el momento de recuperar materialmente la posesión o el uso de los bienes cedidos seguirán el tratamiento de cobertura general previsto en el apartado anterior.

Cuando se haya decidido rescindir el contrato para recuperar el bien, si este tuviese un valor real inferior al valor en libros (principal de las cuotas no vencidas más el valor residual, sin impuestos), se procederá a dotar un fondo de provisión por el importe estimado de la reducción de valor; en tanto se determine el valor real con las peritaciones o valoraciones que procedan, dicha provisión no será inferior al 10 por 100 del valor definido anteriormente en el caso de bienes inmuebles (excepción hecha de los destinados a vivienda, oficinas o locales comerciales polivalentes, que no requerirán cobertura adicional), y del 25 por 100 en el caso de las instalaciones y los bienes muebles. Estas provisiones establecidas se registrarán en un fondo especial de depreciación de bienes cedidos en arrendamiento financiero, que se integrará en el balance reservado con los fondos de insolvencia.

En caso contrario, se aplicarán las normas generales de cobertura.

6. Con independencia de los fondos previstos en los apartados anteriores, el riesgo crediticio —que a estos efectos comprende las inversiones crediticias, títulos de renta fija no incluidos en la cartera de negociación, pasivos contingentes y activos dudosos sin cobertura específica obligatoria por insolvencias o riesgo-país, de los sectores residentes y no residentes, salvo Administraciones Públicas españolas y entidades de crédito— se provisionará aplicando los siguientes porcentajes de cobertura:

a) Activos y pasivos contingentes, dudosos o no, incluidos en el apartado 4.*a.3)* .... 0 %.

b) Operaciones descritas en el apartado 4.*a.2)* cuyo riesgo vivo sea inferior al 80 por 100 del valor de tasación de las viviendas, y bonos de titulización hipo-tecarios ordinarios .... 0,5 %.

c) Los demás riesgos .... 1 %.

No será necesario provisionar por este concepto aquellos valores emitidos por fondos de titulización en los que la entidad tenga activos que deban provisionarse de acuerdo con lo dispuesto en el apartado 11.

7. El fondo de insolvencias constituido para cubrir el riesgo crediticio según lo dispuesto en el apartado anterior se complementará con un fondo para la cobertura estadística de insolvencias, que se constituirá cargando cada ejercicio en la cuenta de pérdidas y ganancias una estimación de las insolvencias globales latentes en las diferentes carteras de riesgos homogéneos. El movimiento contable de estos fondos se realizará de acuerdo con el procedimiento indicado en el apartado 10.

8. Las entidades estimarán las provisiones a realizar, según el apartado precedente, mediante métodos de cálculo basados en su propia experiencia de impagos y en las expectativas de pérdidas por categorías homogéneas del riesgo crediticio, teniendo en cuenta la calidad de los diferentes tipos de contrapartes, las garantías constituidas y su valor recuperable, la vida de las operaciones cuando ello sea relevante, y la evolución futura del riesgo en función de los cambios previsibles de la coyuntura a medio y largo plazo.

Los métodos de cálculo formarán parte de un sistema adecuado de medición y gestión del riesgo de crédito, usarán una base histórica que abarque un ciclo económico completo, y deberán ser verificados de conformidad por los Servicios de Inspección del Banco de España.

9. Alternativamente, las entidades calcularán las dotaciones a realizar al fondo para la cobertura estadística de insolvencias aplicando al riesgo crediticio, según se define en el apartado 6, los siguientes coeficientes:

a) *Sin riesgo apreciable.* Riesgos enumerados en el anterior apartado 4.*a.3)*
.... 0 %

b) *Riesgo bajo.* Comprende los activos que sirvan de garantía en las operaciones de política monetaria del Sistema Europeo de Bancos Centrales, salvo los incluidos en la anterior letra *a)*; las operaciones a las que se refiere la letra *b)* del anterior apartado 6; las operaciones cuyo titular sea una empresa cuyas deudas a largo plazo estén calificadas, al menos, con una A por alguna agencia de calificación de reconocido prestigio; y los valores emitidos en moneda local por Administraciones Centrales de países diferentes de los indicados en el anterior apartado 4.*a.3)* que estén registrados en los libros de sucursales radicadas en el país del emisor .... 0,1 %.

c) *Riesgo medio-bajo.* Comprende las operaciones de arrendamiento financiero no incluidas en otras letras y aquellos riesgos que cuenten con alguna garantía real diferente de las indicadas en los riesgos enumerados en las letras anteriores, siempre que el valor estimado de los bienes cedidos en arrendamiento financiero y de las garantías reales cubra plenamente el riesgo vivo . . . . 0,4 %.

d) *Riesgo medio.* Riesgos con residentes en España o en países incluidos en los grupos 1 y 2 a efectos de riesgo-país, no incorporados en otras clases . . . . 0,6 %.

e) *Riesgo medio-alto.* Comprende los préstamos y créditos a personas físicas para la adquisición de bienes de consumo duradero y de otros bienes y servicios corrientes, no afectos a una actividad empresarial, salvo que estén inscritos en el Registro de Ventas a Plazo de Bienes Muebles, y los riesgos con obligados finales residentes en países incluidos en los grupos 3 a 6 a efectos de riesgo-país excluidos de cobertura de dicho riesgo, que no estén comprendidos en otras clases . . . . 1 %.

f) *Riesgo alto.* Comprende los saldos por tarjetas de crédito, descubiertos en cuenta corriente y excedidos en cuenta de crédito, cualquiera que sea su titular, salvo que estos se incluyan en las letras *a*) o *b*) anteriores, y los activos dudosos sin cobertura obligatoria no incluidos en la anterior letra *a*) . . . . 1,5 %.

Los pasivos contingentes, antes de aplicarles los coeficientes anteriores, se ponderarán por los porcentajes que figuran en la norma decimocuarta de la Circular 5/1993, de 26 de marzo.

Si una entidad dispone de un método de cálculo propio, aprobado por el Banco de España, para el cálculo del porcentaje de dotación de alguna o algunas categorías o subcategorías de riesgos, aplicará a los riesgos no incluidos en su método los coeficientes indicados en este apartado.

10. El fondo para la cobertura estadística de insolvencias se dotará trimestralmente, con cargo a pérdidas y ganancias, por la diferencia positiva entre una cuarta parte de la estimación estadística de las insolvencias globales latentes en las diferentes carteras de riesgos homogéneos (riesgo crediticio multiplicado por los correspondientes coeficientes), como minuendo, y las dotaciones netas para insolvencias realizadas en el trimestre, como sustraendo. Si dicha diferencia fuese negativa, su importe se abonará a la cuenta de pérdidas y ganancias con cargo al fondo constituido por este concepto, en la medida que exista saldo disponible.

El movimiento en el ejercicio de este fondo se reflejará, en la cuenta de pérdidas y ganancias, por su saldo neto, como dotaciones o recuperaciones, incluyendo entre éstas los fondos dotados en ejercicios anteriores que se hayan utilizado porque sea negativo el resultado de la diferencia indicada en el párrafo anterior.

Si se decidiese dotar este fondo mensualmente, se aplicarán criterios similares a los indicados anteriormente, adaptando los cálculos al plazo mensual.

A estos efectos, se entenderá por dotaciones netas para insolvencias, las dotaciones para la cobertura específica de insolvencias más las amortizaciones de insolvencias menos las recuperaciones del fondo de cobertura específica de insolvencias y los activos en suspenso recuperados, realizadas de acuerdo con los criterios establecidos en los apartados 4, 5 y 11. Este concepto no incluye las dotaciones para riesgo-país.

El fondo para la cobertura estadística de insolvencias constituido según lo dispuesto en este apartado será, como máximo, igual al triplo de la suma de los productos de los importes de las diferentes categorías de riesgo crediticio por sus correspondientes coeficientes.

11. En la determinación de las coberturas que establecen los anteriores apartados, las aportaciones a fondos de titulización, los valores subordinados emitidos por los mismos y las financiaciones de cualquier clase que en la liquidación de estos fondos se sitúen, a efectos de prelación, después de los valores no subordinados se provisionarán en una cuantía igual a las coberturas que, de acuerdo con lo dispuesto en los correspondientes apartados, debiese realizar la entidad de mantener en su cartera los activos del fondo, con el límite del importe de las citadas aportaciones, valores y financiaciones.

B) Riesgo-país

12. Desde el momento de la clasificación de un país como muy dudoso, dudoso o en dificultad transitoria, los fondos de provisión del riesgo-país deberán igualar o superar las siguientes coberturas:

a) A los riesgos de países muy dudosos se les aplicará un porcentaje de cobertura no inferior al 50 por 100, desde la clasificación del país en esa categoría, y al 75 y 90 por 100, desde el inicio del segundo y del tercer año de permanencia continuada en la misma, respectivamente, pudiendo las entidades adelantar total o parcialmente este calendario.

b) A los riesgos de los países dudosos se aplicará un porcentaje de cobertura no inferior al 20 por 100, desde la clasificación del país en esa categoría, y al 35 por 100, desde el inicio del segundo año de su permanencia continuada en la misma, pudiendo, asimismo, las entidades adelantar este calendario.

c) A los riesgos de los países en dificultades transitorias se aplicará un porcentaje de cobertura no inferior al 15 por 100.

En todo caso, los activos interbancarios de plazo no superior a tres meses se dotarán por el 50 por 100 de las coberturas establecidas en este apartado, siempre que el país esté incluido en los grupos 3 ó 4 a efectos de riesgo-país y haya atendido normalmente su servicio, sin prórrogas o renovaciones.

13. Los apoyos financieros, dinerarios o de firma, a sucursales y entidades filiales y multigrupo residentes en países clasificados en los grupos 3 a 6 a efectos de riesgo-país, denominados en una moneda diferente de la del país en el que radiquen, darán lugar a la constitución de provisiones por riesgo-país en los estados individuales de las entidades que presten el apoyo, y, en su caso, también en los estados consolidados, aunque dichos apoyos no figuren en dichos estados como consecuencia de su proceso de elaboración, salvo que estuviesen financiando activos ya provisionados por riesgo-país.

NORMA DUODÉCIMA.—Cobertura de otros riesgos

1. Con independencia de lo dispuesto en el apartado 4 de la norma cuarta, sobre conversión del inmovilizado en moneda extranjera no cubierto, si de las cotizaciones de las divisas en que estuviese denominado resultasen pérdidas potenciales, se constituirá la oportuna dotación en un fondo de provisiones para riesgos de cambio.

2. Las entidades realizarán, al menos a fin de cada mes, cierres teóricos de sus posiciones que no sean de cobertura en operaciones de futuro sobre valores y tipos de interés contratadas fuera de mercados organizados, y efectuarán, con cargo a pérdidas y ganancias, las provisiones necesarias cuando de tales cierres resulten pérdidas potenciales netas por cada clase de riesgo. Esta norma se aplicará también a las opciones sobre divisas contratadas fuera de mercados organizados.

Para la determinación de los resultados por cada clase de riesgo deben agruparse, por un lado, las operaciones relacionadas con el riesgo de tipo de interés, y, por otro, las relacionadas con el riesgo de precio de acciones. Con respecto a las primeras, deben determinarse las pérdidas potenciales netas de cada conjunto de operaciones denominadas en una misma moneda, y, con respecto a las segundas, deben calcularse las pérdidas potenciales netas por cada emisor.

En el caso de las opciones emitidas, se tendrán muy en cuenta las pérdidas potenciales derivadas de las condiciones de los mercados de los activos subyacentes, pudiendo aplicar para su cobertura los modelos estadísticos habituales de valoración de opciones (cobertura delta).

NORMA DECIMOTERCERA.—Compromisos por pensiones y obligaciones similares

A) Compromisos y riesgos por pensiones

1. Los compromisos por pensiones causadas y los riesgos devengados de las pensiones no causadas (en adelante compromisos y riesgos devengados por pensiones) se tratarán contablemente, según quienes sean los beneficiarios afectados y la forma en que se cubran, de acuerdo con lo indicado en los siguientes apartados. A estos efectos se entiende por:

— *Compromisos por pensiones causadas:* los compromisos de pago de pensiones o complementos de pensiones asumidos por las entidades con su personal pasivo por jubilación o situación asimilable a jubilación e invalidez y con los beneficiarios del personal jubilado o fallecido, así como los compromisos de pago con su personal prejubilado.

— *Riesgo devengado por pensiones no causadas:* el riesgo de pago de pensiones, u otras indemnizaciones asimilables a pensiones o sustitutorias de ellas (prestaciones de viudedad, orfandad e invalidez) con el personal en activo y sus beneficiarios en caso de fallecimiento, imputable a servicios pasados atendiendo a la vida activa total estimada de cada empleado y a la transcurrida.

B) Fondos internos de pensiones del Real Decreto 1.588/1999

2. Lo dispuesto en esta letra se aplicará exclusivamente a los compromisos y riesgos devengados por pensiones cubiertos con fondos internos de pensiones autorizados de acuerdo con el régimen excepcional regulado en el apartado 2 de la disposición transitoria decimocuarta de la Ley 30/1995, de 8 de noviembre, de Ordenación y Supervisión de los Seguros Privados, y en el Capítulo IV del Reglamento sobre instrumentación de los compromisos por pensiones de las empresas con los trabajadores y beneficiarios, aprobado por el Real Decreto 1.588/1999, de 15 de octubre (en adelante Reglamento).

3. Los compromisos y riesgos devengados por pensiones cubiertos con fondos internos de pensiones del Real Decreto 1.588/1999 se valorarán y cubrirán aplicando criterios objetivos, al menos, tan rigurosos como los que se establecen en el Reglamento para la valoración de los citados compromisos y riesgos. En la fijación de las hipótesis no reguladas en el Reglamento se aplicarán, siempre que existan, los criterios que se hubiesen pactado contractualmente con los beneficiarios; en los demás casos, y en tanto no se desarrollen reglamentariamente o publiquen recomendaciones por el Ministerio de Economía, se aplicarán criterios prudentes y coherentes entre sí, respetando en todo caso los siguientes:

a) El tipo de interés técnico no podrá ser superior en más de dos puntos porcentuales a la tasa de crecimiento de los salarios.

b) La tasa de crecimiento de salarios será como mínimo un punto porcentual superior a la tasa de crecimiento de las pensiones de la Seguridad Social. En la determinación del crecimiento de los salarlos se tendrá en cuenta la proyección razonable de los cambios futuros en la categoría laboral de los empleados.

c) Si entre los compromisos de la entidad figurase la revalorización anual de los complementos de pensiones, el tipo de interés técnico no podrá ser superior en más de tres puntos porcentuales al tipo de revalorización de las pensiones.

d) La edad estimada de jubilación de cada empleado será la primera a la que tenga derecho a jubilarse.

e) No se contemplarán minoraciones por rotaciones en la plantilla.

4. Los compromisos y riesgos devengados por pensiones que estén cubiertos con fondos internos de pensiones del Real Decreto 1.588/1999 se reflejarán en los estados reservados de la siguiente forma:

a) El importe de la valoración actuarial de los «Compromisos por pensiones causadas» y «Riesgos por pensiones no causadas» se registrará en cuentas de orden, desglosando estos últimos entre riesgos devengados y no devengados.

b) Los fondos para la cobertura total de los compromisos y riesgos devengados por pensiones se registrarán en la rúbrica «Fondos internos de pensiones y obligaciones similares» y se dotarán íntegramente con cargo a pérdidas y ganancias.

c) El registro en la cuenta de pérdidas y ganancias se realizará de la siguiente forma:

— En la rúbrica «Costo imputable a los fondos de pensiones constituidos» se incluirá el importe de los rendimientos por intereses generados a favor del fondo ya constituido, calculado aplicando el mismo interés que se utilice en la valoración de los compromisos y riesgos devengados por pensiones.

— En la rúbrica «Dotaciones a los fondos de pensiones internos» se incluirá el valor actuarial necesario para cubrir el importe devengado en el ejercicio por las pensiones no causadas, que no incluirá ni los rendimientos de los fondos constituidos ni las variaciones que se puedan producir, en su caso, como consecuencia de modificaciones en las hipótesis utilizadas en su cálculo.

— Cuando la suma de los importes del costo imputable y de las dotaciones indicadas anteriormente sea distinta de la cantidad necesaria para actualizar el fondo interno de pensiones, la diferencia se contabilizará, según su signo, como dotaciones extraordinarias o recuperaciones de fondos internos de pensiones.

5. Cuando la entidad cubra, en todo o en parte, sus riesgos derivados de fondos internos de pensiones del Real Decreto 1.588/1999 con contratos de seguros en los que la entidad continúe asumiendo el riesgo actuarial, de inversión o ambos, las aportaciones efectuadas por este concepto a las entidades aseguradoras se registrarán en el activo del balance, en la rúbrica «Contratos de seguros vinculados a pensiones y obligaciones similares». Esta cuenta se valorará por el importe de las provisiones matemáticas que deba tener la entidad aseguradora, en función de los términos del contrato, a la fecha del balance, registrando las diferencias de valoración que se deban a la rentabilidad generada en el ejercicio por los contratos en la rúbrica «Productos de contratos de seguros vinculados a pensiones y obligaciones similares».

6. Las entidades remitirán a la oficina de Documentación y Central de Riesgos, antes del 31 de marzo, un informe actuarial de los compromisos y riesgos por pensiones cubiertos con fondos internos de pensiones del Real Decreto 1.588/1999 correspondientes a 31 de diciembre del ejercicio anterior certificado por un actuario independiente, que hará explícitos los criterios aplicados y los importes que se deben registrar en las diferentes partidas de los estados financieros, así como el censo.

C) Fondos externos de pensiones del Real Decreto 1.588/1999

7. Los compromisos y riesgos devengados por pensiones cubiertos con contratos de seguros, planes de pensiones o ambos de acuerdo con el Real Decreto 1.588/1999 son todos los que corresponden al personal afectado por el Reglamento distintos de los contemplados en la letra anterior.

8. Los compromisos y riesgos devengados por pensiones, sean de prestación definida o aportación definida, que estén cubiertos con fondos externos de pensiones del Real Decreto 1.588/1999 no tendrán reflejo en cuentas de orden en el balance reservado.

Las cantidades que, de acuerdo con los contratos establecidos, se deban aportar periódicamente a las compañías de seguros o planes de pensiones por el devengo de pensiones no causadas se periodificarán a lo largo del ejercicio adeudándose en la cuenta de pérdidas y ganancias como aportaciones a fondos de pensiones externos.

Cuando existan diferencias en la valoración de los compromisos y riesgos devengados por pensiones, como consecuencia de las hipótesis utilizadas en el cálculo de su valor actuarial, que evidencien la necesidad de aportaciones extraordinarias, los importes necesarios para regularizar dichas diferencias se cubrirán dotando la rúbrica «Fondos internos de pensiones y obligaciones similares. Resto» con cargo a dotaciones extraordinarias a los fondos de pensiones internos mientras no se efectúen dichas aportaciones.

9. Las entidades remitirán a la oficina de Documentación y Central de Riesgos, antes del 31 de marzo, informe actuarial de los compromisos y riesgos por pensiones cubiertos con fondos externos de pensiones del Real Decreto 1.588/1999 correspondientes a 31 de diciembre del ejercicio anterior que le haya facilitado la entidad o entidades encargadas de su gestión. En el informe se indicarán los criterios aplicados y los importes correspondientes a compromisos y riesgos por pensiones y a las aportaciones complementarlas pendientes de realizar por la entidad, así como el censo.

D) Restantes compromisos y riesgos devengados por pensiones

10. Los compromisos y riesgos devengados por pensiones con beneficiarios no afectados por el Reglamento, cuando se cubran con aportaciones a entidades de seguros o planes de pensiones en los que la entidad no retenga ningún riesgo actuarial asegurable ni de inversión con los beneficiarios, se tratarán como fondos externos de pensiones, y aquéllos en los que la entidad retenga el riesgo actuarial, de inversión, o ambos, se tratarán como fondos internos de pensiones.

Estos compromisos y riesgos devengados por pensiones se valorarán aplicando los criterios objetivos que mejor se adapten a las circunstancias y características de los colectivos de beneficiarlos afectados, aplicando en todos los casos criterios prudentes y coherentes entre sí que aseguren la solvencia de la entidad.

11. Los compromisos y riesgos devengados por pensiones que estén cubiertos con fondos externos de pensiones se registrarán en los estados reservados aplicando lo dispuesto en el anterior apartado 8 y los que estén cubiertos con fondos internos de pensiones aplicando lo dispuesto en los apartados 4 y 5.

12. Las entidades remitirán a la oficina de Documentación y Central de Riesgos, antes del 31 de marzo, informes actuariales de los compromisos y riesgos devengados por pensiones a los que se refiere el apartado 10 con las características que se describen en los apartados 6 y 9.

E) Prejubilaciones, premios de antigüedad y conceptos similares

13. En los compromisos asumidos con el personal prejubilado, entendido a estos efectos como aquél que ha cesado de prestar sus servicios en la entidad pero, sin estar jubilado, continúa con derechos económicos frente a ella hasta que pasa a la situación legal de jubilado, se actuará de la siguiente forma:

a) El valor actual del coste del personal prejubilado hasta que pase a la situación legal de jubilado se provisionará en la rúbrica del pasivo «Fondos internos de pensiones y obligaciones similares. Resto» con cargo a «Dotaciones a fondos por prejubilaciones y ceses». En la determinación de las provisiones a dotar se utilizarán, en lo aplicable, los criterios que establece el apartado 3 para la valoración de los compromisos y riesgos por pensiones. Si se formalizan contratos de seguro para pagar al personal hasta que se jubile legalmente, su importe se dará de baja del balance exclusivamente si la entidad no retiene ningún riesgo actuarial ni de inversión; en otro caso su importe se registrará en la rúbrica «Contratos de seguros vinculados a pensiones y obligaciones similares».

b) Los complementos que se tengan que realizar a los fondos internos de pensiones para la cobertura de los compromisos a pagar por pensiones una vez que los empleados pasen a la situación legal de jubilado se cubrirán inmediatamente, registrando su importe en la rúbrica correspondiente a fondos de pensiones del epígrafe de quebrantos extraordinarios de la cuenta de pérdidas y ganancias. Cuando los compromisos de pensiones se cubran con fondos externos de pensiones, los importes necesarios para complementar las aportaciones necesarias se dotarán con abono a la rúbrica «Fondos internos de pensiones y obligaciones similares. Resto» mientras no se efectúen dichas aportaciones.

Excepcionalmente, en las circunstancias previstas en la norma segunda, apartado 9, y en aquellos casos en que los compromisos a cubrir tengan su origen en procesos de reestructuración destinados a consolidar la posición financiera de la entidad a medio o largo plazo, el Banco de España podrá autorizar un calendario para la dotación de las provisiones a que se refieren las letras anteriores, o permitir que se constituyan con cargo a reservas. En ambos casos, la entidad deberá hacer pública dicha circunstancia en la memoria.

14. Las remuneraciones al personal no vencidas, por premios de antigüedad o por conceptos similares, no incluidas en el ámbito de aplicación del Reglamento, que se devenguen en varios ejercicios se provisionarán por el valor actual devengado a la fecha del balance, siendo aplicable en su determinación mensual lo que dispone el apartado 5 de la norma quinta para la imputación temporal de los gastos generales. Su importe se registrará en la rúbrica «Fondos internos de pensiones y obligaciones similares. Resto» y se dotará con cargo a «otros gastos de personal».

Las indemnizaciones contractuales por ceses o despidos diferentes de las establecidas con carácter general por la legislación vigente, siempre que su importe supere dos anualidades, se cubrirán dotando la rúbrica «Fondos internos de pensiones y obligaciones similares. Resto», con cargo a «Dotaciones a fondos por prejubilaciones y ceses», durante el período que media entre la fecha de la contratación y la que figura en el contrato para tener derecho a la indemnización, estableciéndose un plazo máximo para su cobertura de cinco años si no figura en el contrato un período mínimo para que sea obligatorio su pago, salvo que existan circunstancias objetivas que permitan aplicar otro calendario.

SECCIÓN TERCERA

TRATAMIENTO CONTABLE DE LA MOVILIZACIÓN DE ACTIVOS FINANCIEROS

NORMA DECIMOCUARTA.—Cesiones temporales de activos financieros

1. Los activos instrumentados en valores negociables comprados o vendidos con pacto de retrocesión no opcional se reflejarán, respectivamente, en cuentas separadas del activo o pasivo; los vendidos no se darán contablemente de baja de la cartera, sin perjuicio de la transmisión de su titularidad.

A los efectos de esta circular, se considerará pacto de retrocesión no opcional, sea cual sea su forma instrumental, aquella operación por la que vendedor y comprador queden comprometidos a la recompra por el primero de los mismos títulos o efectos cedidos, u otros tantos de la misma clase.

2. Para la valoración de las cesiones mencionadas en el apartado anterior se tendrán en cuenta las siguientes reglas:

   a) Las operaciones sobre activos a descuento o cupón cero se valorarán por el precio efectivo contratado para la cesión. La diferencia entre éste y el precio de recompra se periodificará como costo de una financiación recibida (por el vendedor) o producto de una inversión (para el comprador). El vendedor seguirá devengando los productos de los activos vendidos.

   b) Las operaciones sobre activos con intereses periódicos se valorarán por el precio efectivo contratado para la cesión, incluido el cupón corrido. La diferencia entre este valor y la suma del precio de recompra, más, en su caso, los importes totales de los cupones intermedios, se periodificará como costo de una financiación (por el vendedor) o producto de una inversión (para el comprador). El vendedor seguirá devengando los productos de los activos vendidos. Si durante el período de duración de la operación hubiese uno o varios pagos de cupón, el comprador y el vendedor deberán: el primero, descargar sus cuentas de periodificación de productos contra el cobro de los cupones, llevando el exceso de ellos, en su caso, a una cuenta entre las de diversas, que se cancelará al vencimiento de la operación; el segundo compensará las cuentas de periodificación de costes y productos, cancelando la diferencia, si la hubiere, al vencimiento de la operación.

   c) En las operaciones que se realicen por precios cuyo efectivo sea superior al que resultase de los de mercado, la diferencia entre ambos se contabilizará por separado, como un depósito a plazo del adquirente (en caso de cesión) o como un préstamo personal al cedente (si se tratase de adquisición).

3. En caso de operaciones de compraventa con pacto de retrocesión a la vista, en las que el compromiso de recompra pueda exigirse a lo largo de un determinado período, debiendo realizarse necesariamente, de no ser exigido antes, al final de ese período, se aplicarán las mismas normas contables señaladas; la periodificación de intereses se calculará a partir de la rentabilidad interna acordada. Se entenderá por vencimiento la fecha en que se ejercite la recompra; y su plazo se considerará a la vista, a efectos de la distribución de los saldos patrimoniales por plazos.

4. En las cesiones con derecho de retrocesión a ejercer por el cesionario (compraventas opcionales), éste dará de alta los activos en el balance, según las normas de valoración que les sean aplicables. El cedente tratará la operación como una venta, reflejando en cuentas de orden la contingencia de la eventual recompra, valorándola al precio convenido para ésta y provisionando, en su caso, la pérdida potencial resultante de la diferencia entre dicho valor y el de mercado.

5. Cuando en una cesión con pacto de retrocesión no opcional el cesionario vendiese en firme los valores tomados, registrará el importe cobrado en el pasivo, como acreedores por valores, con la debida separación respecto de los valores recibidos en préstamo a que se refiere la norma decimosexta. Esta cuenta se valorará en los mismos términos establecidos en el apartado 3 de la norma decimosexta.

NORMA DECIMOQUINTA.—Transferencias, endosos y participaciones de activos

1. Se considerarán «transferencias» de activos financieros aquellas cesiones firmes a término de todos los riesgos, derechos y obligaciones de un activo o masa de activos que cumplan las condiciones establecidas en el apartado siguiente, y en las que la entidad cedente haya efectuado alguna clase de transformación que implique su presencia permanente en el instrumento jurídico cedido, tales como el fraccionamiento del activo original en cuotas o la creación de un instrumento negociable distinto del original.

Este concepto no comprende las cesiones a término sin riesgo para el cedente, de activos instrumentados en valores o efectos transmisibles por naturaleza, que tengan carácter de ventas en firme.

Los activos transferidos se darán de baja del balance en su integridad o por la cuota cedida, en su caso.

2. Las transferencias cumplirán las condiciones siguientes:

a) Deberán transmitirse todos y cada uno de los derechos de los que sea titular el cedente, tanto sobre el principal como sobre sus productos y accesorios, incluyendo los derechos de defensa legal y administración o gestión; en las cesiones de créditos por arrendamientos financieros, se entenderá que se cumple esta condición cuando, aunque el bien objeto de arrendamiento financiero permanezca registrado a nombre del cedente, éste se comprometa irrevocablemente, frente al cesionario, a realizar por su cuenta cuantas acciones sobre dicho bien prevea el contrato original.

b) La cesión se realizará por la totalidad del plazo restante hasta el vencimiento del activo.

c) La cesión se recogerá en documento escrito, que comprenderá los extremos necesarios para hacer efectivas las condiciones expresadas en esta norma; el documento se acompañará de una copia del contrato o título objeto de cesión.

d) Los contratos de cesión especificarán que el cedente no asume responsabilidad por impago del deudor, sea del principal, sea de los intereses de la deuda; asimismo, especificarán que, en caso de renegociación del activo cedido, o de sus vencimientos, la modificación de condiciones afectará al cesionario del activo.

e) El cedente no otorgará garantías o avales, ni incurrirá en pactos de recompra opcionales, en el documento de cesión o fuera de él, ni de cualquier otra forma asumirá responsabilidad que asegure el buen fin de las operaciones.

f) El cedente no podrá asumir el compromiso de anticipar fondos al cesionario antes de recibirlos del deudor, sea por el principal o por los intereses.

g) No se prohibirán ulteriores cesiones del activo, ni se condicionarán al consentimiento previo del cedente.

h) En el supuesto de que el cesionario encargue al cedente la administración y defensa legal del activo cedido, ello se hará mediante mandato revocable.

3. Serán baja del activo las letras, pagarés o títulos transferidos mediante endoso, aun cuando, como consecuencia de la responsabilidad cambiaria de tales efectos, haya quedado comprometida la firma de la entidad cedente. El riesgo de firma contraído en la cesión deberá registrarse en cuentas de orden.

4. Las transferencias y los endosos implican la baja de los correspondientes saldos de periodificación y cuentas compensadoras de los activos o efectos cedidos.

5. Las cesiones que no reúnan los requisitos exigidos en los apartados anteriores se considerarán, a todos los efectos, como captación de fondos, registrándose en el pasivo del balance, como «participaciones», en los epígrafes de acreedores que correspondan, según el cesionario.

En particular, se considerarán participaciones los usufructos constituidos a favor de terceros y las cesiones de nudas propiedades de activos financieros. Los usufructos se contabilizarán por el importe desembolsado por el beneficiario, considerándose como una financiación tomada, cuyos costes se periodificarán según el tipo de interés implícito en la operación, y cuyo principal se dará de baja, junto con los costes devengados, a medida que vayan venciendo los intereses objeto del usufructo, con abono a dichos intereses, cuya periodificación no se interrumpirá. Las nudas propiedades se contabilizarán por el valor de reembolso de los activos, registrándose como una operación a descuento.

También se considerarán participaciones las cesiones de derechos que recaigan:

a) Sobre contratos de crédito en cuenta corriente, o de cuantía ajustable periódicamente.

b) Sobre préstamos u otros activos en cuyo contrato original se prohíba la cesión a terceros.

6. Las participaciones hipotecarias, en el sentido de la Ley 2/1981, de 25 de marzo, que cumplan las condiciones contenidas en el número tres del artículo 62 del Real Decreto 685/1982, de 17 de marzo, así como las restantes condiciones, limitaciones o prohibiciones contenidas en la Ley y Real Decreto citados, y las cesiones de créditos a fondos de titulización realizadas al amparo del Real Decreto 926/1998, de 14 de mayo, en las que la entidad cedente continúe con la administración y gestión de los créditos cedidos, se tratarán en la contabilidad de las entidades de crédito emisoras o cedentes como transferencias de activos.

Las restantes participaciones hipotecarias se contabilizarán según lo dispuesto en los apartados precedentes.

7. Los beneficios y pérdidas por transferencias de activos se registrarán como resultados de operaciones financieras. Los resultados positivos se imputarán en la cuenta de pérdidas y ganancias en la medida en la que se devengue, por transcurso del tiempo, el diferencial entre los intereses que correspondan a los activos transferidos y los intereses pactados con el adquirente, con independencia de cuando se cobre. Los resultados negativos se registrarán inmediatamente.

NORMA DECIMOSEXTA.—Préstamos de valores

1. Se entiende por préstamo de valores la operación por la que el prestatario recibe la plena titularidad de unos valores sin efectuar ningún desembolso, salvo el depósito de fianzas o el pago de comisiones, con el compromiso de devolver otros tantos de la misma clase de los recibidos.

2. El prestamista de valores dará de baja de su cartera los valores cedidos, con adeudo a una cuenta que se incluirá entre las deudoras del sector al que se haya efectuado la cesión, y se valorará y saneará, en su caso, siguiendo los criterios que se aplican a la cartera de inversión de la que formen parte. Esta cuenta deberá desarrollarse en contabilidad interior, según la clase de valores prestados.

No obstante, si el préstamo fuese por un plazo de tres meses o inferior, y los valores prestados estuviesen clasificados en la cartera de negociación, la cuenta deudora se valorará siguiendo los criterios aplicables a ésta.

3. El prestatario de valores los dará de alta en su cartera, con abono a una cuenta que se incluirá como acreedores en el sector que corresponda, y se valorará siguiendo los criterios que se apliquen a los valores tomados, utilizando como precio de adquisición el de mercado de su fecha. Si los valores se cediesen en firme, la cuenta acreedora, a la que se aplicará lo dispuesto en el apartado 2 bis de la norma quinta, se valorará como sigue:

a) A los precios de mercado de los valores debidos, cuando se trate de valores susceptibles de formar parte de la cartera de negociación, de acuerdo con el segundo párrafo de la letra *h*), I, del apartado primero de la norma octava.

b) Al precio al que se hayan vendido, cuando se trate de valores no susceptibles de formar parte de la cartera de negociación en el sentido señalado, sin que puedan contabilizarse beneficios hasta su recompra, si es el caso, y sin perjuicio de los saneamientos oportunos.

4. Los intereses o comisiones pactados en los préstamos de valores se devengarán siguiendo los criterios generales establecidos en la norma quinta.

5. En el caso de cesiones temporales que se convengan a precio inferior al de mercado, la diferencia entre éste y el precio convenido tendrá la consideración, a efectos contables, de préstamo de valores. En consecuencia, cedente y cesionario seguirán, como prestamista y prestatario, lo establecido en las normas anteriores, que aplicarán en la parte que resulte de aquella diferencia.

SECCIÓN CUARTA
INTEGRACIÓN DE SUCURSALES

NORMA DECIMOSÉPTIMA.—Integración de sucursales

1. En las cuentas referentes al conjunto de una entidad no figurarán saldos o cuentas de enlace entre la central y las sucursales, o entre diversos departamentos de la entidad. La cuenta de pérdidas y ganancias no reflejará, ni sus partidas se alterarán por conceptos tales como intereses de los saldos intersucursales, o, en general, imputaciones internas de ingresos y gastos que no hayan sido devengados por la entidad considerada como unidad económica.

En las cuentas referentes a ámbitos geográficos determinados (negocios en España, sucursales en países extranjeros), el resto de la entidad se tratará como otra entidad de crédito, diferenciándose las cuentas que representen fondos permanentes de las de carácter transitorio.

2. Las operaciones en camino entre oficinas de una misma entidad, esto es, las que aparecen contabilizadas en la oficina expedidora y no han tenido entrada en la de destino, lucirán en los activos o pasivos en camino, según su propia significación, aceptándose como tal, salvo mejor conocimiento, lo que determine la oficina de origen, y sin que en ningún caso puedan compensarse entre sí.

Las entidades deben establecer métodos administrativos y contables que les permitan presentar saldos mínimos, e incluso nulos, de operaciones en camino. En especial, procurarán incorporar a las cuentas de activo o pasivo que correspondan las inversiones crediticias, las transferencias u órdenes de abono dirigidas a otras oficinas de la entidad, y todas las operaciones importantes por su cuantía. En cualquier caso, se incorporarán obligatoriamente: a) las remesas de efectos, y sus devoluciones, a la cartera, y b) las transferencias de fondos realizadas a través del Banco de España a favor de otras oficinas de la propia entidad, a los saldos activos frente al Banco de España que correspondan.

3. Para integrar las cuentas de las sucursales en el extranjero en las generales de la entidad, se eliminarán primero las cuentas cruzadas, se convertirán los saldos de las restantes a la divisa local, con los criterios de conversión que figuran en la norma cuarta, y se expresarán, por último, en euros al cambio medio al que se refiere el apartado 3 de la norma cuarta. Todas las oficinas existentes en un país se tratarán como una única entidad.

No obstante, cuando se trate de sucursales en países con monedas para las que el Banco Central Europeo publique cotizaciones, la integración de cuentas podrá hacerse de modo directo.

SECCIÓN QUINTA
CONSOLIDACIÓN DE ESTADOS CONTABLES

NORMA DECIMOCTAVA.—Ámbito de la consolidación

1. Son entidades consolidables el conjunto de entidades que forman el grupo consolidable de entidades de crédito, de acuerdo con la Ley 13/1985, de 25 de mayo, y disposiciones que la desarrollan.

La consolidación de entidades consolidables debe llevarse a cabo aun cuando la participación en ellas se ostente a través de entidades del grupo económico no consolidable, según las normas citadas.

Las entidades consolidables llevarán desglose suficiente de los saldos con las entidades del grupo económico y con las sociedades multigrupo y asociadas.

Las entidades que únicamente integren sociedades por el procedimiento de puesta en equivalencia no necesitarán presentar cuentas consolidadas reservadas en el Banco de España, pero sí los estados C.5 y C.6.

2. Para determinar los derechos de voto que se poseen en una entidad se añadirán a los que cualquier sociedad del grupo pueda ejercer directamente sobre la misma, los que correspondan a sociedades multigrupo en función de los derechos de voto que el grupo tenga en la citada sociedad multigupo, así como los que correspondan a otras personas físicas o jurídicas que actúen en nombre propio, pero por cuenta de alguna sociedad del grupo.

A efectos del cómputo de los derechos de voto y del cálculo del porcentaje de participación del grupo en una sociedad, no se tendrán en cuenta las participaciones a través de sociedades asociadas.

NORMA DECIMONOVENA.—Método de consolidación

1. La consolidación de cuentas de los grupos consolidables de entidades de crédito se llevará a cabo siguiendo el método de integración global previsto en el artículo 45 del Código de Comercio, con las especificaciones y reglas contenidas en las siguientes normas de esta sección, y sin perjuicio de lo que indica el apartado 7 de la norma vigésima primera.

2. En su caso, las participaciones directas o indirectas del 20 por 100 o más de los derechos de voto o de capital en entidades de crédito, otras entidades financieras y sociedades instrumentales, en el sentido del artículo 3.1 del Real Decreto 1.343/1992, de 6 de noviembre, a las que les sea aplicable lo dispuesto en el artículo 4 de las «Normas para la formulación de cuentas anuales consolidadas», aprobadas por Real Decreto 1.815/1991, de 20 de diciembre, se incorporarán por el método de integración proporcional en los términos establecidos en el apartado 11 de la norma vigésima primera.

A las participaciones que, teniendo las mismas características, sean inferiores al 20 por 100, les será de aplicación lo establecido en el apartado 7 de la norma vigésima primera.

NORMA VIGÉSIMA.—Armonización previa de cuentas

1. Los elementos del activo y del pasivo, así como los ingresos y gastos, comprendidos en la consolidación deben ser valorados siguiendo métodos uniformes. Las cuentas de las entidades consolidables que no sean entidades de crédito, o de las entidades de crédito extranjeras, se ajustarán a los modelos, criterios de valoración y demás principios contables contenidos en esta circular. Los saldos personales se sectorizarán, asimismo, según lo dispuesto en ella.

En las sociedades del grupo no consolidables por su actividad y en las sociedades asociadas no es necesario efectuar la armonización valorativa previa de cuentas, salvo para las actividades complementarias de dichas participadas que sean típicas de las entidades de crédito o supongan una prolongación de su actividad (en particular, gestión de operaciones de reembolso problemático, activos procedentes de adquisiciones en pago de deudas, valores propios), que se deberán homogeneizar siempre que la aplicación de los criterios de valoración que utilicen las participadas pueda suponer diferencias significativas con respecto a la utilización de los criterios de esta circular. En todo caso, será necesario efectuar las homogeneizaciones temporal y por operaciones internas.

2. Las cuentas de entidades consolidables que estén llevadas en moneda extranjera se convertirán a euros siguiendo el criterio general establecido en la norma cuarta.

3. Los estados contables a consolidar se referirán a la misma fecha. Excepcionalmente, y con justificación razonada, se permitirá una diferencia de fechas no superior a tres meses, siempre que se efectúen los ajustes técnicos necesarios.

4. Los bienes cedidos en arrendamiento financiero a empresas del mismo grupo se integrarán como inmovilizado en el balance consolidado. Los cedidos a terceros se mantendrán entre las inversiones crediticias.

5. En los estados consolidados, se mantendrán los ajustes por inflación que hayan realizado las entidades consolidadas como consecuencia de las normas contables sobre dicha materia aplicables obligatoriamente en los países en los que radique su sede social. No obstante lo anterior, en aquellas entidades para las que esté cubierto total o parcialmente el riesgo de cambio de la participación, con pasivos u otros instrumentos financieros, se podrán deshacer los ajustes por inflación en la proporción en la que esté cubierta la participación.

6. En los estados consolidados no se pueden efectuar más ajustes de valoración que los que se deriven del proceso de consolidación.

7. La armonización previa de cuentas no podrá suponer la liberación en los estados consolidados de fondos de insolvencia constituidos en los estados individuales de sociedades filiales o multigrupo.

En el balance consolidado, el fondo para la cobertura estadística de insolvencias se obtendrá como resultado de sumar los importes necesarios a tal fin en cada una de las entidades consolidadas, una vez deducidas, en su caso, las cuantías correspondientes a riesgos crediticios eliminados en el proceso de consolidación.

NORMA VIGÉSIMA PRIMERA.—Eliminaciones en la consolidación e integración de cuentas

1. Los saldos personales deudores y acreedores entre las entidades a consolidar se eliminarán previa conciliación.

El riesgo-país existente en los apoyos del grupo a las sociedades consolidables domiciliadas en países clasificados en los grupos 3 a 6 del apartado 11 de la norma décima no disminuye por el proceso contable de consolidación, por lo que en las eliminaciones de estos saldos no se podrán liberar los fondos de provisión para ellos constituidos.

2. Los ingresos y los gastos de la cuenta de pérdidas y ganancias de las entidades dependientes consolidables se incorporarán a la cuenta de pérdidas y ganancias consolidada, debiéndose realizar previamente las siguientes eliminaciones:

a) Los ingresos y los gastos relativos a transacciones entre dichas entidades.

b) Los resultados generados a causa de tales transacciones.

Sin perjuicio de las eliminaciones indicadas, deberán ser objeto, en su caso, de los ajustes procedentes las transferencias de resultados entre sociedades incluidas en la consolidación.

3. En la eliminación de participaciones patrimoniales y contabilización de las diferencias que surjan, se seguirán las siguientes reglas:

a) Los valores contables de las participaciones en el capital de las sociedades dependientes que posea, directa o indirectamente, la sociedad dominante se compensarán con la fracción del patrimonio neto de esas sociedades dependientes que aquellas representen. Esta compensación se hará sobre la base de los valores contables a la fecha en que la sociedad dependiente se incluya por primera vez en la consolidación.

A estos efectos, el patrimonio neto de las sociedades dependientes, calculado para el momento de la primera consolidación, estará formado por las siguientes partidas de sus balances, una vez armonizados de acuerdo con la norma vigésima:

— Capital desembolsado o equivalente.
— Reservas, deducidas pérdidas de ejercicios anteriores.
— Fondos de previsión genéricos.
— Saldo de la cuenta de pérdidas y ganancias.

b) La diferencia que se pueda producir a consecuencia de la compensación a que se refiere la letra anterior se imputará directamente, en lo posible, a las partidas del balance consolidado que tengan un valor superior o inferior a su valor contable, y hasta el límite que sea atribuible a la sociedad dominante en función del porcentaje de participación en la dependiente. Dicha valoración debe estar justificada documentalmente; las plusvalías de activos se ampararán en una prudente estimación de sus precios, que deberán estar respaldados, en su caso, por cotizaciones de mercados secundarios oficiales o por tasaciones periciales de entidades de tasación independientes registradas en el Banco de España. Dichas tasaciones deberán referirse a cada elemento valorado y no a partidas globales del balance.

Esta posible imputación a las partidas del balance consolidado se amortizará con idénticos criterios a los que se apliquen a las mismas.

c) La diferencia que pueda subsistir tras la imputación anterior dará lugar, en su caso, alternativamente, a las siguientes cuentas, que sólo pueden ser compensadas cuando correspondan a una misma sociedad:

«Fondo de comercio de consolidación», por la diferencia de signo deudor.

«Diferencia negativa de consolidación», cuando la diferencia sea acreedora.

Esta última partida tendrá la consideración de provisión y sólo podrá llevarse a la cuenta de pérdidas y ganancias consolidada cuando esté basada, con referencia a la fecha de adquisición de la correspondiente participación, en la evolución desfavorable de los resultados de la sociedad de que se trate, o en la previsión razonable de gastos correspondientes a la misma, y en la medida en que esta previsión se realice; o cuando corresponda a una plusvalía realizada.

El Fondo de comercio de consolidación se amortizará de acuerdo con un plan sistemático, que no podrá ser creciente ni exceder del período durante el cual dicho fondo contribuya a la obtención de ingresos para la sociedad, con el límite máximo de veinte años. Cuando la amortización supere los cinco años, deberá recogerse en la memoria la oportuna justificación, indicando los importes de los ingresos que previsiblemente va a generar dicho activo durante su período de amortización. No obstante, tal amortización deberá acelerarse si existieran dudas razonables sobre la efectividad del fondo de comercio.

d) En las consolidaciones posteriores, la eliminación de participaciones patrimoniales se realizará en los mismos términos que los establecidos para la primera consolidación. El resto o defecto del neto patrimonial de las entidades dependientes consolidadas que corresponda al grupo se registrará en el balance consolidado, según su signo, como «Reservas (o Pérdidas) en sociedades consolidadas», no compensándose las que correspondan a diferentes sociedades del grupo.

Para este cálculo, el saldo de la cuenta de pérdidas y ganancias del ejercicio correspondiente a cada entidad no se computará como neto patrimonial, siéndole de aplicación lo previsto en el anterior apartado 2.

e) Los ajustes y eliminaciones de consolidación imputables a la entidad dominante tendrán como contrapartida las cuentas de reservas o pérdidas de ejercicios anteriores de la entidad dominante.

4. La parte del patrimonio neto de las entidades filiales comprendidas en la consolidación correspondiente a accionistas o socios externos al grupo consolidado se integrará en la partida de intereses minoritarios. Deberá figurar por separado el importe de estos intereses que corresponda a las entidades del grupo no consolidables por las participaciones que, en su caso, posean de las consolidadas. Para determinar dicho importe solo se tendrá en cuenta el porcentaje de participación del grupo a través de filiales y sociedades multigrupo sobre las entidades no consolidadas.

5. Las diferencias de cambio que puedan producirse en la consolidación se registrarán expresamente, en el balance consolidado, en una partida específica, a integrar, según su signo, entre las «Reservas (o Pérdidas) en sociedades consolidadas», deducida la parte que de dicha diferencia corresponda a los intereses minoritarios. En caso de enajenación de las participaciones, las citadas diferencias se registrarán en la cuenta de pérdidas y ganancias.

6. Con las excepciones señaladas anteriormente y las que pudieran derivarse de la aplicación al grupo consolidable de lo señalado en el apartado 6.bis de la norma undécima, los elementos del activo y del pasivo de las sociedades consolidables se incorporarán al balance consolidado con las mismas valoraciones con que figuren los balances individuales.

7. Las participaciones en entidades dependientes o multigrupo no integradas global o proporcionalmente, así como las de las empresas asociadas a las que se refiere el apartado 3 del artículo 47 del Código de Comercio se valorarán por la fracción que del neto patrimonial de la entidad dependiente, multigrupo o asociada representen esas participaciones (en adelante, «valor teórico»), ateniéndose para ello a lo dispuesto en el apartado 4 del citado artículo, que se aplicará con las siguientes precisiones:

a) Las normas de valoración a que se refiere su punto *a)* serán las establecidas en la norma vigésima octava de esta circular.

b) De la diferencia a que se refiere su punto *a)*, la parte que sea atribuible a elementos patrimoniales concretos de la sociedad puesta en equivalencia será incorporada, en más o en menos, según el caso, al valor teórico de la participación. Dicha valoración deberá estar justificada documentalmente, para lo que se estará a lo dispuesto en este sentido, para la integración global, en la letra *b)* del anterior apartado 3.

El mayor valor atribuido, en su caso, deberá reducirse en ejercicios posteriores con cargo a pérdidas y ganancias consolidadas, en la medida en que se depreparen o se enajenen los elementos patrimoniales afectados. Tratándose de activos de explotación, la reducción se efectuará, como mínimo, por décimas partes anuales.

c) La diferencia, positiva o negativa, que subsista (diferencia de primera integración), que se pondrá de manifiesto por separado en el balance como componente de la participación, se registrará en cuentas específicas como fondo de comercio de consolidación o como diferencias negativas de consolidación. En el primer caso, su importe se amortizará e informará en la memoria en la forma prevista en el apartado 3.*c)* anterior respecto del fondo de comercio resultante de la integración global, y en el segundo se considerará como una provisión que sólo podrá llevarse a pérdidas y ganancias consolidadas en los casos previstos en el citado apartado.

No obstante, en el caso de la aparición de un fondo de comercio, su amortización sería inmediata, de existir dudas razonables sobre su efectividad.

Las diferencias positivas y negativas solo pueden ser compensadas cuando correspondan a una misma sociedad.

d) Las variaciones a que se refiere su punto *c)* se incorporarán, según el caso, y por cada sociedad, a las pérdidas o reservas en sociedades consolidadas.

e) Las variaciones resultantes de la aplicación de su punto *e)* incorporadas al valor de la participación figurarán de forma explícita en la cuenta de pérdidas y ganancias consolidada como participación en beneficios (o pérdidas) de sociedades puestas en equivalencia.

f) Los beneficios distribuidos en el ejercicio por las sociedades dependientes no consolidables por su actividad y por las sociedades asociadas se registrarán en la cuenta de pérdidas y ganancias simultáneamente como rendimientos de la cartera de renta variable y correciones de valor por cobro de dividendos distribuidos, distinguiendo en la memoria si corresponden a beneficios generados en el ejercicio o no.

g) Los importes a contabilizar como resultados de sociedades puestas en equivalencia son los importes antes de impuestos, en el caso de las entidades pertenecientes al grupo económico, y los resultados después de impuestos, en el de las sociedades asociadas.

8. Las participaciones en el capital de la sociedad dominante en poder de sociedades consolidadas figurarán en el activo del balance consolidado como acciones de la sociedad dominante y se valorarán de acuerdo con lo establecido para las acciones propias en el apartado 9 de la norma vigésima octava.

9. Una vez efectuados los ajustes y eliminaciones a que se refieren los apartados anteriores, se procederá a determinar el importe que de los beneficios o pérdidas consolidados, después de impuestos, corresponde a los socios externos y minoritarios, importe que deberá figurar en partida independiente.

10. Los cálculos para la determinación de los importes que, respecto de las cuentas de «Reservas en sociedades consolidadas» e «Intereses minoritarios», procedan de las reservas de revalorización que, en su caso, presentasen las entidades dependientes consolidadas deberán mantenerse a disposición del Banco de España.

11. Para el método de integración proporcional a que se refiere el apartado 2 de la norma decimonovena serán aplicables, en lo que proceda, las reglas establecidas en los anteriores apartados, teniendo en cuenta lo siguiente:

a) La agregación a las cuentas consolidadas de las distintas partidas del balance y cuenta de pérdidas y ganancias de las sociedades consolidadas por este método se realizará en la proporción que represente la participación del grupo en su capital, excluida la parte correspondiente a las acciones propias y análogas.

b) En igual proporción se efectuará la eliminación de créditos y débitos recíprocos, así como la de los ingresos, gastos y resultados por operaciones internas.

12. Las entidades dispondrán de información y procedimientos que permitan justificar los datos incluidos en los estados consolidados durante el período establecido con carácter general para la conservación de la documentación mercantil.

NORMA VIGÉSIMA SEGUNDA.—Consolidación sin matriz consolidable

La consolidación de los grupos consolidables de entidades de crédito sin matriz consolidable, según las normas de desarrollo de la Ley 13/1985, de 25 de mayo, se realizará aplicando previamente, en lo que corresponda a tales grupos, las normas precedentes sobre eliminaciones financieras y económicas, procediéndose, en caso de que existan participaciones mutuas, a las regularizaciones necesarias, a fin de que los respectivos netos patrimoniales presenten importes ajustados al patrimonio efectivo del grupo. El balance consolidado presentará unos saldos, incluidos los de recursos propios, resultantes de la agregación de los de las respectivas entidades, después de las eliminaciones y ajustes anteriormente señalados.

CAPÍTULO SEGUNDO
DEL CONTENIDO Y PARTICULARIDADES DE LAS PRINCIPALES CUENTAS

SECCIÓN PRIMERA
DEL BALANCE

NORMA VIGÉSIMA TERCERA.—Caja y depósitos en bancos centrales

1. La caja comprenderá, exclusivamente, las monedas y billetes propiedad de la entidad.

Las cantidades en efectivo que obren en poder de otras entidades de depósito o empresas de seguridad, a efectos de transporte o custodia, sólo se reflejarán en esta rúbrica si los fondos depositados proceden directamente de la entidad, constituyen depósito regular cerrado, en el que el efectivo objeto de depósito quede individualizado e indisponible para el depositario, y se cancele el depósito el día hábil siguiente a su constitución.

2. La rúbrica Banco de España comprenderá, con la debida separación en la contabilidad interior, los siguientes conceptos:

a) El saldo disponible a la vista en cuenta corriente. No se incluirán en él los cheques a cargo de otras entidades de crédito, ni los efectos y valores de cualquier clase remitidos al Banco de España para su cobro, descuento o realización; en tanto no sean abonados, tales activos se considerarán como en poder de las entidades y se contabilizarán junto con los demás que las entidades tengan en su poder. Los cheques librados a cargo del Banco de España entregados a clientes no se abonarán hasta que hayan sido hechos efectivos por el mismo.

b) Los depósitos obligatorios que se constituyan en el Banco de España por imperativo de la normativa vigente, excepto los computables en el coeficiente de caja, que figurarán en la cuenta corriente, o los instrumentados en certificados del Banco de España, que se contabilizarán en la cartera de valores de renta fija.

c) Las adquisiciones temporales de activos contratadas con el Banco.

3. La rúbrica otros bancos centrales comprenderá los depósitos a la vista constituidos en los bancos centrales de los demás países en los que esté establecida cada entidad de crédito. Los demás saldos sobre dichas instituciones deberán figurar en entidades de crédito.

No obstante, en los balances de las entidades que no rindan los estados reservados de carácter general a que se refiere la norma cuadragésima primera, tales depósitos a la vista, en su caso, se integrarán como saldo de entidades de crédito, si bien deberán quedar debidamente identificados en la contabilidad interior.

NORMA VIGÉSIMA CUARTA.—Cuentas interbancarias, de corresponsalía y de compensación bancaria

1. Los saldos del sector entidades de crédito separarán las cuentas de tesorería a plazo, las cuentas mutuas de corresponsalía y otras cuentas aquí sectorizadas, incluyendo entre estas últimas, en su caso, las cuentas a la vista y las participaciones a que se refiere el apartado 5 de la norma decimoquinta.

Las cuentas a plazo recogerán los apoyos financieros a plazo, aunque sea de un día, tal como están definidos en la norma trigésima primera, apartado 2. Incluyen los depósitos interbancarios, transferibles o no, acogidos al Mercado de Depósitos Interbancarios. Los transferibles se registrarán según lo establecido en el apartado 8 de la norma tercera y en los apartados 2 y 3 de la misma norma, según corresponda.

2. Las cuentas mutuas, en que se registran las operaciones de corresponsalía, lo son cuando ambas partes pueden producir adeudos y abonos en las mismas, y presentan una aplicación de intereses, en general, simétrica. Las entidades se abstendrán de calificar como mutuas cuentas que no cumplan esas condiciones.

Si una entidad mantuviese con otra más de una cuenta mutua, podrá reflejar en un sólo saldo su posición neta, activa o pasiva, con esa entidad por ese concepto.

Las entidades podrán llevar cada cuenta mutua con otra entidad por el método de «mi cuenta» y «su cuenta», definidas en función del origen de las anotaciones. Las cuentas mutuas se conciliarán, al menos, trimestralmente, o con cada liquidación de intereses, si esta fuese más frecuente. A comienzo del ejercicio anual se abrirán cuentas nuevas, extinguiéndose las antiguas al completarse su exacta conciliación. Se considerará que se cumple esto siempre que las entidades dispongan en todo momento de la posibilidad de elaborar relaciones, por cada cuenta mutua, de las partidas que componen su saldo contable, debidamente identificadas por su fecha de origen, concepto, importe y fecha de valor, con separación de las iniciadas y de las correspondidas.

3. Las operaciones de redescuento de efectos entre entidades de crédito, esto es, aquellas en las que se produzca endoso cambiario, estarán a lo dispuesto en los apartados 3 y 4 de la norma decimoquinta.

4. Los documentos preparados para compensación por cámara no saldrán de las cuentas en que se incluyen según su naturaleza hasta su envío al organismo compensador. El saldo correspondiente a éste solamente figurará en balance cuando la liquidación se efectúe a través de las cuentas corrientes en el Banco de España y no tenga lugar en el mismo día de la presentación de los documentos a compensar. Si una entidad tuviera saldos de varias cámaras, no se compensarán las situaciones deudoras y acreedoras.

NORMA VIGÉSIMA QUINTA.—Composición de las inversiones crediticias

1. Las inversiones crediticias incluirán todos los importes dispuestos u otros saldos deudores, por las diferentes clases de créditos o préstamos concedidos a clientela, incluyendo los intereses vencidos pendientes de cobro, y que no se hallen en situación de dudosos. También comprenderán los arrendamientos financieros concedidos por las entidades, que se contabilizarán con los criterios establecidos en la norma vigésima sexta. No se incluirán los pagarés de empresa u otros valores negociables, registrados en la cartera.

2. El crédito comercial comprenderá:

a) Como efectos comerciales, el importe nominal de los efectos u otros documentos negociados a clientes que hayan sido creados para movilizar el precio de las operaciones de compraventa de bienes o prestación de servicios, librados o endosados a la orden de la entidad, y los efectos comerciales redescontados en firme a otras entidades de crédito. Comprende los anticipos o cantidades entregadas a cuenta o con garantía de los mismos, y los anticipos sobre certificaciones de obra.

b) Las deudas tomadas por operaciones de *factoring*, ya sean con recurso o sin recurso.

Las remesas de papel, amparadas en contratos o convenios específicos de aplicación de papel y realizadas dentro del plazo habitual para efectuar su cobro al vencimiento, se registrarán de la siguiente forma:

a) El papel cedido no se dará de baja de las cuentas de activo que por su naturaleza correspondan hasta la fecha de vencimiento de cada efecto; en esa fecha se registrarán, según corresponda, en cuentas mutuas o efectos vencidos pendientes de cobro. Entretanto, el importe remesado se registrará en cuentas de orden.

b) El papel recibido no se incluirá en cartera, registrándose transitoriamente en cuentas de orden.

3. Los deudores con garantía real comprenderán las cantidades que, dentro de los límites de los contratos, hayan dispuesto los beneficiarios de créditos y préstamos respaldados formalmente por hipotecas, pignoración de valores, depósitos dinerarios, u otras prendarias que por sí mismas aseguren el reembolso total.

Las reservas de dominio en las operaciones de financiación de bienes muebles no se considerarán garantías reales.

4. En otros deudores a plazo se recogerán los débitos, dentro de los límites de los contratos, por las operaciones de crédito sin garantía real, o con garantía real parcial, que tengan vencimiento o término fijado en el contrato. Incluirá, en sus diversos conceptos, los efectos financieros, según se definen en el apartado siguiente, los préstamos y las cuentas de crédito (incluidos los créditos en efectos con intereses compensables, por el dispuesto neto), los descubiertos en cuenta corriente que se produzcan al amparo de un contrato o pacto expreso, con cuantía y vencimiento determinados en el mismo y los créditos participativos. Asimismo, figurarán las adquisiciones de activos con compromiso de reventa.

5. Se consideran efectos financieros y se incluirán como inversiones crediticias las letras o pagarés singulares que sirvan de instrumentación a préstamos o créditos personales a la clientela.

6. En las financiaciones directas de venta a plazo, y aun cuando las cuotas a pagar por el beneficiario se formalicen en efectos aceptados, los contratos se registrarán por el principal del crédito, excluidos los ingresos financieros, que se periodificarán como intereses a vencido. Los efectos que pudieran crearse se anotarán en cuentas de orden, con desglose de principal e intereses.

El descuento, en su caso, de tales efectos no originará la baja en el activo de los correspondientes créditos, figurando su nominal como una financiación recibida que se clasificará en balance en función del sujeto financiador. Si éste es entidad de crédito, lo registrará de forma simétrica.

Estas cuentas se cancelarán por compensación con los respectivos créditos al vencimiento de cada cuota, sin perjuicio, en su caso, de las devoluciones posteriores que pudieran producirse.

7. Como deudores a la vista se clasificarán los saldos a la vista de carácter personal, cualquiera que sea su instrumentación, incluyendo, con la debida separación, los descubiertos en cuentas pasivas a la vista distintos de los mencionados en el apartado 4 anterior, los excedidos sobre los límites pactados en créditos de cualquier clase, los importes vencidos pendientes de cobro, tanto por cuota de amortización como por intereses y comisiones, de préstamos en vigor y de arrendamientos financieros en tanto no pasen a dudosos, los efectos vencidos y los anticipos de naturaleza transitoria.

Como deudores por tarjetas de crédito se incluirán los saldos pendientes de cobro por operaciones de este tipo, sean a la vista o acogidas al sistema de crédito.

Los cupones y títulos amortizados, y los saldos de corresponsales no banqueros, según se definen a continuación, así como cualquier otro saldo deudor exigible a la vista que tenga su origen en operaciones o servicios típicamente bancarios, o que no tenga cabida en los demás conceptos del activo, se integrarán conjuntamente en el balance reservado como otros deudores, con la debida separación en la contabilidad interior.

Los cupones y títulos amortizados comprenderán, valorados por las cantidades a percibir de las entidades emisoras, los que posean las entidades por haberlos adquirido mediante descuento o negociación, los cupones vencidos procedentes de títulos de su propiedad y los cupones y títulos vencidos de valores depositados, cuando su importe se haya abonado en cuenta a los depositantes o puesto a su disposición.

Como corresponsales no banqueros se incluirán las cantidades en efectivo pendientes de reembolso y procedentes de los efectos cobrados.

Las cooperativas de crédito registrarán en el concepto «otros» los saldos que reclamen a sus socios por imputación de pérdidas.

8. Las cantidades pendientes de cobro, así como los efectos librados por la propia entidad como consecuencia de ventas de sus propios activos con pago aplazado, se contabilizarán como crédito en la rúbrica que, según su instrumentación y sector, corresponda.

9. En el caso de préstamos sindicados, cada una de las entidades habrá de registrar solamente su aportación.

NORMA VIGÉSIMA SEXTA.—Arrendamientos financieros

1. Los bienes cedidos en arrendamiento financiero se reflejarán en balance por el principal de las cuotas pendientes de vencimiento, sin incluir las cargas financieras ni el IVA, más el valor residual sobre el que se efectúa la opción de compra.

En el caso de que los bienes cedidos hayan sido adquiridos con pago aplazado, no será aplicable lo dispuesto en la norma tercera, apartados 4 y 5, respecto de la exclusión de intereses en el precio de adquisición, siempre que el principal de las cuotas contratadas comprenda dichos intereses.

2. El descuento de efectos, recibos u otros documentos representativos de las cuotas a cobrar se tratará como una financiación al arrendador por el nominal de la cuota, salvo que se den los supuestos establecidos en la norma decimoquinta, apartado 2, *a*), en cuyo caso la propiedad registral se contabilizará en cuentas de orden. Si el financiador es entidad de crédito, lo registrará de forma simétrica.

3. Los bienes recuperados por incumplimiento de contrato por parte del arrendatario, o por no haber hecho uso éste de su derecho de opción, se integrarán en el inmovilizado material como sigue:

a) Los inmuebles, en el concepto correspondiente al uso que se les dé.

b) Los demás bienes, en cuenta específica abierta a tal fin.

A estos bienes se les aplicarán las siguientes reglas para su valoración:

A) Cuando el arrendatario no haga uso de su derecho de opción, se registrarán por su valor residual o, en su caso, por el valor menor de la peritación o tasación independiente realizada al efecto.

B) Cuando se produzcan rescisiones de los contratos por incumplimiento de los mismos, los bienes se contabilizarán por el menor de los siguientes valores:

B.1) El valor en libros en el momento de la recuperación, tal como se define en el apartado 5 de la norma undécima, más las cuotas impagadas.

B.2) El valor que, mediante las peritaciones y tasaciones procedentes, pudiera esperarse obtener de su venta en el mercado o de su nueva cesión en arrendamiento financiero.

En los bienes inmuebles, que deberán ser tasados por una sociedad de tasación independiente, siempre que lo permita el valor de tasación, se podrá liberar la provisión establecida en el segundo párrafo del apartado 5 de la norma undécima, pero deberá mantenerse la dotada para la cobertura de las cuotas impagadas, salvo que su importe supere el 25 por 100 del principal del crédito activado o del valor de tasación del inmueble, en cuyo caso podrá liberarse el exceso de provisión si la tasación de los bienes no permite albergar dudas sobre su efectividad.

Para los bienes muebles será aplicable lo dispuesto en el último párrafo del apartado 6 de la norma tercera.

En el caso de nueva cesión en arrendamiento financiero, los bienes serán dados de baja del inmovilizado para incorporarlos de nuevo como créditos al epígrafe que corresponda. Si hubiere diferencias entre el valor contabilizado y el de su cesión, la diferencia se integrará en pérdidas y ganancias como beneficios o quebrantos diversos y eventuales, si bien en caso de ganancias deberá aplicarse lo dispuesto en el último párrafo del apartado 16 de la norma quinta.

4. Las garantías o fianzas que, en su caso, se reciban de clientes por operaciones de arrendamiento financiero se integrarán entre las cuentas diversas.

NORMA VIGÉSIMA SÉPTIMA.—Valores de renta fija

1. Integrarán la cartera de valores de renta fija las obligaciones u otros valores que creen o reconozcan una deuda, incluso los efectos negociables emitidos para su negociación entre un colectivo abierto de inversionistas, que devenguen una remuneración consistente en un interés, implícito o explícito, cuyo tipo, fijo o definido por referencia a otros, se establezca contractualmente, y se instrumenten en títulos o en anotaciones en cuenta, cualquiera que sea el sujeto emisor.

2. Los valores asignados a la cartera de inversión ordinaria se contabilizarán de acuerdo con las siguientes reglas:

a) . . . .

b) todos los valores se contabilizarán inicialmente por el precio de adquisición, previa deducción, en su caso, del importe del cupón corrido en los valores con rendimiento explícito, que se contabilizará transitoriamente en cuentas diversas. También se deducirán, si ha lugar, las bonificaciones y comisiones obtenidas en el momento de la suscripción. No obstante, no se deducirán cuando tales bonificaciones tengan carácter de cupones prepagados, debiendo periodificarse éstas como ingresos financieros durante el período de carencia de intereses;

c) la diferencia, positiva o negativa, entre el precio de adquisición y el valor de reembolso se periodificará mensualmente, de acuerdo con el criterio establecido en la norma quinta, apartado 2, durante la vida residual del valor, corrigiendo el precio inicial del título con abono o adeudo a resultados. La valoración resultante se denomina a los efectos de la presente circular precio de adquisición corregido;

d) los valores cotizados producirán el siguiente ajuste:

I. Trimestralmente se calculará para cada clase de valor la diferencia entre el precio de adquisición corregido, como substraendo, y la cotización, deducido, en su caso, el cupón corrido, del último día de mercado del trimestre natural, como minuendo. La cotización del último día se sustituirá por la media de los últimos diez días hábiles en valores con mercados poco profundos o erráticos. Cuando los valores estén vendidos con compromiso de recompra, la diferencia se limitará a la parte proporcional correspondiente al período que media entre el término de esa operación y el vencimiento del valor.

II. La suma de las diferencias negativas resultantes de ese cálculo se llevará a una cuenta activa a clasificar entre las de periodificación. Asimismo, las diferencias positivas en valores incluidos en la cartera de inversión ordinaria que satisfagan las características descritas en la norma octava, apartado 1. *h*), *I*, segundo párrafo, se abonarán a esa cuenta hasta el importe de las diferencias negativas habidas en otros valores. No se excluyen de este tratamiento los valores prestados.

La contrapartida de esos apuntes será el fondo de fluctuación de valores.

En todo caso, las entidades podrán realizar los saneamientos, en todo o en parte, con cargo a resultados, teniendo en cuenta, en particular, los cambios que se prevean duraderos en las condiciones de los mercados.

III. En caso de enajenación, los beneficios o pérdidas respecto del precio de adquisición corregido se llevarán a resultados, dotándose en el caso de los primeros una provisión, a integrar en el fondo de fluctuación de valores, por su importe. Estas provisiones se aplicarán al cierre del trimestre a la cuenta de periodificación activa mencionada en el párrafo precedente, hasta el saldo calculado en ese momento para la misma, liberándose el exceso; no obstante, las provisiones liberadas volverán a constituirse en trimestres posteriores del mismo ejercicio si en ellos se produjese un aumento de la citada cuenta de periodificación.

e) la segregación de valores con rendimiento explícito en valores con rendimiento implícito o su reconstitución no supondrá la contabilización de resultados en la cuenta de pérdidas y ganancias. En el primer caso, el valor contable se distribuirá entre los diferentes valores en que se segregue, de tal manera que sus tasas internas de rentabilidad implícitas sean directamente proporcionales a las del mercado en la fecha de transformación. A los valores transformados les será de aplicación lo dispuesto en la norma octava, apartado 8, sobre traspaso de valores entre carteras.

3. Los valores asignados a la cartera de inversión a vencimiento se contabilizarán de acuerdo con lo dispuesto en las letras *b), c)* y *e)* del precedente apartado 2.

Los resultados de las enajenaciones que puedan producirse se llevarán a la cuenta de pérdidas y ganancias como resultados extraordinarios, pero en caso de ganancia se dotará una provisión específica por el mismo importe, disponiéndose linealmente de esta provisión a lo largo de la vida residual del valor vendido.

4. Los valores asignados a las carteras de inversión ordinaria o de inversión a vencimiento quedan sometidos a las reglas de clasificación y provisión de las normas décima y undécima, deshaciendo, en el caso de la primera de esas carteras, los ajustes resultantes de la aplicación del precedente apartado 2, en la cuantía que proceda.

NORMA VIGÉSIMA OCTAVA.—Valores representativos de capital

1. La cartera de renta variable se compondrá de las siguientes partidas:

a) Participaciones en el grupo, correspondientes a las empresas y entidades a las que se refiere el artículo 5 del Real Decreto 1.343/1992, de 6 de noviembre, por el que se desarrolla la Ley 13/1992, de 1 de junio, de recursos propios y supervisión en base consolidada de las entidades financieras.

b) Participaciones, correspondientes a las empresas y entidades a las que se refieren el artículo 185 de la Ley de Sociedades Anónimas, el artículo 47, apartado 3, del Código de Comercio, y el artículo 5 de las Normas para formulación de cuentas anuales consolidadas (Real Decreto 1.815/1991, de 20 de diciembre).

c) Otras acciones y títulos que representen partes del capital de otras sociedades, aportaciones al capital social de cooperativas y cuotas participativas y asimiladas. Con ellas se incluirán las participaciones en fondos de inversión mobiliaria.

2. Los valores de renta variable no incluidos en la cartera de negociación se registrarán en balance por su precio de adquisición, modificado, en su caso, por los saneamientos regulados más abajo, o por las regularizaciones legalmente establecidas.

3. El valor contable de los títulos de renta variable no incluirá las sumas pendientes de desembolso hasta tanto no hayan sido reclamadas como dividendo pasivo por la sociedad emisora, ni la parte liberada con cargo a reservas de las emisiones suscritas.

4. El importe de la venta de derechos de suscripción se disminuirá del valor contable de los valores correspondientes. No obstante, y cuando estos sean cotizados, podrá deducirse solamente el valor teórico de los derechos, calculado al precio de costo contable medio, y llevarse a pérdidas y ganancias la diferencia entre dicho valor y el importe recibido.

5. Las entidades sanearán trimestralmente los valores cotizados, ajustando su valor al de la cotización media del trimestre, o a la del último día si fuese inferior, bien por su baja directa del activo, que será preceptiva si las correcciones valorativas tuviesen carácter irreversible y constituyesen pérdidas realizadas, bien mediante la creación de un fondo de fluctuación de valores con cargo a la oportuna dotación en la cuenta de pérdidas y ganancias. En este caso, si la cotización se recuperase dentro del costo contable de cada valor, se podrá disponer de aquel fondo de fluctuación.

6. Las acciones y participaciones que no coticen oficialmente se valorarán aplicando el criterio establecido en el siguiente apartado para las participaciones en filiales.

7. Cuando se trate de participaciones en sociedades del grupo, consolidables o no, el saneamiento se efectuará tomando como referencia el valor teórico contable que corresponda a sus participaciones, corregido en el importe de las plusvalías tácitas existentes en el momento de la adquisición y que, dentro de la amortización a que se refiere el siguiente párrafo, subsistan en el de la valoración posterior. Tales plusvalías, en la parte en que no sean imputables a elementos patrimoniales concretos de la sociedad participada, serán amortizadas linealmente mediante dotación a un fondo específico, salvo por la parte que pudiera ser absorbida por un incremento en los respectivos valores teóricos, en un plazo que no podrá exceder del período durante el cual la plusvalía contribuya a la obtención de ingresos para la sociedad, con el límite máximo de veinte años. Cuando la amortización supere los cinco años, deberá recogerse en la memoria la oportuna justificación, indicando los ingresos que previsiblemente va a generar dicho activo durante su período de amortización. No obstante, tal amortización deberá acelerarse si existieran dudas razonables sobre la efectividad del fondo de comercio o si lo exigiera una evolución desfavorable de los fondos propios de la sociedad participada. Aquel fondo específico podrá ser recuperado posteriormente en la medida que lo permita el posible incremento del valor teórico.

Las plusvalías que, en su caso, puedan imputarse a elementos patrimoniales de la entidad deberán estar justificadas documentalmente en los mismos términos que, para caso similar, establece la norma vigésima primera, apartado 3. *b*). En el caso de que correspondan a activos de explotación de filiales no consolidables, deberán amortizarse en un plazo máximo de diez años.

El valor teórico contable de las participaciones se calculará después de efectuar la armonización previa de cuentas en los términos descritos en la norma vigésima. Cuando se trate de participaciones en sociedades dependientes tenedoras de valores, como valor teórico contable de las participadas se tomará el que se deduzca del balance subconsolidado de las mismas elaborado de acuerdo con las normas de esta circular.

Para el caso de *participaciones de control* adquiridas con el objeto de su cesión posterior en mercado, las dotaciones por saneamiento deberán tener también en cuenta la evolución de los precios de mercado.

Por otro lado, la entidad cuidará, en todo caso, de que sus resultados no queden alterados mediante la concesión de créditos a tipos de interés anormalmente bajos, y de que los costes financieros y demás gastos de las empresas participadas no se incorporen al valor de sus activos.

8. A las participaciones en sociedades asociadas a las que se refiere el apartado 3 del artículo 47 del Código de Comercio, se les aplicarán las mismas reglas de valoración contenidas en el anterior apartado 7 de esta norma.

9. Las acciones propias adquiridas se valorarán por su precio de adquisición, saneándose, en su caso, en función del valor que resulte más bajo entre el teórico y el de cotización.

Para el cálculo de dicho valor teórico se restará del patrimonio neto el valor contable de las acciones propias en cartera.

Para su amortización o enajenación se estará a lo dispuesto a tal fin en el Plan General de Contabilidad. Los resultados habidos en las enajenaciones se contabilizarán como quebrantos o productos extraordinarios, con la debida separación en contabilidad interior.

NORMA VIGÉSIMA NOVENA.—Inmovilizado

A) Inmovilizado material

1. Bajo el concepto de «inmuebles» se contabilizarán las fincas inscribibles en el Registro de la Propiedad adquiridas, así como los gastos por obras de construcción, instalación, montaje o similares que incrementen sustancialmente su valor.

No se incluirán en él los cedidos en arrendamiento financiero.

2. El valor de adquisición de los inmovilizados materiales será objeto de amortizaciones sistemáticas en relación con el tiempo de su duración. Dichas amortizaciones no podrán realizarse en plazos superiores a los que tenga establecidos la normativa fiscal para cada activo o clase de activos, y, salvo que las condiciones técnicas lo justifiquen, se calcularán lineal o decrecientemente durante el período de vida útil. Éstas y el valor de coste, regularizado en su caso, deberán aparecer separadamente en la base contable de la entidad, con el adecuado desglose y clasificación para que pueda conocerse y analizarse la política de amortizaciones seguida.

3. Los inmuebles adquiridos por aplicación de otros activos que no se incorporen al inmovilizado funcional de la entidad cuando no sean enajenados en el plazo de tres años deberán ser objeto de una provisión en función del tiempo transcurrido desde la adquisición, aplicando los siguientes porcentajes de cobertura:

Más de tres años, sin exceder de cuatro .... 25 %
Más de cuatro años, sin exceder de cinco .... 50 %
Más de cinco años .... 75 %

Dichos porcentajes se aplicarán sobre el valor neto contable del activo a la fecha de su adquisición. No obstante lo anterior, el valor neto contable de los inmuebles no puede ser superior al valor estimado de mercado de los inmuebles.

Podrán dispensarse dichas coberturas en las viviendas, oficinas y locales polivalentes, siempre que estén terminados, cuando la valoración contable se justifique mediante tasación actualizada realizada por una sociedad de tasación independiente distinta de la que evaluó el valor de mercado de los activos en el momento de su adquisición por la entidad.

Igual tratamiento se aplicará a los bienes inmuebles recuperados por incumplimientos de contrato, o por no ejercicio de la opción de compra, en arrendamientos financieros.

Los restantes activos materiales adquiridos por aplicación de otros activos o recuperados de arrendamientos financieros que no se hayan incorporado al inmovilizado funcional serán objeto cada seis meses, contados desde la fecha de su adquisición o recuperación, de una provisión de, al menos, el 25 por 100 de su valor neto contable a dicha fecha.

B) Derechos sobre bienes tomados en arrendamiento financiero

4. Cuando por las condiciones económicas de los arrendamientos financieros tomados no existan dudas razonables de que se va a ejercitar la opción de compra, los derechos derivados de los contratos se contabilizarán como inmovilizado por el valor al contado del bien, debiéndose reflejar entre las obligaciones a pagar la deuda total por las cuotas más el importe de la opción de compra, siempre que el financiador no sea una entidad de crédito, en cuyo caso se reflejaría en cuentas a plazo de entidades de crédito. La diferencia ente ambos importes se incluirá, con la debida separación en la base contable, entre los gastos financieros diferidos, que se imputarán a pérdidas y ganancias según las condiciones del contrato, con cargo a otros intereses.

La amortización, con cargo a pérdidas y ganancias, de los derechos registrados se hará de acuerdo con el criterio que corresponda al activo financiado por este procedimiento.

5. En el caso de una enajenación conectada al posterior arrendamiento financiero de los bienes enajenados, se dará de baja el valor neto contable del bien objeto de la operación, reconociéndose simultáneamente, y por el mismo importe, los derechos derivados de tal contrato, que se tratarán en la misma forma establecida en el apartado anterior. Al mismo tiempo, deberá reconocerse en el pasivo la deuda total por las cuotas más el importe de la opción de compra. La diferencia entre la deuda contraída por el arrendamiento y la financiación recibida por la enajenación constituirá el importe de los gastos financieros diferidos.

NORMA TRIGIÉSIMA.—Activos inmateriales y gastos amortizables

1. Se considerarán gastos amortizables los gastos de constitución y primer establecimiento, y, excepcionalmente, otros que, por su naturaleza, puedan ser afectados a más de un ejercicio.

2. Los gastos de constitución y primer establecimiento se amortizarán en el más breve plazo posible, que en ningún caso podrá exceder de cinco años. La amortización será lineal o decreciente.

3. Los pagos a terceros por adquisición y elaboración de sistemas y programas informáticos, incluidos los de personal ajeno o propio con contrato temporal formalizado específicamente para la realización de dichos trabajos, cuya utilidad previsible se extienda a varios ejercicios podrán adeudarse como gastos amortizables, amortizándose linealmente durante el período previsto de utilización, y nunca en más de tres años contados desde los correspondientes pagos, o desde la fecha de su terminación o puesta en funcionamiento si fuese anterior.

En ningún caso se contabilizarán como gastos amortizables los costes incurridos en relación con aplicaciones y sistemas informáticos debidos a modificación o modernización de los ya existentes, revisiones globales de control, consultas realizadas a otras empresas, formación del personal o mantenimiento.

4. Los pagos por traspasos de oficinas, entendidos como la cesión de un local de negocio realizada por el arrendatario del mismo, no se considerarán gastos amortizables y se imputarán, por tanto, a la cuenta de pérdidas y ganancias del ejercicio en que se realicen, salvo en la parte del precio del traspaso que corresponda a la valoración del mobiliario o equipo que, en su caso, haya podido incluirse en aquél. Cuando aquellos pagos incluyan la adquisición de inmuebles, el valor de éstos no podrá superar el asignado por una entidad de tasación independiente.

5. El fondo de comercio, entendido como el conjunto de bienes inmateriales que impliquen valor para la entidad adquirente, que aflore en la adquisición de todo o parte del negocio de otra empresa, pero no de su capital, sólo se contabilizará en el caso de que haya sido adquirido a título oneroso.

La cuantía inicial del fondo de comercio, que será igual a la diferencia entre el importe satisfecho en la adquisición del negocio de otra entidad, como minuendo, y la suma de los valores de los activos financieros y materiales adquiridos, estos últimos valorados a su precio de mercado, menos los pasivos asumidos en la adquisición, como sustraendo, se amortizará, de acuerdo con un plan sistemático, que no podrá ser creciente, durante el período en el cual dicho fondo contribuya a la obten-

ción de ingresos y nunca en más de veinte años contados desde la fecha de la adquisición. Cuando la amortización supere los cinco años, deberá recogerse en la
memoria la oportuna justificación, indicando los ingresos que previsibiemente va a
generar dicho activo durante su período de amortización. No obstante, tal amortización deberá acelerarse si existieran dudas razonables sobre la efectividad del
fondo de comercio.

Si el importe de la diferencia obtenida conforme a lo dispuesto en el párrafo
anterior fuese negativo, se procederá a analizar la naturaleza de la misma. Si se trata
de un fondo específico para cobertura de riesgos y gastos se contabilizará como tal;
en caso contrario, se imputará como menor valor de los activos adquiridos.

6. Queda prohibido mantener otros activos inmateriales con carácter permanente.

NORMA TRIGÉSIMA PRIMERA.—Acreedores personales

1. En los depósitos a la vista y demás saldos de disponibilidad inmediata, deberán diferenciarse los débitos por cuenta corriente movílizables mediante cheque y
las cuentas de ahorro, instrumentadas en libreta y no movilizables mediante cheque.

A efectos contables, se registrarán en la rúbrica de cuentas corrientes los saldos
acreedores que se produzcan en cuentas de crédito; los saldos a la vista disponibles
por la clientela por operaciones pendientes de liquidar, tales como los importes procedentes de intereses, dividendos y títulos amortizados cobrados por la entidad; los
correspondientes a cancelación de depósitos y de cesiones temporales; los cheques
conformados, cheques bancarios y cheques contra el Banco de España entregados
a la clientela, en tanto no se hagan efectivos, los saldos disponibles de las tarjetas
electrónicas prepagadas, etc. Asimismo, figurarán los anticipos recibidos de clientela a cuenta de operaciones a formalizar. Las entidades procurarán la domiciliación de
los pagos en cuentas personales, a fin de evitar la utilización de cuentas transitorias.

2. Las imposiciones a plazo recogerán los depósitos constituidos por plazo fijo,
determinado en su contrato, incluidos los certificados de depósito y los valores emitidos a descuento que no tengan la condición de valores negociables, así como las
cuentas de ahorro-vivienda. Se considerarán imposiciones a plazo las diferencias positivas entre el precio efectivo de las ventas con pacto de retrocesión no opcional como
minuendo, y el precio de mercado como sustraendo. Asimismo, se clasificarán como
imposiciones a plazo de duración indeterminada las aportaciones a las cooperativas de
crédito que no cumplan los requisitos exigibles para figurar en el capital social.

3. En el epígrafe de acreedores no residentes, las cuentas corrientes incluirán
todas las cuentas a la vista, cualquiera que sea su denominación. En cuentas a plazo
se integran tanto las imposiciones a plazo como las participaciones de activos.

NORMA TRIGÉSIMA SEGUNDA.—Emisión de valores negociables

1. Este concepto comprenderá las obligaciones y otras deudas representadas
por valores negociables al portador o a la orden, tales como bonos de caja o de tesorería, cédulas, obligaciones, pagarés e instrumentos similares.

2. Los valores se considerarán suscritos, y figurarán, por tanto, en el pasivo del balance, desde el momento en que, abierto el plazo de suscripción, el adquiriente haya hecho el pago o se haya hecho provisión en cuenta indisponible por él, aunque todavía no se haya cerrado el plazo de suscripción ni entregado los valores.

3. En la emisión de empréstitos con primas, lotes o incentivos similares, cuando éstos sean ciertos, la diferencia entre el precio de reembolso y el importe recibido, más los gastos de emisión (escritura, impuestos, confección de títulos, publicidad, comisiones, etc.), se contabilizarán en el activo entre las cuentas de periodificación. Su importe se amortizará, como mínimo, en función de la vida de los valores emitidos y de su plan de amortización.

4. Los denominados empréstitos «cupón cero», es decir, aquéllos cuyos intereses se hacen efectivos en el momento de la amortización, se tratarán como pasivos emitidos a descuento.

5. La adquisición de cualquier valor negociable emitido por la entidad supondrá su baja inmediata en el pasivo del balance, así como, en su caso, y por la parte que corresponda, de los intereses anticipados y devengados.

Se exceptúan de esta regla las compras amparadas en disposiciones legales que permitan las adquisiciones de valores propios (tales como las que regulan la contrapartida o la intervención en mercados secundarios) y sólo hasta los límites y en las condiciones exigidas por la respectiva regulación. Los valores así adquiridos se registrarán en el activo, valorándose por el importe que resulte más bajo entre el precio de adquisición y el de reembolso, o valor actual contable si son valores de rendimiento implícito; si aquel fuese superior, la diferencia se llevará a pérdidas y ganancias.

NORMA TRIGÉSIMA TERCERA.—Cuentas diversas

A) Obligaciones a pagar

1. Las obligaciones a pagar comprenderán, exclusivamente, los pasivos derivados de operaciones que no sean típicas de la actividad bancaria, cualesquiera que sean los documentos en que estén representadas y las causas de la obligación: efectos por pago aplazado de compras de la entidad, incluso de bienes cedidos en arrendamiento financiero, u otros débitos del mismo origen, dividendos a pagar, u otros pasivos de análoga naturaleza.

B) Acreedores por «factoring»

2. El concepto de acreedores por *factoring* recogerá las cantidades debidas a clientela por operaciones de *factoring* sin anticipo y sin recurso, por operaciones con anticipo en las que se haya convenido una reserva contractual por el importe de esa reserva, y por las demás operaciones en las que no medie devengo de intereses activos ni pasivos hasta la disposición de fondos por parte de cliente. En otro caso, las cantidades no dispuestas por los clientes se abonarán en una cuenta que tendrá la consideración contable de cuenta corriente.

C) Opciones

3. Para la contabilización de los contratos de opción sobre divisas, valores, tipo de interés y mercaderías se tendrán en cuenta las siguientes reglas:

a) El importe de las primas cobradas o pagadas se contabilizará entre las cuentas diversas como un activo patrimonial por el comprador, y como un pasivo por el emisor.

b) Cuando las opciones se hayan contratado en mercados organizados, esos activos o pasivos se valorarán, en lo sucesivo, por los precios de mercado de tales instrumentos en el día de cierre del balance o más cercano inmediatamente anterior.

c) Cuando las opciones no se hayan contratado en mercados organizados, esos activos o pasivos se mantendrán valorados por el importe percibido o pagado por las primas. Dicha valoración se entenderá sin perjuicio de lo dispuesto en la norma duodécima sobre constitución, en su caso, de provisiones.

Los compromisos contraídos en los contratos se contabilizarán en cuentas de orden, según se dispone en la norma trigésima cuarta.

4. En caso de opciones sobre valores, divisas y mercaderías, si el derecho fuese ejercido, su valor contable se incorporará al coste del elemento subyacente adquirido o vendido. Se excluirán de esta regla las opciones que se liquiden por diferencias, para las que se estará a lo dispuesto en la norma quinta apartados 11 y 12. En caso de adquisición, sin embargo, dicho coste no podrá superar los precios de mercado del día en que la opción se ejerza, registrándose la diferencia como pérdidas en cartera, diferencias de cambio u otros quebrantos extraordinarios, respectivamente.

D) Hacienda Pública. Saldos fiscales recuperables

5. En esta rúbrica deudora se registrarán los saldos de posible recuperación frente a la Hacienda Pública por conceptos distintos de operaciones crediticias o asimilables. Incluirá las retenciones a cuenta del impuesto de sociedades y el IVA soportado repercutible, en su caso. También recogerá el importe del impuesto sobre beneficios anticipado, y del crédito por pérdidas a compensar de ejercicios cerrados, que se contabilizarán según los criterios establecidos por el Plan General de Contabilidad. En el caso de los saldos resultantes de la provisión de fondos de pensiones internos, los impuestos anticipados sólo podrán lucir hasta el importe correspondiente a los pagos por prestaciones que vayan a realizarse con cargo a dicha provisión en los diez años siguientes a la fecha de cierre del ejercicio, y siempre que no existan dudas razonables de que en ese plazo se vayan a obtener beneficios suficientes para hacer efectivo el crédito. No obstante, podrán figurar por importes superiores al mencionado, siempre que los impuestos anticipados que correspondan a los pagos por prestaciones que vayan a realizarse con cargo a la mencionada provisión, en un plazo superior a los diez años siguientes a la fecha del cierre del ejercicio, queden cubiertos por impuestos diferidos cuyo ejercicio de reversión sea igual al del pago de las prestaciones.

E) Partidas a regularizar por operaciones de futuro

6. Los resultados latentes de operaciones de futuro registrados en la cuenta de pérdidas y ganancias como consecuencia de aplicar lo dispuesto en la norma quinta, apartados 9 y 12, distinguiendo los que se refieran a rectificaciones de intereses por operaciones de cobertura de todos los demás, y los importes cobrados o pagados por operaciones de futuro que no se hayan incorporado a resultados por aplicación de lo dispuesto en otras normas de esta circular se registrarán desglosados utilizando como contrapartida, según su signo, la rúbrica «Partidas a regularizar por operaciones de futuro» de cuentas diversas de activo o pasivo, sin que se puedan efectuar compensaciones entre los saldos de diferentes operaciones aunque correspondan al mismo titular.

F) Cuentas diversas de activo

7. Los saldos activos por operaciones financieras y de bolsa pendientes de liquidar y las cantidades a cobrar por operaciones que no tengan su origen en operaciones o servicios bancarios, tales como cobro de alquileres o similares, se registrarán entre las cuentas diversas de activo.
8. Los depósitos constituidos en garantía de operaciones de futuro se registrarán como fianzas dadas en efectivo.

G) Cuentas de recaudación

9. Las cuentas de recaudación de las Administraciones Públicas comprenden los saldos transitorios por impuestos, tasas o arbitrios y cuotas de la Seguridad Social recaudados de terceros por la entidad o retenidos (incluso el IVA repercutido) a la clientela y al personal propio, en tanto no se produzca el ingreso definitivo en el organismo correspondiente. Incluyen los cheques emitidos a su favor, hasta que se hagan efectivos.
También incluirán, con la debida separación en contabilidad interior, los importes a pagar correspondientes al impuesto de sociedades.

H) Cuentas especiales

10. En la rúbrica del pasivo «Cuentas especiales» se incluirán las siguientes operaciones y saldos:

a) Órdenes e pago u otras operaciones de giro de naturaleza transitoria, cheques gasolina y cheques de viaje emitidos por la propia entidad, mientras no hayan sido hechos efectivos. También se incluirán como órdenes de pago las aportaciones pendientes de reembolsar a los socios y asociados que causen baja cumpliendo las condiciones establecidas en la normativa específica de cooperativas de crédito.
b) Suscripción de valores pendientes de liquidar, por los saldos a favor de las entidades emisoras de valores, procedentes de su suscripción por terceros, o en firme por la propia entidad, en tanto no se liquide la operación.

c) Saldos acreedores por operaciones de bolsa o mercados organizados, pendientes de liquidar por la respectiva cámara u organismo liquidador.

d) Intereses y dividendos retenidos, por las cantidades pendientes de pago por intereses de financiaciones subordinadas y dividendos de acciones preferentes que, habiendo sido devengados, no corresponda su pago por insuficiencia de beneficios.

SECCIÓN SEGUNDA

DE LAS CUENTAS DE ORDEN

NORMA TRIGÉSIMA CUARTA.—Cuentas de orden

1. Estas cuentas recogerán los saldos representativos de derechos, obligaciones y otras situaciones jurídicas que en el futuro puedan tener repercusiones patrimoniales, así como aquellos otros saldos que se precisen para reflejar todas las operaciones realizadas por las entidades, aunque no comprometan su patrimonio.

Las cuentas de orden se agruparán bajo los siguientes conceptos: pasivos contingentes, compromisos contingentes, operaciones de futuro, otros compromisos y otras cuentas de orden.

2. Como *pasivos contingentes* se incluirán todas las operaciones por las que una entidad garantice obligaciones de un tercero. En este epígrafe se incluirán:

a) Los avales y demás cauciones prestadas, que comprenderán los riesgos contraídos por las entidades, derivados de toda clase de garantías y fianzas dadas para asegurar el buen fin de operaciones o compromisos contraídos por sus clientes ante terceros. Incluirán las promesas de aval formalizadas irrevocables, las cartas de garantía en cuanto puedan ser exigibles en derecho y los afianzamientos de cualquier tipo, incluidos los derivados crediticios, aunque no se haya comunicado su existencia al avalado.

Los avales y demás cauciones prestadas se registrarán por el importe máximo del que responda la entidad frente a terceros a la fecha a la que se refiera el balance, cualquiera que sea su instrumentación o causa. En los avales financieros y en aquéllos en los que el riesgo se incrementa como consecuencia del devengo de intereses, el importe máximo garantizado deberá incluir, además del principal garantizado, los intereses vencidos pendientes de cobro. Los importes garantizados únicamente se podrán minorar o dar de baja de cuentas de orden cuando conste fehacientemente que se han reducido o cancelado los riesgos garantizados o cuando se hagan efectivos frente a terceros.

A efectos de esta circular, se entiende por avales financieros aquellos en los que se garantizan, directa o indirectamente, riesgos dinerarios (préstamos, créditos, operaciones de arrendamiento financiero, etc.) cualquiera que sea el beneficiario del aval.

b) Los créditos documentarios, que incluirán los riesgos que se deriven de los compromisos de pago adquiridos contra entrega de documentos.

c) Los efectos redescontados, que reflejarán el nominal de los efectos redescontados o endosados por la entidad en los que ésta soporte riesgo; no se incluirán los endosos de efectos emitidos por el Tesoro o por el Banco de España, los efectos de propia financiación, ni los cedidos a corresponsales en mera aplicación para su cobro.

Los endosos se sectorizarán atendiendo al endosatario; de ser éste desconocido, se contabilizarán en «otros endosos».

d) Los activos afectos a obligaciones de terceros, por el valor contable de los que, siendo propiedad de la entidad, se hayan afectado al buen fin de operaciones de clientes.

e) Los riesgos contraidos en aquellas operaciones de futuro contratadas por cuenta de terceros en que la entidad quede comprometida al cumplimiento de las obligaciones consiguientes en caso de no hacerlo sus clientes. Se reflejarán por el importe de las pérdidas que, en su caso, se deduzcan de la valoración de las operaciones en la fecha del balance o de los márgenes previstos en el sistema de contratación de las operaciones como mecanismo de garantía ante eventuales quebrantos futuros, siempre que tales pérdidas o márgenes no hayan sido liquidados, depositados o adeudados como créditos dinerarios al cliente.

f) El compromiso adicional de liquidación que asegura el buen fin de las operaciones en caso de liquidez de algún participante en el Servicio Español de Pagos Interbancarios se contabilizará entre los otros pasivos contingentes.

Los pasivos contingentes en los que la entidad estime que habrá de hacer frente a la obligación contraída, siendo dudosas sus probabilidades de reembolso, se contabilizarán separadamente.

3. En el epígrafe de *compromisos contingentes* se integrarán aquellos compromisos irrevocables que podrían dar lugar a un riesgo de crédito. Incluirá:

a) Los valores pendientes de desembolso, por las sumas pendientes de desembolsar por valores suscritos por la entidad con desembolso parcial.

b) Los disponibles por terceros, que comprenderán los saldos disponibles en la fecha de balance a favor de terceros, dentro de los límites o principales de los contratos de créditos concedidos por la entidad, cualquiera que sea su modalidad. Las entidades diferenciarán los importes de disponibilidad inmediata por su titular, de aquéllos cuya disponibilidad está condicionada al acaecimiento de hechos futuros.

No se incluirá la parte no utilizada de las clasificaciones de descuento comercial, salvo si se concretan en póliza, constituyendo un compromiso exigible por el cliente.

c) Los compromisos de suscripción de valores que implican la obligación firme de adquirir a la emisión los no colocados a terceros, que se registrarán por el importe no comprometido por éstos.

d) Los importes de los documentos entregados a cámaras de compensación que puedan ser devueltos durante los plazos que marquen los respectivos reglamentos.

4. El epígrafe *operaciones de futuro* comprenderá las operaciones que se relacionan a continuación u otras similares asociadas al riesgo de cambio, de interés o de mercado:

a) Las compraventas de divisas no vencidas, que comprenderán también las permutas financieras de monedas; se clasificarán en virtud de que el plazo de su vencimiento sea o no superior a dos días hábiles. Incluirán, con la debida separación, los futuros financieros en divisas.
b) Las compraventas de valores no vencidas, que se contabilizarán por el valor contratado de los valores a que alcance el contrato, distinguiéndose las que giren sobre deuda anotada, y dentro de ellas, las de contado pendientes de ejecución por operaciones contratadas en firme y no ejecutadas, dentro del plazo que reglamentariamente se tenga establecido para esta clase de operaciones.
c) Los futuros financieros sobre valores y tipos de interés, que recogerán, por su principal, las operaciones de esta clase contratadas en mercados organizados.
d) El valor de ejercicio del instrumento financiero subyacente en las opciones compradas o emitidas. En las opciones sobre tipos de interés, se entenderá por elemento subyacente el importe sobre el que se calculen los intereses pactados. Las opciones compradas incluirán los activos adquiridos temporalmente con opción de venta.
e) La rúbrica de otras operaciones de futuro sobre tipos de interés recogerá los acuerdos sobre tipos de interés futuros (*FRA*), permutas financieras de interés y otros posibles contratos de futuro que hayan sido contratados fuera de mercados organizados.
f) Los valores vendidos a crédito en bolsa pendientes de entrega, exclusión hecha de los entregados en garantía de la operación.
g) Los futuros y opciones sobre mercaderías, que se registrarán los primeros por su precio de mercado en la fecha de balance, y las segundas, por el valor de ejercicio contratado.

5. En *otros compromisos* se recogerán los de naturaleza actuarial existentes en relación con las pensiones del personal, según se describen en la norma decimotercera, así como cualquier otro compromiso no incluido en los epígrafes anteriores.
6. En *otras cuentas de orden* se registrarán aquellas operaciones que, no comprometiendo el patrimonio de la entidad, sirvan para reflejar derechos o aclarar determinadas situaciones, y en particular:

a) Los disponibles a favor de la entidad.
b) Los efectos condicionales y otros valores recibidos en comisión de cobro, hasta su abono o devolución, que incluyen, con la debida separación, los tomados a clientes y a otras entidades de crédito, amparados o no en contratos o convenios específicos de aplicación de papel.
c) Los efectos aceptados representantivos de financiaciones concedidas (incluidos arrendamientos financieros), por el importe de los efectos que por dicho concepto se mantengan en cartera.

d) Los activos en suspenso regularizados que figurarán en cuentas de orden hasta la definitiva extinción, por prescripción, condonación u otras causas, de todo derecho a favor de la entidad o hasta su recuperación, en cuyo caso el importe recuperado se abonará a pérdidas y ganancias. Entre los activos en suspenso también se incluirán los productos vencidos y no cobrados registrados en cuentas de orden hasta el traspaso del principal a activos de muy dudoso cobro, no siendo necesario continuar calculando intereses una vez traspasada la operación a esta rúbrica.

e) Los valores propios y de terceros en poder de otras entidades para su custodia, gestión o administración.

f) Los valores de terceros en custodia que mantengan las entidades en depósito, en garantía o en comisión. Las entidades gestoras de anotaciones en cuenta incluirán en esta rúbrica los saldos de terceros.

g) Activos afectos a obligaciones propias, incluso créditos del Banco de España.

h) En activos adquiridos por cuenta de terceros, se registrarán aquellos a los que se refiere el apartado 1.*f*) de la norma octava.

i) El saldo vivo de las transferencias de activo, según quedan definidas en el apartado 1 de la norma decimoquinta.

j) Los productos vencidos y no cobrados de los activos dudosos desde su contabilización en dicho epígrafe hasta su cobro o traspaso a activos en suspenso.

k) Las operaciones de futuro contratadas por cuenta de terceros, que se registrarán con los mismos criterios que las operaciones propias.

l) Los efectos condicionales y otros valores enviados en comisión de cobro, hasta su cobro o devolución, incluidos los tomados a clientes y a otras entidades de crédito, distinguiendo los enviados al amparo de contratos o convenios específicos de aplicación de papel.

Estas cuentas se llevarán por los valores nominales de los activos respectivos, cuando las presentes normas no indiquen otra cosa.

SECCIÓN TERCERA
DE LA CUENTA DE PÉRDIDAS Y GANANCIAS

NORMA TRIGÉSIMA QUINTA.—Productos y costes financieros

1. Los intereses pagados comprenderán cualquier clase de remuneración en efectivo satisfecha a los acreedores, individual o colectivamente, o a intermediarios en concepto de comisiones o primas directamente correspondientes a la captación de pasivo, así como el coste para la entidad de las remuneraciones en especie, incluido el de los seguros a favor de los depositantes.

2. Los intereses pasivos de acreedores no se compensarán con los ingresos percibidos por descubiertos, incluidos los que se produzcan por valoración, salvo en el caso de las diversas cuentas corrientes de un mismo titular, que se liquidarán conjuntamente, a efectos de la cuenta de pérdidas y ganancias, si en el balance sus saldos figuran, asimismo, agrupados.

3. El coste financiero de los empréstitos emitidos recogerá el importe de los intereses brutos, incluidos los impuestos retenidos devengados por dichos valores y la parte imputable en el período de las comisiones, gastos y primas de emisión, así como de los incentivos y lotes ciertos; los incentivos o lotes condicionales solo se recogerán desde el momento en que se haga cierto su devengo. La imputación a pérdidas y ganancias de los gastos financieros diferidos y de emisión de empréstitos se hará en función de la vida de los mismos y de su plan de amortización; no obstante, la amortización de dicha cuenta podrá realizarse de forma acelerada.

4. Los productos financieros incluirán las comisiones y gastos de las operaciones crediticias, excepto las de cobranza de efectos, disponibilidad de créditos y los gastos suplidos. Los productos sometidos a impuestos a cargo de la entidad con retención en origen se registrarán por bruto.

5. Los productos y costes financieros comprenderán, en su caso, las diferencias de cambio correctoras de intereses, así como los que se produzcan en operaciones a futuro que, siendo de cobertura, hayan de periodificarse de manera simétrica al elemento cubierto y que se contabilizarán en las rúbricas de las cuentas independientes establecidas al efecto.

NORMA TRIGÉSIMA SEXTA.—Comisiones

Se registrarán como corretajes y comisiones los derivados de servicios típicos de la actividad de las entidades de crédito, sin perjuicio de lo dispuesto en el apartado 4 de la norma trigésima quinta. Como comisiones de asesoramiento y dirección de operaciones singulares se contabilizarán las procedentes de la intervención de la entidad en operaciones de terceros, tales como dirección de préstamos sindicados, fusiones, reestructuraciones u otras operaciones singulares de similar naturaleza, pero no las de estudio de operaciones activas ordinarias, que se incorporarán a los productos financieros como comisiones de créditos.

No se incluirán entre los costes los corretajes repercutidos a terceros o pagados por su cuenta.

Las comisiones cobradas o gastos recuperados por prestación de servicios no bancarios (utilización de personal o procesos informáticos, u otros similares) se incorporarán a pérdidas y ganancias como productos atípicos.

NORMA TRIGÉSIMA SÉPTIMA.—Beneficios y pérdidas por operaciones financieras

1. Los beneficios o quebrantos por operaciones financieras comprenderán:

a) Los habidos en las operaciones de venta o amortización de valores de renta fija o variable incluidos en la cartera de inversión ordinaria.

b) Los correspondientes a las dotaciones que deban efectuarse a los fondos de fluctuación de valores y las recuperaciones, en su caso, de dichos fondos.

c) Los saneamientos correspondientes a dichos valores, en la parte no cubierta con fondos de fluctuación.

d) Las diferencias de valoración que se produzcan en la cartera de negociación y en acreedores por valores que no correspondan a intereses devengados por transcurso del tiempo o a dividendos anunciados.

e) Los resultantes de la compraventa en firme de otros instrumentos financieros, incluidos los relativos a operaciones de redescuento.

f) Los quebrantos o beneficios netos relativos a operaciones de futuro que no sean de cobertura.

g) Las diferencias de cambio por operaciones con divisas.

2. Para la determinación de los beneficios o pérdidas habidos en la enajenación y amortización de activos financieros no incluidos en la cartera de negociación, el precio de coste de los valores vendidos o amortizados será el valor medio de las existencias de valores de la misma clase. En el caso de los activos tomados a descuento, se tendrán en cuenta los intereses devengados.

Del precio de venta habrá de deducirse, en su caso, el cupón corrido, que se contabilizará o habrá de haberse contabilizado, en caso de periodificación anterior, en la cuenta de pérdidas y ganancias como producto de la cartera de valores.

NORMA TRIGÉSIMA OCTAVA.—Otros componentes de la cuenta de pérdidas y ganancias

1. En gastos de personal se incluirán los importes de todos los conceptos, tanto obligatorios como voluntarios, devengados directa o indirectamente por el personal en nómina, fijo o eventual, cualquiera que sea su función o actividad, así como las dotaciones a fondos de pensiones o las primas o aportaciones pagadas con ese propósito que hayan sido devengadas en el ejercicio.

Los importes reintegrados por la Seguridad Social u otras entidades de previsión, por personal enfermo u otras causas, se deducirán de los sueldos y gratificaciones del personal activo.

Como sueldos y gratificaciones se contabilizará toda clase de percepciones en metálico satisfechas al personal activo, y se registrarán por su importe bruto, incluyendo impuestos y cargas sociales obligatorias, aun los que la empresa pueda tomar a su cargo. Incluirán los gastos de representación y desplazamiento de personal, por los importes que, dentro de dicho concepto, deban considerarse como ingresos fiscales de los interesados. Los abonos al personal por prestaciones sociales o en especie se registrarán independientemente.

2. El concepto de alquileres no recogerá los correspondíentes a las viviendas para uso de empleados, que se registrarán como gastos de personal, ni las cuotas de arrendamientos financieros que figuren en el inmovílizado.

Como gastos de entretenimiento, se entenderán los de explotación, conservación, reparación o limpieza de los elementos, inmovilizados o de producción (con excepción de los correspondientes a procesos informáticos), cuando tales gastos no prolonguen apreciablemente la vida útil del activo por encima de lo inicialmente previsto, ni aumenten sustancialmente su valor, y se limiten a conseguir un buen estado de explotación.

3. La partida de informática comprenderá los gastos devengados por alquileres, excluidos los arrendamientos financieros que se hayan activado, y entretenimiento de máquinas de procesos informáticos, y los de adquisición o elaboración de sus sistemas y programas, así como la amortización de tales gastos en el caso previsto en el apartado 3 de la norma trigésima.

5. En las primas de seguros y autoseguros, no se incluirán las pagadas o constituidas a favor de empleados.

6. En ninguno de los conceptos de gastos generales se incluirán los gastos de los trabajos efectuados por personal en nómina.

7. La partida «contribuciones e impuestos» recogerá todos los impuestos, contribuciones, tasas o arbitrios estatales o de otros entes públicos, devengados en el ejercicio y a cargo de las entidades, incluso los impuestos sobre productos retenidos en origen, que no tengan ubicación en otros epígrafes del debe, según las presentes normas. Se exceptúan los que graven intereses deudores, que se considerarán como mayor coste, y el impuesto sobre sociedades.

8. Las pérdidas por activos financieros en suspenso que se den de baja del activo se registrarán por neto, deduciendo, en su caso, el importe del correspondiente fondo de cobertura. En el caso de su recuperación, el importe recuperado se abonará a pérdidas y ganancias bajo el concepto de activos en suspenso recuperados.

9. Los quebrantos o beneficios extraordinarios y atípicos registrarán los habidos en operaciones no típicas de la actividad bancaria, tales como enajenación o saneamiento de las partidas de inmovilizado, participaciones permanentes y cartera de inversión a vencimiento, rendimientos por prestación de servicios no bancarios, dotaciones a otros fondos especiales específicos o genéricos, y cualesquiera otros que no respondan a la explotación bancaria.

También incluirán los habidos en ejercicios anteriores no contabilizados en su momento, así como los pagos a pensionistas de carácter extraordinario para los que no se hayan constituido fondos a los que se refiere el apartado 5 de la norma decimotercera.

10. En el epígrafe «Impuesto sobre beneficios» se registrarán todos los cargos y abonos en la cuenta de pérdidas y ganancias relacionados con la cuota del Impuesto de Sociedades español y en el epígrafe «Otros impuestos» todos los cargos y abonos relativos a impuestos sobre beneficios correspondientes a regímenes fiscales extranjeros y a sociedades en régimen de transparencia fiscal. En ambos epígrafes, se registrarán los importes correspondientes a los citados impuestos, tanto del ejercicio corriente como de ejercicios anteriores, cualquiera que sea su origen o naturaleza, incluidas las dotaciones para provisiones del citado impuesto, distinguiendo entre los importes devengados en el ejercicio (impuesto devengado) y en ejercicios anteriores (ajustes). Los intereses de demora y multas pagados o provisionados por impuestos se contabilizarán, en su caso, como otros quebrantos extraordinarios, salvo en el caso de los intereses que correspondan al ejercicio, que se registrarán en el concepto del debe «Otros intereses».

CAPÍTULO TERCERO
DE LA PRESENTACIÓN DE ESTADOS

NORMA TRIGÉSIMA NOVENA.—Reglas generales sobre la presentación de estados

1. Las entidades de crédito rendirán al Banco de España los estados reservados que para cada clase de entidad se determinan en la sección primera de este capítulo. Asimismo, remitirán los informes de auditoría que, respecto de las cuentas anuales y otras situaciones u operaciones, sean reglamentarios.

Con independencia de lo anterior, el Banco de España podrá exigir de las entidades de crédito, con carácter general o particular, cuanta información precise como aclaración y detalle de los estados anteriores, o para cualquier otra finalidad surgida en el desarrollo de las funciones que le están encomendadas.

2. Las entidades de crédito rendirán al Banco de España, y harán públicos, los estados que se determinan en la sección segunda de este capítulo.

3. Los estados serán rendidos en los plazos y con la frecuencia que para cada uno se indica en las normas correspondientes. Los de cierre del ejercicio se presentarán al Banco de España en idénticos plazos, con la provisionalidad que implica su preceptiva aprobación por los correspondientes órganos de gobierno de las entidades. Si no resultasen aprobados en los mismos términos en que se remitieron al Banco de España, las entidades vendrán obligadas a remitir los estados rectificados en los quince días siguientes a la celebración de la junta o asamblea que los apruebe, destacando y explicando las modificaciones introducidas.

El Banco de España podrá requerir individualmente a una entidad la entrega de estados con frecuencia superior a la indicada en este capítulo, cuando las circunstancias de la entidad así lo aconsejen.

4. Los estados individuales serán rendidos por la propia entidad a que se refieren. No obstante, el Banco de España podrá autorizar que se rindan por terceros, cuando lo justifiquen razones de organización contable de un grupo de entidades, si bien ello no descargará de responsabilidad a las personas y órganos directivos de la entidad a la que se refieren.

Los estados consolidados se rendirán por la entidad que corresponda, según lo establecido en las normas de desarrollo del título segundo de la Ley 13/1985, de 25 de mayo.

5. Las entidades no podrán modificar los modelos reservados establecidos; ni suprimir ninguno de sus epígrafes, rúbricas o conceptos, que deberán figurar siempre, aunque presenten valor nulo. Ello se entiende sin perjuicio del mayor detalle que en los estados públicos puedan presentar las entidades.

6. En los estados a rendir al Banco de España, las cantidades se expresarán en miles de euros redondeados, salvo cuando en los mismos se indique expresamente otra cosa.

El redondeo se efectuará a la unidad más cercana, con la equidistancia al alza. En todas y cada una de las cantidades de los diferentes estados financieros se efectuará de modo independiente, aunque las sumas de los parciales redondeados no coincida con los totales.

En los estados que regula esta circular, las unidades monetarias nacionales de los «Estados participantes» se incluirán junto con el euro, salvo en aquéllos en los que continúen figurando separada y expresamente las referidas unidades monetarias.

En la columna «pro memoria: pesetas» de los estados en los que figura, se incluirán los saldos de aquellas operaciones que a la fecha del balance estén denominadas en dicha unidad monetaria.

7. La presentación de estados al Banco de España deberá hacerse en soporte magnético o mediante interconexión de ordenadores, de conformidad con las especificaciones técnicas que se comuniquen al efecto. En todo caso, y con independencia de la presentación de estados en soporte magnético, los balances y cuentas de pérdidas y ganancias trimestrales deberán remitirse impresos, fechados, sellados y visados en todas sus páginas, y firmados por el presidente, consejero delegado o director general. El Banco de España, además, podrá solicitar de manera individual la confirmación en impreso, debidamente cumplimentado, de cualquiera de los estados rendidos por soporte magnético.

Excepcionalmente, y sólo por causas debidamente justificadas, el Banco de España podrá autorizar la presentación de todos o alguno de los estados exclusivamente en impresos preparados por el Banco de España, que se entregarán fechados, sellados y visados en todas sus páginas, y firmados por persona con poder bastante de la entidad remitente, excepto cuando se trate del balance y cuenta de pérdidas y ganancias, que, necesariamente, deberán ser firmados por el presidente, consejero delegado o director general.

8. Las entidades de crédito españolas ajustarán el ejercicio económico al año natural.

Las sucursales de entidades extranjeras cuyo ejercicio económico no coincida con el año natural podrán respetar el criterio a que, en tal sentido, estén sujetas. No obstante, efectuarán cada mes un ejercicio teórico, a fin de que el saldo de la cuenta de pérdidas y ganancias de los estados que deban presentar al Banco de España quede ajustado a las pérdidas o ganancias imputables a los meses corridos del año natural.

9. Las entidades pondrán el máximo cuidado en la confección de sus estados reservados y públicos, con el objeto de evitar rectificaciones posteriores a su envío al Banco de España o a su publicación; no obstante, si fuese necesario efectuar modificaciones que afecten de modo significativo a los estados que se hacen públicos, los estados rectificados deberán publicarse de nuevo por el procedimiento descrito en las normas cuadragésima novena, apartado 2, y quincuagésima, apartado 5.

NORMA CUADRAGÉSIMA.—Saldos compensables

1. Sin perjuicio de lo establecido sobre la materia para la formación de cuentas públicas, serán compensables las siguientes partidas, siempre que estén denominadas en la misma moneda:

a) Los saldos de las cuentas mutuas que se lleven a una misma entidad de crédito, así como los intereses que devenguen.

b) Los saldos de las diversas cuentas corrientes que puedan tenerse abiertas a un mismo titular, y que, a efectos de cálculo de intereses, se liquiden conjuntamente. No cabrá, sin embargo, compensación, en su caso, de intereses deudores y acreedores de la liquidación única, que deberán tratarse como intereses de depósitos o de descubiertos, respectivamente.

c) Los saldos de operaciones pendientes de liquidar con una misma bolsa o sistema organizado de compensación, que se incluirán en el balance como cuentas diversas de activo o pasivo, según el signo de su saldo neto.

d) El saldo de las partidas del inmovilizado, que figurarán por su importe neto, deducción hecha de sus amortizaciones o correcciones de valor.

e) Los resultados habidos por los conceptos que a continuación se indican, que figurarán por su saldo acumulado neto, según su signo, en los correspondientes conceptos del debe o haber de la cuenta de pérdidas y ganancias:

e.1) Diferencias de cambio.

e.2) Explotación de fincas en renta.

e.3) Resultados de la cartera de negociación y de acreedores por valores, incluso los procedentes de operaciones de cobertura de los precios de mercado.

e.4) Resultados en operaciones de futuro que no sean de cobertura.

e.5) Resultados en la negociación de efectos y de valores que estén en la cartera de inversión ordinaria.

e.6) Dotaciones y disponibilidades de fondos especiales correspondientes al mismo ejercicio.

2. Todas las compensaciones se harán sin mengua de mantener en la base contable el suficiente desglose de las partidas compensadas.

SECCIÓN PRIMERA

ESTADOS RESERVADOS

NORMA CUADRAGÉSIMA PRIMERA.—Estados reservados de carácter general

1. El Instituto de Crédito Oficial, los bancos privados, las cajas de ahorros, la Confederación Española de Cajas de Ahorros y las cooperativas de crédito deberán presentar al Banco de España, de acuerdo con los modelos que se contienen en el anejo 1 y las normas de esta circular, y en los plazos que se señalan, la siguiente información:

Estado	Denominación	Periodicidad	Plazo máximo de presentación
M.1	Balance	Mensual	Día 20 mes siguiente
M.2	Operaciones a plazo. Detalle por sujetos	Mensual	Día 20 mes siguiente
M.3	Balance de moneda extranjera. Detalle por monedas	Mensual	Día 20 mes siguiente
M.4	Datos del mercado de pagarés de empresa	Mensual	Día 20 mes siguiente
M.5	Detalle de las operaciones con pacto de retrocesión	Mensual	Día 20 mes siguiente
M.6	Detalle de entidades de crédito	Mensual	Día 20 mes siguiente
M.7	Clasificación de cuentas de no residentes (negocios en España)	Mensual	Día 20 mes siguiente
M.8	Clasificación de la cartera de valores	Mensual	Día 20 mes siguiente
M.9	Detalle de empréstitos y otros valores negociables emitidos	Mensual	Día 20 mes siguiente
T. 1	Cuenta de pérdidas y ganancias	Trimestral	Día 20 mes siguiente
T.2	Detalle de periodificación y diversas	Trimestral	Día 20 mes siguiente
T.3	Clasificación de los avales en función de las operaciones garantizadas	Trimestral	Fin mes siguiente
T.4	Movimientos de la cartera de valores	Trimestral	Fin mes siguiente
T.5	Detalle de operaciones con empresas del grupo	Trimestral	Fin mes siguiente
T.6	. . . .	. . . .	. . . .
T.7	Clasificación por provincias del crédito y los acreedores	Trimestral	Día 10 segundo mes siguiente
T.8	. . . .	. . . .	. . . .
T.9	Clasificación por plazos remanentes	Trimestral	Día 10 segundo mes siguiente
T.10	Activos dudosos y fondos de cobertura	Trimestral	Día 20 mes siguiente
T.11	Clasificación por monedas y países de las inversiones y recursos	Trimestral	Fin mes siguiente
T.12	Actividad clasificada por países	Trimestral	Fin mes siguiente
T.13	Clasificación por finalidades del crédito	Trimestral	Día 10 segundo mes siguiente
T.14	Detalle del movimiento de fondos especiales	Trimestral	Fin mes siguiente
T.15	Balance de negocios en el extranjero. Detalle por países	Trimestral	Fin mes siguiente
T.16	Otros créditos especiales	Trimestral	Fin mes siguiente
T.17	. . . .	. . . .	. . . .
T.18	Financiación a la vivienda acogida a planes especiales	Trimestral	Fin mes siguiente
T.19	Variaciones trimestrales en la financiación de los planes de vivienda de protección oficial	Trimestral	Fin mes siguiente

(Continúa)

(Continuación)

Estado	Denominación	Periodicidad	Plazo máximo de presentación
S.1	Créditos a la exportación con tipos de interés ajustados por CARI	Semestral	Fin mes siguiente
A.1	Regularizaciones y saneamientos del ejercicio fuera de la cuenta de pérdidas y ganancias	Anual	Fin de enero
A.2	Información complementaria anual	Anual	Fin de enero
A.3	Compromisos y riesgos por pensiones	Anual	Fin de enero
A.4	Aplicación del resultado neto	Anual	Fin de enero
A.5	Detalle de los valores depositados en la entidad	Anual	Fin de febrero
A.6	Depósitos cubiertos por el Fondo de Garantía de Depósitos	Anual	Fin de febrero

Las entidades remitirán a la Oficina de Documentación y Central de Riesgos todos los estados anteriores, salvo cuando no proceda de acuerdo con los criterios que se indican en los siguientes apartados. Con el balance reservado de cada mes adjuntarán una relación de aquellos estados que no deben remitir.

2. Las entidades de crédito españolas que tengan oficinas operativas en el extranjero rendirán mensualmente, junto con el balance reservado de toda la entidad, el balance y los estados M.5 y M.6 de sus oficinas en España solamente, en el que los saldos con sus sucursales en el extranjero figurarán entre los de «Entidades de crédito en el extranjero». Asimismo, acompañarán la cuenta de pérdidas y ganancias trimestral de sus negocios en España. Por otra parte, remitirán el estado T. 15 y fotocopia de los balances, cuentas de pérdidas y ganancias, y estados complementarios de los mismos que estén obligados a rendir a las autoridades competentes en los países extranjeros donde operen, en la forma y con la periodicidad con que allí lo hagan.

3. Los estados M.2, M.3, MA M.5, T.3, T.4, T.6, T.16, T.18, T.19, S.2 y A.5 únicamente los rendirán las entidades que realicen actividades declarables en los citados estados.

4. Para la confección del estado T. 13, así como para cualquier información sobre finalidad de las operaciones que deba rendirse al Banco de España, las entidades adoptarán la clasificación nacional de actividades (CNAE/93), con el mayor detalle que, en su caso, se indica en el mencionado estado.

5. En la clasificación por provincias de los pasivos, se atenderá a la plaza en que se domicilie la cuenta; cuando se trate de pasivos al portador, se atenderá a la plaza de la oficina que los colocó. En las inversiones crediticias se estará al lugar de inversión de los fondos, si éste es identificable y se conoce, y, en su defecto, a la plaza de pago o a la plaza de concesión de los créditos.

6. Las entidades deberán rendir el estado M.7 siempre que lleven a cabo cobros, pagos o transferencias exteriores, por cuenta propia o de terceros.

En el estado M.7, el importe de las «cuentas que realizan cobros, pagos o transferencias exteriores» incluirá, por un lado, los saldos de cuentas mutuas, cuentas de corresponsalía y cheques con entidades de crédito no residentes, y, por otro, los saldos de cuentas corrientes, incluso los saldos acreedores de cuentas de crédito, con acreedores no residentes.

7. En los estados T.11 y T.12, los riesgos y pasivos se clasificarán por países, tomando por referencia, en los activos, el país donde residan los obligados, directos o finales, al pago; en los demás riesgos, los titulares, directos o finales; y en los pasivos, los titulares de las cuentas.

En la partida «Activos por valoración de derivados financieros» del estado T.12 se incluirá la suma, sin efectuar compensaciones, del valor estimado de mercado de todas las operaciones de futuro, según se definen en la norma 34.ª4 de la Circular 4/1991, que presenten saldo favorable para la entidad a la fecha del estado, con independencia de que su importe se haya registrado o no en el activo del balance.

Estos estados sólo serán obligatorios para las entidades que tengan sucursales en el extranjero, o cuyos riesgos, directos o finales, o pasivos con no residentes en España sean equivalentes, al menos, a 5 millones de euros. No obstante lo anterior, la parte tercera del estado T.12 la deberán rendir las entidades que, aunque no alcancen el volumen de actividad anterior, tengan riesgos en países no clasificados en el grupo 1 a efectos de riesgo-país.

8. En el estado T.10 (primera parte), las sucursales de entidades de crédito de países del Espacio Económico Europeo que se acojan a lo dispuesto en el apartado 14 de la norma tercera pondrán, en su caso, en la columna «Cobertura» las provisiones que tengan que realizar de acuerdo con la normativa contable aplicable a su casa central.

9. El estado T.5 solo se cumplimentará por las entidades que, ya sea como dominantes, ya como dependientes, pertenezcan a algún grupo consolidable, en el sentido de la letra *a*) del apartado 1 de la norma vigésima octava.

10. En la columna «Gestionadas bajo contrato», del estado A.5, figurarán los valores o efectos cuya gestión haya sido encomendada a la entidad mediante contrato de mandato u otro similar.

11. El estado A.6 solo se rendirá por las entidades pertenecientes a un fondo de garantía de depósitos, que estarán a lo ordenado por la regulación del mismo. En particular, se sumarán para cada depositante todos los depósitos en los que figure como titular, a efectos de determinar el saldo máximo garantizado. Cuando no sea posible efectuar esa agregación, el estado se confeccionará, transitoriamente, en base a las cuentas, circunstancia que se hará constar en la declaración.

NORMA CUADRAGÉSIMA SEGUNDA.—Estados reservados de las cooperativas de crédito

(Suprimida por la circular 7/1998, de 3 de julio)

NORMA CUADRAGÉSIMA TERCERA.—Estados reservados de las entidades de financiación

(Suprimida por la circular 7/1996, de 26 de julio)

NORMA CUADRAGÉSIMA TERCERA BIS.—Estados reservados de los establecimientos financieros de crédito

1. Los establecimientos financieros de crédito deberán presentar al Banco de España, en los plazos que se señalan y de acuerdo con los modelos contenidos en el anejo III bis y las normas de esta circular, la siguiente información:

Estado	Denominación	Periodicidad	Plazo máximo de presentación
M.1-E	Balance	Trimestral	Fin mes siguiente
M.6-E	Detalle de entidades de crédito	Trimestral	Fin mes siguiente
M.9-E	Detalle de empréstitos y otros valores negociables emitidos	Mensual	Día 20 mes siguiente
T.1-E	Cuenta de pérdidas y ganancias	Trimestral	Fin mes siguiente
T.5-E	Detalle de operaciones con empresas del grupo	Trimestral	Fin mes siguiente
T.6-E	....	....	....
T.9-E	Clasificación por plazos remanentes	Anual	Día 10 de febrero
T.10-E	Activos dudosos y fondos de cobertura	Trimestral	Fin mes siguiente
T.13-E	Clasificación por finalidades de crédito	Trimestral	Fin mes siguiente
A.2-E	Información complementaria	Anual	Día 10 de febrero
A.4-E	Aplicación del resultado neto	Anual	Día 10 de febrero

El estado T.5-E únicamente lo rendirán las entidades que se encuentren en las situaciones descritas en el apartado 9 de la norma cuadragésima primera.

Los establecimientos financieros de crédito que tengan operaciones en moneda extranjera rendirán trimestralmente, junto con el balance confidencial, el estado M.3 de carácter general; los que tengan oficinas operativas en el extranjero rendirán trimestralmente el estado T.15 de carácter general antes del fin del mes siguiente.

2. Para la confección de los estados financieros se tendrán en cuenta las siguientes reglas específicas:

a) ....

b) Las cuentas de tesorería recogerán las cuentas a la vista, a plazo, participaciones y demás apoyos financieros tomados o recibidos de otras entidades de crédito que no estén instrumentados en valores negociables.

c) En la rúbrica del pasivo «Cuentas de recaudación» se reflejarán los importes pendientes de pagar por retenciones de impuestos practicadas a terceros, liquidaciones periódicas del Impuesto sobre el Valor Añadido e Impuesto de Sociedades correspondiente a final de ejercicio.

d) Los fondos recibidos de empresas que no sean entidades de crédito que pertenezcan al mismo grupo económico y de los accionistas del establecimiento financiero de crédito a los que se refiere el artículo 2, apartado 2.*b*), del

Real Decreto 692/1996, de 26 de abril, se integrarán en «Acreedores. Otros sectores residentes» o en «Acreedores. No residentes».

Los demás saldos transitorios, accesorios a las operaciones propias de la entidad, en los términos autorizados por la normativa, se integrarán en la rúbrica «Otras cuentas» del correspondiente epígrafe de acreedores.

Asimismo, los fondos recibidos del público a los que se refiere la disposición transitoria sexta del citado Real Decreto 692/1996 se incluirán, hasta su extinción, en la rúbrica «Depósitos a extinguir».

e) En la rúbrica de obligaciones a pagar, el concepto «Acreedores comerciales» integrará los importes de los aplazamientos de pago de bienes adquiridos para ser cedidos en arrendamiento financiero y los saldos de las cuentas que, en su caso, mantengan las entidades filiales de empresas de producción o distribución de vehículos u otros bienes con dichas empresas, como consecuencia de su intervención en el proceso de distribución de tales bienes a los concesionarios correspondientes. La inclusión de dichos saldos en el concepto señalado debe responder a los siguientes condicionantes:

e.1) Ha de quedar plenamente acreditado el hecho de que tales saldos proceden de operaciones por las que el concesionario o distribuidor haya adquirido al fabricante o importador el bien mediante pago aplazado y hasta la posterior venta del mismo a clientela. La intervención de la entidad de financiación como financiadora de la operación dará lugar a un adeudo en el concepto «Otros» de la rúbrica «Deudores a la vista y varios», paralelo al saldo de la cuenta, por el crédito concedido al concesionario, al mismo tiempo que se retienen los títulos que habilitan para su disposición hasta la venta a clientela.

e.2) Los saldos imputados a dichas cuentas no han de devengar intereses.

e.3) El titular de la cuenta debe disponer de las cantidades abonadas inmediatamente después de la venta del bien por el concesionario a la clientela.

f) Los depósitos compensatorios a los que se refiere el apartado 2.*a)* del artículo 60 del Real Decreto 685/1982 se integrarán entre los depósitos en el Banco de España, si son dinerarios, o en cartera de renta fija cuando lo hayan sido en fondos públicos. En ambos casos, dichos depósitos deberán estar debidamente separados en la contabilidad interior.

g) El detalle de informaciones complementarias al balance de los títulos hipotecarios propios comprados comprenderá los adquiridos por todas las empresas del grupo.

h) Las rectificaciones de los productos y costes financieros por operaciones de cobertura se contabilizarán en las rúbricas de la cuenta de pérdidas y ganancias correspondientes a los elementos que rectifican.

NORMA CUADRAGÉSIMA CUARTA.—Estados reservados de las sociedades de arrendamiento financiero

(Suprimida por la circular 7/1996, de 26 de julio)

NORMA CUADRAGÉSIMA CUARTA.—Estados reservados relativos a los requerimientos estadísticos de la Unión Monetaria Europea

1. Todas las entidades de crédito españolas y las sucursales en España de las entidades de crédito extranjeras deberán presentar en el Banco de España, en los plazos que se señalan, de acuerdo con los modelos que se contienen en el anejo IV y las normas de esta circular, la siguiente información:

Estado	Denominación	Periodicidad	Plazo máximo de presentación
UME 1	Balance resumido	Mensual	Día 10 mes siguiente
UME 2	Clasificación por sujetos de algunos activos y pasivos	Trimestral	Día 20 mes siguiente
UME 3	Clasificación por países de algunos activos y pasivos	Trimestral	Día 20 mes siguiente
UME 4	Clasificación por monedas de algunos activos y pasivos	Trimestral	Día 20 mes siguiente

No obstante lo anterior, las cooperativas de crédito y los establecimientos financieros de crédito cuyos activos totales no superen los 300 millones de euros podrán rendir el estado UME.1 hasta el día 20 del mes siguiente al que corresponda.

2. Para la confección de estos estados se tendrán en cuenta las siguientes reglas específicas:

a) Los datos a rendir corresponden a la actividad que realicen las entidades registrada contablemente en sus oficinas operantes en España (negocios en España).

b) La sectorización se corresponde con la general de la circular, que figura en la norma séptima y el anejo XI, con las siguientes precisiones:

1. El sector no residentes en España se subdivide en residentes en la Unión Monetaria Europea, que incluirá a todos los residentes en «Estados participantes», y residentes en el resto del mundo. La asignación a estos subsectores se fijará con criterios equivalentes a los establecidos en la norma séptima, apartado 3, para los residentes en España.

2. El agregado denominado Instituciones Financieras Monetarias (IFM) está compuesto por el Banco Central Europeo, los bancos centrales y autoridades monetarias nacionales, las entidades de crédito y las otras instituciones financieras monetarias a las que se refiere el apartado 7.*a*.1) de la norma séptima. El Banco Central Europeo se clasificará en el sector residentes en la Unión Monetaria Europea, indicando como país de residencia Alemania.

3. Los bancos multilaterales de desarrollo se clasificarán en el sector Administraciones Públicas del resto del mundo.

c) Los activos dudosos se incluirán en las partidas a que pertenezcan por su naturaleza instrumental y sectorial.

d) La partida «capital y reservas» tiene en los estados UME el significado de fondos internos, por lo que también deberá incluir los resultados del ejercicio, pérdidas pendientes de regularizar, fondos especiales que cubran activos y fondos para riesgos bancarios generales y similares. Los restantes fondos especiales se incluirán entre los otros pasivos.

e) Los valores propios se incluirán, según su naturaleza, en las partidas «Acciones y participaciones» y «Valores distintos de acciones y participaciones», y el saldo de la rúbrica «Accionistas» en la partida «Otros activos».

f) La partida «Activo fijo» del estado UME.1 incluirá el inmovilizado, el activo inmaterial y, en su caso, los activos materiales de la Obra Social.

g) Las financiaciones subordinadas se clasifican en función de su instrumentación.

h) Los acreedores por descubiertos en cesiones se minorarán de la partida «valores distintos de acciones y participaciones», aun cuando el resultado sea negativo.

i) Los préstamos de valores se incluirán entre los «otros activos» y los acreedores por préstamos de valores entre los «otros pasivos».

j) El plazo en el que se deben clasificar los diferentes activos y pasivos en estos estados es el plazo total pactado al inicio de los mismos (plazo de origen). El plazo se contará desde el inicio de la operación hasta su vencimiento, incluso en las operaciones que tengan amortizaciones parciales. Las libretas de ahorro se incluirán entre los depósitos disponibles con preaviso hasta tres meses.

k) Los importes correspondientes a préstamos y créditos impagados o de dudoso cobro se clasificarán en el tramo correspondiente al vencimiento original de la operación de la que proceden hasta que se den de baja del activo; en caso de que no se disponga de dicha información, los citados importes se clasificarán en el tramo correspondiente a «Más de 5 años».

l) En la columna «Crédito a la vivienda» del estado UME.2 se incluirán los importes de las operaciones, con garantía real o personal, que tengan como finalidad la adquisición y rehabilitación de viviendas.

NORMA CUADRAGÉSIMA QUINTA.—Estados reservados de las sociedades de crédito hipotecario

(Suprimida por la circular 7/1996, de 26 de julio)

NORMA CUADRAGÉSIMA SEXTA.—Estados reservados de las sociedades mediadoras del mercado de dinero

(Suprimida por la circular 2/1996, de 30 de enero)

NORMA CUADRAGÉSIMA SÉPTIMA.—Estados reservados de los grupos consolidables de entidades de crédito

1. Los grupos consolidables de entidades de crédito obligados a proporcionar información sobre sus estados consolidados, según la normativa sobre recursos propios y coeficientes de solvencia, deberán presentar en el Banco de España los estados reservados que se detallan a continuación, cuyos modelos se recogen en el anejo VII:

Estado	Denominación	Periodicidad
C.1	Balance consolidado	Trimestral
C.2	Detalle y amortización de las diferencias patrimoniales en consolidación	Trimestral
C.3	Cuenta de pérdidas y ganancias consolidada	Trimestral
C.4	Detalle de intereses minoritarios	Trimestral
C.5	Relación de las entidades pertenecientes al grupo económico y de las entidades vinculadas no pertenecientes al grupo económico	Trimestral
C.6	Participaciones directas (y derechos de voto)	Trimestral
C.7	Relación de entidades de crédito y sociedades financieras extranjeras participadas y/o controladas	Trimestral
C.8	Instituciones de inversión colectiva gestionadas por sociedades del grupo consolidadas	Trimestral
C.9	Síntesis del proceso de consolidación	Trimestral
C.10	Actividad consolidada clasificada por países	Trimestral
C.11	Relación de accionistas y altos cargos de bancos y sociedades financieras extranjeras participadas o controladas	Anual

Además, trimestralmente se enviarán al Banco de España las relaciones de accionistas y altos cargos de aquellas entidades de crédito y sociedades financieras extranjeras participadas o controladas que hayan experimentado alguna variación con respecto a los datos del trimestre anterior.

Las entidades que no formen parte de ningún grupo de entidades de crédito consolidable deberán rendir el estado C.5 y, en su caso, el C.6 con la periodicidad y plazos indicados anteriormente.

Los estados C.1 y C.3 se deben rendir al Banco de España antes de finalizar el mes siguiente a la fecha a la que se refieran, y los restantes estados, antes del día 10 del segundo mes siguiente a dicha fecha.

2. En la confección de los estados C.1 y C.3 serán aplicables las siguientes reglas:

a) Por negocios en el extranjero se entiende la actividad que no esté registrada contablemente en oficinas abiertas en España por las entidades comprendidas en la consolidación.

b) En los estados C.1.2 y C.3.2, en la columna de saldos con el grupo económico se incluirán todos los saldos que figuran en los estados consolidados a nombre de entidades integrantes del grupo económico, en el sentido del artículo 5 del Real Decreto 1.343/1992, de 1 de junio, al que pertenezca el grupo de entidades de crédito, y, en la columna de saldos con personas y entidades vinculadas se incluirán todos los saldos que figuran en los estados consolidados a nombre de quienes ostenten cargos de administración o dirección en la entidad, según lo establecido en el artículo 1.4 de la Ley 26/1988, de 29 de julio; de las personas y entidades que posean una participación significativa en el capital de la entidad dominante, según lo establecido en el artículo 56 de la Ley 26/1988, o una participación significativa en empresas de su grupo económico, según los criterios contenidos en el artículo 4 de la Ley 24/1988, de 28 de julio, así como de las entidades que controlen, directa o indirectamente, las personas o entidades anteriores y de los cónyuges y familiares en primer grado de unos y otros. En esta última columna, sólo es necesario incluir los saldos que figuren, en el activo, pasivo, cuentas de orden, debe o haber, a nombre de las citadas personas o entidades que individualmente consideradas sean iguales o superiores a 300.000 euros.

c) En las partidas a nombre de Administraciones Públicas se incluirán los importes correspondientes tanto a Administraciones españolas como extranjeras.

d) Los activos de la Obra Social se incluirán en las partidas de activo correspondientes a su naturaleza y el fondo de la Obra Social, menos los gastos de mantenimiento del ejercicio, se incluirán en la rúbrica «Otras cuentas» de cuentas diversas de pasivo.

e) Las dotaciones que se efectúen en el epígrafe «Dotaciones a fondos especiales y saneamientos (neto)» se registrarán por neto, aunque correspondan a ejercicios anteriores.

3. El Banco de España (Servicios de Inspección) podrá solicitar estados consolidados de la actividad del grupo por países o áreas geográficas determinados cuando sea importante el volumen de actividad del grupo en los mismos o problemática la situación económico-financiera o patrimonial de las entidades que tienen su sede en los países afectados.

4. En el estado C.9 se incluirán los balances y cuentas de pérdidas y ganancias resumidos de todas las entidades consolidadas global y proporcionalmente. En el caso de las sociedades multigrupo, los importes reflejarán la parte correspondiente al grupo de la entidad de crédito.

5. Con independencia de los estados propios de la consolidación a que se refiere el apartado 1 anterior, y en caso de que entre las entidades consolidadas existan entidades de crédito o entidades financieras extranjeras, se deberá rendir anualmente a los Servicios de Inspección del Banco de España, antes del 30 de abril del ejercicio siguiente, salvo que en el sector o país de residencia de las entidades exista un mayor plazo para la aprobación de las cuentas, en cuyo caso se tomará dicho plazo como límite, la siguiente información de cada una de ellas correspondiente a los datos de 31 de diciembre:

a) Cuentas anuales y, en su caso, consolidadas sometidas a la aprobación de la junta de accionistas u órgano social equivalente.

b) Informe de auditoría independiente, o similar, con referencia expresa a la solvencia y a la aplicación de principios contables bancarios internacionales.

6. Las entidades que no formando parte de un grupo de entidades de crédito español, así como estos grupos, si están incluidos en un grupo económico más amplio que confeccione estados consolidados, deberán enviar al Banco de España (Servicios de Inspección), antes del 30 de abril de cada año, salvo que en el sector o país de residencia de las entidades exista un mayor plazo para la aprobación de las cuentas, en cuyo caso se tomará dicho plazo como límite, las cuentas consolidadas del grupo más amplio al que pertenezcan, así como los correspondientes informes de gestión y de auditoría, todo ello escrito en español o en algún idioma de amplia difusión en el negocio bancario internacional.

7. En el estado C.10, los riesgos y pasivos se clasificarán por países, tomando por referencia, en los activos, el país donde residan los obligados, directos o finales, al pago; en los demás riesgos, los titulares, directos o finales; y en los pasivos, los titulares de las cuentas.

En la partida «Activos por valoración de derivados financieros» de este estado se incluirá la suma, sin efectuar compensaciones, del valor estimado de mercado de todas las operaciones de futuro, según se definen en la norma 34.ª4 de la Circular 4/1991, contratadas con terceros por el grupo consolidable, que presenten saldo favorable para el grupo a la fecha del estado, con independencia de que se hayan registrado o no en el activo del balance consolidado.

Este estado solo será obligatorio para los grupos que tengan entidades dependientes o sucursales en el extranjero, o cuyos riesgos, directos o finales, o pasivos en los estados consolidados con no residentes en España sean equivalentes, al menos, a 5 millones de euros. No obstante lo anterior, la parte tercera del estado C.10 la deberán rendir las entidades que, aunque no alcancen el volumen de actividad anterior, tengan riesgos en países no clasificados en el grupo 1 a efectos de riesgo-país.

SECCIÓN SEGUNDA

ESTADOS PÚBLICOS

NORMA CUADRAGÉSIMA OCTAVA.—Cuentas anuales de las entidades de crédito

1. Las cuentas anuales de las entidades de crédito comprenderán el balance, la cuenta de pérdidas y ganancias y la memoria, de acuerdo con las reglas que al efecto se contienen en esta norma, y en los términos que para cada clase de entidad se tengan establecidos legal y reglamentariamente, y, al menos, en la misma forma establecida en la Ley de Sociedades Anónimas en lo que sea aplicable a las sociedades que no tengan esta forma jurídica.

Tales documentos, así como, en su caso, los que compongan las cuentas consolidadas, forman una unidad y deberán estar redactados siguiendo los principios de valoración y demás criterios contables contenidos en esta circular.

2. El balance y la cuenta de pérdidas y ganancias anuales se ajustarán a los modelos contenidos en el anejo VIII.

Sus partidas, dentro de los estados correspondientes a cada grupo de entidades, no podrán variarse o agruparse. De considerarse necesario algún desarrollo, se utilizará para ello la memoria.

En cada una de las partidas del balance y de la cuenta de pérdidas y ganancias deberán figurar, además de las cifras del ejercicio que se cierra, las correspondientes al ejercicio inmediatamente anterior. Cuando tales cifras no sean comparables, deberá adaptarse el importe del ejercicio precedente, con la debida aclaración en la memoria.

3. A efectos del balance público, se entenderán por depósitos de ahorro las cuentas corrientes, cuentas de ahorro e imposiciones a plazo.

4. La memoria deberá contener, al menos, y en lo que a cada entidad de crédito pueda afectar, las indicaciones previstas por el Código de Comercio y la Ley de Sociedades Anónimas, y, muy concretamente, lo señalado en el art. 200 de la última citada, que se harán extensivas a todas las entidades de crédito, a excepción de las que, por su naturaleza jurídica, puedan no corresponderles. También contendrá la información que se exija en la normativa fiscal y demás normativa aplicable con carácter general.

Lo dispuesto en las indicaciones sexta y octava de dicho artículo está contenido, para las entidades de crédito, en lo dispuesto, respectivamente, en las letras *d*) y *ll*) siguientes; los datos refererentes a la séptima quedan integrados en las cuentas de orden del balance; el cuadro de financiación a que se refiere la cuarta será el establecido en el anejo XV.

Las entidades se ajustarán, en lo que les sea aplicable, al modelo de memoria contenido en el Plan General de Contabilidad.

Con independencia de ello, se indicará también lo dispuesto en los siguientes puntos:

a) El desglose del epígrafe del pasivo «11. Reservas», según sus diferentes conceptos, debiendo figurar separadamente, al menos, y si hubiera lugar, las reservas para acciones propias y las reservas estatutarias.

b) Un desglose de los epígrafes «3. Entidades de crédito», «4. Créditos sobre clientes» y «5. Obligaciones y otros valores de renta fija» del activo, y «1. Entidades de crédito», «2. Débitos a clientes», «3. Débitos representados por valores negociables» y «8. Pasivos subordinados» del pasivo, en el que figuren debidamente separados los créditos o débitos sobre empresas del grupo y sobre empresas con las que la entidad tenga una participación según ésta está definida en la norma vigésima octava, apartado 1.*b*), de la presente circular.

Los activos de carácter subordinado se indicarán por separado como subpartidas.

c) La siguiente información relativa a los pasivos subordinados:

    c.1) Para cada empréstito que exceda del 10 por 100 del importe total de los pasivos subordinados:

        — El importe del empréstito, la moneda en la que se haya efectuado, el tipo de interés y el vencimiento, o una mención que indique que se trata de un empréstito perpetuo.

— En su caso, las circunstancias en las que se requerirá un reembolso anticipado.

— Las condiciones de la subordinación, la eventual existencia de disposiciones que permitan la conversión del pasivo subordinado en capital o en otra forma de pasivo, así como las condiciones previstas por dichas disposiciones.

c.2) Para los demás pasivos subordinados, las modalidades por las que se regulan se indicarán de forma global.

c.3) Las cargas pagadas en concepto de pasivo subordinado en el curso del ejercicio.

d) El desglose, según su plazo residual, de las siguientes partidas del balance:

— Rúbrica «3.2. Otros créditos a entidades de crédito» y epígrafe «4. Créditos sobre clientes» del activo, y de las rúbricas «1.2. Débitos a plazo a entidades de crédito» y «3.2. Pagarés y otros valores» emitidos del pasivo, y los conceptos «2.1.2. y 2.2.2. Depósitos a plazo» del pasivo.

Los plazos considerados serán los siguientes: hasta tres meses; más de tres meses a un año; más de un año a cinco años; más de cinco años.

En el epígrafe «4. Créditos sobre clientes» del activo, se indicará, además, el importe de los créditos de duración indeterminada.

En el caso de créditos o débitos que impliquen pagos escalonados, se entenderá por plazo residual el tiempo que transcurra entre la fecha de cierre del balance y la fecha de vencimiento de cada pago.

e) Respecto del epígrafe «5. Obligaciones y otros valores de renta fija» del activo, y rúbrica «3.1. Bonos y obligaciones en circulación» del pasivo, se indicará el importe de los elementos de activo o pasivo que venzan durante el año siguiente a la fecha de cierre del balance.

f) Importe de los activos que se hayan cedido como garantía de los propios compromisos o de compromisos de terceros (incluidos los pasivos contingentes), de manera que se refleje el importe total de los correspondientes activos, para cada epígrafe del pasivo o cada epígrafe de las cuentas de orden.

g) El desglose, en función de su admisión o no a cotización, de los títulos negociables que figuren en los epígrafes «5. Obligaciones y otros valores de renta fija», «6. Acciones y otros títulos de renta variable», «7. Participaciones» y «8. Participaciones en empresas del grupo» del activo del balance.

h) El desglose en función de su consideración como cartera de negociación, cartera de inversión ordinaria, cartera de inversión a vencimiento o cartera de participaciones permanentes de los epígrafes 5 a 8 del activo del balance, mostrando además el valor a precios de mercado de las carteras de inversión ordinaria y a vencimiento, y el de adquisición de la cartera de negociación. Se señalarán asimismo los criterios particulares utilizados para asignar los valores a las diferentes categorías. También se indicará el importe de los traspasos que hayan tenido lugar entre diferentes carteras en el curso del ejercicio.

i) El importe de las operaciones de arrendamiento financiero desglosado entre las correspondientes partidas del balance.

j) El desglose, entre los principales elementos que los componen, de los epígrafes «13. Otros activos» Y «4. Otros pasivos», del balance; «6. Otras cargas de explotación» y «9. Quebrantos extraordinarios», del debe de la cuenta de pérdidas y ganancias; y «5. Otros productos de explotación» y «6. Beneficios extraordinarios», del haber.

Dichos desgloses no serán precisos cuando los importes de cada uno de los epígrafes mencionados supongan un porcentaje inferior al 5 por 100 del total del balance o, en su caso, de la cuenta de pérdidas y ganancias.

k) El importe global de los elementos del activo y el importe global de los elementos del pasivo expresados en moneda extranjera, convertidos a la moneda del balance.

Se indicará, asimismo, el criterio de valoración empleado para calcular la conversión de dichos activos y pasivos.

l) Una relación de las clases de operaciones de futuro no vencidas en la fecha de cierre del balance, en la que se indicará, en particular para cada clase de operación, si una parte significativa de éstas ha sido efectuada con vistas a cubrir los efectos de las fluctuaciones en los tipos de interés, los tipos de cambio o los precios de mercado, y si una parte significativa de éstas representa operaciones comerciales que no sean de cobertura.

Estas operaciones incluyen todas aquellas cuyos productos o cargas estén incluidos en los epígrafes «3. Pérdidas por operaciones financieras» o «4. Beneficios por operaciones financieras», del debe o haber, respectivamente, de la cuenta de pérdidas y ganancias.

ll) En el caso de las entidades con actividades en el extranjero, el desglose, por mercados geográficos, de los rendimientos correspondientes a los epígrafes «1. Intereses y rendimientos asimilados», «2. Rendimiento de la cartera de renta variable», «3. Comisiones percibidas», «4. Beneficios por operaciones financieras» y «5. Otros productos de explotación», del haber de la cuenta de pérdidas y ganancias.

m) El desglose del impuesto devengado sobre beneficios en la proporción que corresponda respecto de los resultados ordinarios y extraordinarios.

n) El hecho de que la entidad preste a terceros servicios de gestión y representación, siempre que dichas actividades representen una magnitud significativa en relación con el conjunto de las actividades de la entidad.

ñ) La información sobre participaciones en el capital y la relación de agentes de la entidad a las que se refieren, respectivamente, los artículos 20 y 22 del Real Decreto 1.245/1995, de 14 de julio.

o) Los importes, y su movimiento en el ejercicio, de los activos y pasivos contingentes calificados como dudosos, así como de las provisiones constituidas para la cobertura del riesgo de crédito, desglosando en el fondo de insolvencias las que corresponden a coberturas específicas, genéricas y estadísticas. Asimismo, se indicará el método utilizado para la determinación de las provisiones.

p) Los compromisos por pensiones con su personal y beneficiarios indicando si están cubiertos con fondos externos o internos. Para los fondos internos se informará, distinguiendo entre compromisos por pensiones causadas y riesgos por pensiones no causadas, de los saldos y movimientos experimentados en el ejercicio por los compromisos asumidos, fondos constituidos (distinguiendo costes financieros imputables, gastos de personal, resultados extraordinarios y aplicaciones) y compromisos asegurados, así como de las hipótesis demográficas, tipo de interés, otras hipótesis económico-financieras, sistemas de capitalización y métodos de financiación y valoración actuarial utilizados para su cálculo.

Las entidades que conviertan en externos sus fondos internos por compromisos de pensiones incluirán en la memoria la información que se exige en el apartado quinto de la Orden de 29 de diciembre de 1999 sobre el régimen transitorio a aplicar contablemente en la exteriorización de los compromisos por pensiones. Asimismo, las entidades mientras presenten déficit en el fondo de pensiones interno incluirán en la memoria una información similar a la que establece la citada Orden para cuando existen diferencias de valoración no regularizadas.

q) Los importes provisionados en el ejercicio para la cobertura de los compromisos con el personal prejubilado, indicando las hipótesis utilizadas para su cálculo.

5. Las sucursales de entidades de crédito extranjeras cuya sede central se encuentre en un país miembro del Espacio Económico Europeo no estarán obligadas a publicar cuentas anuales. En su lugar, deberán:

a) Publicar la información descrita en el anejo IX.

b) Publicar las cuentas anuales y consolidadas, respectivamente, de la entidad y del grupo más amplio del que forme parte, así como los correspondientes informes de gestión y de auditoría, todo ello escrito en español o en algún idioma de amplia difusión en el negocio bancario internacional.

Las restantes sucursales de entidades de crédito extranjeras publicarán las cuentas anuales según se describen en los apartados precedentes de esta norma, así como las cuentas anuales y consolidadas, respectivamente, de la entidad y del grupo más amplio al que pertenezcan, y los correspondientes informes de gestión y de auditoría, todo ello escrito en español o en algún idioma de amplia difusión en el negocio bancario internacional.

NORMA CUADRAGÉSIMA NOVENA.—Otras cuentas de carácter público

1. El ICO, la banca privada y las cajas de ahorro, incluida la Confederación Española de Cajas de Ahorros, deberán remitir al Banco de España, en los mismos plazos que los correspondientes estados reservados, los balances mensuales y cuentas de pérdidas y ganancias trimestrales, ajustados a los modelos contenidos en el anejo VIII, para su publicación. Las cooperativas de crédito deberán remitir dichos estados públicos trimestralmente al Banco de España en los mismos plazos que los reservados.

Las sucursales de entidades de crédito extranjeras cuya sede central se encuentre en un país miembro del Espacio Económico Europeo sustituirán esa información por la descrita en el anejo IX.

2. La obligación anterior se entenderá cumplida mediante la publicación, por la Asociación Española de Banca Privada, la Confederación Española de Cajas de Ahorros y la Unión Nacional de Cooperativas de Crédito, de los estados indicados.

3. En los balances públicos de los meses que no correspondan con un fin de trimestre, las partidas de activo, «15. Pérdidas del ejercicio», y de pasivo, «7. Beneficios del ejercicio» se dejarán en blanco, incorporándose sus saldos a «13. Otros activos» y a «4. Otros pasivos», respectivamente.

4. Con independencia de lo dispuesto en los anteriores apartados, las entidades remitirán al Banco de España sus cuentas públicas anuales (balance, cuenta de pérdidas y ganancias, y memoria) y, en su caso, las consolidadas, con los correspondientes informes de auditorías, y demás documentos complementarios que se depositen en el Registro Mercantil, en el plazo de quince días hábiles después de su aprobación por la Junta General.

NORMA QUINCUAGÉSIMA.—Cuentas consolidadas públicas

1. Esta norma será de aplicación a los grupos consolidables de entidades de crédito cuya matriz sea una entidad de crédito o entidad financiera considerada consolidable, según la normativa sobre recursos propios de las entidades de crédito.

2. El balance y la cuenta de pérdidas y ganancias que, en su caso, deberán publicar las entidades obligadas a ello tendrán que ajustarse a los modelos recogidos en el anejo X.

3. La memoria de las cuentas consolidadas deberá contener, además de la información descrita en el apartado 4 de la norma cuadragésima octava de esta circular y en el artículo 48 del Código de Comercio, al menos, indicación sobre los siguientes puntos:

a) Identificación de las sociedades incluidas en la consolidación, con la debida separación, según cuál sea el método empleado en la integración, mencionando su nombre, domicilio, importe de la participación y porcentaje de su capital poseído por las sociedades del grupo o las personas que actúen en su propio nombre, pero por cuenta de aquellas.

b) Identificación de las sociedades del grupo no consolidables, con los mismos datos a que se refiere el apartado anterior agrupados y con indicación de sus actividades.

c) Bases de presentación de las cuentas anuales consolidadas en los mismos términos señalados para el caso por el Plan General de Contabilidad.

d) Análisis del movimiento de la partida de «Fondo de comercio de consolidación», indicando: saldo inicial, adiciones, reducciones, amortización y saldo final.

Se deberán describir sintéticamente las operaciones que han originado el movimiento, cuando sean significativas, así como desgloses del saldo final, en función de las participaciones que hayan generado el fondo de comercio de consolidación.

e) Análisis del movimiento de la partida de «Diferencias negativas de consolidación», en los mismos términos y con el mismo detalle a que se refiere el apartado anterior, sin más que sustituir el concepto de «amortizaciones» por el de «imputación a pérdidas y ganancias», en su caso.

f) Desglose de la partida de «Participaciones de sociedades del grupo no consolidadas», por cada una de tales sociedades, indicando el movimiento del ejercicio y las causas que lo han originado.

g) Desglose, por sociedades incluidas en la consolidación (ya sea por integración global o proporcional, ya por puesta en equivalencia), de las siguientes partidas:

— Reservas o pérdidas en sociedades consolidadas.
— Reservas o pérdidas en sociedades no consolidadas.
— Diferencias de cambio por consolidación.

h) Las siguientes informaciones sobre las partidas de capital de las sociedades del grupo:

h.1) Número de acciones de la entidad dominante y valor nominal de cada una de ellas, distinguiendo por clases de acciones, así como los derechos otorgados a las mismas y las restricciones que puedan tener. También, en su caso, se indicará para cada clase de acciones los desembolsos pendientes, así como la fecha de exigibilidad.

h.2) Ampliaciones de capital en curso de las restantes entidades del grupo, incluyendo separadamente las filiales no consolidables, con indicación del plazo concedido para la suscripción, el número de acciones a suscribir, su valor nominal, la prima de emisión, el desembolso inicial, los derechos que incorporarán y restricciones que tendrán, así como la existencia o no de derechos preferentes de suscripción a favor de accionistas u obligacionistas.

h.3) Importe del capital autorizado por las juntas de accionistas de las sociedades del grupo, incluyendo separadamente las filiales no consolidables, con indicación del período al que se extienda la autorización.

h.4) Derechos incorporados a las partes de fundador, bonos de disfrute, obligaciones convertibles y títulos o derechos similares de las sociedades del grupo, incluyendo separadamente las filiales no consolidables, con indicación de su número y de la extensión de los derechos que confieren.

h.5) Circunstancias específicas que, en su caso, restringen las disponibilidad de las reservas.

h.6) Número, valor nominal y precio medio de adquisición de las acciones propias de la sociedad dominante en poder de sociedades del grupo o de un tercero que obre por cuenta de ellas, especificando su destino final previsto e importe de las reservas por adquisición de acciones de la sociedad dominante.

h.7) Indicación de las sociedades ajenas al grupo o vinculadas al mismo que, directamente o por medio de filiales, posean una participación igual o superior al 10 por 100 del capital de alguna sociedad del grupo.

h.8) Acciones de las sociedades del grupo admitidas a cotización.

i) Desglose por sociedades de la partida de «Intereses minoritarios», indicando para cada entidad el movimiento acaecido en el ejercicio y las causas que lo han originado.

Asimismo, se deberá indicar por sociedades el importe total que corresponde a los socios externos de la partida «Resultado atribuido a la minoría» y de los resultados que declaren las entidades participadas en sus estados individuales.

Se podrán presentar agrupados los saldos de las partidas anteriores que correspondan a sociedades en las que los socios externos participen en menos del 5 por 100 de su capital.

j) Se indicarán, en su caso, con detalle por rúbricas y tipo de entidad, los importes de las partidas del balance y cuenta de pérdidas y ganancias que correspondan a operaciones con entidades del grupo no consolidadas por razón de su actividad, entidades consolidadas por integración proporcional y sociedades asociadas. Así como las compraventas de activos realizadas durante el ejercicio por dichas entidades con las entidades del grupo consolidadas.

k) Se indicarán, en su caso, cuáles son las entidades e importes afectados por los ajustes por inflación a los que se refiere el apartado 5 de la norma vigésima y se informará de los criterios adoptados y de las normas utilizadas para efectuar los mismos.

Además, las entidades se ajustarán, en lo que les sea aplicable, al modelo de memoria consolidada contenido en el Real Decreto 1.815/1991, de 20 de diciembre, por el que se aprueban las Normas para la formulación de cuentas anuales consolidadas.

4. Será igualmente de aplicación, con referencia al grupo y a los estados consolidados, lo dispuesto en la norma cuadragésima octava, apartado 2.

5. Con independencia de la obligación de publicar las cuentas anuales consolidadas, las entidades obligadas a rendir cuentas consolidadas en las que se consoliden bancos, cajas de ahorros o cooperativas de crédito deberán publicar semestralmente, en los modelos del anejo X, los balances y cuentas de pérdidas y ganancias públicos consolidados. Los estados consolidados de los grupos bancarios cuya entidad dominante cotice sus acciones en bolsas españolas también se deberán publicar trimestralmente.

La obligación de hacer públicos el balance y la cuenta de pérdidas y ganancias consolidados se entenderá cumplida mediante la publicación de los estados indicados por la Asociación Española de Banca Privada, la Confederación Española de Cajas de Ahorros y la Unión Nacional de Cooperativas de Crédito.

SECCIÓN FINAL

NORMA QUINCUAGÉSIMA PRIMERA.—Entrada en vigor y disposiciones complementarias

1. La presente circular entrará en vigor el 1 de enero de 1992. No obstante, los estados T.9 y el desglose por vencimientos residuales que debe figurar en la memoria no serán de obligada rendición hasta el 1 de enero de 1993. Entre tanto, los vencimientos a incluir en la memoria podrán expresarse en función de la duración contractual, señalando debidamente cuál es la clasificación utilizada.

Las cuentas anuales del ejercicio de 1991 se publicarán de acuerdo con los modelos de balance y cuenta de pérdidas y ganancias a que se refiere el anejo IV de la circular 22/1987, corregidos en lo necesario para aplicar en ellos las normas sobre contabilización del impuesto de sociedades contenidas en la presente circular.

La memoria de dicho ejercicio se publicará, igualmente, de acuerdo con lo dispuesto en ésta, mediante la necesaria adaptación de las partidas de balance y cuenta de pérdidas y ganancias.

2. Los valores adquiridos antes de la entrada en vigor de la presente circular en cumplimiento de los coeficientes de caja o de inversión obligatoria quedan eximidos del saneamiento trimestral dispuesto en la norma vigésima séptima.

3. Lo dispuesto en el apartado 2 de la norma tercera, sobre contabilización de activos adquiridos a descuento, será de aplicación a los pagarés del Tesoro, con independencia de su plazo de vencimiento.

4. Las aportaciones diferidas a fondos de pensiones exteriores, oficialmente autorizadas en la regulación de estos fondos, se contabilizarán en el epígrafe de acreedores como depósitos a plazo, hasta su cancelación, de acuerdo con los calendarios establecidos.

5. A la entrada en vigor de la presente, quedan derogadas: la circular 22/1987, de 29 de junio (balance, cuenta de pérdidas y ganancias y estados complementarios de las entidades de depósito); la circular 23/1987, de 29 de junio (balance, cuenta de pérdidas y ganancias y estados complementarios de las sociedades mediadoras en el mercado de dinero), y la circular 10/1990, de 6 de noviembre (provisión de insolvencias para las entidades no incluidas en el apartado 1 de la norma general de la circular 22/1987). No obstante, las entidades remitirán, a efectos estadísticos, dentro de los dos primeros meses de 1992, una estimación del balance y cuenta de pérdidas y ganancias de fin de 1991, ajustados a los modelos y criterios de la presente circular.

Por otro lado, y en el caso de la existencia en alguna entidad o grupo consolidable de activos a sanear procedentes de operaciones de saneamiento concertadas con el Banco de España y/o con el respectivo Fondo de Garantía de Depósitos, se seguirán aplicando, hasta la extinción de aquellas situaciones, las normas que, al efecto, se tienen establecidas en la circular 22/1987.

6. Todos los estados regulados en esta circular se remitirán a la Oficina de Documentación y Central de Riesgos del Banco de España, que establecerá las correlaciones dentro de cada estado y entre cada uno de ellos, y canalizará las consultas y dudas que esta circular origine.

7. Las entidades que teniendo constituido un fondo interno opten por convertirlo en un fondo externo de pensiones del Real Decreto 1.588/1999 deberán proceder al trasvase de los fondos constituidos en un plazo máximo de diez años, contados desde la fecha en la que se acuerde la conversión, cumpliendo lo señalado en el artículo 13 del Reglamento. El reflejo contable de las aportaciones diferidas se realizará de acuerdo con lo determinado en el anterior apartado 4.

8. Las entidades en las que, al convertir en externos sus fondos de pensiones de acuerdo con lo dispuesto en el Real Decreto 1.588/1999, aflore una diferencia como consecuencia de comparar los importes que se haya acordado exteriorizar y los fondos internos constituidos a 31 de diciembre de 1999, si se acogen al calendario de cobertura autorizado por el Reglamento para amortizar la citada diferencia, registrarán su importe total en la rúbrica del activo «Diferencias en el fondo de pensiones», utilizando como contrapartida la rúbrica del pasivo «Imposiciones a plazo» del correspondiente epígrafe de acreedores. La diferencia inicial se minorará anualmente imputando a la cuenta de pérdidas y ganancias, como aportaciones extraordinarias a fondos de pensiones, al menos, la catorceava parte de su saldo inicial si corresponde a un fondo instrumentado en un plan de pensiones, y la novena parte si corresponde a un fondo instrumentado en un contrato de seguros.

El saldo de la rúbrica «Diferencias en el fondo de pensiones» en los balances públicos, individuales y consolidados, se minorará de la partida «Débitos a clientes».

9. Las entidades que presenten una diferencia en el fondo interno de pensiones del Real Decreto 1.588/1999 exclusivamente como consecuencia de comparar los importes a constituir como consecuencia de aplicar los nuevos criterios de valoración y los fondos internos constituidos a 31 de diciembre de 1999, si se acogen al calendario de cobertura autorizado por el Reglamento para la amortización de la citada diferencia, registrarán su importe total en la rúbrica «Diferencias en el fondo de pensiones», utilizando como contrapartida la rúbrica «Fondos internos de pensiones y obligaciones similares». La diferencia se minorará anualmente imputando en la cuenta de pérdidas y ganancias, como dotaciones extraordinarias a fondos de pensiones, al menos, la décima parte de su saldo inicial.

El saldo de la rúbrica «Diferencias en el fondo de pensiones» en los balances públicos, individuales y consolidados, se minorará de la partida «Fondo de pensionistas».

10. Si durante el período que permite el Reglamento para amortizar el déficit en el fondo de pensiones a que se refieren los anteriores apartados se cambian las hipótesis demográficas que se utilizan en el cálculo de los compromisos y riesgos por pensiones, el déficit que aflore exclusivamente por dicho motivo, de no registrarse íntegramente en la cuenta de pérdidas y ganancias del ejercicio, se tratará como sigue:

— Se imputará en la cuenta de pérdidas y ganancias al menos la parte proporcional correspondiente a los ejercicios pasados del calendario de amortización del déficit inicial.

— El importe restante se amortizará durante los años remanentes del calendario de amortización del déficit inicial con los mismos criterios aplicables a éste.

11. Las entidades que como consecuencia de lo dispuesto en la letra *B)* de la norma decimotercera tengan que dar de alta en el balance contratos de seguros y fondos de pensiones internos del Real Decreto 1.588/1999 aplicarán los siguientes criterios:

a) Los contratos de seguros los registrarán en la rúbrica del activo «Contratos de seguros vinculados a pensiones y obligaciones similares» por el importe de las provisiones matemáticas que le correspondan, en función de los términos pactados en los contratos, a la fecha en la que se reintegren al balance, sin tener en cuenta posibles penalizaciones.

b) El fondo interno de pensiones lo registrarán en el pasivo por el importe que corresponda de acuerdo con los criterios de valoración descritos en el apartado 3 de la norma decimotercera.

c) Las diferencias que existan entre el valor de los fondos internos de pensiones calculado anteriormente y el valor de los contratos de seguros que se deban exclusivamente a que las inversiones en las que estén materializados los contratos están pactadas a tipos de interés superiores a los que se apliquen en el cálculo de los compromisos asumidos con el personal se recogerán en la rúbrica «Otros conceptos» de cuentas diversas del activo. En años sucesivos el saldo de esta rúbrica se incorporará en la cuenta de pérdidas y ganancias, como «Costo imputable a los fondos de pensiones constituidos», al ritmo adecuado para que el importe incorporado, más el coste imputable por el crecimiento del fondo interno de pensiones constituido debido a la tasa de rentabilidad que sirvió para su cálculo, iguale el aumento de valor de los activos incorporados, produciendo así por este motivo un efecto nulo en la cuenta de resultados.

Las nuevas aportaciones que se realicen a las entidades aseguradoras como consecuencia de estos contratos no darán lugar al registro de las diferencias a las que se refiere el anterior párrafo.

d) Las restantes diferencias se tratarán de acuerdo con lo dispuesto en el anterior apartado 9.

APÉNDICE B

MODELO DE BALANCE RESERVADO

	Total	Euros	Moneda extranjera	Pro memoria Pesetas

ACTIVO

1. **Caja y bancos centrales**
   1.1. Caja
   1.2. Banco de España
   1.3. Otros bancos centrales

2. **Entidades de crédito**
   2.1. Cuentas mutuas
   2.2. Cuentas a plazo
   2.3. Otras cuentas
   2.4. Adquisición temporal de activos
   2.5. Préstamos de valores

3. **Crédito a las Administraciones Públicas españolas**
   3.1. Administración Central
       3.1.1. Estado
       3.1.2. Organismos Autónomos del Estado
   3.2. Administraciones Territoriales
   3.3. Administración de la Seguridad Social

4. **Crédito a otros sectores residentes**
   4.1. Crédito comercial
       4.1.1. Efectos comerciales y anticipos
       4.1.2. Operaciones de «factoring»
           4.1.2.1. Con recurso
           4.1.2.2. Sin recurso
   4.2. Deudores con garantía real
       4.2.1. Con garantía hipotecaria
       4.2.2. Con otras garantías reales
   4.3. Otros deudores a plazo
       4.3.1. Efectos financieros
       4.3.2. Préstamos personales
       4.3.3. Cuentas de crédito
       4.3.4. Adquisición temporal de activos
       4.3.5. Créditos y préstamos participativos
       4.3.6. Préstamos de valores
   4.4. Deudores a la vista y varios
       4.4.1. Descubiertos en c/c. y excedidos en c/cto.
       4.4.2. Créditos, préstamos y efectos vencidos pendientes de cobro
       4.4.3. Anticipos transitorios y demás deudores personales
       4.4.4. Deudores por tarjetas de crédito
       4.4.5. Otros
   4.5. Arrendamientos financieros
       4.5.1. Bienes cedidos, principal
       4.5.2. Bienes cedidos, valor residual

5. Crédito a no residentes

    5.1. A Administraciones Públicas no residentes

    5.2. A otros no residentes

        5.2.1. Crédito comercial

        5.2.2. Deudores con garantía real

        5.2.3. Otros deudores a plazo

        5.2.4. Deudores a la vista y varios

6. Cartera de renta fija

    6.1. Certificados del Banco de España

    6.2. De Administraciones Públicas

        6.2.1. Estado

            6.2.1.1. Letras del Tesoro

            6.2.1.2. Otras deudas anotadas

            6.2.1.3. Otros títulos

        6.2.2. Administraciones Territoriales

        6.2.3. Otras Administraciones Públicas

    6.3. De entidades de crédito

        6.3.1. Instituto de Crédito Oficial

            6.3.1.1. Pagarés y efectos

            6.3.1.2. Otros títulos

        6.3.2. Otras entidades de crédito residentes

            6.3.2.1. Pagarés y efectos

            6.3.2.2. Financiaciones subordinadas

            6.3.2.3. Otros valores

        6.3.3. Entidades de crédito no residentes

    6.4. De otros sectores residentes

        6.4. l. Bonos y obligaciones

        6.4.2. Pagarés de empresa

    6.5. De no residentes

        6.5.1. Administraciones Públicas

        6.5.2. Otras no residentes

7. Activos dudosos

    7.1. De Administraciones Públicas

    7.2. De entidades de crédito

        7.2.1. Residentes

        7.2.2. No residentes

    7.3. De otros sectores residentes

    7.4. De no residentes

8. Cartera de renta variable

    8.1. Participaciones en el grupo

        8.1.1. En entidades de crédito

        8.1.2. Otras

    8.2. Participaciones

        8.2.1. En entidades de crédito

        8.2.2. Otras

    8.3. Otras acciones y títulos de renta variable

        8.3.1. De entidades de crédito

        8.3.2. De otros sectores residentes

        8.3.3. De no residentes

9. Inmovilizado
   9.1. Mobiliario, instalaciones y vehículos
      9.1.1. Equipos informáticos y sus instalaciones
      9.1.2. Otros
   9.2. Inmuebles
      9.2.1. Edificios de uso propio
      9.2.2. Edificios en renta
      9.2.3. Obras en curso
      9.2.4. Fincas rústicas, parcelas y solares
      9.2.5. Otros
   9.3. Inmovilizado procedente de adjudicaciones o recuperaciones
      9.3.1. Bienes recuperados de arrendamientos financieros
      9.3.2. Resto
   9.4. Derechos sobre bienes tomados en arrendamiento financiero
      9.4.1. Sobre inmuebles
      9.4.2. Sobre otros bienes

10. Aplicación Fondo OS (a)
   10.1. Mobiliario e instalaciones
   10.2. Inmuebles
   10.3. Gastos mantenimiento (ejercicio corriente)
   10.4. Otros

11. Activos inmateriales
   11.1. Gastos de constitución y de primer establecimiento
   11.2. Otros gastos amortizables
   11.3. Otros activos inmateriales

12. Valores propios y accionistas
   12.1. Títulos hipotecarios
   12.2. Otros valores de renta fija
   12.3. Acciones en cartera (b)
   12.4. Accionistas (c)

13. Cuentas diversas
   13.1. Cheques a cargo de entidades de crédito
   13.2. Operaciones en camino
   13.3. Dividendos activos a cuenta
   13.4. Hacienda pública. Saldos fiscales recuperables
      13.4.1. Impuesto sobre beneficios anticipado
      13.4.2. Crédito por pérdidas a compensar de ejercicios cerrados
      13.4.3. Retenciones y pagos a cuenta del impuesto de sociedades
      13.4.4. Otros conceptos
   13.5. Operaciones financieras pendientes de liquidar
   13.6. Fianzas dadas en efectivo
   13.7. Partidas a regularizar por operaciones de futuro
      13.7.1. Beneficios latentes por rectificaciones de intereses en operaciones de cobertura
      13.7.2. Beneficios latentes por otras causas

(a) Sólo cajas y cooperativas.
(b) En el caso de las cooperativas incluirá las participaciones propias.
(c) Sólo sociedades anónimas

PASIVO

1. Banco de España

2. Entidades de crédito
2.1. Cuentas mutuas
2.2. Cuentas a plazo
2.3. Otras cuentas
2.4. Cesión temporal de activos
2.5. Acreedores por valores
    2.5.1. Por préstamos
    2.5.2. Por descubiertos en cesiones

3. Acreedores. Administraciones Públicas españolas
3.1. Administración Central
    3.1.1. Estado
    3.1.2. Organismos Autónomos del Estado
3.2. Administraciones Territoriales
3.3. Administración de la Seguridad Social

4. Acreedores. Otros sectores residentes
4.1. Cuentas corrientes
4.2. Cuentas de ahorro
4.3. Imposiciones a plazo
4.4. Participaciones
4.5. Cesión temporal de activos
4.6. Acreedores por valores
    4.6.1. Por préstamos
    4.6.2. Por descubiertos en cesiones

5. Acreedores no residentes
5.1. De Administraciones Públicas no residentes
5.2. De otros no residentes
    5.2.1. Cuentas corrientes
    5.2.2. Cuentas a plazo
    5.2.3. Cesión temporal de activos
    5.2.4. Acreedores por préstamos de valores
    5.2.5. Acreedores por descubiertos en cesiones
    5.2.6. Otras cuentas

6. Empréstitos y otros valores negociables
6.1. Pagarés y efectos
6.2. Títulos hipotecarios
6.3. Otros valores convertibles
6.4. Otros valores no convertibles

7. Financiaciones subordinadas
7.1. Valores negociables
    7.1.1. Convertibles
    7.1.2. No convertibles
7.2. Otras

8. Cuentas diversas
8.1. Obligaciones a pagar
8.2. Acreedores por «factoring»

8.3.   Fianzas recibidas
8.4.   Operaciones en camino
8.5.   Productos anticipados de operaciones activas a descuento
8.6.   Partidas a regularizar por operaciones de futuro
    8.6.1.   Pérdidas potenciales por rectificaciones de intereses en operaciones de cobertura
    8.6.2.   Pérdidas potenciales por otras causas
    8.6.3.   Importes cobrados no imputados a resultados
    8.6.4.   Opciones emitidas
8.7.   Impuesto sobre beneficios diferido
8.8.   Cámaras de compensación
8.9.   Cuentas de recaudación
    8.9.1.   Administración Central
    8.9.2.   Administraciones autonómicas
    8.9.3.   Administraciones locales
    8.9.4.   Administración de la Seguridad Social
8.10.   Cuentas especiales
    8.10.1.   Órdenes de pago pendientes y cheques de viaje
    8.10.2.   Suscripción de valores pendientes de liquidar
    8.10.3.   Operaciones en bolsa o mercados organizados pendientes de liquidar
    8.10.4.   Intereses y dividendos retenidos
8.11.   Otros conceptos

9.   Cuentas de periodificación
9.1.   Devengos de costes no vencidos
9.2.   Gastos devengados no vencidos
9.3.   Otras periodificaciones

10.   Fondos especiales
10.1.   Fondo de insolvencias
    10.1.1.   Cobertura específica
    10.1.2.   Cobertura genérica
    10.1.3.   Cobertura estadística
10.2.   Fondo de riesgo-país
10.3.   Fondo de fluctuación de valores
    10.3.1.   Renta fija
    10.3.2.   Renta variable
10.4.   Provisiones por operaciones de futuro
10.5.   Fondos de cobertura de inmovilizado
10.6.   Fondos internos de pensiones y obligaciones similares
    10.6.1.   Real Decreto 1.588/1999
    10.6.2.   Resto
10.7.   Provisión para impuestos
10.8.   Fondos específicos para cobertura de otros activos
10.9.   Otras provisiones para riesgos y cargas
10.10.   Bloqueo de beneficios
10.11.   Fondo para riesgos generales

11.   Capital o fondo de dotación
11.1.   Acciones ordinarias (a)
11.2.   Acciones preferentes (a)
11.3.   Otros fondos sociales (b)
11.4.   Cuotas participativas (c)

(a) Sólo sociedades anónimas.
(b) Sólo entidades que no revistan la forma de sociedades anónimas.
(c) Sólo cajas de ahorros.

12. Reservas
    12.1. Prima emisión acciones (a)
    12.2. Regularizaciones de balance
    12.3. Otras reservas

13. Fondo OS (d)
    13.1. Dotación
    13.2. Reservas por regularización de bienes afectos
    13.3. Otros pasivos
    13.4. Excedentes

14. Beneficios
    14.1. Remanente
    14.2. Beneficio del ejercicio anterior
    14.3. Beneficio provisional del ejercicio

(a) Sólo sociedades anónimas.
(d) Sólo cajas de ahorros y cooperativas de crédito.

CUENTAS DE ORDEN

1. Pasivos contingentes
   1.1. Avales y otras cauciones prestadas
      1.1.1. Avales prestados a pagarés de empresa y letras de cambio
      1.1.2. Otros avales y cauciones
   1.2. Créditos documentarios
      1.2.1. Emitidos irrevocables
      1.2.2. Confirmados irrevocables
      1.2.3. Otros
   1.3. Efectos redescontados o endosados
      1.3.1. En el Banco de España
      1.3.2. En otras entidades de crédito
      1.3.3. Otros endosos
         1.3.3.1. De activos interbancarios
         1.3.3.2. Resto de activos
   1.4. Activos afectos a obligaciones de terceros
   1.5. Riesgos contraídos en operaciones de futuro contratadas por cuenta de terceros
   1.6. Otros pasivos contingentes
   1.7. Pasivos contingentes dudosos

2. Compromisos y riesgos contingentes
   2.1. Valores suscritos pendientes de desembolso
   2.2. Disponibles por terceros
      2.2.1. Por entidades de crédito
      2.2.2. Por el sector Administraciones Públicas
      2.2.3. Por otros sectores residentes
         2.2.3.1. En líneas de apoyo a pagarés de empresa o similares
         2.2.3.2. Por tarjetas de crédito
         2.2.3.3. Otras de disponibilidad inmediata
         2.2.3.4. Condicionales
      2.2.4. Por no residentes
   2.3. Compromisos de colocación y suscripción de valores
   2.4. Cesiones temporales con opción de recompra
   2.5. Documentos entregados a las cámaras de compensación que puedan ser devueltos durante los plazos que marquen los respectivos reglamentos

3. Operaciones de futuro
   3.1. Compraventas de divisas no vencidas
      3.1.1. Hasta dos días hábiles
         3.1.1.1. Compras de divisas contra euros
         3.1.1.2. Ventas de divisas contra euros
         3.1.1.3. Compras de divisas contra otras divisas
      3.1.2. A plazo superior a dos días hábiles
         3.1.2.1. Compras de divisas contra euros
         3.1.2.2. Ventas de divisas contra euros
         3.1.2.3. Compras de divisas contra otras divisas
      3.1.3. Futuros financieros en divisas
   3.2. Compraventas no vencidas de activos financieros
      3.2.1. Compraventas al contado de deuda anotada pendientes de ejecución
         3.2.1.1. Compras
         3.2.1.2. Ventas
      3.2.2. Compras a plazo
         3.2.2.1. De deuda anotada
         3.2.2.2. Resto

3.2.3. Ventas a plazo
    3.2.3.1. De deuda anotada
    3.2.3.2. Resto
3.3. Futuros financieros sobre valores y tipos de interés
    3.3.1. Comprados
    3.3.2. Vendidos
3.4. Opciones
    3.4.1. Opciones compradas
        3.4.1.1. Sobre valores
        3.4.1.2. Sobre tipos de interés
        3.4.1.3. Sobre divisas
    3.4.2. Opciones emitidas
        3.4.2.1. Sobre valores
        3.4.2.2. Sobre tipos de interés
        3.4.2.3. Sobre divisas
3.5. Otras operaciones sobre tipos de interés
    3.5.1. Acuerdos sobre tipos de interés futuro (FRA)
    3.5.2. Permutas financieras
    3.5.3. Otras
3.6. Operaciones de futuro sobre mercaderías
3.7. Valores vendidos a crédito en bolsa, pendientes de liquidación

4. Otros compromisos
4.1. Compromisos por pensiones causadas
4.2. Riesgos por pensiones no causadas
    4.2.1. Devengados
    4.2.2. No devengados
4.3. Compromisos varios

5. Otras cuentas de orden
5.1.   Disponibles a favor de la entidad
    5.1.1. En Banco de España
    5.1.2. En entidades de crédito
5.2.   Efectos condicionales y otros valores recibidos en comisión de cobro
    5.2.1. Efectos recibidos por aplicación
    5.2.2. Resto
5.3.   Efectos aceptados representativos de financiaciones concedidas (incluidos arrenda-mientos financieros)
5.4.   Activos en suspenso regularizados
5.5.   Productos vencidos y no cobrados de activos dudosos
5.6.   Valores propios y de terceros en poder de otras entidades
5.7.   Valores en custodia
5.8.   Activos afectos a obligaciones propias
5.9.   Activos adquiridos por cuenta de terceros
5.10. Empréstitos emitidos y pendientes de suscripción
5.12. Transferencias de activos
    5.12.1. Activos hipotecarios titulizados (RD 685/1982)
    5.12.2. Otros activos titulizados (RD 926/1998)
    5.12.3. Otras transferencias
5.13. Operaciones de futuro contratadas por cuenta de terceros
5.14. Efectos condicionales y otros valores enviados en comisión de cobro.
    5.14.1. Aplicación de efectos
    5.14.2. Resto
5.15. Otras cuentas de orden

INFORMACIONES COMPLEMENTARIAS AL BALANCE

	Euros	Moneda extranjera	Pro memoria Pesetas

Nominales de los valores en cartera

Letras del Tesoro
Bonos y obligaciones del Estado
— Principales segregados
— Cupones segregados
— Resto
Cédulas para inversiones
Otros títulos de renta fija del Instituto de Crédito Oficial
Títulos de renta fija de bancos
Títulos de renta fija de cajas de ahorros
Acciones bancarias españolas
Valores de renta fija propios (valor de reembolso)

Otras informaciones

Sucursales propias en el extranjero. Dotaciones
Sucursales propias y casas centrales en el extranjero (otras cuentas activas)
Sucursales propias y casas centrales en el extranjero (cuentas pasivas)
Crédito a tipo variable
— Sector Administraciones Públicas
— Otros sectores residentes
— Sector no residente
Inmovilizado procedente de adjudicaciones o recuperaciones. Con más de tres años
ICO Provisión para créditos de mediación
Crédito de mediación
Detalle de títulos hipotecarios emitidos
— Participaciones hipotecarias
— Cédulas hipotecarias
— Bonos hipotecarios
Activos aptos para la emisión de títulos del mercado hipotecario
Otros activos afectos a la emisión de títulos hipotecarios
Cesiones temporales a precios inferiores a los de mercado (diferencias entre ambos precios)
Financiación subordinada computable
Fondo externo de pensiones del personal: saldos acreedores
Operaciones de futuro no vencidas contratadas en mercados no organizados:
— Quebrantos potenciales en operaciones de cobertura no registrados en pérdidas y ganancias
— Quebrantos potenciales no registrados por compensación de beneficios latentes
Saldo pendiente en tarjetas electrónicas prepagadas
Administración Central. Detalle de valores asumidos
Administración Central. Detalle de préstamos asumidos
Crédito a las Administraciones Públicas españolas. Por «factoring» sin recurso
Detalle de fondos de insolvencia y riesgo-país
— Entidades de crédito
— Administraciones Públicas españolas
— Otros sectores residentes
— Crédito a no residentes
— Cartera de renta fija
— Pasivos contingentes
Activos dudosos Saldos correspondientes a valores

Crédito comercial a otros sectores residentes
— Personas físicas
— Resto
Otros organismos públicos. Saldos deudores
Operaciones activas con terceros no socios (Ley 13/1989, art.º 4) (a)
Fondo de Garantía de Depósitos. Saldos acreedores
Pasivos a nombre de fondos de inversión gestionados por el grupo
— Cesión temporal de activos
— Resto
Crédito reestructurado
Del que: procedente de suspensión de pagos
Crédito clasificado normal con devengo de intereses interrumpido
— Administraciones Públicas españolas
— Otros sectores residentes
— No residentes

       Suma de control . . . .

(a) Sólo cooperativas de crédito.

APÉNDICE C

MODELO DE CUENTA DE PÉRDIDAS Y GANANCIAS RESERVADA

	Total	Euros	Moneda extranjera	Pro memoria Pesetas

D E B E

1. Intereses y cargas asimiladas
   1.1. De Banco de España
   1.2. De entidades de crédito
       1.2.1. Cuentas mutuas
       1.2.2. Cuentas a plazo
       1.2.3. Otras cuentas
       1.2.4. Cesión temporal de activos
       1.2.5. Acreedores por valores
   1.3. De acreedores, Administraciones Públicas
   1.4. De acreedores, otros sectores residentes
       1.4.1. Cuentas corrientes
       1.4.2. Cuentas de ahorro
       1.4.3. Imposiciones a plazo
       1.4.4. Participaciones
       1.4.5. Cesión temporal de activos
       1.4.6. Acreedores por valores
       1.4.7. Comisiones de producción (intermediarios)
   1.5. De acreedores no residentes
   1.6. De empréstitos y otros valores negociables
       1.6.1. Pagarés y efectos
       1.6.2. Empréstitos
           1.6.2.1. Intereses
           1.6.2.2. Imputación de gastos de emisión, lotes y primas
   1.7. De financiaciones subordinadas
   1.8. Rectificaciones del costo por operaciones de cobertura
       1.8.1. De la financiación interbancaria
       1.8.2. De acreedores
       1.8.3. De empréstitos y valores negociables emitidos
   1.9. Costo imputable a los fondos de pensiones constituidos
   1.10. Otros intereses

2. Corretajes y comisiones varias   Total
   2.1. Corretajes en operaciones activas y pasivas
   2.2. Comisiones cedidas a otras entidades y corresponsales
       2.2.1. Por cobro o devolución de efectos
       2.2.2. Por riesgos de firma
       2.2.3. Por otros conceptos
   2.3. Otras comisiones

3. Pérdidas por operaciones financieras
   3.1. En la cartera de negociación

3.1.1. Cartera de renta fija
3.1.2. Cartera de renta variable
3.2. En la cartera de renta fija de inversión
    3.2.1. Por ventas y amortizaciones
    3.2.2. Por saneamiento
    3.2.3. Dotaciones al fondo de fluctuación de valores
3.3. En la cartera de renta variable
    3.3.1. Por ventas y liquidaciones
    3.3.2. Por saneamiento
    3.3.3. Dotaciones al fondo de fluctuación
3.4. Por ventas de otros activos financieros
3.5. Quebrantos por otras operaciones de futuro
    3.5.1. En futuros financieros
    3.5.2. En opciones
    3.5.3. En operaciones a plazo liquidadas por diferencias
    3.5.4. Otras operaciones de futuro
    3.5.5. Dotaciones por pérdidas potenciales
3.6. Quebrantos por diferencias de cambio
    3.6.1. Pérdidas netas en operaciones
    3.6.2. Dotación por provisión de riesgos de cambio del inmovilizado
3.7. Acreedores por valores

4. Gastos de explotación
4.1. De personal
    4.1.1. Sueldos y gratificaciones al personal activo
    4.1.2. Cuotas de la Seguridad Social
    4.1.3. Dotaciones a los fondos de pensiones internos
    4.1.4. Aportaciones a fondos de pensiones externos
    4.1.5. Indemnizaciones por despidos
    4.1.6. Gastos de formación
    4.1.7. Otros gastos de personal
4.2. Generales
    4.2.1. De inmuebles, instalaciones y material
            4.2.1.1. Alquileres
            4.2.1.2. Entretenimiento de inmovilizado
            4.2.1.3. Alumbrado, agua y calefacción
            4.2.1.4. Impresos y material de oficina
    4.2.2. Informática
    4.2.3. Comunicaciones
    4.2.4. Publicidad y propaganda
    4.2.5. Gastos judiciales y de letrados
    4.2.6. Informes técnicos
    4.2.7. Servicios de vigilancia y traslado de fondos
    4.2.8. Primas de seguros y autoseguro
    4.2.9. Por órganos de gobierno y control
    4.2.10. Gastos de representación y desplazamiento del personal
    4.2.11. Cuotas de asociaciones
    4.2.12. Imputación de gastos de la Central a sucursales extranjeras
    4.2.13. Servicios administrativos subcontratados
    4.2.14. Otros gastos
4.3. Contribuciones e impuestos
    4.3.1. Sobre inmuebles
    4.3.2. Otros

5. Amortizaciones y saneamientos de inmovilizado y activos inmateriales
  5.1. De mobiliario, instalaciones y vehículos
  5.2. De equipos de informática
  5.3. De inmuebles
    5.3.1. De uso propio
    5.3.2. De fincas en renta
    5.3.3. Otros
  5.4. De derechos sobre bienes tomados en arrendamiento financiero
    5.4.1. De inmuebles
    5.4.2. De otros bienes
  5.5. De gastos amortizables

6. Quebrantos diversos
  6.1. Pérdidas netas por explotación de fincas en renta
  6.2. Contribución al Fondo de Garantía de Depósitos
  6.3. Otros conceptos

7. Insolvencias
  7.1. Amortizaciones
    7.1.1. De insolvencias
    7.1.2. De riesgo-país
  7.2. Dotación a los fondos especiales
    7.2.1. Para insolvencias
      7.2.1.1. Cobertura específica
      7.2.1.2. Cobertura genérica
      7.2.1.3. Cobertura estadística
    7.2.2. Para la cobertura del riesgo-país

8. Quebrantos extraordinarios
  8.1. Pérdidas netas en participaciones permanentes y cartera de inversión a vencimiento
    8.1.1. Por saneamientos
    8.1.2. Por dotaciones a fondo de fluctuación de valores
    8.1.3. Por amortizaciones y venta
  8.2. Pérdidas netas por enajenación de inmovilizado
  8.3. Otras dotaciones a fondos especiales
    8.3.1. Al fondo para riesgos generales
    8.3.2. Al fondo de cobertura de inmovilizado
    8.3.3. Dotaciones a fondos por prejubilaciones y ceses
    8.3.4. A otros fondos específicos
  8.4. Por pagos a pensionistas
  8.5. Dotaciones extraordinarias a fondos de pensiones internos
  8.6. Aportaciones extraordinarias a fondos de pensiones externos
  8.7. Quebrantos de ejercicios anteriores
  8.8. Otros quebrantos

9. Impuesto sobre beneficios
  9.1. Impuesto devengado
  9.2. Ajustes

10. Otros impuestos

11. Beneficio neto

	Total	Euros	Moneda extranjera	Pro memoria Pesetas

H A B E R

1. Intereses y rendimientos asimilados
  1.1. Banco de España
  1.2. Otros bancos centrales
  1.3. Entidades de crédito
      1.3.1. Cuentas mutuas
      1.3.2. Cuentas a plazo
      1.3.3. Otras cuentas
      1.3.4. Adquisición temporal de activos
      1.3.5. Préstamos de valores
  1.4. Crédito a Administraciones Públicas
  1.5. Crédito a otros sectores residentes
      1.5.1. Crédito comercial y anticipos
      1.5.2. Operaciones de «factoring»
      1.5.3. Deudores con garantía hipotecaria
      1.5.4. Otros deudores con garantía real
      1.5.5. Efectos financieros
      1.5.6. Préstamos personales en póliza
      1.5.7. Cuentas de crédito
      1.5.8. Adquisición temporal de activos
      1.5.9. Préstamos de valores
      1.5.10. Descubiertos en c/c. y excedidos en c/cto.
      1.5.11. Deudores por tarjeta de crédito
      1.5.12. Otros saldos deudores de residentes
      1.5.13. Arrendamientos financieros
  1.6. Crédito a no residentes
  1.7. Activos dudosos
  1.8. Cartera de renta fija
      1.8.1. Certificados del Banco de España
      1.8.2. Valores de Administraciones Públicas
          1.8.2.1. De deudas anotadas
          1.8.2.2. De otros títulos del Estado
          1.8.2.3. De Administraciones Territoriales
          1.8.2.4. De Otras Administraciones Públicas
      1.8.3. Valores de entidades de crédito
          1.8.3.1. Del Instituto de Crédito Oficial
          1.8.3.2. De otras entidades de crédito residentes
          1.8.3.3. De otras entidades de crédito no residentes
      1.8.4. Valores de otros sectores residentes
          1.8.4.1. De bonos y obligaciones
          1.8.4.2. De pagarés de empresa
      1.8.5. Valores de no residentes
  1.9. Rectificaciones de los productos financieros por operaciones de cobertura
      1.9.1. De la inversión interbancaria
      1.9.2. De las inversiones crediticias
      1.9.3. De la cartera de renta fija
  1.10. Productos de contratos de seguros vinculados a pensiones y obligaciones similares
  1.11. Otros productos financieros

	Total	Euros	Moneda extranjera

2. Rendimiento de la cartera de renta variable
2.1. Dividendos de participaciones en el grupo
2.2. Dividendos de participaciones
2.3. Dividendos de otras acciones y otros títulos de renta variable

3. Comisiones percibidas <u>Total</u>
3.1. Comisiones de disponibilidad
3.2. Por pasivos contingentes
    3.2.1. Créditos documentarios
    3.2.2. Avales y otras garantías
3.3. Por cambio de divisas y billetes de banco extranjeros
3.4. Por servicio de cobros y pagos
    3.4.1. Efectos
        3.4.1.1. Recibidos o devueltos, por aplicación de otras entidades de crédito
        3.4.1.2. Al cobro, presentados por clientes
        3.4.1.3. Negociación y devolución de efectos de clientes
    3.4.2. Cuentas a la vista
    3.4.3. Tarjetas de crédito y débito
    3.4.4. Cheques (negociación, compensación, devolución y conformidad)
    3.4.5. Órdenes
        3.4.5.1. De adeudo de domiciliaciones y de pago de nóminas
        3.4.5.2. Transferencias, giros y otras órdenes de pago
3.5. Por servicio de valores
    3.5.1. Aseguramiento y colocación de valores
    3.5.2. Compraventa de valores
    3.5.3. Administración y custodia
    3.5.4. Gestión de patrimonio
3.6. Por asesoramiento y dirección de operaciones singulares
3.7. Por operaciones de «factoring»
3.8. Por comercialización de productos financieros no bancarios
    3.8.1. Fondos de inversión
    3.8.2. Fondos de pensiones
    3.8.3. Seguros
    3.8.4. Otros
3.9. Otras comisiones

4. Beneficios por operaciones financieras
4.1. En la cartera de negociación
    4.1.1. Cartera de renta fija
    4.1.2. Cartera de renta variable
4.2. En la cartera de renta fija de inversión
    4.2.1. Por ventas y amortizaciones
    4.2.2. Por disponibilidad del fondo de fluctuación
4.3. En la cartera de renta variable
    4.3.1. Por ventas
    4.3.2. Por disponibilidad del fondo de fluctuación
4.4. Por ventas de otros activos financieros
4.5. Productos por otras operaciones de futuro
    4.5.1. En futuros financieros
    4.5.2. En opciones
    4.5.3. En operaciones a plazo liquidadas por diferencias

4.5.4. En otras operaciones de futuro
4.5.5. Por disponibilidad de la provisión
4.6. Productos por diferencias de cambio
    4.6.1. Beneficios netos en operaciones
    4.6.2. Por disponibilidad de la provisión
4.7. Acreedores por valores

5. Recuperación de otros fondos y de activos en suspenso
5.1. Fondo de insolvencias
    5.1.1. Cobertura específica
    5.1.2. Cobertura genérica
    5.1.3. Cobertura estadística
5.2. Fondo de riesgo-país
5.3. Fondo de pensiones interno
5.4. Fondo de fluctuación de valores
5.5. Fondo de cobertura del inmovilizado
5.6. Otros fondos específicos
5.7. Utilización de fondos genéricos
5.8. Activos en suspenso recuperados

6. Productos diversos
6.1. Beneficios netos por explotación de fincas en renta
6.2. Otros productos diversos

7. Beneficios extraordinarios y atípicos
7.1. Beneficios netos en venta de participaciones permanentes y cartera de inversión a vencimiento
7.2. Beneficios netos por enajenación del inmovilizado
7.3. Rendimientos por prestación de servicios atípicos
7.4. Beneficios de ejercicios anteriores
7.5. Indemnizaciones de entidades aseguradoras
7.6. Otros productos

8. Pérdidas netas

APÉNDICE D

MODELO DE BALANCE PÚBLICO

ACTIVO

1. **Caja y depósitos en bancos centrales**
   1.1. Caja
   1.2. Banco de España
   1.3. Otros bancos centrales

2. **Deudas del Estado**

3. **Entidades de crédito**
   3.1. A la vista
   3.2. Otros créditos

4. **Créditos sobre clientes**

5. **Obligaciones y otros valores de renta fija**
   5.1. De emisión pública
   5.2. Otros emisores
       Pro memoria: títulos propios

6. **Acciones y otros títulos de renta variable**

7. **Participaciones**
   7.1. En entidades de crédito
   7.2. Otras participaciones

8. **Participaciones en empresas del grupo**
   8.1. En entidades de crédito
   8.2. Otras

9. **Activos inmateriales**
   9.1. Gastos de constitución y de primer establecimiento
   9.2. Otros gastos amortizables

10. **Activos materiales**
    10.1. Terrenos y edificios de uso propio
    10.2. Otros inmuebles
    10.3. Mobiliario, instalaciones y otros

11. **Capital suscrito no desembolsado** (a)
    11.1. Dividendos pasivos reclamados no desembolsados
    11.2. Resto

12. **Acciones propias** (b)
       Pro memoria: nominal

13. **Otros activos**

14. **Cuentas de periodificación**

15. **Pérdidas del ejercicio**

(a) En el caso de las cooperativas de crédito, la cuenta se denominará «Aportaciones pendientes de desembolso» y no presentará desglose.

(b) En el caso de las cooperativas de crédito, la cuenta se denominará «Aportaciones propias».

PASIVO

1. **Entidades de crédito**
   1.1. A la vista
   1.2. A plazo o con preaviso

2. **Débitos a clientes**
   2.1. Depósitos de ahorro
      2.1.1. A la vista
      2.1.2. A plazo
   2.2. Otros débitos
      2.2.1. A la vista
      2.2.2. A plazo

3. **Débitos representados por valores negociables**
   3.1. Bonos y obligaciones en circulación
   3.2. Pagarés y otros valores

4. **Otros pasivos**

5. **Cuentas de periodificación**

6. **Provisiones para riesgos y cargas**
   6.1. Fondo de pensionistas
   6.2. Provisión para impuestos
   6.3. Otras provisiones

6 bis. **Fondo para riesgos bancarios generales**

7. **Beneficios del ejercicio**

8. **Pasivos subordinados**

9. **Capital suscrito**

10. **Primas de emisión**

11. **Reservas**

12. **Reservas de revalorización**

13. **Resultados de ejercicios anteriores**

CUENTAS DE ORDEN

1. Pasivos contingentes
1.1. Redescuentos, endosos y aceptaciones
1.2. Activos afectos a diversas obligaciones
1.3. Fianzas, avales y cauciones
1.4. Otros pasivos contingentes

2. Compromisos
2.1. Cesiones temporales con opción de recompra
2.2. Disponibles por terceros
2.3. Otros compromisos

APÉNDICE E

MODELO DE CUENTA DE PÉRDIDAS Y GANANCIAS PÚBLICA

1. Intereses y rendimientos asimilados
   De los que: cartera de renta fija
2. Intereses y cargas asimiladas
3. Rendimiento de la cartera de renta variable
   3.1. De acciones y otros títulos de renta variable
   3.2. De participaciones
   3.3. De participaciones en el grupo

a) Margen de intermediación

4. Comisiones percibidas
5. Comisiones pagadas
6. Resultados de operaciones financieras

b) Margen ordinario

7. Otros productos de explotación
8. Gastos generales de administración
   8.1. De personal
        — De los que:
          – Sueldos y salarios
          – Cargas sociales
            • De las que: pensiones

   8.2. Otros gastos administrativos
9. Amortización y saneamiento de activos materiales e inmateriales
10. Otras cargas de explotación

c) Margen de explotación

15. Amortización y provisiones para insolvencias (neto)
16. Saneamiento de inmovilizaciones financieras (neto)
17. Dotación al Fondo para riesgos bancarios generales
18. Beneficios extraordinarios
19. Quebrantos extraordinarios

d) Resultado antes de impuestos

20. Impuesto sobre beneficios
21. Otros impuestos

e) Resultado del ejercicio

APÉNDICE F

ESTADO UME.1

MODELO DE BALANCE RESUMIDO
(Negocios en España)

	Total	Residentes en España			Residentes en países UME (sin incluir España)			Resto del mundo.
		Pesetas	Monedas UME (sin incluir pesetas)	Resto de monedas	Pesetas	Monedas UME (sin incluir pesetas)	Resto de Monedas	Todas las Monedas
ACTIVO								
1. Efectivo								
2. Préstamos y créditos								
2.1. Instituciones financieras monetarias (IFMs)								
2.2. Administración Central								
2.3. Otras Administraciones Públicas								
2.4. Otros sectores								
3. Valores distintos de acciones y participaciones								
3.1. Instituciones financieras monetarias (IFMs)								
3.1.1. Hasta 1 año								
3.1.2. Más de 1 año y hasta 2 años								
3.1.3. Más de 2 años								
3.2. Administración Central								
3.3. Otras Administraciones Públicas								
3.4. Otros sectores								
4. Otros activos líquidos emitidos por IFMs								
5. Acciones y participaciones								
5.1. Instituciones financieras monetarias (IFMs)								
5.2. Otros sectores								
6. Activos fijos								
7. Otros activos								
Totales								
PASIVO								
9. Depósitos								
9.1. Instituciones financieras monetarias (IFMs)								
9.1.1. De las que: Bancos centrales y entidades sujetas a coeficiente de caja								
9.2. Administración Central								
9.3. Otras Administraciones Públicas								
9.3.1. A la vista								
9.3.2. A plazo								
9.3.2.1. Hasta 1 año								
9.3.2.2. Más de 1 año y hasta 2 años								
9.3.2.3. Más de 2 años								
9.3.3. Disponibles con preaviso								
9.3.3.1. Hasta 3 meses								
9.3.3.2. Más de 3 meses								
9.3.4. Cesiones temporales								
9.4. Otros sectores								
9.4.1. A la vista								
9.4.2. A plazo								
9.4.2.1. Hasta 1 año								
9.4.2.2. Más de 1 año y hasta 2 años								
9.4.2.3. Más de 2 años								
9.4.3. Disponibles con preaviso								
9.4.3.1. Hasta 3 meses								
9.4.3.2. Más de 3 meses								
9.4.4. Cesiones temporales								
11. Valores emitidos distintos de acciones y participaciones								
11.1. Hasta 1 año								
11.2. Más de 1 año y hasta 2 años								
11.3. Más de 2 años								
12. Otros pasivos líquidos emitidos								
13. Capital y reservas								
14. Otros pasivos								
Totales								

NOTAS

a) Los epígrafes «1. Efectivo», «11. Valores emitidos distintos de acciones y participaciones» y «12. Otros pasivos líquidos emitidos», aunque no sectorizables, se clasificarán por monedas bajo el título «Residentes en España».

b) Los epígrafes «4. Otros activos líquidos emitidos por IFMs» y «12. Otros pasivos líquidos emitidos» no recogerán saldo alguno mientras el Banco de España no lo espeficique.

c) Las monedas UME incluyen al ECU (EURO).

d) Los plazos, en todos los casos, son en origen.

ESTADO UME.1 *(continuación)*

BALANCE RESUMIDO
(Negocios en España)

	DETALLES DEL PASIVO					DETALLE DEL ACTIVO
	Depósitos a más de 2 años		Cesiones temporales de activos		Total depósitos	Total créditos y préstamos
	Monedas UME incluida PTA	Resto monedas	Monedas UME incluida PTA	Resto monedas	Monedas UME incluida PTA	Monedas UME incluida PTA
Residentes en España						
Total IFM						
De las que: Bancos centrales y entidades sujetas a coeficiente de caja						
Administración Central						
Residentes en otros países UME						
Total IFM						
De las que: Bancos centrales y entidades sujetas a coeficiente de caja						
Administración Central						
Residentes en el resto del mundo						
Todos los sectores						